云南省少数民族优秀文化保护传承工程
云南省哲学社会科学创新团队"云南边屯文化研究"
云南省万人计划"云岭学者"专项
云南省哲学社会科学创新团队"云南口岸建设发展研究"

寻找祖先的足迹

哈尼族历史迁徙研究

陈燕 著

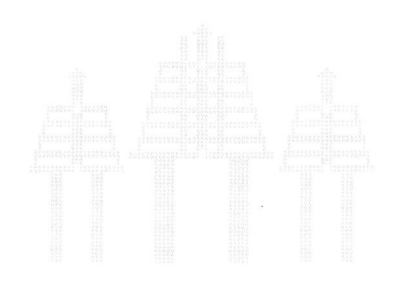

中国社会科学出版社

图书在版编目(CIP)数据

寻找祖先的足迹：哈尼族历史迁徙研究／陈燕著．—北京：中国社会科学出版社，2023.6

ISBN 978-7-5227-2244-3

Ⅰ.①寻… Ⅱ.①陈… Ⅲ.①哈尼族—民族迁徙—民族历史—研究—中国 Ⅳ.①K285.4

中国国家版本馆 CIP 数据核字（2023）第 126991 号

出 版 人	赵剑英	
责任编辑	宫京蕾	
特约编辑	魏　东	
责任校对	秦　婵	
责任印制	郝美娜	

出　　版	中国社会科学出版社
社　　址	北京鼓楼西大街甲 158 号
邮　　编	100720
网　　址	http：//www.csspw.cn
发 行 部	010-84083685
门 市 部	010-84029450
经　　销	新华书店及其他书店

印刷装订	北京君升印刷有限公司
版　　次	2023 年 6 月第 1 版
印　　次	2023 年 6 月第 1 次印刷

开　　本	710×1000　1/16
印　　张	18.5
插　　页	2
字　　数	309 千字
定　　价	118.00 元

凡购买中国社会科学出版社图书，如有质量问题请与本社营销中心联系调换
电话：010-84083683

版权所有　侵权必究

目 录

绪论 …………………………………………………………… (1)
  一　选题缘由 ………………………………………………… (1)
  二　学术回顾与反思 ………………………………………… (3)
  三　涉及理论 ………………………………………………… (21)
  四　研究资料 ………………………………………………… (26)
  五　研究思路与方法 ………………………………………… (29)
  六　相关说明 ………………………………………………… (30)

第一章　先秦至南北朝时期"和夷"的迁徙 …………………… (38)
  第一节　先秦时期"氐羌"的南迁 ………………………… (38)
    一　石器时代"氐羌"的南迁 …………………………… (38)
    二　夏商周时期"氐羌"的南迁 ………………………… (44)
  第二节　中央王朝对"西南夷"地区的开拓与经营 ………… (45)
    一　秦时 …………………………………………………… (46)
    二　两汉时期 ……………………………………………… (47)
    三　蜀汉时期 ……………………………………………… (52)
    四　两晋南北朝时期 ……………………………………… (55)
  第三节　春秋战国至南北朝时期"和夷"的迁徙活动 ……… (55)
    一　"和夷"的来源与族属 ……………………………… (56)
    二　"和夷"的迁徙 ……………………………………… (58)

第二章　隋唐与南诏大理国时期"和蛮"的迁徙 ……………… (63)
  第一节　隋朝和唐朝前期对西南地区的治理 ……………… (63)
    一　隋朝对西南地区的治理 ……………………………… (63)
    二　唐朝前期对西南地区的治理 ………………………… (64)
  第二节　南诏、大理国对"和蛮"的统治 ………………… (66)

一　南诏的统治举措 …………………………………………（67）
　　二　南诏对"和蛮"的统治 …………………………………（70）
　　三　大理国的统治举措 ………………………………………（74）
　　四　大理国对"和蛮"的统治 ………………………………（76）
　第三节　隋唐和南诏、大理国时期"和蛮"的迁徙活动 ………（79）
　　一　隋唐时期"和蛮"的迁徙 ………………………………（79）
　　二　南诏、大理国统治时期"和蛮"的迁徙 ………………（86）

第三章　元代"和泥"的迁徙 ……………………………………（92）
　第一节　元代云南重回统一多民族国家 …………………………（92）
　　一　蒙古军征服大理国 ………………………………………（92）
　　二　元王朝对云南的设治与经营 ……………………………（93）
　第二节　元王朝对"和泥"的统治 ………………………………（100）
　　一　元代"和泥"的分布及其社会状况 ……………………（100）
　　二　元王朝对"和泥"的统治 ………………………………（105）
　第三节　元王朝统治时期"和泥"的迁徙活动 …………………（110）
　　一　元军屠戮下罗槃甸"和泥"的迁逃 ……………………（110）
　　二　元军军事镇压下乌蒙山区"和泥"的迁离 ……………（113）
　　三　元军开疆拓土下"和泥"的逃匿 ………………………（115）

第四章　明代"窝泥"的迁徙 ……………………………………（119）
　第一节　明王朝的经营与云南社会状况、民族结构变化 ………（119）
　　一　明王朝对云南的设治与经营 ……………………………（119）
　　二　明代云南社会状况与民族结构的变化 …………………（124）
　第二节　明王朝对"窝泥"的统治 ………………………………（127）
　　一　明代"窝泥"的分布及其社会状况 ……………………（127）
　　二　明王朝对"窝泥"的统治 ………………………………（134）
　第三节　明王朝统治时期"窝泥"的迁徙活动 …………………（142）
　　一　民族结构变化下"窝泥"的"汉进夷退"式迁徙 ……（143）
　　二　川西南"阿泥"的往南迁徙 ……………………………（146）

第五章　清代"窝泥"的迁徙 ……………………………………（149）
　第一节　清代云南内地化进一步推进、边疆危机出现 …………（149）
　　一　清王朝对云南的设治与经营 ……………………………（149）
　　二　清末云南边疆危机出现 …………………………………（155）

第二节　清王朝对"窝泥"的统治 …………………………(160)
　　　一　清代"窝泥"的分布及社会状况 …………………………(160)
　　　二　清王朝对"窝泥"的统治 …………………………(169)
　　第三节　清王朝统治时期"窝泥"的迁徙活动 …………………(177)
　　　一　改土归流下六诏山地区"窝泥"的迁徙 …………………(177)
　　　二　武装起义与暴力镇压下哀牢山地区"窝泥"的迁徙 ……(181)
　　　三　国内和国际形势影响下"窝泥"的境外迁徙 ……………(183)
第六章　哈尼族历史迁徙的动因 …………………………………(187)
　　第一节　哈尼族历史迁徙的表层直接动因 ………………………(189)
　　　一　瘟疫疾病流行 ………………………………………………(189)
　　　二　自然灾害降临 ………………………………………………(191)
　　　三　族内矛盾爆发 ………………………………………………(193)
　　　四　外族武力侵占 ………………………………………………(195)
　　　五　中央王朝的军事征伐 ………………………………………(198)
　　　六　境外战乱 ……………………………………………………(200)
　　第二节　哈尼族历史迁徙的中层间接动因 ………………………(201)
　　　一　环境气候 ……………………………………………………(201)
　　　二　人口增长 ……………………………………………………(204)
　　　三　亲缘因素 ……………………………………………………(206)
　　　四　族际关系 ……………………………………………………(210)
　　　五　国家政策 ……………………………………………………(211)
　　第三节　哈尼族历史迁徙的深层文化动因 ………………………(213)
　　　一　对居住空间气候环境的认知和选择 ………………………(213)
　　　二　对居住空间地理环境的要求和标准 ………………………(214)
　　　三　居住空间文化礼仪 …………………………………………(216)
第七章　哈尼族历史迁徙的特点与影响 …………………………(219)
　　第一节　哈尼族历史迁徙的特点 …………………………………(219)
　　　一　总体方向的自北向南与局部的复杂无常 …………………(219)
　　　二　在平坝、山地间游走到最终定居山区 ……………………(223)
　　　三　向边地迁徙 …………………………………………………(224)
　　　四　向同族聚居区迁徙 …………………………………………(226)
　　　五　大规模举族迁徙与部分、零星迁徙并存 …………………(227)

  六 长距离迁徙与短距离渐进式、节点状迁徙同在 ………… (228)
 第二节 哈尼族历史迁徙的影响 ………………………………… (229)
  一 迁徙对本民族的影响 ……………………………………… (229)
  二 迁徙对民族关系的影响 …………………………………… (241)
  三 迁徙对民族与国家关系的影响 …………………………… (249)

结语 …………………………………………………………………… (258)
附录 …………………………………………………………………… (266)
参考文献 ……………………………………………………………… (273)

绪　论

一　选题缘由

哈尼族是一个跨境而居的国际性民族，分布于中国云南省南部及毗邻云南的缅甸、泰国、老挝、越南的北部山区。据 2010 年第六次全国人口普查统计数据，国内哈尼族人口 166 万，其中在云南省的有 163 万，位居云南省少数民族人口数量第二。① 绝大部分集中分布于红河下游与澜沧江之间，即哀牢山和无量山之间的广阔山区，以哀牢山地区的元江、墨江、红河、元阳、绿春、金平、江城等县最集中，约占哈尼族人口的 76% 和此地区人口总和的一半以上，无量山区的哈尼族大多分布于西双版纳和澜沧；而在红河以东，北起禄劝、双柏、易门、昆明、峨山，南至石屏、屏边等 10 余县市，也有少量分布。哈尼族的主要生活区域，在北纬 21°到 26°，东经 99°至 104°之间，处于汉、彝、白、傣、拉祜等族分布地的中间地带，苗、瑶、回、壮、布朗等族也分布其间。② 据不完全统计，在缅甸、泰国、老挝、越南约有 80 万哈尼族人口，其中，缅甸境内哈尼族人口近 50 万，其中阿卡人 30 余万，卡多人 17 万；泰国境内哈尼族约 8 万人，均为阿卡人；老挝境内哈尼族 10 余万人，阿卡居多，也有部分哈尼、西拉等；越南境内哈尼族约 10 万人，更多的是哈尼，还有少数阿卡、西拉。③ 历史上，哈尼族是一个不断迁徙的民族，哈尼民族的形成及其今天的分布格局与其漫长的历史迁徙活动密切相关。哈尼族的历史迁徙是在什么样的背景下开展的？他们在各个历史时期的迁徙活动分别是怎样的？他

---

① 云南省统计局云南省第六次全国人口普查办公室：《2010 年云南省第六次全国人口普查主要数据公报》，云南省统计局官方网站，2011-05-10。
② 云南省历史研究所：《云南少数民族》，云南人民出版社 1983 年版，第 80 页。
③ 赫梭：《阿卡人及老挝阿卡人研究现状》，《哈尼族研究》2011 年第 4 期。阿卡、西拉等，为东南亚哈尼族的称谓。

们为什么要不断迁徙，而且大方向是往南迁移，直至云南边陲，甚至延伸到东南亚地区？在迁徙过程中，呈现什么特点？其与自然环境、王朝国家、统治民族、其他族群之间发生什么样的互动？其自身内部是何情况，存在什么样的调适机制？这些调适机制又是如何形成和变迁的？迁徙活动与哈尼民族文化之间有着怎样的关系，内中是否有规律？迁徙给哈尼族和相关民族的关系、王朝国家的关系带来什么影响？对这些问题，基本还未有人进行过全面、系统、深入的史学研究。而研究清楚这些问题，具有重要的学术意义和社会现实意义。

第一，从哈尼族研究而言，哈尼族是在漫长的历史迁徙中分化、融合而形成的，哈尼族迁徙研究是哈尼族历史研究的重要线索和关键环节，可以使哈尼族历史发展问题变得逐渐清晰，对探寻哈尼族历史具有重要意义，也是哈尼族文化研究的根基。

第二，从更为宏观的民族研究视角来看，中国少数民族在历史上的迁徙活动直接影响到近现代我国民族的形成和人口地理分布，哈尼族历史迁徙是我国民族迁徙的一个组成部分，哈尼族历史迁徙研究可以成为研究中国历史上少数民族迁徙的一个具体案例，丰富中国民族迁徙研究成果。

第三，从中国西南民族研究来说，通过对哈尼族历史迁徙的研究，可以进一步引发中国西南氐羌同源异流民族的迁徙与演变、区域民族关系史等研究选题，丰富中国民族史研究内容。

第四，从跨境民族研究而论，哈尼族历史迁徙活动使同一民族成为跨境民族，故而通过对本选题的研究可以推动东南亚跨境民族研究，发展与缅甸、老挝、越南、泰国等邻国的国家关系，这对于建设中国与相关国家良好的国家关系有积极意义。

第五，从国家发展与民族发展的历史而语，中国国家发展与民族发展之间有着密切的互动关系，中国统一多民族国家的形成、发展，中国各民族共同生存于一个大一统国家之中，这不仅与数千年来中央王朝国家对各民族的凝聚有关，而且与各民族对中央王朝国家的主动性选择不可分割，是国家与民族相互作用的结果。哈尼族历史迁徙活动的发生有其特定的历史背景、自身的文化准则，哈尼族迁徙历史生动展现了其成为中国统一多民族国家一员的历史过程，为国家发展与民族发展关系的研究提供了十分有趣的实证案例，有助于更加清晰地认识国家发展与民族发展之间的互动性。

第六，从对当代民族国家建设的意义来谈，历史学既关乎过去，也关联现在。对哈尼族历史迁徙背景、过程、动因、特点、影响、迁徙与文化的关系等问题的分析有助于促进具有中国特色民族理论的发展，有益于强化族群认同、国家认同和文化向心力，能够服务于国家有关民族政策的制定、调整和实施，从而推动民族团结、民族和谐建设，巩固边疆稳定和祖国统一。

二 学术回顾与反思

史学界普遍认同哈尼族与其他彝语支民族一起同源于古代的氐羌族群，所以，族源"氐羌北来说"成为哈尼族迁徙研究的理论基点。将可循文字史料与哈尼族口述史结合，是哈尼族迁徙研究的主要依据和方法。此外，作为不同的历史记忆手段，哈尼族族谱、服饰、语言、祭祀等文化元素亦是哈尼族迁徙历史研究常用依据。在下文中，通过对哈尼族迁徙研究成果和相关研究文献的梳理，将对哈尼族迁徙研究现状及存在问题做出述评，为本课题的研究奠定基础，同时，期望能为这一领域以后的研究提供一些有益的参考。①

（一）哈尼族迁徙研究内容

1. 迁徙时间的研究

由于汉文史籍对哈尼族历史活动记载的断代及不够系统，本民族口述史又没有提及迁徙的具体纪年，故哈尼族迁徙阶段的历史分期，包括入滇及到达红河南岸今天居住地的年代，皆难于确定。

与哈尼族有关的最早汉文资料，为《尚书·禹贡》所载："华阳黑水惟梁州。岷、嶓既艺，沱、潜既道，蔡、蒙旅平，和夷底绩。"② 北宋苏轼《东坡书传》说："和夷，西南夷名也。"南宋毛晃《禹贡指南》"和夷底绩"下说："和夷，西南夷。"清代胡渭《禹贡锥指》说："和夷，洓水南之夷也。"洓水即大渡河。③

国家民委"民族问题五种丛书"之一"中国少数民族简史丛书"《哈

---

① 学术回顾与反思部分的内容转引自陈燕《哈尼族迁徙研究的回顾与反思》，《思想战线》2014年第5期。
② 王世舜：《尚书译注》，四川人民出版社1982年版，第59页。
③ 《哈尼族简史》编写组：《哈尼族简史》，云南人民出版社1985年版，第18页。

尼族简史》是对哈尼族历史文化研究最为系统、最具学术性的成果。该书依据哈尼族历史名称的不断出现和史料记载反映出的哈尼族由北趋南的历史分布态势，肯定了哈尼族迁徙历史的存在。该书叙述道："《尚书·禹贡》记西南民族有'和夷'，这虽不是某一民族的专称，但无疑包括有'哈尼'的先民。"①

《哈尼族简史》主笔之一刘尧汉先生，其《彝族社会历史调查研究文集》（简称《文集》）认为和夷为今哀牢山哈尼族先民。②《文集》说："大渡河又叫'和水'或'涐水'，它是东周时'和夷'的故居。'和夷'是我国'西南夷'最早的概称，往后才逐渐明确它只是'西南夷'之一。它到唐代称为'和蛮'，元代称为'和泥'，明代称为'阿尼'，清代文献说'窝泥自呼哈泥'。……哈尼族曾居大渡河之南安宁河流域。"③

史军超先生《论"和夷"——兼及哈尼族历史文化渊源》一文认为："'和夷'当指哈尼族先民而言。……从历史他称和民族自称的连续性、稳定性来看，找不到任何一个民族比哈尼族更吻合于《禹贡》所载的'和夷'。"④

但是，李宗放《和夷诸解与我见》一文提出反对观点，认为：和夷是居住在蜀郡桓水以北地区的氐羌系统民族，"和"是当地民族语音，本义为"山"，与夷相连为和夷，与水相连为和水；桓水、涐水是同一水的不同记音，即今大渡河，桓、涐均是"和"的同音异写；和水、桓水均是"自山而出的水"。⑤ 如果"和夷"真如此解，非哈尼族先民，缘何氐羌支系的众多后裔中只有哈尼族先民一直以"和"为名称？我们在解读一个边缘族群的名称时，是不是更应该从民族语言的角度去看问题？历史典籍中的民族称谓往往是该民族自称、互称或他称的音译，与自称、互称及他称相同或相近。秦汉以降，没有再见到关于和夷的历史文献记载，一直到隋唐时期，以"和蛮"之名再出现。"和"，在白蛮、乌蛮等民族的语言里，确实为"山"之意。《蛮书》明确记载："川谓之赕，谷谓之浪，

---

① 《哈尼族简史》编写组：《哈尼族简史》，云南人民出版社1985年版，第1页。
② 刘尧汉：《彝族社会历史调查研究文集》，民族出版社1980年版，第125页。
③ 刘尧汉：《彝族社会历史调查研究文集》，民族出版社1980年版，第132—133页。
④ 史军超：《论"和夷"——兼及哈尼族历史文化渊源》，《云南民族学院学报》（哲学社会科学版）2002年第5期。
⑤ 李宗放：《和夷诸解与我见》，《西南民族学院学报》（哲学社会科学版）1997年第6期。

山谓之和，山顶谓之葱路……"①《蛮书》对乌蛮言语中的"和"做了进一步的解释和列举："渠敛赵，本河东州也。西岩有石和城。乌蛮谓之土山坡陀者，谓此州城及大和城，俱在陂陀山上故也。"②看来，"和蛮"这一民族名称之所以为"和"，一开始应该是乌蛮、白蛮等对其之称呼。乌蛮、白蛮与和蛮族属来源相同，皆出自于氐羌，乌蛮与和蛮还是亲缘民族，两族活动紧密相连，乌蛮、白蛮应该知晓之前历史时期的和夷，正因如此，他们才对和夷的后裔仍然以"和"称呼。哈尼族自称皆为哈尼或豪尼、和泥、黑泥。"尼"为"人"或"族"，哈、豪、和、黑皆从"和"音，与"尼"相连一起使用，都是"和人""和族"的意思。和夷、和蛮、斡泥、禾泥、倭泥、窝泥、俄泥、阿泥、哈泥，其中的斡、禾、倭、窝、俄、阿、哈，皆从"和"音，都是"和人""和族"之意。可见，从公元前3世纪起，哈尼族2000多年来皆沿袭着一个统一的族称"和人"，从民族名称上反映出历史相袭与继承。

《中国少数民族》一书提出："根据史籍记载，公元前三世纪活动于大渡河以南的'和夷'部落，可能就是今天哈尼族的先民。"③

《云南少数民族》一书认为："从哈尼族历史及其由北往南迁徙的路线来分析，公元前三世纪，和夷所居的今大渡河之南、雅砻江之东所源出的连三海周围，或大渡河与金沙江交汇的地区，可能是哈尼族传说中的'努美阿玛'发源地。"④

可见，《尚书·禹贡》这一记载对后世影响深远，学界普遍认为"和夷"为哈尼族先民或包括了哈尼族的先民。"公元前三世纪"往往被视为哈尼族历史的上限，也是哈尼族迁徙历史的上限。和夷所居的大渡河以南、雅砻江以东，即为哈尼族历史迁徙的起点。

王尔松先生《哈尼族文化研究》一书据中央王朝设郡县的惯常做法，认为"早在公元前二世纪滇池区域以南的泸江流域一带，已有哈尼族先民'和'部族"，因为"律高等四县的设治从西汉到唐初，始终作为一个

---

① （唐）樊绰撰：《云南志补注》，向达原校，木芹补注，云南人民出版社1995年版，第119页。

② （唐）樊绰撰：《云南志补注》，向达原校，木芹补注，云南人民出版社1995年版，第75页。

③ 《中国少数民族》编写组：《中国少数民族》，人民出版社1981年版，第334页。

④ 云南省历史研究所：《云南少数民族》，云南人民出版社1983年版，第82页。

区域看待……都说明律高等四县是一个族属集团，即今哈尼族先民，说明泸水流域最早的居民是哈尼族"①。

李宣林教授《哈尼族的历史渊源及社会发展》一文说："据《华阳国志·南中志》载：公元前二世纪时，叟族即已生活在滇池地区，并已经进入'耕田有邑聚'的农业定居社会。滇池以南的泸江（古称南桥水，亦称梁水）流域，在公元前二世纪已经有部落组织，他们就是唐代的'和蛮'。"这一结论的主要依据是"位于泸江流域的律高等四县，是同一个族姓集团，所以由汉朝至唐初，它始终作为一个设治区域而无大的改变。""从东晋直至隋唐时期，滇东的爨氏，凭借叟族集团的力量而盘踞云南，梁水郡也受爨氏的统治，成为西爨区域的一部分。在这约三百年的时期里，有部分叟族迁移到了梁水郡地区与哈尼族先民杂居，又有一部分哈尼族先民向东南或西南迁徙，到红河东南的六诏山一带以及红河以西的澜沧江地区。"② 文章指出哈尼族定居泸江流域的时间为公元前2世纪，前往六诏山、澜沧江等地区的时间在东晋至隋唐时期。

王尔松、李宣林两位学者关于哈尼族先民抵滇时间的观点一致，皆认为是在公元前2世纪，即秦汉时期。这一说法具有可信度。关于哈尼族形成的历史时期，史学界的结论为："南北朝以后，从原来的僰、叟、昆明族中分化出另一个民族集体，称为'和蛮'。"③ 哈尼族先民"和蛮"作为民族专称真正进入史学家视野是在唐初。《新唐书·南蛮传下》记载："显庆元年（656年），西洱河大首领杨栋附显、和蛮大首领王罗祁、郎昆梨盘四州大首领王伽冲率部落四千人归附，入朝贡方物。"④ 唐玄宗开元二十二年（734年）前后，唐朝宰相张九龄的《敕安南首领爨仁哲书》中，有"和蛮大鬼主孟谷悮"。⑤ 史学界认为王罗祁统辖的"和蛮"部落分布在今楚雄州南部至思茅区一带，其东部即与时间稍后的孟谷悮统辖的"和蛮"地区相连接；孟谷悮统辖的和蛮部落分布在今云南省文山州、红

---

① 王尔松：《哈尼族文化研究》，中央民族学院出版社1994年版，第3页。
② 李宣林：《哈尼族的历史渊源及社会发展》，《云南民族学院学报》（哲学社会科学版）1994年第3期。
③ 尤中：《中国西南民族史》，云南人民出版社1985年版，第264页。
④ （宋）欧阳修等：《新唐书》卷222下《南蛮传下》，中华书局1975年版，第6322页。
⑤ （唐）张九龄著：《曲江集》，刘斯翰校注，广东人民出版社1986年版，第508页。

河州一带。① 也就是说，到唐初，哈尼族已大致形成目前的分布格局，并且"当时的和蛮已经出现了大的政治势力"②。上述情况说明，哈尼族先民至唐初前已在滇南居住了不短的时间，否则不可能在当地形成大的政治势力，也不可能在当时形成如此广阔的分布空间，由此反映出哈尼族很可能在更早的秦汉时已入滇。

《哈尼阿培聪坡坡》收集、整理者史军超先生对哈尼族口述史中的迁徙历史做了分期：惹罗普楚和诺马阿美时期，时当新石器晚期至春秋战国之际；从大渡河、雅砻江、安宁河流域向云南高原辗转迁徙时期，时当春秋战国至唐宋之际；开发、建设滇南哀牢山、无量山和红河、把边江、澜沧江"三江两山"时期，时当唐宋元明清诸朝，至新中国成立。③

李力路《试论〈哈尼阿培聪坡坡〉所载各迁徙阶段的历史分期》以史学界"哈尼人最迟已于唐朝年间到达红河地区"这一研究结论作为断代基点，根据《哈尼阿培聪坡坡》所述谷哈密查时期哈尼人学会"烧石化水""造犁铸剑"这一重要信息，结合昆明地区最早出现炼铁技术的考古学研究成果，以三尖叉、辒车、父子连名制、南中大姓及史诗描述的社会氛围等相关资料为辅助，判断哈尼人在谷哈密查的生活年代为西汉末年到东汉末年。据此，推导出哈尼族在其他迁徙阶段生活的年代：色厄作娘——西汉末年（史诗载哈尼人在此地生活了3年），诺马阿美——战国末年到西汉末年（史诗载哈尼人在此地生活了13辈），惹罗普楚——战国末年，嘎鲁嘎则——春秋末或战国初（史诗载哈尼人在此地生活了两辈），什虽湖、虎尼虎那——原始族群时期。④

白永芳《哈尼族服饰文化中的历史记忆——以云南省绿春县"窝拖布玛"为例》一书借由服饰研究，将服饰语言置于动态历史语境加以解读，追寻其所可能隐含的历史信息，从而对哈尼人迁徙口述史中指涉的古代历史时期、古代地名以及历史上的族群互动进行了梳理，提出作者的解释和观点，从服饰文化的角度为哈尼族历史与迁徙的认识和理解提供了一个新视野。但也因为该书是借由服饰元素展开的"历史阐释"，所依托的

---

① 尤中：《云南民族史》，云南大学出版社1994年版，第118页。
② 王文光：《中国民族发展史》，民族出版社2005年版，第507页。
③ 史军超：《哈尼族文学史》，云南民族出版社1998年版，第37—41页。
④ 李力路：《试论〈哈尼阿培聪坡坡〉所载各迁徙阶段的历史分期》，《红河学院学报》2008年第6期。

时空线索是《哈尼阿培聪坡坡》构建的时空框架,所凭借的资料主要是哈尼族口述史、传说,虽然作者极力将服饰习俗与口述资料、田野调查、史籍记载、考古资料联系起来相互印证,但还是显得证据不足,某些观点有失偏颇。该书提出蜀国为哈尼族先民所建的观点,认为:"嘎鲁嘎则"时期即古蜀之"蚕丛"时代的开始时期,"嘎鲁嘎则"属地即岷山北段;"惹罗普楚"时期即"蚕丛"时代的结束、"鱼凫"时代的开始,"惹罗普楚"即今岷江上游茂县一代;"诺玛阿美"初期为"鱼凫"晚期,之后即古蜀之"杜宇"时代,"诺玛阿美"属地即今日之成都平原。① 观点依据来源于对口述史内容的分析,以及将哈尼族服饰、考古资料与口述史联系起来所做出的推测。需要注意的是,作者对考古资料的运用和解读有时难免随意。如:作者将四川省茂县营盘山遗址土壤是黄色、出土酒具、出土铜器等信息、考古学材料与口述史所描述的惹罗普楚土壤为黄色、哈尼先民已掌握酿酒和冶炼技术等内容联系起来,推测营盘山为哈尼族口述史中的惹罗普楚,认为营盘山先民为哈尼族人。作者将三星堆出土的"权杖"与《哈尼阿培聪坡坡》中诺马阿美时期哈尼族大头人"乌木"的"木杖"及哈尼族传说中的"木杖"联系起来,认为三星堆出土青铜大立人为哈尼族"乌木",并进一步将乌木与古蜀王杜宇联系在一起。关于古蜀人的族属,学术界的普遍观点为出自岷江上游的氐羌,认为蜀人为氐羌系的一支,或至少也承认,蜀人与氐羌在族属上存在某种间接关系。② 分布在西南的氐羌后裔形成了很多民族,哈尼族为其中之一,作者仅凭口述史反映的一些信息就将古蜀人、蜀国与哈尼族先民画等号,依据不足。该书对哈尼族迁徙历史研究有一定启发,但其价值主要在于民俗学领域。

在东南亚阿卡人的迁徙研究中,美国学者格朗菲尔德所著《泰国密林中的游迁者——阿卡人》一书具有较大影响力,毛佑全、杨六金等学者的相关论著借鉴过其观点。该书认为:阿卡人祖先大概住在今西藏东部的边境地方,大约在公元前2世纪的时候,阿卡人和罗罗人离开了这部分

---

① 白永芳:《哈尼族服饰文化中的历史记忆——以云南省绿春县"窝拖布玛"为例》,云南人民出版社2013年版,第320—321页。

② 童恩正:《古代的巴蜀》,四川人民出版社1979年版,第55—56页;袁庭栋:《巴蜀文化》,辽宁教育出版社1991年版,第6—7页;李绍明:《古蜀人的来源与族属问题》,载李绍明、林向、赵殿增主编《三星堆与巴蜀文化》,巴蜀书社1993年版,第13—14页;段渝:《政治结构与文化模式·巴蜀古代文明研究》,学林出版社1999年版,第20—22页。

山区。他们从西藏继续往东南逐渐迁徙进入现在的四川南部和云南地区,后来分开,有一支阿卡人的祖先比别的罗罗更为南进。在公元7世纪的时候,这部分罗罗族群分布在云南最南端,在那里他们逐渐形成与别的罗罗迥然不同的文化,接着便自称"阿卡"。有些诗句描述了一场"大火"——一次大的灾难迫使阿卡人逃到丛林密布的高山地带。根据阿卡人的族谱,阿卡人的这次逃难发生在距今大约30代人以前,700年前左右,即13世纪,那时正是忽必烈大举入侵中原之时。几世纪以来,为了免遭周围强大族群的压迫,或是逃避瘟疫传染,或是寻求肥沃的土地,他们缓慢而稳妥地逐渐南迁。19世纪末期,云南处在大动乱的时候,阿卡人的先头部分定居在中国云南南部边境。可是,在那里他们又处于在缅甸的英国和在印度支那的法国两大殖民势力的斗争范围之内。这样,一些阿卡人继续南迁,一部分进入缅甸,另一部分进入老挝。后来一些阿卡人又从缅甸涌入泰国。在泰国的第一个阿卡寨子建于1905年,第二个寨子可能直到1925年才建立。现在居住在泰国的大多数阿卡人是些移民,或者是第二次世界大战后到达的移民子孙。他们逃离缅甸是因为1948年英国统治者撤离后不过几年的时间,在缅甸东部山区爆发了缅甸人和掸族人之间的内战,阿卡人为避开战争,从缅甸迁入泰国北部边境地区。[①] 该书是一部西方文化历史学家的调查报告,作者的目的在于记录和描述泰国阿卡人山地生活情况、风俗习惯及传统继承中遇到的新问题,而不是对阿卡人的历史进行专门、深入研究。

何平教授《云南边境地区和境外诸国的阿卡人及其与哈尼族的历史文化关系》一文对国外研究资料中关于哈尼族迁徙到东南亚各国的时间与原因进行了总结:哈尼——阿卡族群最早进入的东南亚国家是越南。据居住在越南的哈尼——阿卡人说,他们的祖先是从中国云南省金平县、绿春县迁入越南的,时间距今大约有300年;居住在老街的哈尼——阿卡人迁入的时间较晚,他们称他们的祖先大约是在170多年前从中国云南省"睿伽县"迁入,后来又有人陆续从金平县迁入,他们所说的睿伽县可能就是今天云南省的马关县。阿卡人在19世纪才进入今天的老挝和缅甸。在19世纪上半叶,老挝开始出现阿卡人定居点;更多的阿卡人则是在19

---

① [美] F. V. 格朗菲尔德:《泰国密林中的游迁者——阿卡人》,刘彭陶译,载云南省民族研究所编印《民族研究译丛》(5),1983年,第12—17页。

世纪50—70年代云南境内发生的杜文秀起义失败后为躲避战乱而迁徙到老挝；1880年，文献开始提到缅甸掸邦的阿卡人村寨。泰国的阿卡人大多数是最近130—150年间从邻近国家迁徙过去的。据记载，大约在1903年，泰国北部开始出现第一个阿卡人村寨，1925年，出现第二个阿卡人村寨；今天居住在泰国的阿卡人大多数是20世纪中期从缅甸迁徙过去的，当时，缅甸人和掸族之间发生了战争，居住在今天掸邦一带的阿卡人便纷纷逃往泰国；也有一小部分阿卡人是从老挝进入泰国的。①

周建新、范宏贵《中老跨国民族及其族群关系》一文，根据中国中央王朝在相关地区设置机构的事件，推断哈尼族先民进入老挝地界的时间。明王朝于明永乐二年（1404年）设置老挝军民宣慰使司，其首府为琅勃拉邦，现丰沙里的部分地区归其管辖。明王朝又于宣德八年（1433年）在今元江、墨江、江城一片设置云南钮兀御夷长官司，这一地区的居民以哈尼族先民为主。据此，周建新、范宏贵《中老跨国民族及其族群关系》一文认为哈尼族约于公元1433年前后进入老挝地界。② 其实，哈尼族先民进入老挝的时间比这一时间更早得多。早在元代，中国中央王朝于今老挝地界琅勃拉邦设置老告军民总管府，于今越南莱州境内设置宁元州，于今泰国北部清迈一带设置八百等处宣慰司。甚至远至唐时，西部区域和蛮首领王罗祁、东部区域和蛮首领孟谷惧统辖的南延地带，即今老挝、越南、缅甸，并不排除已有哈尼族先民分布的可能性，只是人口还较少，没有后世元明清时期的人口那么多。

综上所述，学界对哈尼族迁徙时间的着眼点不一，观点也不一致。早期成果认为哈尼族于公元前3世纪生活于大渡河之南安宁河流域。史军超、白永芳、李力路等学者的关注点在于口述史中哈尼族的历史分期，试图将口述史中涉及的历史阶段与汉文历史分期对应起来。王尔松、李宣林根据中央王朝郡县设置惯常做法提出的哈尼族先民于公元前2世纪入滇的论断，为哈尼族历史研究提供了一个新的线索。哈尼族进入老挝、越南、缅甸的时间很早。哈尼族迁居泰国的时间不过百年，泰国阿卡人对这段历史尚保留有较为清晰的记忆。

---

① 何平：《云南边境地区和境外诸国的阿卡人及其与哈尼族的历史文化关系》，《中央民族大学学报》（哲学社会科学版）2012年第5期。

② 周建新、范宏贵：《中老跨国民族及其族群关系》，《民族研究》2000年第5期。

2. 迁徙路线的研究

《哈尼族简史》第二章内容为"族源和迁徙",简要复述了哈尼族民间传说中的迁徙过程:"据哈尼族最集中的哀牢山区墨江、红河、元阳、绿春一带的普遍传说,其先民原游牧于遥远的北方一条江边的'努美阿玛'平原。后逐渐向南迁徙,中途曾一度在名叫'谷哈'的湖滨平原停留过。然后又分别南下至景东、新平(西部)、镇沅、景谷和建水、石屏、蒙自,继而至元江、墨江、红河、元阳、江城及西双版纳等地。"[①]"哈尼族先民自以'和夷'名称出现于大渡河流域后,继续向东南、南、西南三路迁徙,其活动及于川、黔、滇三省安宁河、大凉山、乌蒙山、六诏山和哀牢山广大地区,与其他乌蛮部落的活动密切相关。"[②] 但作为一本民族简史,要具有综合性,需兼顾该民族不同历史阶段的政治、经济、文化等方方面面,所以即使哈尼族的迁徙在其历史上固然重要,但只能是简史中篇幅不大的一个部分,且由于资料、时间、撰写者精力等因素限制,很多话题只能点到为止,无法从过程、特点、原因、影响等各方面对哈尼族迁徙史进行全面、深入的探索,故而需要后续者们做进一步专题研究。

《云南少数民族》一书对哈尼族历史迁徙表述曰:哈尼族先民迁离"努美阿玛"后分两条路线往南迁徙:一条即早先的和夷自川西南迁经昆明一带,再往南迁至滇东南的六诏山地区;一条自滇西北南迁经大理湖滨平坝,然后又分别南下到今哀牢山、无量山区的景东、新平(西部)、镇沅、景谷和建水、石屏、蒙自,继而至元江、墨江、红河、元阳、江城及西双版纳等地。[③] 但该书未对此观点进行论述,也没有给出依据。

哈尼族迁徙史诗《哈尼阿培聪坡坡》勾划出这样的迁徙路线:虎尼虎那—什虽湖—嘎鲁嘎则—惹罗普楚—诺马阿美—色厄作娘—谷哈密查—红河南岸哀牢山。困难在于对这些古哈尼语地名的汉语确认和历史时期的确定。

毛佑全先生《哈尼族原始族称、族源及其迁徙活动探析》一文勾勒出哈尼族先民的迁徙经历:"据有关汉文史籍记载,大约在公元前三世纪(战国时期)时,作为'和夷'组成部分的哈尼族先民已进入母系氏族社

[①] 《哈尼族简史》编写组:《哈尼族简史》,云南人民出版社1985年版,第18页。
[②] 《哈尼族简史》编写组:《哈尼族简史》,云南人民出版社1985年版,第28页。
[③] 云南省历史研究所:《云南少数民族》,云南人民出版社1983年版,第82页。

会晚期，将今四川省西南部的大渡河沿岸作为自己的活动中心，揭开了原始农耕生活的序幕。……秦汉之际，这里的哈尼族先民'和泥'人逐渐南迁，进入今云南省境内，活动于滇东北、滇西北直至洱海、滇池岸边广大地区。……为了寻求适宜于自身生存、发展的'理想王国'，又开始艰辛的南迁活动。据有关史籍记载和哈尼族分布的历史地理趋势分析，这次南迁活动路线不只是沿今昭通、曲靖一带至滇东南六诏山区和洱海岸边至巍山、景东、镇沅、墨江、元江、普洱、西双版纳两条，还应当有经今安宁、易门、峨山、石屏、建水等地，直至红河（礼社江）南岸哀牢山区这样一条哈尼族南迁路线。"[1] 文章勾勒的哈尼族先民迁徙过程时空脉络清晰，但没有进行论证。

　　黄绍文提出哈尼族离开诺马阿美后的3条迁徙路线：第一，东线。自四川省凉山州境内西昌一带起，向东至金沙江西岸的金阳县，并在此分两路。一路自金阳—大关—彝良—威信、镇雄—毕节、大方、赫章、威宁。另一路自金阳—昭通—鲁甸—会泽—东川—寻甸、马龙—陆良、师宗、罗平—泸西—六诏山区的丘北、开远、砚山、西畴、文山、马关、麻栗坡。至清朝康熙年间，这一地区哈尼族由于受战争和人口迁入的影响，部分迁入哀牢山区，余下融于当地民族。第二，中线。自西昌向南，经德昌、米易、会理等地至云南元谋县北境的姜驿分出西线和南线（中线）。南线自姜驿—元谋—武定、禄劝—禄丰—安宁、易门、晋宁—玉溪—江川—通海—建水、石屏，然后南渡红河抵达元阳、红河、绿春、金平，直至越南莱州省北部山区靠中越边境一带。第三，西线。自姜驿溯金沙江而上至攀枝花后，沿江往西至永胜县南境涛源一带，折向南来到宾川县洱海之滨，再往东南的祥云、弥渡—南华—楚雄—双柏后，进入无量山和哀牢山区的景东、镇沅、新平、元江、墨江、景谷、普洱、宁洱、澜沧、江城以及西双版纳的景洪、勐海、勐腊等地，直至老挝北部丰沙里、本再、孟夸、南帕河一带和缅甸北部景栋一带以及泰国北部清迈府祖艾县和清莱府的媚赛、媚占、清孔、清盛等县。[2] 黄绍文绘制出的哈尼族历史迁徙路线非常具体，其依据是哈尼族大致历史分布地和传说，但作者没有给出推导出如

---

[1] 毛佑全：《哈尼族原始族称、族源及其迁徙活动探析》，《云南社会科学》1989年第5期。

[2] 黄绍文：《诺玛阿美到哀牢山——哈尼族文化地理研究》，云南民族出版社2007年版，第43—44页。

此详细路线的其他证据与论证的依据。

毛佑全先生另文《东南亚哈尼族源流及其社会生产概观》一文简要介绍了哈尼族迁至境外的历程：大约在公元 8 世纪之前，哈尼族的祖先已开始从中国云南省的金平、绿春等地迁入越南莱州省定居，越南黄连山省哈尼族中的大部分人约在 150 年前由云南省元江出发进入越南，最后定居在越南黄连山省巴沙县的阿芦乡；老挝的卡戈人为来自云南边境的哈尼族先民，老挝丰沙县的一部分卡戈人融合了来自中国的湖南、湖北和贵州的汉族；缅甸的高族很可能是从中国的滇南（西双版纳）迁去的；泰国哈尼族中的大部分人是从缅甸掸邦迁入的。[①] 但作者未给出提出这些结论的具体依据。

杨六金教授《国际哈尼/阿卡历史源流探究》一文认为："从上述国内外哈尼/阿卡历史迁徙路线看，今分布在中国云南与中南半岛越南、老挝、缅甸和泰国的哈尼/阿卡先民原游牧于遥远的北方一条江边的'努玛阿美'（今四川省大渡河以南、雅砻江以东的连三海周围）平原生活。后逐渐向南迁徙，中途曾一度在名叫'谷哈'（今昆明滇池周围）的湖滨平原停留过。然后又分三路南下：一是从昆明、开远、蒙自、建水、石屏、元阳、金平等县境；二是从昆明、玉溪、通海、建水、石屏、元江，继而至红河、元阳、绿春、金平等县境；少数哈尼先民从绿春、金平两县迁入越南境内；三是从昆明、景东、景谷、峨山、新平、元江、墨江、普洱等地和西双版纳全境。然后从西双版纳边境地区迁入缅甸、老挝，19 世纪末至 20 世纪初期，居住在缅甸的部分阿卡人，从缅甸边境地区迁入泰国北部山区和老挝边境地区。"[②] 作者做出这样的推断，主要根据金平、绿春哈尼族的民间传说、越南莱州省封土县瑶山社哈尼族老人李先生的讲述、越南巴沙县雨底村吴氏家族谱系中记述的内容、老挝哈尼族和阿卡的传说，而哈尼族进入缅甸、泰国的迁徙情况，借助了美国学者格朗菲尔德所著《泰国密林中的游迁者——阿卡人》一书的结论。

杨六金教授另文《缅甸的哈尼族——阿卡》一文称：现在居住在缅甸境内的"平头阿卡"和"尖头阿卡"显然是从与缅甸接壤的我国勐海、

---

① 毛佑全：《东南亚哈尼族源流及其社会生产概观》，《中央民族学院学报》（哲学社会科学版）1990 年第 2 期。

② 杨六金：《国际哈尼/阿卡历史源流探究》，《红河学院学报》2011 年第 6 期。

澜沧、孟连等县边境地区迁过去的。①

据美国学者珍妮·汉克斯的调查，有一支以觉伟人（Coeg'oe）为主的阿卡人，最先从中国出发，在缅甸掸邦定居了很久之后，进入了泰国北部山区。②

从上述研究可见，学者们主要是借助口述史和民族学田野调查资料作为推断依据，同时，一些结论的提出缺乏必要的论证过程和其他有说服力的证据。对于迁徙方向，已经形成哈尼族从北向南迁徙的一致观点，普遍赞同哈尼族先民从西北甘青高原向西南迁徙达云南而后蔓延至东南亚越南、老挝、缅甸、泰国的这一自北向南的纵向大方向迁徙路线。其实，从西南民族史的视野来看，哈尼族先民这一大尺度的迁徙时空和路线，就是学术界所称的"藏彝民族走廊"。哈尼族的母体氐羌族群"从新石器时代以来就不断地南下，在一个很长时期内未曾中断过。其迁徙路线，应当是沿着岷江、雅砻江及横断山脉的几条大河——怒江、澜沧江、金沙江河谷通道，即学界所称的'藏彝民族走廊'南下到达了西南地区，至青铜时代连绵不绝"③。

3. 迁居地名的研究

对哈尼族口述史中指涉的哈尼语古地名的确认，也是哈尼族历史迁徙研究的一个难点。有些古地名，较易确认，如"石七"即石屏县，"那妥"即通海县。但对其他一些古地名，看法不一。

在哈尼族的历史记忆中，诺马阿美是哈尼民族特征形成的祖居地。对诺马阿美的地理位置，有多种看法，但都认可诺马阿美位于今四川省境内。主流观点认为诺马阿美在今四川省雅砻江、安宁河流域；第二种观点认为诺马阿美在今四川凉山礼州一带④；第三种观点认为诺马阿美在西昌邛海湖滨或西昌之西的安宁河（阿泥河）河谷平坝⑤；第四种观点是近年

---

① 杨六金：《缅甸的哈尼族——阿卡》，《世界民族》1996年第2期。

② [美] 珍妮·汉克斯：《穿越时空的阿卡人》，许洁明译，载《首届哈尼族文化国际学术讨论会论文集》，云南民族出版社1996年版，第185页。

③ 王文光：《昆明族源流考释》，载王文光《民族史研究论稿》，云南大学出版社2007年版，第139页。

④ 朱文旭、李泽然：《哈尼族祖居地考》，《思想战线》1998年第2期。

⑤ 黄绍文：《哈尼族文化源地》，《红河学院学报》2005年第5期。

来提出的，认为诺马阿美在成都平原。① 前3种说法中的诺马阿美地理位置已很接近。

长石《历史的迹化——哈尼族送葬头饰"吴芭"初考》一文将史诗中的哈尼语古地名界定为："惹罗普楚""嘎鲁嘎则"——大渡河北岸之四川盆地与川西高原交缘地区；"什虽湖"——川西北高原与青南高原隼合之纵谷地区；"虎尼虎那"——巴颜喀拉山口两麓之黄河长江源出地区。② 白永芳《哈尼族服饰文化中的历史记忆——以云南省绿春县"窝拖布玛"为例》一书则认为："虎尼虎那"为昆仑山；"什虽湖"极可能是青海湖；"嘎鲁嘎则"位于青甘川交界；"惹罗普楚"位于岷江上游。③ 哲赫认为"惹罗普楚"在今甘肃省天水市一带。④

"谷哈"为哈尼先民进入红河南岸前的重要聚居地。《哈尼族简史》解释说："对于迁经'谷哈'有两种说法：红河、元阳一带的哈尼族，相传其祖先是经今昆明南下而来，'谷哈'即指今滇池昆明；新平哀牢山的哈尼族，则相传其祖先是经大理南下而来，'谷哈'系指洱海大理。"⑤ 毛佑全《哈尼族文化初探》沿袭《哈尼族简史》之说："'谷哈'，哈尼族传说中迁徙经过的地名，当指大理洱海沿岸和滇池岸边广大地区。"⑥《哈尼阿培聪坡坡》中注释："谷哈密查，指今昆明。今天哈尼族仍称昆明为谷哈。"⑦ 白永芳对"谷哈"即昆明作专文进行论证，依据主要有：《哈尼阿培聪坡坡》描述的"谷哈"地理特征与昆明地理状况吻合，天启《滇志》记载的昆明城北二十里有"阿泥井"与《哈尼阿培聪坡坡》叙述的哈尼扎密（哈尼语"姑娘"之意）在"谷哈"打出"窝尼井"相对

---

① 白永芳：《哈尼族服饰文化中的历史记忆——以云南省绿春县"窝拖布玛"为例》，云南人民出版社2013年版，第268页；哲赫：《哈尼考辩》，云南民族出版社2010年版，第36页。

② 长石：《历史的迹化——哈尼族送葬头饰"吴芭"初考》，《山茶》1988年第2期。

③ 白永芳：《哈尼族服饰文化中的历史记忆——以云南省绿春县"窝拖布玛"为例》，云南人民出版社2013年版，第318页。

④ 哲赫：《哈尼考辩》，云南民族出版社2010年版，第68页。

⑤ 《哈尼族简史》编写组：《哈尼族简史》，云南人民出版社1985年版，第18页。

⑥ 毛佑全：《哈尼族文化初探》，云南人民出版社1990年版，第8页。

⑦ 朱小和演唱、史军超等整理：《哈尼阿培聪坡坡》，云南民族出版社1986年版，第217页。

应。① 朱文旭、李泽然提出"谷哈"为今西昌的"邛海",主要依据是从语言学角度来看"邛海"古音正好读"谷哈",从"诺玛"(其认为"诺马阿美"在今四川凉山礼州)往南迁徙要经过"谷哈"的传说和实地相符。② 笔者认为:"谷哈"有多指,是一个随着民族迁徙而移动的地名,不同哈尼族地区所称的"谷哈"可能确有不同所指,但《哈尼阿培聪坡坡》中的"谷哈"当属昆明,笔者在元阳县箐口村调查时,村里的老人们称昆明为"谷哈"。

对于哈尼族古歌中的"色隅""色鱼""许余"古地名,史军超、白永芳等学者认为当指大理洱海地区,因与大理的古称楪榆、斯榆,在发音上相同或相近,西汉元封二年(前 108 年)设立益州郡时,大理之地即用楪榆之称。③ 但哲赫的观点是:哈尼族迁徙短歌《哈尼先祖过江来》、迁徙传说《哈尼阿培烟嘎》、殡葬祭歌《斯批黑遮》分别称为"色隅""色鱼""许余"之地,实为今四川雅安天全县始阳镇,而非大理,该地古称"斯榆""徙都",大理之"斯榆"是随蜀之"斯榆"人迁去的地名,最初的"斯榆"并不在大理。④ 学术界对哈尼族古歌中的"拉煞"有两种解释:"一说指现今的元江坝子;一说北方。也是哈尼祖先居住过的地方。"⑤ 哲赫指出北方的"拉煞"是今四川省攀枝花市盐边县永兴集镇,《斯批黑遮》收录的迁徙史诗《寻找祖先的足迹》中提到的"拉煞"即此地,而非南方的元江拉煞。⑥ 笔者认为,哈尼族迁徙史诗中的地名确实存在南北方同名不同地的情况,这不能排除先人们从北方迁徙到南方后将北方地名带到南方的可能,但同一个地名究竟指的是北方的地名,还是南方的地名,要看具体的史诗内容来定,因为不同史诗中提到的同名地名会有不同指涉。如《哈尼阿培聪坡坡》中的"色厄"当指大理洱海地区,

---

① 白永芳:《哈尼族口述史地名"谷哈"考及哈尼族南迁历史》,《云南师范大学学报》(哲学社会科学版)2013 年第 2 期。

② 朱文旭、李泽然:《哈尼族祖居地考》,《思想战线》1998 年第 2 期。

③ 史军超:《哈尼族文学史》,云南民族出版社 1998 年版,第 377 页;白永芳:《哈尼族口述史地名"谷哈"考及哈尼族南迁历史》,《云南师范大学学报》(哲学社会科学版)2013 年第 2 期。

④ 哲赫:《哈尼考辩》,云南民族出版社 2010 年版,第 54—56 页。

⑤ 赵呼础、李七周演唱,李期博、米娜整理:《斯批黑遮》,云南民族出版社 1990 年版,第 129 页。

⑥ 哲赫:《哈尼考辩》,云南民族出版社 2010 年版,第 57—58 页。

《寻找祖先的足迹》《普嘎纳嘎》中的"许余""拉煞"为北方的地名，而《杜达纳嘎》中的"腊萨"为南方的地名，即今天的元江县。

4. 族群关系的研究

口述史对哈尼族与其他民族的共生、交流、联姻、矛盾、战争等情况进行了细致叙述，今人对口述史中与哈尼族发生关系的民族名称做了一定考释，但研究迁徙过程中族群关系的专题成果还未出现。

对于所涉族群对应的今天民族，《哈尼阿培聪坡坡》中的注释如下：阿撮——"据传为傣族，不祥"；那扎——"其他民族的统称"；腊伯——"汉、彝、白等族的总称，外族"；摆夷——"傣族"；哈厄——"哈（读上声），此处意为鸡；厄，水。哈厄意为住在水边像白鸡样白的人"；蒲尼——"异族，一说汉族，可能指包括汉彝等族在内的多种民族先民"。[1] 白永芳、哲赫认为"蒲尼"为"濮人"。[2] 白永芳认为"腊伯"为"巴人"。[3]《寻找祖先的足迹》提到的族群"那然"被注释为"外族名称，有的地方称'腊伯'"。[4]

5. 迁徙原因的研究

根据《哈尼阿培聪坡坡》的记述，哈尼族最早居住于遥远北方的"虎尼虎那"（红色石头和黑色石头）高山；由于食物减少，南迁到水草丰美的"什虽湖"边；由于山林起火，又南迁到龙竹成林的"嘎鲁嘎则"；由于与原住民族"阿撮"产生矛盾，继续南迁到雨量充沛的温湿河谷"惹罗普楚"；因瘟疫流行而不得不再次南迁，来到两条河水环绕的美丽平原"诺马阿美"；由于受到一个叫作"腊伯"的民族的觊觎而被卷入战争，哈尼族战败离开"诺马阿美"，南迁到一个大海边的平坝"色厄作娘"；为了避免民族关系恶化，不久，又东迁到"谷哈密查"，获得原住民族"蒲尼"的允许，居住下来；当哈尼族人口繁衍，经济大发展时，

---

[1] 朱小和演唱、史军超等整理：《哈尼阿培聪坡坡》，云南民族出版社1986年版，第213—217页。

[2] 白永芳：《哈尼族服饰文化中的历史记忆——以云南省绿春县"窝拖布玛"为例》，云南人民出版社2013年版，第303页；哲赫：《哈尼考辩》，云南民族出版社2010年版，第104页。

[3] 白永芳：《哈尼族服饰文化中的历史记忆——以云南省绿春县"窝拖布玛"为例》，云南人民出版社2013年版，第283页。

[4] 赵呼础、李七周演唱，李期博、米娜整理：《斯批黑遮》，云南民族出版社1990年版，第131页。

蒲尼出于惧怕而发动战争，哈尼险些灭族，战败南迁，经"那妥""石七"等地，最后南渡红河，进入哀牢山区，生存繁衍。①

《雅尼雅嘎赞嘎》讲述了由于彝族入侵，雅尼战败而迁离"加滇"；为避免战争而将"孟乌"让给外来入侵者；由于与傣族产生矛盾、战争失败，雅尼迁离"广景城"；由于族内矛盾，雅尼各支系相继迁离"景兰"（今景洪市）；迁离景兰后，雅尼一支则交居住在"曼尾"，后来，由于与傣族发生战争，被迫迁移到山上定居；由于平坝流行瘟疫，雅尼另一支木达雅尼迁徙到山岗上定居；雅尼最大的一支则维，由于战争而迁离"尼洛"坝子，由于疾病和各族社会矛盾而离开"勐乌、勐约"，由于违反祖规招致灾祸而离开"纳米赞加"，由于发生不吉利之事而离开"南波"坝子，几经周折，最后来到"浓朗"（今勐海县格朗和乡）定居。②

罗丹和马翀炜教授的《哈尼族迁徙史的灾害叙事研究》一文，以哈尼族迁徙史诗为文本，在对几部代表性迁徙史诗中讲述到的所有大规模民族迁徙事件进行初步统计的基础上，得出"纯自然的以及人为诱发的自然性灾害是哈尼先民集体迁徙行动的主因，而由社会战争灾害诱发的空间位移行动则相对只是哈尼迁徙史中的小概率事件"之结论，论文在考察迁徙原因的基础上，从灾害应对、拓殖新的生存资源与空间的视角对哈尼族迁徙史进行了阐释。③

从上文列举的格朗菲尔德、何平等学者的阐述可知，哈尼族流入东南亚缅甸、泰国等国家的主要原因是为躲避战乱。

总之，关于哈尼族历史迁徙原因，哈尼族口述史有详细描述，弥补了汉文史籍的空白；在今人研究成果中，虽有提及，但尚未有人从人口增长、生产方式、经济生活、自然地理、战争动乱、民族关系、国家政策等内外动因出发进行全面、系统、深入的分析和论证，更缺乏从深层根源出发的深度研究。

6. 迁徙影响的研究

在目前，哈尼族迁徙影响研究成果很少。王清华教授《哈尼族的迁

---

① 朱小和演唱、史军超等整理：《哈尼阿培聪坡坡》，云南民族出版社1986年版。

② 批二演唱，施达、阿海收集整理：《雅尼雅嘎赞嘎》，载云南省少数民族古籍整理出版规划办公室编《云南少数民族古典史诗全集》，云南教育出版社2009年版，第717—780页。

③ 罗丹、马翀炜：《哈尼族迁徙史的灾害叙事研究》，《西南边疆民族研究》2017年第24辑。

徙与社会发展——哈尼族迁徙史诗研究》一文讨论了迁徙流动对哈尼族社会发展的影响,指出:"哈尼族是一个经历过长期迁徙的民族,它的社会发展和迁徙活动紧密相关。以迁徙为特征的历史活动几乎贯穿于哈尼族社会发展的始终,这就不可避免地造成社会发展的非稳定性。由于迁徙和定居的交替出现,经济生活平衡与不平衡的反复更迭,使哈尼族的社会发展出现周期性的破坏与重建,社会发展的进程因而受到极大的影响。"[①] 王清华教授《梯田文化论——哈尼族生态农业》一书对迁徙与农耕文化移置之间的关系进行了探索,认为:"也正因为长时期的迁徙,使哈尼族有机会在广阔的地理空间和社会空间中与众多的民族接触,从而形成了具有多元性特征和极富适应性的哈尼族农耕文化。"[②]

(二)哈尼族迁徙研究反思

综上所述,哈尼族迁徙研究以族源"氐羌北来说"为理论基础,以历史文献、口述史、族谱、服饰、语言等为依据,整理出哈尼族由北向南的迁徙历史线索。同时,对哈尼族迁徙史诗中重要的迁居地名做了一定考证,对迁徙时期、涉及族群、迁徙影响有所关注,对迁徙原因有所提及。但是,哈尼族迁徙研究存在不少问题。

其一,研究成果零碎松散,缺少哈尼族迁徙的历史学专题研究和系统论证。在哈尼学研究中,语言、原始宗教、文学艺术、民俗文化等领域的研究成果已较丰硕,但哈尼族迁徙历史研究成果少而散,且观点的提出往往缺少深入、严谨的历史学论证和有说服力的论据,上文罗列的文献情况,足以令人感受到这一点。哈尼族迁徙历史研究往往散见于哈尼族其他研究领域成果之中,只是作为诸如族源考证、史诗的文学分析、谱系研究、服饰文化解读与审美、农耕文化的成因、文化融合及传播、社会制度及社会发展等研究主题中的佐证。

其二,研究视野狭小,研究观念、研究方式有待改变。"在哈尼族言哈尼族",目前,哈尼族迁徙研究视野通常局限于哈尼族内部,特别热衷于在哈尼族口述史中研究哈尼族历史,而缺乏从中国国家发展历史与中国

[①] 王清华:《哈尼族的迁徙与社会发展——哈尼族迁徙史诗研究》,《云南社会科学》1995年第5期。

[②] 王清华:《梯田文化论——哈尼族生态农业》,云南人民出版社2010年版,第52—55页。

民族发展历史高度探寻哈尼族历史线索的宏观视野，缺少与西南民族史的整体发展及氐羌族群迁徙的长时段、大尺度时空背景的联系，与彝、傣、白等其他相关民族历史与迁徙的横向联系亦很少，只是在哈尼族个体中研究哈尼族，且过度纠结于哈尼族迁徙史诗透露的具体性细节，从而形成"不识庐山真面目，只缘身在此山中"之桎梏。而且，需要特别说明的是，在哈尼族历史研究中存在一种以偏概全的现象，即习惯以某地区、某支系的某部著名史诗来指代整个民族的历史。事实上，并非所有的哈尼族人群都在讲述同样内容的历史故事，所以，我们无法，也不能够以任何一部史诗来指代全体哈尼人的历史。同时，在对哈尼族口述史的态度与运用上，存在两种极端的误区：一种是视口述史为民间口头文学，对隐含其间的历史信息不屑注意，对其史学价值不予认可；另一种是奉口述史为真理，且心态急躁，只要能够支持自身观点，就不加判断拿来运用，或只以口述史为论据，没有运用其他材料。此外，在哈尼族研究中还存在一种现象，即构筑起自己的研究圈子，排斥与其他圈子学者对话，进入孤芳自赏、缺少学术交流、自说自话的研究死胡同。

其三，研究内容较为单一，更多研究空间有待开发。一直以来，哈尼族迁徙研究内容集中于迁徙路线、口述史中的迁徙时期和迁居地，且未取得较为一致的学术意见。关于哈尼族历史迁徙原因，虽然在哈尼族迁徙过程研究中会提及，但不是一笔带过，就是流于简单表述，而缺少从历史地理学、历史人类学等角度所做的全面、系统、深入的分析和论证，更缺乏文化深层根源的深度研究。哈尼族早期的迁徙活动，不仅对哈尼民族的形成、发展和今天哈尼族的分布格局有着直接影响，而且深深影响到哈尼族的社会结构、政治制度、生产生活、民俗文化、民族交往与融合等各方各面，但是，很少有学者涉足这一领域的研究。

总之，在未来的哈尼族迁徙历史研究中，应拓宽研究视野，改变固有研究观念，探索更为科学的研究方法，正确看待、合理运用口述史，除了继续对哈尼族迁徙路线、迁居地名、迁徙时间等问题进行严谨、深入的论证外，应重视和开拓迁徙原因、迁徙过程中的族群关系、迁徙影响等新领域的研究。

三 涉及理论

(一) 统一多民族中国形成与发展的"大一统"理论

"大一统"理论是中国传统政治哲学的核心内容，是推动国家统一、民族发展的历史主流思想，为中国各民族的共同心理特质和宝贵精神财富。

"大一统"的最初理念始见于《春秋·隐公元年》公羊传的注释。《春秋·隐公元年》原文为："元年，春，王正月。"《公羊传》注释曰："元年者何？君之始年也。春者何？岁之始也。王者孰谓？谓文王也。曷为先言王而后言正月？王正月也。何言乎王正月？大一统也。"① 春秋时期天下无道，诸侯争霸，周天子政治地位下降，故此处强调"王正月"正是为了重新确立周天子至高无上的统治地位，保证国家不分裂，表达出国家大一统的思想意识。这是"大一统"最初的含义。至汉武帝时期，董仲舒"罢黜百家，独尊儒术"的建议得到汉武帝采纳，呈现出思想文化大一统的形势。董仲舒把儒家的"尊王攘夷"学说发展为大一统思想，将民族和国家作为一个整体，并把大一统思想尊崇为"天地之常经，古今之通谊"。由是，大一统思想从意识形态层面为汉朝多民族大一统的政治格局提供了强有力的支撑。从此，大一统思想成为中国政治的核心价值取向，成为国人关注国家发展和前途命运的思维模式，成为中国人崇尚国家统一的心理特质。

尤中先生基于国家与民族的关系，提出"多元一统"一词，撰文论述中华民族于形成、发展中和中央王朝国家之间的关系。② 王文光先生从中国古代王朝国家的意识形态出发，通过国家观念、价值取向、政治制度、文化建设等多方视角，从理论上发展和完善了尤中先生提出的"多元一统"。王文光先生认为："多元一统"中的"多元"指中国历史上曾经有过但已经消亡的民族，以及现在还存在的中国各民族，每一个民族就是一元，"一统"指"大一统"的国家，因此"多元一统"指多民族共

---

① 许嘉璐主编：《文白对照十三经·春秋公羊传》，广东教育出版社1995年版，第1页。
② 尤中：《先秦至唐朝时期的中华民族——中华民族多元一统格局的历史形成和发展演变初论》，《云南社会科学》1990年第6期；尤中：《宋朝以后的中华民族——中华民族多元一统格局的历史形成和发展演变续论》，《云南社会科学》1991年第2期。

同生存于一个"大一统"国家之中并且与大一统国家互为发展的前提和条件。① 从秦汉时期建立多民族大一统国家开始，中国民族的发展即呈现出"多元一统"格局，后续历史时期，新的民族陆续分化出来并逐渐融进这一多民族大一统国家之中。这些民族在漫长历史时期里共同生活于大一统的中国，不断推进这个多民族大一统国家的发展，共同缔造了一个历史悠久、内涵丰富的统一多民族国家。王文光先生论述的"多元一统"与费孝通先生提出的"多元一体"两个概念是有区别的："多元一统"是从民族发展历史与国家发展历史的互动关系着眼，强调的是民族与国家的关系；"多元一体"概念是以中华民族为基点，着眼的是中国各民族之间的关系，强调的是中国民族的个体与整体的关系，目的是建设一个强大的中华民族。② 尤中先生提出、王文光先生论述的"多元一统"，是对"大一统"国家发展与民族发展历史关系的概括，是对中国民族发展规律的理论性总结。作为中国民族发展的整体观，中国民族发展的"多元一统"说是对统一多民族中国形成与发展的"大一统"理论的精辟补充，是"大一统"理论的核心内容和生动表现。

　　随着秦汉多民族大一统国家的建立和发展，统一多民族中国形成与发展的大一统理论开始具有新的含义，即对边疆民族的治理、维护多民族大一统国家的思想成为大一统理论的主题，也就是说大一统的思想不仅要求国家的政治、经济、文化各要素必须保持大一统，而且要保证边疆、民族的大一统。③ 可以从两个角度进一步解读这一含义：一方面，从中国多民族大一统国家发展的历史来看，多民族大一统中国的形成与发展就是历代统治者对边疆民族进行治理并且不断巩固的历史过程。中国是一个多民族大一统国家，几千年来，中国边疆虽多有变化，但边疆一直是少数民族分布区的历史格局从未改变。从本质上而言，中国历史上的边疆问题就是民族问题，是多民族大一统国家发展问题。因此，通过文治武功将边疆及边疆民族纳入多民族大一统国家的范围，对其进行有效治理，保持边疆民族

---

① 王文光：《"大一统"中国发展史与中国边疆民族发展的"多元一统"》，《中国边疆史地研究》2015 年第 4 期。
② 王文光：《"大一统"中国发展史与中国边疆民族发展的"多元一统"》，《中国边疆史地研究》2015 年第 4 期。
③ 王文光：《"大一统"中国发展史与中国边疆民族发展的"多元一统"》，《中国边疆史地研究》2015 年第 4 期。

凝聚于大一统状态之下，一贯是历代政治家的理想，也是他们建功立业的行动。另一方面，在看到大一统国家对边疆民族的整合和影响之时，必须注意到边疆民族在多民族大一统中国的形成与发展历史中的主体性。边疆民族在创造自己的历史时，必然有着特定的历史背景和其自身的文化准则、选择方式，从而在民族与国家互动过程中存在着因为相互形塑而孕育的地方性和王朝国家对边疆民族的凝聚机理。

经过几千年的实践，发展到近代，统一多民族中国形成与发展的大一统理论已经被赋予更加丰富的内涵，即多民族大一统国家应该处于国家疆域广大、民族众多、政治高度发达、国家权力高度集中的状态。[①]

总之，民族发展与国家发展之间具有互动性，中国统一多民族国家的历史从来都是由各民族共同创造的，中国大一统政治局面是由各民族一起维护发展的。中国边疆的形成、发展和各相关民族成为统一多民族国家成员的历史过程就是国家发展与民族发展的互动过程。中国民族发展的"多元一统"格局、国家与民族之间的这一互动关系，既在于中央王朝国家对各民族的经营、整合、凝聚，也在于各民族对中央王朝国家的选择、认同、融入。

哈尼族是在漫长历史迁徙过程中形成、发展起来的，哈尼先民的历史迁徙关乎哈尼族边地居住区的形成及其成为中国统一多民族国家一员的历史过程，是国家发展和民族发展互动关系的生动案例展示。以统一多民族中国形成与发展的大一统理论指导哈尼族迁徙历史研究，将哈尼族历史迁徙活动放置于统一多民族国家发展的宏大历史背景之下叙述，不仅能够生动地说明、展现民族发展与国家发展的互动关系，而且能够更为清晰、全面地发现哈尼族先民的迁徙历史。

（二）历史时段理论

历史时段理论即历史时间三分法，由年鉴学派第二代代表人物费尔南·布罗代尔提出。1946年5月，在《地中海与菲利普二世时代的地中海世界》序言中，布罗代尔表达出历史时间可分为"地理时间、社会时

[①] 王文光：《"大一统"中国发展史与中国边疆民族发展的"多元一统"》，《中国边疆史地研究》2015年第4期。

间和个人时间"的观点。① 1958 年,布罗代尔在《经济、社会、文化年鉴》第 4 期上发表了《历史学和社会科学:长时段》一文,明确将此 3 种历史时间称为长时段、中时段和短时段,全面阐述了其"历史时间三分法"观点,提出与这 3 种时段相对应的、分别称为"结构""局势""事件"的概念。短时段,即个体时间,与"事件"相关,所谓"事件"主要指历史上突发的事变,如革命、战争、地震、签订条约等。中时段,即社会时间,考察的是历史时间的大段落,以 10 年、20 年、50 年为一段进行研究,与"局势"相关,所谓"局势"即指在一定时期内发生变化、形成一定周期和规律的现象,如人口消长、生产增减、工资变化、物价升降等。长时段(包括超长时段),即地理时间,以世纪或更长的时间来度量,与"结构"有关,所谓"结构"是指历史上长期不变或变化极慢的现象,如地理、气候、生态环境、社会组织、思想传统等。布罗代尔认为:"短时段是所有时段中最变化莫测、最具欺骗性的",短时段的"事件"只是"闪光的尘埃",转瞬即逝,对整个历史进程只起微小的作用;中时段的"局势"对历史进程起着重要作用;长时段的"结构"是构成整个历史发展的基础,对历史进程起着长期、决定性的作用;历史无非是 3 种时段的辩证关系,历史学家不能只考虑短时段,而要看到历史的长时段,研究长时段的历史现象,才能从根本上把握历史,做"全面的历史"。②

历史时间三分法成为布罗代尔历史方法论的代表和缩影。"布罗代尔用长时段——地理时间——结构,中时段——社会时间——局势,短时段——个体时间——事件,作为'解释工具'来确定各种物质与非物质的因素对历史发展的不同程度的作用。过去,人们在解释历史时,或者只重视单一的因素:个人、思想、地理、政治、经济……;或者不分主次地把各种因素掺在一起;或者提出文化冲突、挑战与应战这类概念;布罗代尔用的是层次分解法,把影响历史进程的深层因素(各种结构)放在首位,其次是中层因素(经济局势),最后是昙花一现的'尘埃'(政治事

---

① [法]费尔南·布罗代尔:《地中海与菲利普二世时代的地中海世界》(第一卷),唐家龙、曾培耿等译,商务印书馆 2013 年版,第 10 页。

② [法]费尔南·布罗代尔:《历史学和社会科学:长时段》,载费尔南·布罗代尔《论历史》,北京大学出版社 2008 年版,第 27—60 页。

件)。"①

历史时间三分法是布罗代尔的一项独特创造,其成名作《地中海与菲利普二世时代的地中海世界》充分体现出这一历史研究方法。

《地中海与菲利普二世时代的地中海世界》一书由3个部分构成:第一部分详细描绘了地中海地区的山脉、高原、平原、海域、岛屿、气候、道路、城市,旨在通过介绍地理氛围弄清空间与时间、地理与历史的辩证关系。第二部分研究16世纪地中海地区的经济局势,包括距离、人口、经济模式、贵金属、货币、物价上涨、贸易、运输、财政、信贷、宗教、盗匪及菲利普二世时期的土耳其与西班牙帝国的社会、文明、战争形式等。第三部分为事件、政治和人,与传统史学的政治、军事、外交等历史相似,描述了土耳其和西班牙两大帝国在地中海地区争霸的过程。布罗代尔在这部书的序言中对这样的框架安排进行了解释:"本书共分三部分。每部分自成整体,单独阐明一个问题。第一部分论述一种几乎静止的历史——人同他周围环境的关系史。这是一种缓慢流逝、缓慢演变、经常出现反复和不断重新开始的周期性历史……几乎置身于时间之外的、与无生命事物打交道的历史。""在这种静止的历史之上,显现出另一种有别于它的、节奏缓慢的历史。人们或许会乐意称之为社会史,亦即群体和集团史。……这些深海暗流怎样掀动了地中海的生活,是我在本书的第二部分需要加以思考的。首先是依次对经济、国家、社会、文明等进行研究,最后是试图显示所有这些根深蒂固的力量在战争这个复杂的领域内怎样起作用。""最后是第三部分,即传统历史的部分,换言之,它不是人类规模的历史,而是个人规模的历史……这是表面的骚动,是潮汐在其强有力的运动中激起的波涛,是一种短促迅速和动荡的历史。""因此,我们终于能够把历史分解为几层平面。或者也可以说,我们终于能够在历史的时间中区别出地理时间、社会时间和个人时间。"②

布罗代尔的历史时段方法论在其《15至18世纪的物质文明、经济和资本主义》一书中依然可见。该书将400年的经济活动划分成3个层次:第一层为最基层,即人们的日常生活;第二层为形形色色的交换,亦即市

---

① 张芝联:《费尔南·布罗代尔的史学方法》,《历史研究》1986年第2期。
② [法]费尔南·布罗代尔:《地中海与菲利普二世时代的地中海世界》(第一卷),唐家龙、曾培耿等译,商务印书馆2013年版,第8—10页。

场经济——在布罗代尔看来，市场经济和资本主义经济为两个不同概念，前者不一定是资本主义性质的，有些时候，市场经济甚至是反资本主义经济的；第三层为资本主义，布罗代尔认为，资本主义的出现并非是一朝一夕的，其基础在于千百年来长时段的日常物质生活之中；中时段的"局势""经济周期"的演变在很大程度上影响了市场经济向资本主义经济转变，资本主义经济世界中心的相继出现及嬗递（意大利—荷兰—英国—美国）仅仅是短时段的一些表面变化。

布罗代尔的历史观和方法论，在史学界、社会科学界引起强烈反响。在其影响之下，史学家们纷纷研究历史上的经济、社会结构，研究"局势"，而抛开政治事件、人物。同时，也引爆了各种反对意见。传统史学家抨击其贬低政治事件、人物，缺乏系统的历史叙述，只热衷于统计图表和奇异术语。马克思主义史学家批评其忽略生产力和生产关系的变化与发展，抹杀阶级斗争的地位和作用。还有的历史学家指责其将"群众历史"（histoife massive）变为"被动历史"（histoife passive）。

总之，布罗代尔的史学观和史学方法纵然有其局限性，但依然有其合理性的一面，"从重视历史连续性的角度来看，布罗代尔强调'结构'的长期影响无疑是正确的"[①]。在以往有关民族迁徙动因的研究中，往往是不分层次地将各种因素罗列在一起，布罗代尔创造的历史时段理论为探讨哈尼族历史迁徙提供了可行的分析思路与研究视角。

四 研究资料

本选题研究既是历史学课题，也与民族学有关。在资料选取上，既要坚持历史学的严谨治学态度，讲究史料考辨，亦应吸纳民族学的视野与方法，注重田野调查。本选题研究将主要结合历史文献、哈尼族迁徙史诗、族谱、语言等资料。

（一）历史文献

历史文献中涉及哈尼族先民早期活动的记载非常稀少，明朝以后，与哈尼族先民有关的史料逐渐增多，特别是到了清朝，各地方志的编撰，为本研究的开展提供了重要的历史文献支持。有关哈尼族的史料主要分散在以下典籍之中：《尚书·禹贡》，宋代欧阳修等撰《新唐书》卷222下

[①] 张芝联：《费尔南·布罗代尔的史学方法》，《历史研究》1986年第2期。

《南蛮传下》，元代刘应李原编、詹友谅改编《大元混一方舆胜览》，元代李京撰《云南志略》，元代赵世延等撰《经世大典》，明代宋濂等撰《元史》，明代陈文修景泰《云南图经志书》，明代李贤等撰《大明一统志》，明代周季凤撰正德《云南志》，明代杨慎编辑《南诏野史》，明代李元阳纂万历《云南通志》，明代诸葛元声撰《滇史》，明代谢肇淛撰《滇略》，明代刘文征撰天启《滇志》，清代张廷玉等撰《明史》，清代范承勋、丁炜等修纂康熙《云南通志》，清康熙年间陈梦雷等编纂《古今图书集成》，清代鄂尔泰、靖道谟等修纂雍正《云南通志》，清代董诰等编《全唐文》卷287张九龄《敕安南首领爨仁哲等书》，清代阮元、王崧等修纂道光《云南通志稿》，清代王文韶、唐炯等修纂光绪《续云南通志稿》，民国赵尔巽等撰《清史稿》，民国袁嘉谷撰《滇绎》，民国周钟岳等纂《新纂云南通志》等，还有清代、民国、新中国成立后的相关地方志等史志资料。十分有幸的是，云南大学古永继教授通过多年的艰苦搜寻，将分散于浩如烟海的历史文献中的与哈尼族有关的很多史料析出，汇编整理出版，为哈尼族历史研究提供了极大便利。

（二）哈尼族迁徙史诗

在历史选题研究中，历史文献法是史学界采用最多的研究方法，文字史料也是学界公认的最具说服力的证据。哈尼族迁徙研究亦如此。但是，历史上，汉文史籍对哈尼族早期活动的记载极为稀少，由于哈尼族没有文字，所以，哈尼族迁徙史诗成为今人研究哈尼族历史的重要资料。

没有文字的哈尼族，通过祭司群体"摩批"以代代口耳相传的方式，将本民族的历史和文化传承下来，形成了丰富的哈尼古歌。哈尼古歌堪称哈尼族"无字的史书"。新中国成立后，尤其是从20世纪70年代末以来，哈尼族研究工作者们从哈尼民间挖掘、整理出大量哈尼古歌，迁徙古歌就是其中的一个部分，被称为迁徙史诗。哈尼族拥有庞大的迁徙史诗群，以《哈尼阿培聪坡坡》《雅尼雅嘎赞嘎》《普嘎纳嘎》《阿波仰者》最为著名。还有很多迁徙史诗，如《杜达纳嘎》《寻找祖先的足迹》《哈尼先祖过江来》《阿培搓》《哈尼都达哈巴》《然学徐阿》《普亚德亚佐亚》，以及《俄表咪表》创世古歌中的迁徙部分和流传于缅甸、老挝、泰国阿卡人中的长篇古歌《阿卡赞》里的迁徙部分。

《哈尼阿培聪坡坡》是最具代表性和影响力的哈尼族长篇迁徙史诗，长达5500行，系统地描述了哈尼族从诞生、发展到迁徙各地，直至今日所居之地的路线、历程、各迁居地的生产、生活、社会状况，以及与其他民族的关系，包括各次重大征战等历史状况。① 根据《哈尼阿培聪坡坡》的记述，哈尼族先民最早居住于遥远北方的"虎尼虎那"（红色石头和黑色石头）高山；由于食物减少，南迁到水草丰美的"什虽湖"边；由于山林起火，又南迁到龙竹成林的"嘎鲁嘎则"；由于与原住民族"阿撮"产生矛盾，又南迁到雨量充沛的温湿河谷"惹罗普楚"；因瘟疫流行而不得不继续南迁，来到两条河水环绕的美丽平原"诺马阿美"；由于受到一个叫作"腊伯"的民族的觊觎而被卷入战争，哈尼族战败离开"诺马阿美"，南迁到一个大海边的平坝"色厄作娘"；不久，又东迁到"谷哈密查"，获得原住民族"蒲尼"的允许，居住下来；当哈尼族人口繁衍，经济大大发展时，蒲尼出于惧怕而发动战争，哈尼族险些被灭族，战败南迁，经"那妥""石七"等地，最后南渡红河，进入哀牢山区，生存繁衍。②《哈尼阿培聪坡坡》成为学术界研究哈尼族历史和哈尼族迁徙经历的重要口述史料，史诗提到的古地名和迁徙路线既是哈尼族迁徙研究的重要对象，也是哈尼族迁徙研究的重要依据。

哈尼族的另外一部极具影响力的长篇迁徙史诗是《雅尼雅嘎赞嘎》，其意为"雅尼人的迁徙史"，流传于我国西双版纳和缅甸、老挝、泰国的哈尼族雅尼（阿卡）人中，是研究哈尼族支系雅尼人历史和迁徙的珍贵资料。史诗用很长的篇幅叙述哈尼人寻找理想之地加滇、开发加滇、治理加滇及失去加滇政权而迁离加滇、颠沛流离寻找新的家园的历史。③

（三）族谱、传说、服饰、语言等其他资料

作为不同的历史记忆手段，哈尼族族谱、传说、服饰和语言等元素也是研究哈尼族迁徙历史的重要资料。由于有关哈尼族历史活动的文字史料的稀少，特别是缺乏唐代以前的文字史料记载，所以在研究哈尼族的历史时，学者们更多地只能是借助哈尼族口述史、族谱、传说、服饰和语言等资料，并尽可能结合得到的文字史料及能与之挂钩的考古资料进行多重考证，从而尽可能地贴近历史真实，还原历史真相。

---

① 史军超：《哈尼族文学史》，云南民族出版社1998年版，第356页。
② 朱小和演唱、史军超等整理：《哈尼阿培聪坡坡》，云南民族出版社1986年版。
③ 批二演唱，施达、阿海收集整理：《雅尼雅嘎赞嘎》，载云南省少数民族古籍整理出版规划办公室编《云南少数民族古典史诗全集》，云南教育出版社2009年版，第717—780页。

(四) 田野调查资料

民族学田野调查资料也是研究哈尼族迁徙历史的依据之一。从广义角度而言，上述迁徙史诗、族谱、祭祀资料等的获得和出版作为民族学田野调查的成果，也属于民族学资料。国家民委"民族问题五种丛书"之五"中国少数民族社会历史调查资料丛刊"《哈尼族社会历史调查》一书关于哈尼族聚居区某些支系的历史传说和村寨来源等调查材料也是研究哈尼族迁徙历史的依据和资料。本研究也应用了笔者在田野调查中获得的部分信息和资料。

五　研究思路与方法

(一) 研究思路

本选题立足于中国统一多民族国家发展历史和中国民族发展"多元一统"格局的宏观视野，借助布罗代尔的历史时段理论和历史层次分解方法，参照斯科特的"逃避统治"观点，以氐羌族源北来说为研究基础，运用历史文献、哈尼族迁徙史诗、田野调查等资料，以边缘族群与王朝国家关系为主，以边缘族群与自然地理关系、边缘族群与其他族群关系为补充，结合具体历史背景，从多维视野出发，并注意该民族的视角，探索哈尼族的迁徙历史，探寻哈尼族历史迁徙过程，探讨、解释哈尼族先民为何要不断迁徙，往南迁徙？在迁徙过程中，有何特点？在迁居生活中，哈尼族先民与自然环境、王朝国家、统治民族、其他族群之间是如何互动的？哈尼的迁徙活动与其民族文化之间有着怎样的关系，内中是否有规律？迁徙给哈尼族和相关民族的关系、和王朝国家的关系造成的影响是什么？

(二) 研究方法

一是采用文献分析法。对与本选题相关的历史文献、前人相关研究成果等大量材料进行爬梳，力求做到论据充足、运用准确。

二是采用历史人类学的方法。汉文史籍对哈尼族先民早期活动的记载极为稀少，哈尼族历史上没有文字，只能以非文字的方式记录自身历史，因而，本选题研究将频繁地运用到历史人类学方法。一方面，将历史文献与哈尼族迁徙史诗、族谱、语言、传说、民族学田野调查成果等多重证据加以有机结合，以进行全面论证。另一方面，在具体分析方法上，体现历时性与共时性的结合，将采用布罗代尔的历史时段层次分解法，以短时段、中时段和长时段来审视哈尼族先民历史迁徙活动，从短时段上的"事件"来寻找哈尼族先民迁徙的表层直接动因，从中时段上的"局势"来探寻哈尼族先民迁徙的中层间接动因，从长时段中的"结构"来分析哈尼族先民迁徙的深层文化动因，探索内中关系与规律。还有，多年来，笔者曾在墨江、景洪、勐海、元阳、红河等不同支系的哈尼族聚居区对其语言、传说、家谱、村寨搬迁、经济生活、传统习俗等进行过基础性田野调查，对当下的哈尼族地区有较为深刻地体会，为史料、书面材料与民间实际情况的对照奠定了基本的田野基础。

六　相关说明

（一）藏彝走廊概念

藏彝走廊概念由费孝通先生最早提出。费孝通先生一生中对这一问题公开进行了五次论述，有力引导了藏彝走廊、民族走廊的深入研究。第一次，为1978年9月，费孝通先生在政协全国委员会民族组会议上的发言中第一次指出了位于藏东、川西汉藏和彝藏之间的"走廊"。① 第二次，为1981年12月7日，在中央民族学院民族研究所座谈会上，费孝通先生再次谈到"走廊"，并将其正式冠名为"藏彝走廊"，同时提出"西北走廊"和"南岭走廊"两个概念，全面阐述了其民族走廊理论。② 第三次，为1982年4月，在昆明的中国西南民族研究学会座谈会上，费孝通先生就藏彝走廊的调查研究提出意见。③ 第四次，为1982年5月27日，在武汉的社会学研究班与中南民族学院少数民族同志座谈会上，费孝通先生又一次进一步阐述了藏彝走廊与民族走廊的理论问题。④ 第五次，为2003年11月6日—8日，"藏彝走廊历史文化学术讨论会"在成都召开，当时抱病在身的费孝通先生特为会议发来贺信，阐述了藏彝走廊研究的重要意义及藏彝走廊研究对说明"中华民族多元一体格局"问题的作用。⑤

"藏彝走廊"是一个历史—民族区域概念。

---

① 费孝通：《关于我国民族的识别问题》，《中国社会科学》1980年第1期。
② 费孝通：《民族社会学调查的尝试》，《中央民族学院学报》1982年第2期。
③ 费孝通：《支持六江流域民族的综合考察》，《民族学报》（昆明版）1982年第2期。
④ 费孝通：《谈深入开展民族调查问题》，《中南民族学院学报》1982年第3期。
⑤ 费孝通：《给"'藏彝走廊'历史文化学术讨论会"的贺信》，载石硕《藏彝走廊：历史与文化》，四川人民出版社2005年。

"所谓'民族走廊',顾名思义是指在一定的历史时期若干民族(或族群)沿着一定的地理环境频繁迁徙往来和活动的一个带状地带或通道。"① 而李星星从民族走廊的产生、特征、历史作用和意义入手,对民族走廊进行定位:"'民族走廊'是在中国特定的自然历史条件下形成的、处于古代冲积平原农业文明区域边缘、属一定历史民族或族群选择的、多半能够避开文明中心政治经略与开发、既便于迁徙流动又便于躲避以求自我保存的、其地形复杂而又依山川自然走向平面呈条带状的特殊地带。这些特殊地带也是中国少数民族的摇篮。"②

"藏彝走廊"是民族走廊中的一条,其地理范围大致包括北起青海东部、甘肃南部,向南经西藏东部、四川西部到云南西部及东北部这一狭长地带,"主要指今四川、云南、西藏三省(区)毗邻地区由一系列南北走向的山系与河流所构成的高山峡谷区域,亦即地理学上的横断山脉地区。在横断山脉地区主要有岷江、大渡河、雅砻江、金沙江、澜沧江、怒江等六条由北而南的大河纵贯其间,故习惯上又称这片区域为'六江流域'"③。藏彝走廊"自古以来就成为众多民族或族群南来北往、频繁迁徙流动的场所,也是沟通西北与西南民族的重要孔道"④。从古至今,这一区域主要为汉藏语系藏缅语族民族活动的舞台,迄今有藏、彝、羌、白、纳西、普米、傈僳、怒、独龙、景颇、阿昌、哈尼、拉祜、基诺等藏缅语族各族分布其间。

中国西南的藏缅语族各民族的形成与古代氐羌族群沿藏彝走廊自北向南迁徙有着密切关系。作为由氐羌族群发展演化而来的哈尼族,其先民历史上正是沿着藏彝走廊迁徙而来,并在这一民族走廊中发展成为独立民族。

(二) 哈尼族族源"氐羌北来"说

关于哈尼族的族源,形成了4种观点:土著说;东来说;二元文化融合说;氐羌北来说。

土著说认为:哈尼族是以云南红河流域哈尼先民为主体,吸收、包容

---

① 秦永章:《费孝通与西北民族走廊》,《青海民族研究》2011年第3期。
② 李星星:《论"民族走廊"及"二纵三横"的格局》,《中华文化论坛》2005年第3期。
③ 李绍明:《费孝通论藏彝走廊》,《西藏民族学院学报》(哲学社会科学版)2006年第1期。
④ 石硕:《藏彝走廊:一个独具价值的民族区域——谈费孝通先生提出的"藏彝走廊"概念与区域》,藏彝走廊历史文化学术讨论会论文,四川大学,2003年。

了本地区彝族、白族、瑶族的部分先民和其他少数民族以及四川、南京一带迁来的汉族，逐渐融合形成的。①

东来说认为：哈尼族源于华东、华南、华北的汉族，依据是滇南哀牢山区的某些哈尼族的家谱可以追溯到南京应天府柳树湾，或山西、河南、江西、湖南、贵州等，与云南一部分汉族祖宗谱如出一辙。这一说法有一定历史根据，不过，汉族融合于哈尼族中的时间并不长，人数也不多，且此类看法只限于在少数哈尼族成员中流传，因此影响不大。②

二元文化融合说认为："哈尼族乃是由青藏高原南下的北方游牧部落，与由云南高原北上的南方稻作民族——夷越——融合而成的新型稻作农耕民族，就族源论，当是双向的（由北向南与由南向北的交汇）、复合的（南方土著民族与北方迁徙民族的融合），就文化论，他们是南方夷越民族的滨海文化与北方游牧部落的高原文化的化合体。"③

在哈尼族族源研究中，氐羌北来说的影响最为深广。史学界普遍认同哈尼族与今天云南境内的其他彝语支民族一起同源于古代的氐羌族群，方国瑜、马曜、尤中等史学家均持此观点，《哈尼族简史》《中国少数民族》《云南少数民族》等书皆认为哈尼族源于古代的羌人。氐羌族群原游牧于甘青高原，后逐渐往南迁徙，散布到川西南和滇东北等广大地域。

哈尼族族源为来自北方氐羌族群这一结论，不仅肯定了哈尼族先民迁徙历史的存在，而且明确了哈尼族先民由北向南的迁徙主线方向，为哈尼族迁徙历史研究奠定了理论基础。

（三）斯科特"逃避统治"说

美国人类学家詹姆士·斯科特《逃避统治的艺术：东南亚高地的无政府主义历史》一书将从越南中部高地到印度东北部地区海拔 300 米以上的地方，横跨东南亚 5 个国家越南、柬埔寨、老挝、泰国、缅甸及中国 4 个省（区）云南、贵州、广西和四川的一部分的广阔山区称为"赞米亚"④，居

---

① 孙官生：《从传说与历史看哈尼族族源》，《云南社会科学》1990 年第 2 期。
② 毛佑全：《评哈尼族族源四说》，《思想战线》1992 年第 5 期。
③ 史军超：《滨海文化与高原文化的嫡裔——哈尼族迁徙史诗研究》，载《边疆文化论丛》（第一辑），云南民族出版社 1988 年版，第 124—136 页。
④ "赞米亚"（Zomia）是由荷兰学者威廉·范·申德尔（Willem van Schendel）提出的地理术语。但在范围上，威廉·范·申德尔所指的赞米亚比詹姆士·斯科特界定的赞米亚更广，前者将赞米亚的边界扩展到阿富汗甚至更远的地域。

住于这一广袤空间的山地民族被称为"赞米亚人"。赞（Zo）意为"遥远的"，隐含着居住于山区之意，米（Mi）意为"人"，"赞米"或"米赞"皆指"边远的山地人"。斯科特将生活于"赞米亚"地区的各山地民族视为"逃避者""逃亡者""被放逐者"，是"居于国家之外不受国家统治的自由的人民"，是"逃避谷地国家政权建设的逃亡者"，是"非国家臣民"，他们的历史就是"逃避者的历史"。而赞米亚不仅是地理的边缘，生态的边缘，还是政治的边缘，是"抵制国家的巨大边疆"，是"世界上存在时间最长、面积最大的人口避难区"，是"碎片区"。在斯科特的观点里，自给自足的山地部落并非是被文明和进步所遗弃者，和他们有关的一切，包括生产方式、社会组织、地理上的分散、意识形态、口头传承文化，并非原始的遗留，而是"有意的野蛮"，是精心设计以阻止他们被统合进附近的国家，或者避免在他们内部产生国家一样高度集中的权力，完全是为了逃避国家的统治。而阿卡人，包括哈尼族，"是可以被称为'把逃避国家当作认同手段'的一个最仔细和详尽的案例"①。

本研究的对象哈尼族先民，不仅是斯科特笔下的"赞米亚人"之一，而且是其中的典型。本研究的主题哈尼族先民的迁徙活动，是斯科特书中"逃避统治的艺术"。斯科特的结论和观点从另一个角度为本研究带来启示，哈尼族先民及其迁徙活动是否真如斯科特所言？带着这一疑问，笔者也将对此进行思考和探索。

（四）民族迁徙与移民

李吉和认为"民族迁徙主要指民族或民族的一部分因各种原因离开本民族或部族的原居住地或游牧地，迁入其他民族或部族居住地或游牧地的过程，并形成为新的移民"②。苍铭提出"民族迁徙是指一个民族的整体或部分，由于某种原因离开原有生存环境，进入另一生存环境居住的民族分布变化过程。整体性的迁徙在远古的部落和部族时代较为普遍，民族形成之后的迁徙多为部分人口的迁徙"③。从两位学者对民族迁徙的定义，可见民族性、空间变动性是民族迁徙的主要特点，但都强调群体性，似乎

---

① ［美］詹姆士·斯科特：《逃避统治的艺术：东南亚高地的无政府主义历史》，王晓毅译，生活·读书·新知三联书店2016年版，第1、2、10、18、36、38、39、155、213、405页。

② 李吉和：《论中国古代西北少数民族迁徙的主要特征》，《西北民族大学学报》（哲学社会科学版）2003年第5期。

③ 苍铭：《云南民族迁徙文化研究》，云南民族出版社1997年版，第1页。

排除了个别或个体的迁徙移动。

说起"迁徙",自然会想到"移民"。移民,作动词用时,指"居民由一地或一国迁移到另一地或另一国落户"①,作名词用时,指"迁移到外地或外国去落户的人"②。葛剑雄等所著《中国移民史》对移民的定义是"具有一定数量、一定距离、在迁入地居住了一定时间的迁移人口"③。移民与人口有关,为一个群体或一群人。移民与迁移活动有关,是人口迁移的结果,但并非所有迁徙移动的人都是移民,要在一地定居一定时间,并对定居地形成归属感的迁移人口才是移民。葛剑雄教授认为:移民与民族迁移既有区别,又有联系;民族迁移亦为移民运动,但多数移民不属于民族迁移,不能将移民等同于民族迁移。葛剑雄教授将以下的迁徙行为排除在民族迁移之外:游牧民族的季节性迁徙,或游牧地在周围的扩大和转移;不管距离多远,一个民族的部分人口在本民族居住范围内从一地到另一地的迁徙。④

综上,笔者认为,不论是一个民族的整体、部分,还是个体,只要其离开原居住地,往其他地方移动,发生了居住空间的变动,不管有没有超出该民族分布范围,都属于民族迁徙的范畴。在笔者看来,当"移民"用作动词时,"移民"与"迁徙"只是使用习惯问题,二者并无本质差异。对古代少数民族的空间移动,人们往往称为"民族迁徙"。对古代汉人的空间移动,人们则习惯称为"移民"。而在当代,基本不再使用"民族迁徙"一词,对于人口流动,也不再以民族来区分,习惯统称为"移民"。

(五)族群、民族与哈尼族先民

族群一词为西方舶来品,是英文"ethnic group"的中文翻译。在我国,族群一词大约于20世纪60年代由台湾学者翻译引用而传播开来。西

---

① 中国社会科学院语言研究所词典编辑室编:《现代汉语词典》(第6版),商务印书馆2014年版,第1535页。

② 中国社会科学院语言研究所词典编辑室编:《现代汉语词典》(第6版),商务印书馆2014年版,第1535页。

③ 葛剑雄、吴松弟、曹树基:《中国移民史》(第1卷),福建人民出版社1997年版,第10页。

④ 葛剑雄、吴松弟、曹树基:《中国移民史》(第1卷),福建人民出版社1997年版,第21页。

方国家使用族群一词始于 20 世纪 30 年代，用以描述两个群体文化接触的结果，或者是从小规模群体在向更大社会中所产生的涵化现象，二战后，"ethnic group"运用更加广泛，取代了英国人的"部族"（tribe）和"种族"（race）。① 对族群（ethnic group）的概念界定繁多。"某种群体由于体质类型、文化的相似，或者由于迁移中的共同记忆，而对他们共同的世系抱有一种主观的信念，这种信念对于非亲属社区关系的延续相当重要，这个群体就被称为族群。"② 马克斯·韦伯的这一族群概念在社会人类学界较为流行。《麦克米伦人类学词典》的界定为："指能自我区分或是能被与其共处或互动的其他群体区分出来的一群人，区分的标准是语言的，种族的，文化的……族群的概念联合了社会的和文化的标准，且族群性的研究的确集中在族群间的互动及其认同的文化和社会的关联过程中。"③ 在族群概念的讨论中，倾向于强调群体内部的共同特征，即语言、种族和文化等，挪威人类学家弗雷德里克·巴斯独辟蹊径，从群体的排他性、归属性入手界定族群概念。巴斯在《族群与边界》一书中提出，"族群"是由其成员认定的范畴，成为族群取决于其"边界"，而不是语言、文化、血缘等"内涵"；一个族群的边界，不一定是地理的边界，而主要是"社会边界"。在生态性的资源竞争中，一个群体通过强调特定的文化特征来限定我群的"边界"以排斥他人。④ 孙九霞认为："在较大的社会文化体系中，由于客观上具有共同的渊源和文化，因此主观上自我认同并被其他群体所区分的一群人，即称为族群。其中共同的渊源是指世系、血统、体质的相似；共同的文化指相似的语言、宗教、习俗等。这两方面都是客观的标准，族外人对他们的区分，一般是通过这些标准确定的。主观上的自我认同意识即对我群和他群的认知，大多是集体无意识的，但有时也借助于某些客观标准加以强化和延续。"⑤ 孙九霞对族群的界定较适用于我国

---

① 周大鸣：《论族群与族群关系》，《广西民族学院学报》（哲学社会科学版）2001 年第 2 期。

② Max Weber, Ethnic Groups, in Parsons and Shils Etal, eds. *THEORIES OF SOCIETY*, Vol. 1, New York: The Free Press of Glencoe, Inc., 1961, p. 306.

③ Seymour-Smith, Charlotte, *Macmillan Dictionary of Anthropology*, London & Basingstoke: Macmillan Press Ltd, 1986, p. 95.

④ Fredrik Barth, *Ethnic Groups and Boundaries: The Social Organization of Culture Difference*, Boston, MA: Little Brown, 1969.

⑤ 孙九霞：《试论族群与族群认同》，《中山大学学报》1998 年第 2 期。

的国情。虽然多年来，对何为族群的争议无休无止，难于趋同，但学界还是形成了一个普遍的认同意识，即"族群"并不是单独存在的，它存在于与其他族群的互动关系中①，定义核心基本倾向于文化（包括主观心理）要素。②

族群概念建立于文化认同基础之上，族群认同是族群研究的主要内容与核心。族群认同是"社会成员对自己某种群体归属的认知和感情依附"③。关于族群认同，大致形成了三种派别。一种是根基论，或称为原生论，强调族群认同主要来自天赋或根基性的情感联系，但并不认为族群与生物遗传、客观文化特征之间有什么必然关系，而是注重主观的文化因素，认为造成族群的血统传承仅仅是文化解释的传承；一种是情境论，或称为工具论，强调族群认同的多重性，以及随情境（工具利益）变化的特征；一种是综合论，一些权威学者把两派理论综合起来，认为只有在可行的根基认同与可见的工具利益汇合时，族群认同才会产生。④

关于族群与民族之间的区别，亦颇多争议。林耀华先生指出"族群"专用于共处于同一社会体系（国家）中，以起源和文化认同为特征的群体，适用范围主要在一国之内，民族的定义即"民族国家"，适用范围主要在各国之间。⑤张海洋就林耀华先生的观点进一步发展出"族群概念适用于民族的文化定义，民族概念适用于族群的政治含义"⑥之说。与族群一样，民族一词亦为舶来品，但进入中国后，已衍生出新的内涵，英文词汇 nation 或 nationality 的翻译都不能准确传递出中文"民族"一词的内涵。中外一些学者都承认中国的"民族"是属于具有"本土"特点的词语，无合适的英文词汇相对应，也不对应英文的 ethnic group，为此建议

---

① 周大鸣：《论族群与族群关系》，《广西民族学院学报》（哲学社会科学版）2001年第2期。

② 王东明：《关于"民族"与"族群"概念之争的综述》，《广西民族学院学报》（哲学社会科学版）2005年第2期。

③ 王希恩：《民族认同与民族意识》，《民族研究》1995年第6期。

④ 周大鸣：《论族群与族群关系》，《广西民族学院学报》（哲学社会科学版）2001年第2期。

⑤ 林耀华：《民族学研究》，中国社会科学出版社1985年版，第56页。

⑥ 张海洋：《浅论中国文化的多样性、族群认同与跨文化传通》，载马启成、白振声主编《民族学与民族文化发展研究》，中国社会科学出版社1995年版，第102页。

以"Minzu"进行翻译①，以"Minzu"指代法定的 56 个民族，而族群可以用来涵盖民族和次级群体。

族群作为一个学术用语有着更为灵活的适用性。认识族群，有助于我们更好地认识历史上的哈尼族先民。历史上的哈尼族群，以根基认同为联系纽带，但也与情境论强调的选择性与策略性相关，亦离不开国家的形塑与整合。

汉文史籍中记载的哈尼族历史名称有和夷、和蛮、和泥、禾泥、倭泥、窝泥、斡泥、俄泥、阿泥、哈尼、阿木、罗缅、糯比、路弼、毕约、卡堕、堕塔、阿卡、白窝泥、黑窝泥等，在这些名称中，有些是对这一族群的总称，有些是清代以来由于统治的更加深入而新发现支系的名称。历史文献中的名称与该民族自称、互称及他称相同或相近。1954 年民族识别后，根据本民族人民的意愿，统一称为哈尼族。当代的哈尼族与历史上以哈尼等多种称谓存在的族群有着历史的承袭性和延续性，但当代的哈尼族不能完全等同于历史上的这些族群，后者比前者更为广泛。如罗勉，开始时被识别为哈尼族，但后来做进一步识别时，又将其改为彝族。② 但在本研究中，将罗勉也视为哈尼族先民。为尊重这一客观事实，本研究在撰文时不直接采用"哈尼族"这一当代称谓，而是以哈尼族先民指称历史上的哈尼族属。

---

① 郝时远：《中文语境中的"族群"及其应用泛化的检讨》，《思想战线》2002 年第 5 期。
② 王文光、尤伟琼：《新中国成立以来云南民族识别的认识与反思》，《云南民族大学学报》（哲学社会科学版）2010 年第 2 期。

第一章

先秦至南北朝时期"和夷"的迁徙

哈尼族源于氐羌族群,是氐羌人口从中国西北迁徙到中国西南后发展出来的众多民族之一。早在新石器时代,以西北甘青高原为活动中心的氐羌族群已开始向西南地区缓慢迁徙。经夏商周的继续移动,至秦汉时,氐羌族群在西南已分布于从澜沧江以东、红河以北至今川西南、川西北的广大区域。春秋战国时期,从氐羌母体族群中分化出来的哈尼族先民和夷,其分布中心为今四川西南雅砻江以东、大渡河以南的连三海及发源于连三海的安宁河流域,和夷以这一区域为起点,不断迁徙。

第一节 先秦时期"氐羌"的南迁

甘青高原上的氐羌族群,从新石器时代开始,在很长历史时期内,沿着藏彝走廊源源不断进入中国西南,形成氐羌在中国西南的广泛分布态势。古代迁徙至中国西南的氐羌族群最后发展为近代汉藏语系藏缅语族的各少数民族,哈尼族就是其中之一。

一 石器时代"氐羌"的南迁

考古学将原始社会分为旧石器时代、中石器时代和新石器时代。旧石器时代又分初期、中期和晚期。科学上将旧石器时代初期的古人类称为直立人(即猿人),将旧石器时代中期的古人类称为早期智人(即古人),将旧石器时代晚期的古人类称为晚期智人(即新人)。旧石器时代的主要生产工具是打制石器,经济以狩猎、采集、捕捞等掠取性经济形态为主。到了中石器时代,在沿用打制石器的同时,发明出弓箭。① 人类历史进入新石器时代，生产力发生质的飞跃。在生产上，磨制石器取代打制石器，人类发明了农业、畜牧业，并创造出制陶、纺织等技术，从而取代旧石器时代的掠取经济；在社会组织上，先后经历母系氏族社会和父系氏族社会。不同地区，不同民族，新石器时代的存续时间有所不同，一般为数千年至1万多年。② 云南的新石器时代，来得比中原稍晚，大约始于距今7000多年前，终于距今3300年前。③

（一）旧石器时代

考古资料显示，早在遥远的旧石器时代，云南境内就已有人类活动。

云南境内发现的旧石器时代的古人类，代表性的有：直立人"元谋人"，早期智人"昭通人"，晚期智人"丽江人""西畴人""昆明人""蒙自人""姚关人"等。"元谋人"为迄今为止我国发现最早的直立人种，距今170多万年，可以说中国历史的第一页始于云南。"元谋人"的考古发现为一成年男性直立人的两颗上中门齿化石。据研究，"元谋人"的基本牙齿形态与"北京人"的相似，但更为原始。④ 与"北京人""丁村人"一样，"元谋人"门齿舌面也有铲形，具有蒙古人种特征；"丽江人"亦显示出现代蒙古人种的特点。⑤ 除出土了古人类股骨、头骨化石，"丽江人"遗址中还发现不少石球。经研究，这些石球与华北丁村人、许家窑人遗址出土的石球有相似性。⑥ 可见，从旧石器时代开始，云南境内的原始人类与我国其他地方的某些原始居民，在文化上已经具有一些共同因素，在种族来源上也有着一致性。这些共同因素与人类长期的迁徙繁衍有关，是同种族的原始人在向不同地区迁移、流动与联系的结果。

---

① 李昆生：《云南艺术史》，云南教育出版社1995年版，第1页。
② 翁独健：《中国民族关系史纲要》，中国社会科学出版社2001年版，第9页。
③ 王大道：《再论云南新石器时代文化的类型》，载云南省文物考古研究所《云南考古文集》，云南民族出版社1998年版，第41页。
④ 周国兴、胡承志：《元谋人牙齿化石的再研究》，《古脊椎动物与古人类》1979年第2期。
⑤ 童恩正：《人类可能的发源地——中国的西南地区》，《四川大学学报》（哲学社会科学版）1983年第3期。
⑥ 卫奇、黄慰文、张兴永：《丽江木家桥新发现的旧石器》，《人类学学报》1984年第3期。

(二) 新石器时代

考古资料证明，在新石器时代，中国西北的文化已经开始向中国西南地区传播。

在西北地区的新石器时代考古发掘中，与氐羌族群相关的文化主要有仰韶文化、马家窑文化和齐家文化。

仰韶文化因最先发现于河南省渑池县仰韶村而得名，又因出土文物中有大量彩陶而被称为彩陶文化。① 仰韶文化分布区域很广，东到河南，以及山东和安徽交界处，西至甘肃、青海交界处，南及汉水中上游，北抵冀北、内蒙古河套地区，始于距今7000年前，经过2000多年的发展，后演变为黄河中下游的龙山文化。龙山文化主要分布于陕西、河南、山西南部、河北南部和安徽西部等地，距今4000多年。仰韶文化时期为母系氏族社会，到龙山文化时期，已发展为父系氏族社会。仰韶文化的居民，以农业为主，在河流两岸的台地上过着定居生活。学术界认为仰韶文化的创造者是后来称谓的夏族或曰汉族这一人们共同体。②

马家窑文化与仰韶文化有密切关系，是仰韶文化在其他地区的发展和衍变。分布区域为甘肃东部及与甘肃毗邻的青海、宁夏，往南抵四川，往西到玉门，细分为相继发展的石岭下类型、马家窑类型、半山类型、马厂类型。从距今5800多年前的石岭下类型，到距今4000多年前的马厂类型，马家窑文化大约持续了1800年时间。这一文化类型中的人们，过着定居农业生活，已是父系氏族社会，与仰韶文化类型中的人们有密切关系，但从民族的来源和构成上看，属于后来所称的西戎民族集团。③

齐家文化位于马家窑文化分布区，但略晚于马家窑文化，因最早发现地为甘肃广河齐家坪而得名。齐家文化分布区域，东起泾水、渭水上游，西止湟水，南到白龙江，北抵内蒙古阿拉善左旗，存在于距今大约4000年前。齐家文化时期已进入铜石并用时代，人们过着农业生活，主要农作物为粟，出现了家庭之间的贫富分化。学术界一般认为齐家文化属于原始社会将要结束前的军事民主制阶段，为西戎民族集团所创。④

---

① 王文光：《中国民族发展史》，民族出版社2005年版，第21页。
② 翁独健：《中国民族关系史纲要》，中国社会科学出版社2001年版，第9—10页。
③ 翁独健：《中国民族关系史纲要》，中国社会科学出版社2001年版，第10页。
④ 王文光：《中国民族发展史》，民族出版社2005年版，第25页。

在西南的考古发现中可以找到上述北方新石器文化的特征。

西藏卡若文化发现于西藏昌都县卡若遗址,出土了28座房屋,以及大量打制石器、细石器、磨制石器及陶片、骨器、粟米、动物骨骼等。卡若遗址发掘的打制盘状器、磨制梯形石斧和长条形石斧、骨器,是我国西北地区新石器文化中常见物品;卡若遗址出土有数件穿孔石刀,而穿孔石刀源于黄河流域,大约始于龙山文化。① 粟是最早由黄河流域培育的农作物,在卡若遗址发现粟,可见其与西北文化的联系。卡若文化处于新石器时代晚期,为西藏高原新石器时代的代表性文化,并影响着西藏东部、川西南、滇西、滇中等地的新石器文化。四川雅安、西昌会理县、汶川县,云南元谋大墩子、宾川白羊村等遗址,皆在一定程度上有着西藏卡若文化的某些元素。汪宁生先生对此作出解释:"这种联系或与这片地区历史上沿着横断山脉及其河谷地带自北而南民族迁徙浪潮有关。"② 西藏地区新石器文化族属为藏族先民古羌人。卡若文化和西藏的林芝等地新石器文化,与我国西北的马家窑文化、齐家文化有着密切关系,说明西藏地区的新石器文化与黄河上游的原始文化在族属上可能同源,与古羌人有关。③

岷江上游理县、汶川等地发现的新石器时代遗物,也反映出西北原始文化对其之影响,④ 川西高原北部本来就位于西北戎羌文化范围,马家窑文化的南端就延伸至四川省北部。

云南发现的新石器文化的部分代表性类型,如滇西北的戈登类型、滇西洱海地区的马龙类型、滇中北部金沙江中游区域的元谋大墩子类型,与我国西北的仰韶文化、马家窑文化和齐家文化有密切联系。⑤ 在大理苍山脚下发掘的马龙遗址内,发现半地穴式住房遗迹,与仰韶文化西安半坡遗址的半地穴式房屋相同。在楚雄永仁县菜园子遗址,发现7座建筑遗迹,其中3座属于半地穴式圆形房屋。在楚雄元谋县大墩子遗址,发现15座

---

① 熊正益:《略伦卡若文化及其与南北原始文化的关系》,载云南省博物馆《云南省博物馆建馆三十五周年论文集》,云南人民出版社1986年版,第56—57页。

② 汪宁生:《从文物考古材料看滇藏关系》,载《汪宁生论著萃编》(上卷),云南民族出版社2001年版,第715页。

③ 王文光:《中国民族发展史》,民族出版社2005年版,第29—30页。

④ 中国社会科学院考古研究所:《新中国的考古发现和研究》,文物出版社1984年版,第107页。

⑤ 王文光、段丽波:《昆明族源流考释》,《贵州民族学院学报》2006年第6期。

平地起建的黏土木结构建筑，比大理苍山马龙遗址出土的半地穴式房屋更为进步。在大理宾川县白羊村遗址，发现11座平地起建的黏土木结构房屋。居住于黄土高原的氐羌系统民族喜居地穴式、半地穴式、平地起建的黏土木结构房屋，因这些房屋适宜西北干燥少雨、冬季寒冷之气候。上述云南发现的几处新石器时代房屋遗迹与黄河流域仰韶文化中的郑州大河村、陕县庙底沟、洛阳王湾、西安半坡的住房特征相似，这是我国西北地区新石器时代氐羌民族南迁时传播的建筑技术。① 不仅是建筑形制，西南地区发掘的诸多新石器时代遗物、遗迹，如大理马龙类型发掘的断线压纹陶、鼎残足、红色圜底钵、开刃于弓背的半月形石刀，元谋大墩子类型发掘的小孩瓮棺葬等，其他许多方面也都显示出与黄河流域原始文化的共同点。为何会如此？最可能的原因就是尤中先生所直接指出的："在新石器时代，正有一些原始部落群，往来流动于西北、西南和中原地带。这就是氐羌部落集团。氐羌部落集团的先进部分在中原地区形成了华夏族（汉族的前身）；较后进的部分则在西南形成氐羌系统的少数民族。"②

为何甘青高原的氐羌族群要往中国西南迁徙？主要是由于气候变冷、环境变化和一些历史人文因素。

仰韶文化、马家窑文化和齐家文化的人们，过着定居的农业生活。但到了新石器时代晚期，甘青高原的农业文明渐渐衰落，齐家文化之后，这一地区出现了以游牧经济为特点的四坝文化、卡约文化、辛店文化及时间更晚的寺洼文化、沙井文化等多样多元、小而散的文化类型。这是由于新石器时代晚期，气候变冷、自然环境变化而直接导致人类文化变迁。据研究，在距今8000年—4000年的这样一个很长阶段内，甘青地区属于气候温暖湿润期，前半阶段以落叶阔叶植被为主，后半阶段以针叶植被居多，适宜人类生存繁衍，适合农耕文明发展，出现了大地湾文化、马家窑文化等原始文化，以种植粟米为主要生存方式，彩陶文化发达。但在距今约4000年时，气候变冷，森林植被往南退缩，大部分区域被草原、荒漠取代，农业文化衰落，经济生活逐渐向半农半牧演变。③ 可见，在气候温暖湿润时期，甘青高原出现了以大型聚落定居、农业种植生产为特征的马家窑文化、齐家文化；但在距今大约4000年前的新冰期气候影响下，甘青

---

① 李昆生：《云南艺术史》，云南教育出版社1995年版，第46—49页。
② 尤中：《中国西南民族史》，云南人民出版社1985年版，第6页。
③ 黄尚明：《新石器时代黄河流域的气候变迁》，《中原文化研究》2018年第5期。

高原植被由森林过渡到草原、荒漠，从而引起这一地区人类的经济生活方式由农业文化向游牧文化转变。

从历史人文因素而言，氐羌族群一直以来在甘青高原与中原之间迁徙流动，与周边其他族群及中原互动频繁，各族群之间难免因生存和发展而相互争斗、抢夺。所以，因打败而逃亡，以及战乱之下的社会不安全、不稳定因素，都会引发民族迁徙。当然，由于人口增长、水草资源有限，也会导致迁徙活动的发生。

那么，为何是往南迁徙？从地理情况来看，甘青高原的东部区域属于黄土高原，青海大部为青藏高原，甘肃西北部则是毗邻新疆、内蒙古和蒙古的荒漠地区，南部则为四川、藏东。显然，南边没有如中原的黄帝族、夏族、周族般强大且欲图吞并自己的民族群体，而是之前时期迁徙过去的氐羌，而且越往南气候越温暖湿润，植被更好，土地肥沃，更利于人口的生存和繁衍。

综上，最初活动于西北和中原的西戎族属氐羌族群，从新石器时代开始，由于气候变化、战乱等多种原因，在很长的历史时期内，氐羌族群中的部分人口从中国西北的甘青高原源源不断南迁，蔓延至川北，再沿着横断山脉间的岷江、大渡河、雅砻江、金沙江、澜沧江、怒江等江河的河谷通道，即学术界所称之藏彝走廊，流入西南地区，分布于藏东、川西北、川西南、滇西北、滇西等广大区域，黄河流域的新石器时代文化亦随之传播到西南。

需要注意的是，在新石器时代，我国境内的原始人类，从原先的血缘相近到后来的地缘相近，形成无数氏族、部落群体，这些氏族、部落群体又进而慢慢组合成更大的民族集团。与中国西南地区密切相关的民族集团主要为以下几个：氐羌、百越、百濮孟高棉和三苗。根据新石器时代遗址考古发现可以判断，氐羌族群主要活动于中原、西北和西南地区，百越族群主要活动于钱塘江以南的东南沿海地区和西南地区的南部，百濮孟高棉族群主要活动于西南地区，三苗部落主要活动于长江中下游以南区域。其中，百濮孟高棉族群是西南地区的土著民族，并于大约公元前2000年开始从中国西南往中南半岛流动；氐羌、百越、三苗为从我国其他地域迁入西南地区的族群。至新石器时代的某段时期，我国西南境内已经有氐羌、百越、百濮孟高棉等族群共同居住，三苗民族集团中的盘瓠部人口也移动至今贵州东部一带。古代分布于西南地区的氐羌系统的民族群体，最后发展为近代汉藏语系藏缅语族的各少数民族；百越系统的民族群体，最后发展为近代汉藏语系侗傣语族的各少数民族；百濮孟高棉系统的民族群体，最后发展为近代南亚语系孟高棉语族的各少数民族；三苗部落中崇拜盘瓠的民族群体，最后发展为近代汉藏语系苗瑶语族的苗族和瑶族。

二 夏商周时期"氐羌"的南迁

氐羌，在古代文献中，有时单以氐或羌出现，有时氐羌并称，但不管如何，氐与羌十分密切，被视为同一民族集团。黄帝族、夏族、周族，皆源于氐羌。据《史记·五帝本纪》记载，黄帝族原先居住于西北方，"迁徙往来无常处"，这正是西北羌人的游牧生活。黄帝族中的一部分曾生活于川西南岷江和雅砻江流域。"黄帝二十五子，其得姓者十四人。黄帝居轩辕之丘，而娶于西陵之女，是为嫘祖。嫘祖为黄帝正妃，生二子，其后皆有天下：其一曰玄嚣，是为青阳，青阳降居江水；其二曰昌意，降居若水。昌意娶蜀山氏女，曰昌仆，生高阳。"[①] 江水即岷江，若水即雅砻江。高阳即颛顼，夏禹为高阳之孙，后来的夏族是从西南氐羌发展出去的一支。《史记·六国年表》记载："禹兴于西羌。"[②]《吴越春秋·越王无余外传》曰禹："家於西羌，地曰石纽。石纽在蜀西川也。"[③] 石纽位于今四川茂县，茂县为禹的家乡。周族亦源于羌族。周族原先居住于陕西武功一带，其西紧邻羌族聚居区。周族始祖为姜原，"姜姓原字"，周族出自姜姓氏族。《后汉书·西羌传》云："西羌之本，出自三苗，姜姓之别也。"[④] 此处"姜姓之别"应为"姜姓其别"。姜姓氏族是西羌中的一个部分，而周出自姜姓氏族，周自然为西羌之后裔。在周武王讨伐商纣王的牧野之战中，羌参加周武王的军队与商纣王作战，可以看出羌与周族的紧密关系。

氐羌部落人口，最初活动于西北、中原一带，随着新石器时期部分氐羌人口南迁，氐羌也开始来往于西北与西南之间。活跃于中原地区的先进部分相继发展为黄帝族、夏族、周族，氐羌与其之区别、差距越来越大。进入阶级社会，国家产生，当黄帝族、夏族、周族在中原地区进一步融合

[①] （汉）司马迁：《史记·五帝本纪》，中华书局 1982 年版，第 9—10 页。

[②] （汉）司马迁：《史记·六国年表》，中华书局 1962 年版，第 686 页。

[③] （汉）赵晔：《吴越春秋·越王无余外传》，江苏古籍出版社 1999 年版，第 93 页。

[④] （南朝宋）范晔：《后汉书》卷 87《西羌传》，中华书局 1965 年版，第 2869 页。

成为华夏族，即后来的汉族，氐羌族群在北方的集中分布区域便收拢于甘青高原，过着迁徙不定的游牧生活，但还是有一部分人口流动于陕西、河南等中原地带。《诗经·商颂·殷武》说："昔有成汤，自彼氐羌，莫敢不来享，莫敢不来王。"① 可知在商的附近分布有氐羌人。至东周时，流动于中原地区的氐羌人被诸侯们或排挤，或征服，有的融合入华夏族，有的四处流散、迁徙。

公元前7世纪中期，秦国开始积极向西拓张，掀起征服、吞并邻近氐羌部落的战争，直接导致西北大量氐羌人被迫南迁。《后汉书·西羌传》曰："秦献公初立，欲复穆公之迹，兵临渭首，灭狄獂戎。忍季父卬畏秦之威，将其种人附落而南，出赐支河曲西数千里，与众羌绝远，不复交通。其后子孙分别，各自为种，任随所之。或为牦牛种，越巂羌是也；或为白马种，广汉羌是也；或为参狼种，武都羌是也。"② 赐支河曲即黄河流经现青海境内的河段，则从此往西数千里当为今西藏北部区域，进入绝远之地的这部分羌人很可能就是后来的吐蕃先民。也有很多氐羌人迁入今川滇藏交接地带，与新石器时代、黄帝时期即迁徙生活于此的氐羌相会融合。

综上，居住于中国西南的氐羌来自中国西北。在中原地区建立阶级政权进入奴隶社会后，发展相对落后、仍处于部落游牧迁徙经济状态的西北氐羌族群，一直没有停止向西南地区的移动。到春秋战国时期，由于秦国发动的吞并战争，西北地区的氐羌掀起更大的民族迁徙浪潮，他们不断往西南地区迁移，循着前世先民的足迹，沿着藏彝民族走廊，进入西南，有的前往西藏，有的移动到川西北、川西南、滇西北和滇西，融入之前时期就迁徙至此的氐羌人群。氐羌向中国西南的迁徙，造就了后来居住于中国西南的汉藏语系藏缅语族各少数民族群体，哈尼族就是其中之一。

第二节　中央王朝对"西南夷"地区的开拓与经营

实现国家的"大一统"，把边疆各民族及其居住地域真正纳入"大一

---

① 高亨：《诗经今注》，上海古籍出版社1980年版，第533页。
② （南朝宋）范晔：《后汉书》卷87《西羌传》，中华书局1965年版，第2875—2876页。

统"中国，是历朝历代统治者的政治理想和政治目标。公元前221年，秦始皇完成对六国的统一，中国历史上第一个"大一统"封建王朝诞生，具有里程碑性的历史意义。秦汉时期，将今滇、黔和川西南境内的少数民族统称为"西南夷"。自秦汉始，把边疆"西南夷"纳入"大一统"国家体系成为历代统治阶级的国家治理实践。

西南的氐羌民族群体经历史上长期的发展和演变后，到秦汉时期，已经分化出许多新的民族，有了新的族称或部落称号。《史记·西南夷列传》是首部对秦汉时期中国西南地区民族情况进行详细记载的史书。"西南夷君长以什数，夜郎最大；其西靡莫之属以什数，滇最大；自滇以北君长以什数，邛都最大；此皆魋结，耕田，有邑聚。其外西自同师以东，北至叶榆，名为嶲、昆明，皆编发，随畜迁徙，毋常处，毋君长，地方可数千里。自嶲以东北，君长以什数，徙、筰都最大；自筰以东北，君长以什数，冉駹最大。其俗或土著，或移徙，在蜀之西。自冉駹以东北，君长以什数，白马最大，皆氐类也。此皆巴蜀西南外蛮夷也。"① 此条史料所言之嶲、昆明为从氐羌中发展分化出来的民族之名称，其余为部落名称，其中，徙、筰都、冉駹、白马皆为氐羌系统的民族部落。

一　秦时

战国时，秦国即已开始对西南巴、蜀地区的治理。秦统一中国后，"五尺道"的修通促进了西南边疆与内地的联系。

公元前316年，秦惠文王根据司马错的策略，先灭巴，再取蜀，设置巴、蜀、汉中三郡，在巴蜀地区建立起封建地主政权，继而以此为据点，开发"巴蜀徼外"的西南夷之地。公元前310年，之前即臣服于蜀的"西南夷"丹、犁二部，开始受秦国的统治。《史记·秦本纪》记载：秦惠文王十四年"丹、犁臣"②，秦武王元年"伐义渠、丹、犁"③。公元前285年，时任蜀郡太守张若"取筰及其江南地"。"筰"大致范围包括今四川盐源、盐边和云南华坪、永胜、宁蒗等地，"江南地"当指上述地区的金沙江南岸丽江、大姚、姚安一带。可见，在公元前4世纪末、公元前3世纪初，秦国统治势力已越过金沙江，伸入今滇中北部和滇西北地区。

---

① （汉）司马迁：《史记·西南夷列传》，中华书局1982年版，第2991页。
② （汉）司马迁：《史记·秦本纪》，中华书局1982年版，第207页。
③ （汉）司马迁：《史记·秦本纪》，中华书局1982年版，第209页。

公元前246年，秦王嬴政登上历史舞台，在秦国经营巴蜀地区近百年的积淀上，进一步加强对"巴蜀徼外"区域的开拓。

李冰担任蜀郡太守期间，曾在川滇交界的僰道（今四川宜宾）烧崖开路，为后来秦王朝修筑"五尺道"打下基础。秦始皇统一中国后，派遣常頞继续开修"五尺道"。常頞将李冰在僰道修筑的道路一直向南延伸，穿越崇山峻岭，从今四川宜宾过昭通达曲靖地区。因路宽五尺，故史称"五尺道"。"五尺道"虽窄，但和秦始皇在中国其他地区修筑的宽达五十步的"驰道"同等重要，象征着统治者缔造"大一统"国家，将边疆少数民族纳入统治体统的政治决心和政治实践。"五尺道"的开通，促进了"西南夷"地区和内地及"西南夷"内部之间的联系。商人往来其间，将筰马、僰僮、髦牛等"西南夷"地区物资、人力运入四川盆地，将成都平原的铁器输入"巴蜀徼外"边疆地区。

秦帝国不仅在"西南夷"地区开通"五尺道"，而且在"五尺道"所经之地设置行政机构，置吏治理。有一次，西汉著名文学家司马相如在回答汉武帝关于西南夷问题的时候，曾提到秦在邛、筰、冄駹等地设置过郡县。[①] 司马相如生活于西汉前期，去秦不远，其本人又实地调查过"西南夷"地区，并曾修筑从成都经邛崃，过汉源，抵西昌，渡金沙江，入云南至大姚，再西折往大理的西夷道（又称牦牛道、灵关道），故司马相如所言可信。因为历史文献记载中没有留下这些行政机构的具体名称，故秦王朝在云南民族地区首次设置的历史事实，长期以来湮没不彰。一谈到云南设治初始，都说是从汉武帝时开始；谈到秦始皇统一中国，也不会将今天的云南地区划到秦王朝疆域之内。我们应尊重历史本来面目，正确阐述秦朝开发西南边疆的历史功绩。秦开五尺道，对云南设治，标志着中央王朝对云南正式统治的开端，具有伟大历史意义和深远影响。[②]

二　两汉时期

公元前206年，西汉建立。西汉统治者不仅继承了秦帝国将边疆民族地区纳入"大一统"中国的宏伟政治蓝图，而且对"西南夷"民族地区推行的国家治理实践更为广泛深远、长期稳定。汉王朝完成了古代中国西

[①] （汉）司马迁：《史记·司马相如列传》，中华书局1982年版，第3046页。
[②] 《云南各族古代史略》编写组：《云南各族古代史略》（初稿），云南人民出版社1977年版，第28页。

南边疆的统一，今云南西部疆界在汉时就已开始确定。

（一）设置郡县、置吏治理、开通道路

建立行政建制是王朝国家实施国家治理的重要措施之一。两汉时期，中央王朝在"西南夷"地区先后设置犍为郡、牂牁郡、越巂郡、益州郡、永昌郡等7郡，置吏治理，开通道路。

公元前182年（高后六年），西汉王朝在僰道（今四川宜宾）和青衣（今四川雅安）设置关市，管理"西南夷"民族地区的商业贸易活动，为进一步开发西南边疆做准备。经过汉初半个世纪以上的休养生息和文景之治积累的丰厚物质基础，到汉武帝时，北却匈奴，西通西域，南伐南越，经略西南，开疆拓土，这些重大战略事宜一一提上国家日程表。

公元前135年，唐蒙使南越，汉武帝从中了解到从巴蜀经牂牁江可抵达南越。随即令唐蒙招降夜郎，设置犍为郡（今川南、滇东北和贵州威宁），意图借助夜郎军队，乘船顺牂牁江南下讨伐南越。公元前130年，汉武帝遣司马相如招降西夷邛筰地区的民族，于其地设置10余县，拆除关卡，归蜀郡管辖。为加强对新招降西南民族地区的统治，汉武帝又使唐蒙和司马相如分别开通南夷道①、西夷道②。后来，因耗费过多，又面临对匈奴用兵，故而只能暂停对"西南夷"地区的开发。

公元前122年，张骞出使西域归来，汉武帝从其处得知有一条从蜀地经"西南夷"地区通身毒达大夏的道路。汉武帝派王然于、柏始昌、吕越等人到"西南夷"之地考察前往身毒之路，因在洱海地区受到昆明族阻隔而以失败告终，但意外获得有关滇国的信息，了解到"滇大国，足事亲附"，引起汉武帝关注，最终决心再开"西南夷"。公元前111年，汉王朝军队击败南越后折兵西北上，平定"南夷"叛乱，设置牂牁郡（今贵州西部和云南东部）。同时，在"西夷"地区，镇压了反抗朝廷的邛君、筰侯，设置越巂郡（今四川西昌地区、云南楚雄州北部、丽江市）和沈黎郡（今四川西部汉源一带）。公元前109年，汉武帝"发巴蜀兵击灭劳浸、靡莫，以兵临滇。滇王始首善，以故弗诛。滇王离难西南夷，举国降，请置吏入朝。于是以为益州郡，赐滇王王印，复长其民"③。益州

---

① 从僰道（今四川宜宾）到牂牁江（今北盘江）的道路。
② 从蜀郡（驻今成都）到邛筰（今西昌一带）的道路。
③ （汉）司马迁：《史记·西南夷列传》，中华书局1982年版，第2997页。

郡辖县二十四，全在今云南省境内，治滇池县（今晋宁晋城），最西部到不韦县（在今保山施甸），最南部至来唯县（在今越南莱州省境内），包括今滇中、滇西保山和大理、滇东南部分地区等广大区域。

从上可见，汉武帝对西南边疆的开拓与缔造多民族"大一统"中国战略紧密相连，中国西南边疆的发展历史自古以来就是统一多民族中国发展历史不可分割的重要组成部分。

东汉保持了汉武帝在"西南夷"地区所建立的益州郡、越巂郡、牂牁郡、犍为郡等诸郡，并以此为基础，进一步向更为广阔的今云南西部、西南部边境地区拓展。公元51年，哀牢首领贤栗遣使向东汉朝廷表示愿意率部一万多人"内属"。公元67年，于巂唐县（今云龙县西部到保山市隆阳区北部）设立益州西部都尉。公元69年，哀牢王柳貌率七十七王55万多人口"内属"，汉明帝"以其地置哀牢、博南二县，割益州郡西部都尉所领六县，合为永昌郡"①。永昌郡包括原益州郡的云南（今祥云）、叶榆（今大理市）、邪龙（今巍山）、比苏（今云龙县西北至泸水县）、巂唐（今云龙县西部至保山市隆阳区北部）、不韦（今保山施甸）6县，以及新设立的哀牢、博南（今永平县）2县，地域范围相当于今德宏州、保山市、大理州、临沧市、普洱市大部分地区和西双版纳州的一部分。据《后汉书·郡国志》的记载，永昌郡人口189万多，在东汉105个郡国中居第三位。永昌郡的设立，完成了对今天中国云南西部、西南部边疆的全部统一。永昌郡是东汉中央王朝在西南边疆的重地，为中国与中南半岛各民族及大秦（罗马帝国）之间交通互联的门户。

两汉王朝在"西南夷"地区设置的益州郡、永昌郡等郡县，拓展了中国西南边疆，"西南夷"地区在政治上加入统一多民族国家之中，西南边疆各民族成为统一多民族中国的一员。在边远的"西南夷"地区设置郡县，是汉王朝开疆拓土、巩固中央封建集权的重大政治举措，对维护多民族国家统一具有重要意义。

（二）"羁縻"统治

西汉初期的"西南夷"部落众多，族属多样，社会经济发展程度不一。滇、夜郎、邛都"耕田，有邑聚"，已发展到奴隶社会，滇、夜郎的首领被称为王。巂、昆明在数千里的地域范围内"随畜迁徙，毋常处，

---

① （南朝宋）范晔：《后汉书·南蛮西南夷列传》，中华书局1965年版，第2849页。

毋君长"，过着游牧生活，可能尚处于原始社会后期。徙、筰都、冉駹或定居，或游牧迁徙，过着半农半牧的经济生活。由于"西南夷"地区各民族群体内部社会、经济、文化发展水平不一，且与内地汉族地区差距悬殊，所以，两汉在对"西南夷"各民族的统治上采取郡县制与"羁縻"制并行的二元政治制度。

"羁縻"制度是中央集权国家在发展落后的少数民族地区通过民族上层治理本民族，从而实现国家政治统一的一种统治手段。"羁縻"政策始于两汉，在元代，这一统治方式发展成为更加完善、系统的"土司制度"。汉王朝在"西南夷"地区设置郡县，在生产发展水平较高、自然地理条件较好之地建立郡治、县治，从内地派遣汉族官吏前往担任太守、县令，对辖区内各民族进行管理。同时，保持民族内部原有的社会组织、管理机构，授予原来的奴隶主、部落贵族王、侯、邑长等封号，使其按照原有的统治秩序继续管理内部事务，并以臣服、纳贡、听从调遣等方式认可中央王朝政权，履行国家规定义务。如滇王就得到汉武帝"赐滇王王印，复长其民"的授权。汉王朝的官吏驻扎在郡县据点，通过对民族上层贵族的调度、征纳岁贡等方式实现对"西南夷"各民族的统治。

汉初，西南地区的很多民族及其地域尚处于生产落后的原始社会阶段，无剩余价值，无阶级分化，内部无奴隶主和贵族阶层，虽已处于郡县管辖之下，但中央王朝对其无从实施任何统治手段。随着时间的延续，生产的逐步发展，经汉王朝长期不断地开拓经营，在"西南夷"中能够进行"羁縻"统治的空间逐渐扩大。公元69年，哀牢王柳貌率部众55万多人口"内属"，以其地建立永昌郡，王朝统治势力未曾企及之今滇西、滇西南的广大边疆区域，就此得以纳入国家版图，可谓例证。

但是，"羁縻"制度毕竟是一种不深入、不稳定的统治方式。郡县长官无权，亦无能力过问民族内部事务。而习惯于小国寡民、封闭自主、不受约束的各少数民族上层，也并非心甘情愿一直接受中央王朝统治。他们的"归附""内属"行为，很多时候可能只是权宜之计，或是贪图中央王朝的赏赐，他们并不会时时乖乖听从汉族官员的领导、调度。因此，汉族统治阶级和少数民族上层之间的矛盾冲突在所难免，少数民族叛服无常，双方之间战争冲突时有发生，皆为正常现象。

（三）移民垦殖

移民垦殖，即从内地迁移部分汉族人口到"西南夷"少数民族地区实边、屯田,是两汉开发西南地区的另一措施。移民垦殖,不仅是经济手段,而且更具政治意义。一方面,移民垦殖可以保证郡县汉族官员和军队的粮食、物资供给,从而避免因对当地少数民族索取过多而引起他们的反抗,有助于缓和民族关系。另一方面,汉族移民的力量可为郡县据点的安全和王朝边疆统治的稳定提供保障。朝廷在边远少数民族地区所设置的郡县,如同被少数民族汪洋大海包围的一座座小孤岛,一旦发生民族暴乱,郡县官吏不是被杀,就是仓皇逃亡,最终只有依靠强大的军队才能维护对西南民族地区表面上的统治。而有了汉族移民的拱卫,就可以在一定程度上改变郡县的弱小孤立之势,太守和县令在遇到少数民族反抗时,可以依靠移民自保和对反抗民族进行镇压。同时,随着内地汉族移民的到来,汉文化也一起被带进西南少数民族地区,有助于边疆少数民族地区社会的发展和经济、文化的进步。所以,移民是一种汉文化意识形态的有效传播途径,对教化边疆少数民族起着有效作用。

进入"西南夷"地区垦殖的汉族移民来源和方式多种多样。《史记·平准书》记载:"汉通西南夷道,作者数万人,千里负担馈粮,率十余钟致一石,散币于邛僰以集之。数岁道不通,蛮夷因以数攻,吏发兵诛之。悉巴蜀租赋不足以更之,乃募豪民田南夷,入粟县官,而内受钱于都内。"[①] 汉武帝在"西南夷"设置郡县、开通道路时,就已诏令内地豪富、商人到这些地区屯田、垦殖。这些地主、商人将于"西南夷"地区屯田收获的粮食交给当地郡县的官吏,以供郡县机构和驻军所需,官吏发给凭证,他们拿着凭证回内地府库去领粮钱。这些内地"豪民"不可能只身前往"西南夷"地区屯田,而要招募大量内地农民过来为其垦殖。此外,移民的来源很多,有在内地破产或无法生存下去的人,也有因犯罪而被迫流徙者,还有郡县据点上的退伍守军,以及上述这些人的家人、亲戚和老乡等,因来投奔他们而成为移民,也在"西南夷"地区定居下来。

外来汉族移民屯田的地方往往位于郡县据点附近或交通沿线,尤其是南夷道、西夷道沿线及附近平坝区域,所以汉族移民基本上分布在"西南夷"地区生产条件较好、发展水平较高的区域。事实上,在元代以前到来的汉族移民基本会发生"夷化"现象,两汉时期更是如此。随着时间的推移,这些汉族移民慢慢融合进周围少数民族之中,如僰人,就是因

---

① (汉)司马迁:《史记·平准书》,中华书局1982年版,第1421页。

吸收了汉族移民而成为"西南夷"中文化发展程度最高的少数民族。两汉进入云南的汉族移民中，一些家族发展成为影响"南中"局势的"大姓"。滇西不韦县之所以得此名就是因汉武帝时吕不韦后裔吕氏家族的迁入，到东汉末年，不韦县吕姓势力极盛，吕凯成为滇西永昌郡大姓中的代表人物。东汉末年，益州郡的雍闿，其祖上为与汉高祖刘邦共起事的雍齿，雍齿原封地于什邡县（今四川什邡县南），其后裔于汉武帝招募豪民屯田"西南夷"之地时移入益州郡，成为益州郡著名大姓。

综上，从汉武帝始，到东汉末期，两汉王朝在300多年的时间阶段内，不断扩大在西南边疆的统治局面，设置郡县，置吏治理，开通道路，"羁縻"统治，移民垦殖。所委派的部分郡县官员政治行为稳重，具有远见卓识，重视民族关系，能够团结当地少数民族和汉族移民，兴修水利设施，发展生产，"造起陂池，开通溉灌，垦田二千余顷。率厉兵马，修障塞，降集群夷，甚得其和"①，以及推行汉文化，办学劝学，"兴起学校，渐迁其俗"②。两汉通过这些国家治理措施，从政治、经济、文化各方面潜移默化地影响着边远的"西南夷"少数民族，将发展程度不一、民族复杂多样的"西南夷"地区统一在多民族"大一统"中国版图之内，推动西南地区的社会进程和经济发展，为后世继续治理中国西南边疆奠定厚实的历史基础。

三 蜀汉时期

秦汉时期的"西南夷"地区，到魏晋南北朝时，被称为"南中"或"宁州"。

到东汉时期，从内地进入"西南夷"地区的汉族移民已经逐步完成自身的土著化进程，其中的一部分，依靠汉王朝的支持及自身的力量发展成为拥有自己的经济、政治和武装势力，能够支配和影响一方地域的霸主"南中大姓"。如此，在南中就存有3股统治势力，一是代表王朝国家驻守南中的郡县官员、驻军这一朝廷势力，二是南中大姓，三是各少数民族中的首领"夷帅"。南中大姓是汉王朝在南中少数民族地区的代表，王朝国家借其之手约束夷帅势力；南中大姓与夷帅之间又通过通婚、结盟等方

---

① （南朝宋）范晔：《后汉书·南蛮西南夷列传》，中华书局1965年版，第2846页。
② （南朝宋）范晔：《后汉书·南蛮西南夷列传》，中华书局1965年版，第2847页。

式形成微妙的联盟关系，以共同抵抗朝廷的统治。三者形成一种矛盾统一体，彼此之间既相互牵制、倾轧，又相互联合、共赢。

东汉被三国取代，其中的蜀汉顺理成章接管对南中地区的统治权。蜀汉成立之初，南中大姓、夷帅据地自雄，蜀汉势力难以真正进入。在南中大姓和夷帅雍闿、孟获、朱褒、高定元等纷纷反叛及东吴势力意图伸入南中的形势下，公元225年春，诸葛亮兵分三路，亲自南征。西路破越巂，东路攻牂柯，中路击益州，诸葛亮以攻心战略，七擒七纵孟获，最终大获全胜，平定南中。

蜀汉的战略目标是倾国北伐、北定中原、兴复汉室、还于旧都，所以，蜀汉对南中的策略很简单，即在保持南中稳定的情况下，从南中获得一定兵力和物资以助力北伐。故而，诸葛亮在对南中的统治上采取以和抚为主、兼施武功的民族政策。[①]

第一，沿用"羁縻"政策，扶持南中大姓和夷帅。蜀汉重心是北伐，只能在南中派驻少量官员和军队，所以需要继续任用原来的南中大姓和夷帅担任南中郡县的官吏，从而实现对南中的统治。

第二，调整郡县设置，设立庲降都督。"改益州郡为建宁郡，分建宁、永昌郡为云南郡，又分建宁、牂柯为兴古郡"[②]，加之章武元年（221年），"以犍为属国为朱提郡"[③]，蜀汉时期，南中郡县就从4郡变为7郡，即越巂郡、永昌郡、牂柯郡、朱提郡、建宁郡、云南郡和兴古郡。牂柯郡位于今黔西北，越巂郡位于今川西南，其余皆在今云南地域。建宁郡郡治从滇池县（今晋宁晋城）移到味县（今曲靖麒麟区），云南郡郡治今祥云，兴古郡郡治今砚山。郡县数量增加，管辖范围缩小，从而限制和削弱南中大姓势力，并使其内部彼此牵制，有利于强化蜀汉中央集权对这些地区的控制。同时，蜀汉政权在南中设立庲降都督作为南中最高军政长官，统辖7郡。

第三，委派能够正确贯彻和执行蜀汉民族政策的官吏。蜀汉派往南中的官吏，如李恢、马忠等历任庲降都督和各个郡守，都能够充分地贯彻和执行中央"以和抚为主，以武功为辅"的民族政策。李恢既是忠心耿耿

[①] 王文光、朱映占、赵永忠等：《中国西南民族通史》，云南大学出版社2015年版，第280—283页。

[②] （晋）陈寿：《三国志·蜀书·后主传》，中华书局1959年版，第894页。

[③] （唐）房玄龄：《晋书·地理志上》，中华书局1974年版，第439页。

的老臣，其本人又出身于南中大姓，在任职期间能够很好地团结当地大姓，有效实施各项治理政策和措施。马忠在治理南中期间"柔远能尔，甚垂惠爱"，在他死后，南中百姓为之立祠，水旱祷之。霍弋代掌监军、安南将军之职时，"抚和异俗，为之立法施教，轻重允当，夷晋安之"①。张嶷在任职越巂郡太守15年期间，带领当地各民族修复郡城，开通阻绝百余年的牦牛道，对当地少数民族"诱以恩信"，故而"蛮夷皆服，颇来降附"，在他离任时，当地少数民族含泪相送，在他去世后，为他立庙，四时水旱辄祀之。在这些有为且得民心的官吏治理之下，南中地区出现"夷汉粗安"的较为安定和谐之局面。

第四，因俗而治。蜀汉政权及其所派遣官吏尊重南中各少数民族的风俗习惯，利用当地"好诅盟"等风俗，通过与当地民族盟誓等方式，取得他们的认可，从而达到对其进行统治的政治目的。

第五，恩威并施，军事镇压，强制迁徙。在施行怀柔政策的同时，对于拒不臣服、反抗朝廷的那部分南中民族，蜀汉政权则对其兵威相加，进行军事镇压。同时，蜀汉政权强制迁徙部分南中人口。如诸葛亮"移南中劲卒青羌万馀家于蜀，为五部，所当无前，号为飞军"②，李恢将反抗的南中少数民族的"豪帅"迁往成都。因"劲卒青羌"之前被迁走，李恢又"迁濮民数千落于云南、建宁界，以实二郡"③。通过军事镇压、强制迁徙，南中各民族势力被极大削弱。

蜀汉政权经略南中的目的在于稳定巴蜀后方，获取兵力和给养，从而为蜀汉平定中原提供帮助。但蜀汉在对南中的文治武功过程中，能够看到当地的民族风俗习惯，采用较为温和平等的方式和南中各民族交往互动，有利于南中的稳定和发展。而蜀汉经略南中，特别是诸葛亮在南中的故事，成为封建王朝治边典范，至今还流传于云南很多少数民族地区。

---

① （晋）常璩撰：《华阳国志校注》（修订版），刘琳校注，成都时代出版社2007年版，第186页。

② （晋）常璩撰：《华阳国志校注》（修订版），刘琳校注，成都时代出版社2007年版，第185页。

③ （晋）常璩撰：《华阳国志校注》（修订版），刘琳校注，成都时代出版社2007年版，第227页。

四　两晋南北朝时期

公元 263 年，魏灭蜀。公元 265 年，司马氏废魏而立。公元 317 年，西晋灭亡，南北的短暂统一结束，东晋南立，在北方和巴蜀地区，则涌现十六国。公元 420 年，东晋灭亡，刘宋建立，历史进入南北朝时期。

魏晋按传统接管南中后，前期沿用蜀汉治南中政策。两晋政权的地方行政区划为州、郡、县三级。公元 271 年，晋武帝从益州内划出南中 4 郡建宁、兴古、云南、永昌，设为宁州，与益州同级，为全国 19 州之一。公元 282 年，又"罢宁州，置南夷"，设南夷校尉，对南中地区进行军事统治。

两晋南北朝时期，内地战乱不止，政权更迭频繁，民族矛盾错综复杂。南中偏居一隅，内地政权无暇，亦无力顾及，南中地区成为大姓和夷帅据地自雄的舞台。从汉族和氏、叟融合发展而来的爨氏，经蜀汉、西晋的积淀，到十六国成汉接管宁州时，已成为宁州势力最大的大姓。到南北朝时期，爨氏家族虽名义上仍为内地王朝国家封授之刺史、太守，但实际上内地势力难以进入。在爨氏据滇的大约 500 年时间阶段里，中原动乱，但宁州地区相对安定，社会经济有所发展。以统治中心味县（今曲靖麒麟区）为界，爨氏统治区分为东西境。味县以西为西爨，味县以东为东爨，西爨为爨氏直接统治的区域，社会、经济、文化较东境发达。

两晋南北朝时期看似是中国历史上各自为政、分裂混战的阶段，但也是我国各民族迁徙互动与大融合时期，为后来隋唐时期重新实现且缔造更大规模的国家"大一统"做好了充分准备。

第三节　春秋战国至南北朝时期"和夷"的迁徙活动

随着秦汉"大一统"封建国家的形成与发展，中国西南的氐羌族群在不断地迁徙与交流过程中产生更多的分化与融合，从而发展出许多新的民族，如昆明人、叟人、僰人等。我们认为春秋战国时期出现的和夷亦为哈尼族先民，和夷的后裔中包括哈尼族，哈尼族 2000 多年来继承和沿袭着"和人"这一族称。

一 "和夷"的来源与族属

"和夷"一词最早见于《尚书·禹贡》的记载："华阳黑水惟梁州。岷、嶓既艺，沱、潜既道，蔡、蒙旅平，和夷底绩。"① 北宋苏轼《东坡书传》说："和夷，西南夷名也。"南宋毛晃《禹贡指南》"和夷底绩"下说："和夷，西南夷。"清代胡渭《禹贡锥指》说："和夷，洱水南之夷也。"洱水即大渡河。② 此为历史上对和夷的说法，可知和夷为"西南夷"中的民族，居住于大渡河以南地域，参与开发了当地农业生产。

关于和夷的来源与族属，学术界讨论不多。

尤中先生认为和夷部落群为西戎、氐、羌、渠叟部落群分布向西南的延伸，和夷为西戎、氐、羌的近亲集团。③

有的学者认为和夷是先秦时期分布于大渡河以南区域的民族，其族属与羌族有关。④

有的学者通过对民族神话和历史记载的分析，明确认为和夷可能就是今天哈尼族的先民。⑤

国家民委"民族问题五种丛书"之一"中国少数民族简史丛书"《哈尼族简史》曰："《尚书·禹贡》记西南民族有'和夷'，这虽不是某一民族的专称，但无疑包括有'哈尼'的先民。"⑥

《哈尼族简史》主笔之一刘尧汉，其《彝族社会历史调查研究文集》（简称《文集》）认为和夷为今哈尼族先民。⑦《文集》说："大渡河又叫'和水'或'洱水'，它是东周时'和夷'的故居。'和夷'是我国'西南夷'最早的概称，往后才逐渐明确它只是'西南夷'之一。它到唐代称为'和蛮'，元代称为'和泥'，明代称为'阿尼'，清代文献说'窝泥自呼哈泥'。……哈尼族曾居大渡河之南安宁河流域。"⑧

---

① 王世舜：《尚书译注》，四川人民出版社1982年版，第59页。
② 《哈尼族简史》编写组：《哈尼族简史》，云南人民出版社1985年版，第18页。
③ 尤中：《中华民族发展史》第1卷，晨光出版社2007年版，第29页。
④ 段渝：《玉垒浮云变古今：古代的蜀国》，四川人民出版社2001年版，第321—322页。
⑤ 冉光荣、李绍明、周锡银：《羌族史》，四川民族出版社1985年版，第199页；李光荣：《论哈尼族神话的优美》，《民族文学研究》1998年第2期。
⑥ 《哈尼族简史》编写组：《哈尼族简史》，云南人民出版社1985年版，第1页。
⑦ 刘尧汉：《彝族社会历史调查研究文集》，民族出版社1980年版，第125页。
⑧ 刘尧汉：《彝族社会历史调查研究文集》，民族出版社1980年版，第132—133页。

史军超《论"和夷"——兼及哈尼族历史文化渊源》一文认为："'和夷'当指哈尼族先民而言。……从历史他称和民族自称的连续性、稳定性来看,找不到任何一个民族比哈尼族更吻合于《禹贡》所载的'和夷'。"①

《中国少数民族》一书提出:"根据史籍记载,公元前三世纪活动于大渡河以南的'和夷'部落,可能就是今天哈尼族的先民。"②

《云南少数民族》一书说:"从哈尼族历史及其由北往南迁徙的路线来分析,公元前三世纪,和夷所居的今大渡河之南、雅砻江之东所源出的连三海周围,或大渡河与金沙江交汇的地区,可能是哈尼族传说中的'努美阿玛'发源地。"③ 言下之意,和夷与今哈尼族相关。

但是,李宗放《和夷诸解与我见》一文提出反对观点,认为:和夷是居住在蜀郡桓水以北地区的氐羌系统民族,包括这一地区在先秦至汉代的蜀人、氐、羌、徙(叟)、筰等。桓水以北,"和"是当地民族语音,本义为"山",与夷相连为和夷,与水相连为和水;桓水、浂水是同一水的不同记音,即今大渡河,桓、浂均是"和"的同音异写;和水、桓水均是"自山而出的水"。④

如果"和夷"非哈尼族先民,缘何氐羌支系的众多后裔中只有哈尼族先民一直以"和"为名称?我们在解读一个边缘族群的名称时,是不是更应该从民族语言的角度去看问题?历史典籍中的民族称谓往往是该民族自称、互称或他称的音译,与自称、互称及他称相同或相近。"和",在白蛮、乌蛮等民族的语言里,确实为"山"之意。《蛮书》明确记载:"川谓之赕,谷谓之浪,山谓之和,山顶谓之葱路……"⑤《蛮书》对乌蛮言语中的"和"有进一步的解释和列举:"渠敛赵,本河东州也。西岩有石和城。乌蛮谓之土山坡陀者,谓此州城及大和城,俱在陂陀山上故也。"⑥ 隋唐

---

① 史军超:《论"和夷"——兼及哈尼族历史文化渊源》,《云南民族学院学报》(哲学社会科学版) 2002 年第 5 期。
② 《中国少数民族》编写组:《中国少数民族》,人民出版社 1981 年版,第 334 页。
③ 云南省历史研究所:《云南少数民族》,云南人民出版社 1983 年版,第 82 页。
④ 李宗放:《和夷诸解与我见》,《西南民族学院学报》(哲学社会科学版) 1997 年第 6 期。
⑤ (唐) 樊绰撰:《云南志补注》,向达原校,木芹补注,云南人民出版社 1995 年版,第 119 页。
⑥ (唐) 樊绰撰:《云南志补注》,向达原校,木芹补注,云南人民出版社 1995 年版,第 75 页。

时期的文献,将哈尼族先民记为"和蛮"。看来,"和蛮"这一民族名称之所以为"和",应该是始于乌蛮、白蛮等其他民族对其之称呼。乌蛮、白蛮与和蛮的族属来源相同,皆出自于氐羌,乌蛮与和蛮还是亲缘民族,不管经历多少迁徙,乌蛮、白蛮与和蛮一直以来相伴相随,乌蛮、白蛮应该知晓之前历史时期的和夷,正因如此,他们才将和夷的后裔仍然称为"和"。哈尼族自称皆为哈尼或豪尼、和泥、黑泥。"尼"为"人"或"族",哈、豪、和、黑皆从"和"音,与"尼"相连一起使用,都是"和人""和族"的意思。和夷、和蛮、斡泥、禾泥、倭泥、窝泥、俄泥、阿泥、哈泥,其中的斡、禾、倭、窝、俄、阿、哈,皆从"和"音,都是"和人""和族"之意。可见,从公元前3世纪起,哈尼族2000多年来皆沿袭着一个统一的族称"和人",从民族名称上反映出历史相袭与继承。

综上,关于和夷的来源与族属,和夷属于氐羌族属,这无疑问,但从关注的具体角度,可以进一步分为3类观点。一部分学者的观点较为泛化,认为和夷为族名,出自氐羌,但不提和夷与以后历史时期的和蛮、和泥、今哈尼族有何关系;一部分学者明确认为和夷为今哈尼族先民,或包括哈尼族先民;少数学者则认为和夷与今哈尼族没有关系。本研究持第二种观点,认为和夷源自氐羌系统,和夷亦为哈尼族先民,和夷后裔中包括哈尼族。

二 "和夷"的迁徙

"华阳黑水惟梁州。岷、嶓既艺,沱、潜既道,蔡、蒙旅平,和夷底绩。"① "和夷早在公元前三世纪(战国时),已分布于今四川大渡河南岸及雅砻江以东的连三海、海子等沼泽地带以及发源于连三海的阿泥河(安宁河)流域。"② 和夷以此为起点,往南迁徙。关于和夷南迁的路线、时间,根据后来历史时期零星的史料记载和哈尼族迁徙史诗透露的信息,可以进行一个大致的勾勒。

《新唐书·南蛮传下》记载:"显庆元年(656年),西洱河大首领杨栋附显、和蛮大首领王罗祁、郎昆梨盘四州大首领王伽冲率部落四千人归

---

① 王世舜:《尚书译注》,四川人民出版社1982年版,第59页。
② 《哈尼族简史》编写组:《哈尼族简史》,云南人民出版社1985年版,第18页。

附，入朝贡方物。"① 唐玄宗开元二十二年（734 年）前后，唐朝宰相张九龄的《敕安南首领爨仁哲书》中，有"和蛮大鬼主孟谷悮"②。王罗祁统辖的"和蛮"部落分布在今楚雄州南部至普洱市一带，其东部即与时间稍后的孟谷悮统辖的"和蛮"地区相连接；孟谷悮统辖的和蛮部落分布在今文山州、红河州一带。③ 也就是说，隋唐时，哈尼族先民已定居于哀牢山、六诏山地区，且已居住了不短的时间，否则不可能形成较大势力。

《元史·地理志》记载："开南州，下。州在路西南，其川分十二甸，昔朴、和泥二蛮所居也。庄蹻王滇池，汉武开西南夷，诸葛孔明定益州，皆未尝涉其境。至蒙氏兴，立银生府，后为金齿、白蛮所陷，移府治于威楚，开南遂为生蛮所据。自南诏至段氏，皆为徼外荒僻之地。中统三年（1262 年）平之，以所部隶威楚万户。至元十二年（1275 年），改为开南州。威远州，下。州在开南州西南，其川有六，昔朴、和泥二蛮所居。至蒙氏兴，开威楚为郡，而州境始通。其后金齿、白夷蛮酋阿只步等夺其地。中统三年征之，悉降。至元十二年（1275 年），立开南州及威远州，隶威楚路。"④ 可见，在元代以前，很有可能就是南诏时期，哈尼族先民和泥已经居住于开南（今景东南部）、威远（今景谷）一带。

《南诏图传·文字卷》明确指明在南诏初期，今大理以南景东一带已经是哈尼族先民和泥的地盘。"第五化：梵僧手持柳瓶，足穿屦履，察其人辈根机下劣，未合化缘，因以隐避登山。村主王乐等，或骑牛乘马，或急行而趁之。数里之间，梵僧缓步而已，以追之莫及。后将欲及，梵僧乃回首看之，王乐等莫能进步。始乃归心，稽颡伏罪。梵僧乃出开南嶍浮山顶。后遇普苴诺苴大首领张宁健，后出和泥大首领宋林则之界焉。林则多生种福，幸蒙顶礼。……时中兴二年戊午岁三月十四日谨记。"⑤ 开南为今景东，中兴二年指南诏最后一代王舜化贞中兴二年，即公元 899 年，为唐代末期。南诏图传的绘制完成于公元 899 年，文字卷是对画卷内容的文

---

① （宋）欧阳修等：《新唐书》卷 222 下《南蛮传下》，中华书局 1975 年版，第 6322 页。
② （唐）张九龄：《曲江集》，刘斯翰校注，广东人民出版社 1986 年版，第 508 页。
③ 尤中：《云南民族史》，云南大学出版社 1994 年版，第 117—118 页。
④ （明）宋濂等：《元史》卷 61《地理志四》，中华书局 1976 年版，第 1461—1462 页。
⑤ （清）《僰古通纪浅述》附录《南诏图传·文字卷》，载古永继《云南 15 种特有民族古代史料汇编》（下），云南大学出版社 2018 年版，第 182 页。

字说明。此条史料所反映的内容是南诏图传的第一个主题"巍山起因",讲述南诏始祖细奴逻受观音教化皈依佛教及观音七化在今洱海地区和滇西南传教的故事,意在渲染南诏国基业乃"王权神授"。史料所言之观音第五化发生于南诏初期佛教开始传入洱海地区的时候,可见在唐初,今景东往南一带已有哈尼族先民和泥居住,且已形成自己的势力范围。

《经世大典·招捕总录·宋隆济》记载:"大德五年(1301年),雍真葛蛮土官宋隆济叛。……(大德)六年(1302年)正月,官军以隆济九次围攻贵州,粮尽退还。贼邀于花猫、牛场二箐……杀伤甚众,掠去行装、文卷。江头、江尾、和泥等二十四寨,龙冯蹄一十八村,皆叛。"[①] 据《哈尼族简史》考证,"江头、江尾、和泥等二十四寨"所处地理位置为今黔西北赫章、毕节、大方之间的六冲河及阁鸦江一带,[②] 这一地带的北境与滇东北相连。显而易见,元时,滇东北、黔西北仍然有哈尼族先民居住。

明天启《滇志》卷30《羁縻志·种人》曰:"窝泥或曰斡泥……临安郡属县及左能寨、思陀、溪处、落恐诸长官司,景东、越州(曲靖越州)皆有之。石甼嘉县又曰和泥。……阿迷州称阿泥,邓川州称俄泥。"[③] 明天启《滇志》卷2"山川"条"云南府"下曰:"阿泥井,在城北二十里江头村,环村而居者取汲焉。"[④] 早在明景泰《云南图经志书》中,就有阿泥井的记载,阿泥井时为云南府四井之一。[⑤] 反映明代的昆明北郊江头村(可能为今昆明北市区岗头村),曾有哈尼族先民阿泥居住,井因人而得名。由此可见,从滇西洱海地区,经滇中、滇西南、滇东南到滇东一线,皆有哈尼族先民分布。

综上可知,到了隋唐时期及后世的元、明时代,从滇西洱海、滇西南景东和景谷一带、滇东南、滇中滇池周围、滇东到滇东北、黔西北广大区

[①] (元)赵世延等:《经世大典·招捕总录·宋隆济》,载王云五主编《丛书集成初编》第3911册,中华书局1985年版,第14—16页。

[②] 《哈尼族简史》编写组:《哈尼族简史》,云南人民出版社1985年版,第9—10页。

[③] (明)刘文征撰:《滇志》卷30《羁縻志·种人》,古永继校点,云南教育出版社1991年版,第999页。

[④] (明)刘文征撰:《滇志》卷2《地理志·山川·云南府》,古永继校点,云南教育出版社1991年版,第74页。

[⑤] (明)陈文修:景泰《云南图经志书校注》卷1《云南布政司·云南府·井泉》,李春龙、刘景毛校注,云南民族出版社2002年版,第12页。

域，皆有哈尼族先民分布。《哈尼阿培聪坡坡》等哈尼族迁徙史诗也言其先民从北往南迁徙而来，曾在滇西洱海、滇中昆明等地居住过，经通海、石屏、建水等地，最后渡过红河，进入哀牢山区。由此，我们可以对哈尼族先民和夷的南迁做如下追溯。

从春秋战国时期开始，和夷以今川西南为起点，不断向南迁徙，在西汉时，已渡过金沙江，进入今楚雄州北部的永仁、元谋、大姚等地，然后，有的西折进入滇西洱海地区，有一部分则向东往今滇池区域移动。两汉时，哈尼族先民已广泛分布于从今滇西洱海区域经滇中楚雄到滇池区域，并已到达滇东南泸江流域。经过魏晋南北朝时期的进一步迁徙、分化和融合，这一分布态势得以加强和巩固，在南北朝末期，其分布地域又扩大至滇东北、滇西南今景东景谷一带及滇东南六诏山地区、红河以南哀牢山区。

秦汉魏晋南北朝时，哈尼族先民还融合在由氐羌系统发展出的昆明人、叟人之中，所以，和夷的迁徙是与当时昆明人、叟人的分布和迁徙交融在一起的。我们可以通过梳理昆明人、叟人的分布和迁徙来验证和补充哈尼族先民的上述迁徙脉络。

"西自同师以东，北至叶榆，名为巂、昆明，皆编发，随畜迁徙，毋常处，毋君长，地方可数千里。"[1] 巂，即叟，东汉以后的史籍将巂写作叟。"夷人大种曰昆，小种曰叟。"[2] 秦汉初期，昆明、巂杂居分布，从今保山到大理，以及川西南的越巂郡，皆有大量的昆明、巂分布。经秦汉时期的迁徙扩展，昆明、叟的分布地区不断扩大。魏晋时，叟族的势力仅次于昆明族，其分布已扩展到今滇东北，仍然与昆明族杂处。昆明人在秦汉时主要分布于滇西，势力强大，曾阻断汉武帝派出探查通身毒道的使者，并不断向东、向南发展。至两汉结束，昆明、叟的分布区域包括今澜沧江以东、红河以北的广大地域，即滇西北、滇西、滇西南、滇中、滇东南和黔西、滇东北、川西南连接地带，经过魏晋南北朝时期的继续迁徙、巩固和强化，这一格局基本固定下来。[3]

除习惯性迁徙等原因外，昆明、叟的迁徙与分布地的变化，与滇人南

---

[1] （汉）司马迁：《史记·西南夷列传》，中华书局1982年版，第2991页。

[2] （晋）常璩撰：《华阳国志校注》（修订版），刘琳校注，成都时代出版社2007年版，第188页。

[3] 王文光、朱映占、赵永忠等：《中国西南民族通史》（上册），云南大学出版社2015年版，第310—311页。

迁、僰人南迁和西徙有密切关系，是"你走我来，你来我走"民族迁徙齿轮效应的表现。

公元前109年，汉武帝设立益州郡，虽依然让滇王"复长其民"，但滇王的统治权已经被极大削弱。公元前86年，益州郡廉头、姑缯反抗，滇人参与其中，反抗最终被镇压，滇王势力又遭严重打击，走向衰亡。滇王受封滇王王印后，不再见于史册，从考古学来看，西汉末期以后，滇国及滇文化也渐渐消失。究其原因，很有可能是滇人已离开滇池地区往南迁徙而去。新平县红河谷的傣族至今还认为他们是古代滇人南迁过程中遗留下来的滇人贵族。几个世纪以来，以洱海为中心不断向东移动扩张的昆明人、叟人，在滇国气数已尽、滇人南迁的政治背景下得以大规模迁入滇池区域。

秦汉初期，僰人主要聚居于僰道县（今宜宾），可能由于"五尺道"开通，汉人进入、商人贩卖僰僮及战争调动等原因，西汉后期以降，僰人开始不断南下进入今滇东北，继而再南下，进入滇东，由于滇人迁走，僰人又进入滇中，并往滇东南胜休县（今石屏、通海）等地移动。此时，昆明、叟大量东进，故而僰人亦往西徙，至滇西洱海地区。秦、西汉时期，僰人主要聚居于川西南、滇东北，但东汉后，特别是魏晋以降，僰人的分布中心已发生重大改变，僰人已普遍分布于滇东、滇中及滇西洱海地区，而曾经的分布中心僰道、朱提郡已基本无僰人。[①] 随着僰人南迁，叟、昆明从滇中向滇东北移动，到魏晋时，叟、昆明人填充了今川西南、滇东北、黔西交界处的原僰人分布区域。

总之，春秋战国时期，居住于大渡河以南的氐羌系统民族中的一支被文献记录为"和夷"，为哈尼族先民。但秦汉以降，和夷之名不再见于文献记载，盖因和夷与其他氐羌系统民族交错杂居，文化相似，且氐羌系统民族之间的分化与融合频繁、剧烈而难于区分，所以和夷与其他氐羌系统民族被统一记入昆明、叟之中。我们认为和夷的迁徙、分布，与哈尼族先民在这一时期的民族形成来源即母体族群昆明人、叟人等的迁徙与分布融合在一起，而昆明人、叟人的迁徙与分布又与滇人南迁、僰人的南迁和西徙紧密相关，反映出这一时期民族迁徙的齿轮效应。

[①] 王文光、朱映占、赵永忠等：《中国西南民族通史》（上册），云南大学出版社2015年版，第317—318页。

第二章

隋唐与南诏大理国时期"和蛮"的迁徙

政权更迭、四分五裂、战乱不止的魏晋南北朝时期结束,隋唐时代开始,中国历史再一次进入多民族"大一统"局面。经过进一步的民族融合和分化,到南北朝末期,以昆明人和叟人为主,融合其他民族而形成了乌蛮[①]民族群体,乌蛮为今天包括哈尼族在内的彝语支众多民族的先民;僰人和"僰人化"汉族移民在与叟人、昆明人融合发展的基础上形成白蛮;僰、昆明、叟分布区的南部地带出现独立民族群体、乌蛮别种和蛮,和蛮即哈尼族先民。

第一节 隋朝和唐朝前期对西南地区的治理

隋唐终结了爨氏据滇500年的历史,将爨氏割据下处于闭关自守、与内地汉族地区隔绝的西南少数民族重新纳入多民族"大一统"国家之中。

一 隋朝对西南地区的治理

公元581年,隋王朝建立。公元589年,隋灭陈,结束南北分裂局面。隋朝继而着手经略西南少数民族地区。

隋朝通过建立行政机构、出兵削弱爨氏割据等政治、军事举措,在西南民族地区重新确立中央王朝的统治。

在原宁州地区,爨氏占据着除永昌郡和朱提郡一部分区域之外的其他广大地域。隋朝沿袭北周之制,在南中地区设置南宁州,设立南宁州总管

[①] 乌蛮是一个具有确定性的民族族称,还是具有不确定性的民族泛称? 学术界对这一问题有不同看法。一说乌蛮直接发展为彝族,一说乌蛮发展形成为汉藏语系藏缅语族彝语支民族。本研究持后一观点。

府。《隋书·韦冲传》记载曰："冲字世冲……俄而起为南宁州总管，持节抚慰……冲既至南宁，渠帅爨震及西爨首领皆诣府参谒。"① 隋朝在爨区东北部设置恭州、协州（今昭通市），东部设置牂牁（今贵州中部以西地区），在滇池地区设置昆州。"隋开皇初，遣使朝贡，命韦世冲以兵戍之，置恭州、协州、昆州。"②

对于隋朝政权的介入，长期盘踞南中的爨氏当然不可能就此轻易接受，隋王朝与爨氏的冲突一触即发。开皇十年（590年）前后，爨氏贵族爨翫向隋王朝投降，被遥封为昆州刺史，后反叛。开皇十七年（597年），隋王朝任命史万岁为行军总管，率军讨伐爨翫。史万岁军队横扫今滇中楚雄、滇西大理和滇中滇池上下周围片区，击破爨翫三十多部，爨翫投降，史万岁因受了爨翫贿赂而未将其带回隋都长安。第二年，爨翫再次叛乱，隋文帝派刘哙、杨武通领军讨伐，爨翫及其诸子被俘押解回长安。经过两次军事讨伐，隋王朝重创南宁州爨氏统治集团，爨氏大宗势力被消灭，剩下的各个宗支散处于东部原建宁、晋宁二郡区域内的直辖领地。而西部的原云南郡，僰人的家族公社、村社，以及昆明、叟人的各个部落，都回到之前各自为政的独立状态。

在原越巂郡区域（今川西南凉山州），隋朝沿袭北周设置西宁州（后改为巂州）。"越巂郡，后周置严州。开皇六年（586年）改曰西宁州，十八年（598年）又改曰巂州。"隋王朝委任梁毗为西宁州刺史，梁毗为官仁厚廉洁，得到西宁州各部拥戴，当地形势暂时相对安定。西宁州较南宁州更易于统治，但西宁州毕竟也属于边疆少数民族地区，当地民族反抗隋朝统治的事件时有发生，中央王朝对西宁州的统治仍不稳定。

隋朝政权短暂，其主要精力放于内地的统一上，无过多余力经营西南，但从以上举措可见隋朝欲将边远的西南民族地区纳入统一多民族国家的政治抱负，并为唐朝经略西南打下了基础。

二 唐朝前期对西南地区的治理

公元618年，唐朝取代隋朝。在初步统一内地汉族地区之后，唐王朝着手"开南中"，展开对西南少数民族地区的再统一事业。

---

① （唐）魏征等：《隋书·韦冲传》，中华书局1973年版，第829页。
② （宋）欧阳修等：《新唐书·南蛮传下》，中华书局1975年版，第6315页。

第二章 隋唐与南诏大理国时期"和蛮"的迁徙

唐王朝通过政治招降、扶持当地民族上层、采用羁縻政策、设立羁縻州县等较为温和的方式，将统治势力伸入西南民族地区。唐高祖李渊将被隋朝押解到内地"没为奴"的爨翫之子爨宏达释放，让其带着爨翫灵柩回乡安葬，并任命爨宏达为昆州刺史，以"诱诸部纳款"归附，唐王朝重新设置隋炀帝废弃的南宁州。"南宁州纳款，朝廷岁遣使抚接"①，但南宁州为羁縻州，唐朝只能是对其履行象征性的政治统治，朝廷任命的官员无法到实地任职，每年派遣官员前往南宁州视察一次。唐高祖任命韦仁寿为检校南宁州都督，寄治越巂，招抚和管理南宁州民族事务。"仁寿将兵五百人循西洱河，开地数千里，称诏置七州十五县，酋豪皆来宾见，即授以牧宰，威令简严，人人安悦。"② 唐朝不用武力，而以政治招降方式笼络民心，采用羁縻政策，委任各少数民族上层为刺史、县令，在东部滇池周围、西部洱海地区陆续建立起很多羁縻州县，就地域相近原则，把这些羁縻州县分别划归戎州都督府驻（驻今四川宜宾）、姚州都督府（驻今姚安）等进行羁縻统属，并皆隶属剑南道（治今成都）。

对于反抗中央政权的各少数民族，唐王朝采用先军事征服、再政治怀柔的手段。公元 648 年，松外诸蛮（主要为白蛮）反叛，被朝廷以武力镇压。继而，朝廷向各地派出使者"谕以利害"，结果是"皆来归附"，先后来归顺的有 70 部、109300 户，朝廷委任各酋长为县令，于是"各统所部，莫不感悦"③。"因遣使诣西洱河，其帅杨盛大骇，具船将遁，使者晓谕以威信，盛遂请降……二十三年（649 年）春，正月，辛亥……西南徙莫蛮内附，以其地为傍、望、览、丘四州④，隶郎州都督府（治今曲靖）。"⑤ "显庆元年（656 年），西洱河大首领杨栋附显、和蛮大首领王罗祁、郎昆梨盘四州大首领王伽冲率部落四千人归附，入朝贡方物。"⑥ 后来，今洱海地区、楚雄州，以及玉溪、红河、文山等地包括和蛮在内的各少数民族皆相继接受朝廷招抚，可见唐王朝的影响力。朝廷相继在这些地

---

① （宋）欧阳修等：《新唐书·韦仁寿传》，中华书局 1975 年版，第 5616 页。
② （宋）欧阳修等：《新唐书·韦仁寿传》，中华书局 1975 年版，第 5617 页。
③ （宋）司马光等：《资治通鉴·唐纪十五》，中华书局 1956 年版，第 6255 页。
④ 傍、望、览三州大致范围位于今双柏、牟定、禄丰、易门相接地带，丘州应在今武定、禄劝之间。
⑤ （宋）司马光等：《资治通鉴·唐纪十五》，中华书局 1956 年版，第 6265 页。
⑥ （宋）欧阳修等：《新唐书》卷 222 下《南蛮传下》，中华书局 1975 年版，第 6322 页。

区设置州、县，中央王朝势力得以逐渐进入更为偏远的区域。

  为了维护中央政权在滇西的统治，唐王朝与吐蕃在这一地区展开争夺战。公元7世纪中叶，中国西部吐蕃势力崛起，在北方争夺安西四镇（位于今新疆、甘肃境内），在南方争夺今西藏与四川接壤处的诸羌羁縻州，还将势力伸入洱海地区，严重威胁唐王朝在西南的统治。唐王朝一方面积极争取洱海地区归附吐蕃的各民族部落，分化吐蕃在滇西的势力，另一方面派军队狠狠打击洱海地区亲吐蕃势力，与吐蕃开战。公元707年，中央王朝派唐九征为姚巂道讨击使。唐九征烧掉吐蕃城堡，拆除吐蕃在漾水和濞水上的铁索桥，切断吐蕃与洱海区域的交通，并就地立铁柱刻铭纪功（即"唐标铁柱"典故由来）。公元710年，中央王朝又派遣李知古率军来此筑城，设置州县，以备长期防御。公元729年，巂州都督张审素收复昆明城（今盐源），成功突破吐蕃战线，从而扭转唐王朝在整个西南战线的被动局势。[①]

第二节　南诏、大理国对"和蛮"的统治

  吐蕃势力南下，洱海地区的各部落贵族，利用吐蕃与唐朝之间的矛盾，在二者之间朝秦暮楚，企图鹬蚌相争渔翁得利，暗地里发展自己的力量。在这样的形势之下，唐王朝扶持六诏中地理位置靠南的蒙舍诏（又称南诏），以武力助其攻灭其他各诏、各部落，驱除当地吐蕃势力，统一洱海地区。公元738年，唐王朝册封南诏首领皮罗阁为"云南王"，赐名归义，南诏国建立。唐朝开通"步头路"，引发东方诸爨领主的反抗。南诏利用受朝廷派遣前往镇压诸爨领主叛乱之机，向东扩张，将势力伸入东方爨区。南诏尽灭诸爨领主，取得东方爨区控制权，彻底结束爨氏据滇历史。由是，唐朝中央政权与南诏之间产生矛盾，且不断加剧。公元752年，南诏与唐王朝决裂，而与吐蕃结成联盟，成为独立的地方民族政权。南诏脱离唐王朝，吐蕃坐收渔翁之利，实现多年用兵而不得之的胜利，唐朝在西南民族地区经营100多年的基业化为乌有，丧失了对今云南全境、

[①]《云南各族古代史略》编写组：《云南各族古代史略》（初稿），云南人民出版社1977年版，第74—76页。

川西南和贵州西部的统治。公元794年，南诏与唐和盟，共同对抗吐蕃。公元902年，南诏权臣郑买嗣篡权，南诏政权崩溃，原南诏国疆域范围内相继出现大长和国、大天兴国、大义宁国3个小王朝。公元937年，白蛮贵族段思平联合东方乌蛮37部武装力量，进军洱海地区，推翻大义宁国，建立大理国政权。今云南和周边区域进入大理国时期。

一 南诏的统治举措

（一）南诏的疆域和行政设置

南诏[①]政权发迹于今大理巍山，因其在洱海地区势力较强的六个诏中，地理位置靠南而称为南诏。南诏以巍山为基础，兼并白蛮建立的位于今弥渡县之白子国，征服临近的近亲部落蒙嶲诏，在唐朝的支持下，又击败越析诏、邆赕诏、浪穹诏和施浪诏，洱海周边六诏合一，尽归南诏。公元738年，唐朝册封皮罗阁为"云南王"，皮罗阁获得对洱海地区的合法统治权。之所以称"云南王"，是因为蜀汉时期曾在洱海地区设置云南郡，唐朝赋予"云南王"的统治地域正是原云南郡的范围。但南诏并未就此满足，而是以洱海为中心，不断向外四处扩张。公元762年冬，阁罗凤领军"西开寻传"，征服当地众多民族，设置永昌节度、镇西节度。[②] 阁罗凤在南部的茫蛮地区设置银生节度，筑银生城，统治南部边疆各民族。如此，阁罗凤将南北朝时期游离在外的原永昌郡内边疆各民族地区再度统一进来。把南诏国的西南边疆扩展到与骠国（今缅甸中部）相接，南部边疆与女王国（今泰国北部南奔府）相连。南诏向东进发，公元765年，阁罗凤令其子凤伽异修筑拓东城（今昆明城前身），设置拓东节度，势力影响今滇东、滇东北地区，南诏牢牢控制了东方爨区。后来，南诏又将拓东节度管辖的东南部区域划分出来，设置通海都督。南诏向南拓展，进攻唐朝安南都护府（今越南北部），使得南诏国的疆域与交趾相接。南诏向北发展，到唐朝末期，终于占领大渡河以南的嶲州地域，设置会川都督进行统治。由是，南诏地界"西北与吐蕃接"，北部与唐王朝益州相连。就这样，南诏国疆域以洱海地区为中心，从小到大，不断拓展，在南

[①] 南诏有多种含义，或指建立国家前的蒙舍诏，或指民族群体或民族，或指南诏王，或指南诏国都，或指南诏国或南诏国政权，读者可根据具体语境进行判断和理解。

[②] 镇西节度后来因移往丽水，故改称丽水节度，丽水位于今缅甸克钦邦境内。

诏势力最强盛的时候，其所控制的疆域形成"东距爨，东南属交趾（今越南北部），西摩迦陀（今印度），西北与吐蕃（今西藏）接，南女王（今泰国北部南奔府），西南骠（今缅甸中部），北抵益州（以大渡河为界），东北际黔、巫"①的恢宏格局。

南诏统治者也有"内地"和"边疆"的概念。所谓"内地"，即南诏的统治中心洱海区域；所谓"边疆"，即其所管辖的洱海区域以外的地区。

南诏国在其统治中心洱海地区，以"睑"为地方政权建制和行政单位，设置有十睑。睑相当于唐朝的州，南诏国的十睑为："云南睑（驻今祥云县云南驿）、白崖睑亦曰勃弄睑（驻今弥渡县红岩）、品澹睑（驻今祥云）、邆川睑（驻今洱源县南部邓川）、蒙舍睑（驻今巍山）、大釐睑亦曰史睑（驻今大理喜洲）、苴咩睑亦曰阳睑（驻今大理古城）、蒙秦睑（驻今漾濞）、矣和睑（驻今洱源县东北之三营）、赵川睑（驻今大理凤仪）。"②

南诏国在其统治的边疆地区，则设有六节度、二都督。节度和都督为军事机构，节度使、都督属于军事长官。六节度分别为：弄栋节度（驻今姚安）、永昌节度（驻今保山市隆阳区）、银生节度（驻今景洪市）、剑川节度（驻今剑川县）、拓东节度（驻今昆明市）、丽水节度（驻今缅甸克钦邦）。二都督为：会川都督（驻今四川会理）、通海都督（驻今通海县）。

需要注意的是，虽然睑为行政机构，但十睑地区仍然设有专门掌管军事的节度使。《蛮书》卷末附载贞元十年（794年）唐朝使臣袁滋到南诏册封异牟寻为南诏王时，"二十三日到云南城。节度蒙酋物出马军一百队，步军三百人，夹道排立，带甲马一十队引前，步枪五百人随后，去城一十里迎候"③。可见，在当时的云南睑等洱海地区，也有节度使的设置。同时，在南诏国的边疆地区，在节度、都督的设置中，也有府（郡）、

---

① （宋）欧阳修等：《新唐书·南诏传上》，中华书局1975年版，第6267页。括号内注释，参见尤中《云南民族史》，云南大学出版社1994年版，第143页。

② （宋）欧阳修等：《新唐书·南诏传上》，中华书局1975年版，第6269页。括号内注释，参见尤中《云南民族史》，云南大学出版社1994年版，第146页。

③ （唐）樊绰撰：《云南志补注》，向达原校，木芹补注，云南人民出版社1995年版，第135页。

州、县的行政建制，如拓东节度军事管制范围内设有善阐府、晋宁州、江川县，银生节度军事管制范围内设有银生府，通海都督军事管制范围内设有通海郡。总之，南诏国的政区设置，在其统治腹地，以行政设置为主，并辅以一定的军事机构；在其统治的边疆地区，则以军事治理为重心，并辅以一定的行政机制。

（二）南诏的政治和军事制度

南诏是一个多民族集合体国家，洱海地区的乌蛮奴隶主、白蛮贵族和其他民族中的少数贵族共同组成南诏政权的统治集团，控制着整个国家的政治和军事。南诏王都原在太和城（今大理太和村西部），异牟寻时迁到阳苴咩城（今大理古城）。

南诏的政治制度多效仿唐朝典章制度，但具有自身特点。南诏的政治制度以南诏王为中心，南诏王是最高政治、军事领袖，由原蒙舍诏乌蛮蒙氏家族的人世袭国王。南诏的官僚制度以清平官为中心，南诏的清平官，相当于唐王朝的宰相。大军将与清平官地位相等，二者每日出入宫廷，协助南诏王处理全国军政事务。南诏设有清平官6人，大军将12人。"大军将一十二人，与清平官同列。每日见南诏议事。出则领要害城镇，称节度。有事迹功劳殊尤者，得除授清平官。清平官六人，每日与南诏参议境内大事。其中推量一人为内算官，凡有文书，便代南诏判押处置，有副两员同勾当。又外算官两人，或清平官或大军将兼领之。"[①] 内算官通常由清平官担任，掌管南诏王的机密文件，可代王裁处。外算官可以由清平官或大军将担任，实施对六曹的行政管理。南诏的国务行政机构曰六曹，后期改为九爽。南诏的六曹，是《尚书》六曹、唐六部和内州府六司的组织机构及职能的综合。"其六曹长即为主外司公务。六曹长六人，兵曹、户曹、客曹、刑曹、工曹、仓曹，一如内州府六司所掌之事。……六曹长有功效明著，得迁补大军将。"[②] 大军将、清平官的选拔与任用已形成一套机制，曹长可作为大军将、清平官的候补。

南诏国是军事行政的联合体，具有军政合一的特色。全民皆兵，是其

---

① （唐）樊绰撰：《云南志补注》，向达原校，木芹补注，云南人民出版社1995年版，第122—123页。

② （唐）樊绰撰：《云南志补注》，向达原校，木芹补注，云南人民出版社1995年版，第122页。

军事制度的一大特点。"战斗不分文武。无杂色役。每有征发,但下文书与村邑理人处,克往来月日而已。其兵仗人各自赍,更无官给。……每家有丁壮,皆定为马军,各据邑居远近,分为四军。以旗幡色别其东南西北,每面置一将,或管千人,或五百人。四军又置一军将统之。"① 南诏国的兵力来源于三种途径:一是常备军,数目不多,但却是主力和核心。《蛮书》中记载的"罗苴子"(即卫士),就是南诏常备军中的精兵,战时为先锋。二是上条史料所言之平时农耕、农隙训练、战时上阵的乡兵,此乃南诏军队的基础。三是征调被征服之边疆各民族,诸如朴子、望蛮、寻传、黑齿、茫蛮等。如望蛮中被南诏王征发的卫士,即望蛮的罗苴子,在罗苴子中作战最勇敢,故而被《新唐书·南蛮传下》称为"望苴蛮",每当南诏国有军事行动之时,往往"望苴子前驱"。② 除了罗苴子,南诏国的常备军中还有负排、羽仪之分。负排从罗苴子中挑选出来,为统治集团之警卫、亲兵。羽仪军,由清平官等中央级别官员的子弟充当,日常陪伴南诏国王左右。即使是对临时征召之乡兵,南诏亦军纪严明,军法严苛,重视军功。每出军征役,乡兵自备武器和粮食,一旦出了南诏境内,即可掠夺人口财物,破坏力极强,但这样做却能够有效保持南诏自身的战斗力。

二 南诏对"和蛮"的统治

(一) 南诏时期"和蛮"的分布及其社会状况

公元前3世纪,哈尼族先民以"和夷"之名出现于大渡河流域,后来继续往南迁徙。经过秦汉、魏晋、南北朝的进一步迁徙及民族融合、分化,从昆明、叟中渐渐分离产生新的民族,有些部分应该是融合进先前的"和夷"之中,到南北朝末期的时候,出现了一个新的独立民族——和蛮。虽然学术界公认和蛮即哈尼族先民,但哈尼族的历史形成并未止于和蛮,在唐代及后续时期,乌蛮中仍不断有哈尼族先民分化出来。一个民族的形成不是仅仅局限在历史上的某一个节点,而是历史长河中不断地、长

---

① (唐)樊绰撰:《云南志补注》,向达原校,木芹补注,云南人民出版社1995年版,第120页。

② 王文光、陈燕:《南诏国境内外的望蛮、扑子蛮、三濮研究》,《广西民族大学学报》2013年第5期。

期的民族分化和融合的结果。

关于和蛮这一民族名称和其情况记录，最早见于有关唐代的历史文献。《新唐书·南蛮传下》载："显庆元年（656年），西洱河大首领杨栋附显、和蛮大首领王罗祁、郎昆梨盘四州大首领王伽冲率部落四千人归附，入朝贡方物。"① 唐玄宗开元二十二年（734年）前后，唐朝宰相张九龄的《敕安南首领爨仁哲书》中，提到"和蛮大鬼主孟谷悮"②。上述两条史料虽无明确提及"和蛮"的分布范围，但从史料记载的前后人物、地域内容，可以推测出和蛮的基本居住格局。尤中先生认为王罗祁统辖的"和蛮"部落分布在今楚雄州南部至普洱市一带，其东部即与时间稍后的孟谷悮统辖的"和蛮"地区相连接；孟谷悮统辖的和蛮部落分布在今文山州、红河州一带。③"当时的和蛮已经出现了大的政治势力。"④《南诏图传·文字卷》明确指明在南诏初期，今大理以南景东一带已经是哈尼族先民和泥的地盘。"第五化：梵僧手持柳瓶，足穿屦履，察其人辈根机下劣，未合化缘，因以隐避登山。村主王乐等，或骑牛乘马，或急行而趁之。数里之间，梵僧缓步而已，以追之莫及。后将欲及，梵僧乃回首看之，王乐等莫能进步。始乃归心，稽颡伏罪。梵僧乃出开南峣浮山顶。后遇普苴诺苴大首领张宁健，后出和泥大首领宋林则之界焉。林则多生种福，幸蒙顶礼。……时中兴二年戊午岁三月十四日谨记。"⑤ 开南即今景东，中兴二年指南诏最后一代王舜化贞中兴二年，即公元899年，唐昭宗光化二年。南诏图传的绘制完成于公元899年，文字卷乃画卷的内容说明。此条史料所言之观音第五化反映的是南诏初期佛教开始传入洱海地区的时候，观音如何幻化点化众生皈依佛教的故事，可见在唐初，今景东往南一带已有哈尼族先民和泥居住，且已形成自己的势力范围。

上述情况说明，哈尼族先民和蛮于唐初前已在滇南居住了不短的时间，否则不可能形成大的政治势力，也就是说，南北朝末期，哈尼族先民和蛮已进入无量山、哀牢山、六诏山地区。而这些地区属于僰、昆明、叟分布

---

① （宋）欧阳修等：《新唐书》卷222下《南蛮传下》，中华书局1975年版，第6322页。
② （唐）张九龄：《曲江集》，刘斯翰校注，广东人民出版社1986年版，第508页。
③ 尤中：《云南民族史》，云南大学出版社1994年版，第117—118页。
④ 王文光：《中国民族发展史》，民族出版社2005年版，第507页。
⑤ （清）《僰古通纪浅述》附录《南诏图传·文字卷》，载古永继《云南15种特有民族古代史料汇编》（下），云南大学出版社2018年版，第182页。

区的南部地带。和蛮是昆明、叟中分离出来的、迁徙更为靠南的分支。

综上，南诏统治时期，哈尼族先民和蛮主要分布于今景东到景谷一线，即无量山上半段，以及哀牢山到六昭山一带，即今楚雄州南部、普洱市、玉溪市的元江县和新平县、红河州、文山州。上述地区，在南诏国时期，属于南诏的开南节度、银生节度、通海都督辖境，皆为南诏的边疆地区。但需要注意的是，从后世史料及哈尼族先民分布情况反映出的信息可以知道，在南诏国时期，今川西南、滇西洱海地区、楚雄北部、滇中滇池地区、滇东北和黔西北，皆有哈尼族先民分布，可能因没有像南部分布区那样形成大的集中分布规模，居住较为松散，以及无甚特别之处，而没有引起史家注意，故未被写入史册。

南诏国时期，在南部的开南、银生节度管辖范围内，哈尼族先民和蛮与百濮孟高棉系统的扑子蛮（布朗族、德昂族先民）和百越系统的金齿、银齿（傣族先民）等民族共同居住在一起。其中，属于银生节度威远州辖境的罗槃甸（今元江）和蛮分布区，与通海都督管辖的哀牢山东麓和蛮居住区相连。在东南部的通海都督管辖范围内，和蛮与僚子（壮族先民）、白衣（傣族先民）、其他乌蛮、白蛮杂居。和蛮已是定居农耕民族，在社会组织和政治制度方面，其内部形成了鬼主制度。

与之前的历史时期相比，在隋、唐和南诏国时期，哈尼族先民和蛮在分布上出现两个大的变化：一是分布地域更广，和蛮人口分布的南北跨度更大。二是形成和蛮的南部聚居区，滇南成为和蛮最主要的居住地域。

（二）南诏对"和蛮"的统治

南诏在其疆域南部、东南部和蛮分布区内，设置了银生节度、开南节度、通海都督，对和蛮及与其杂居的各民族进行统治。

在南部的和蛮分布区，南诏修筑了银生城（今景东城）、开南城（今景东南部）、威远城（今景谷）、奉逸城（在今宁洱）、利润城（在今易武）。[①]南诏政权派驻官吏到各个城镇，每个城镇领有一定数量的坝子和山头。《蛮书》记载："云南、拓东、永昌、宁北、镇西及开南、银生等七城，则有大军将领之，亦称节度。……银生城在扑赕之南，去龙尾城十日程。……又开南城在龙尾城南十一日程。……又威远城、奉逸城、利润

[①] 括号内注释，参见方国瑜《中国西南历史地理考释》（上册），中华书局1987年版，第486—487页。

城，内有盐井一百来所。"①《元史·地理志》记载："开南州，下。州在路西南，其川分十二甸，昔朴、和泥二蛮所居也。庄蹻王滇池，汉武开西南夷，诸葛孔明定益州，皆未尝涉其境。至蒙氏兴，立银生府，后为金齿、白蛮所陷，移府治于威楚，开南遂为生蛮所据。自南诏至段氏，皆为徼外荒僻之地。……威远州，下。州在开南州西南，其川有六，昔朴、和泥二蛮所居。至蒙氏兴，开威楚为郡，而州境始通。其后金齿、白夷蛮酋阿只步等夺其地。"② 开南、威远等地，从秦汉到蜀汉时期，朝廷官员皆未真正进入过这些地区，一直是作为徼外荒僻之地而存在，直到南诏在此设置，修筑银生城、开南城，才促进这些地区与"内地"的交通、交流。起初，是朴子蛮、和蛮居住于此，后来，由于金齿、白衣势力北上，占据了坝子地带，扑子蛮、和蛮被驱赶入山区，也有一部分迁徙而去。今元江县，曾隶属于银生节度，南诏建甘庄城，迁徙白蛮戍守于此，后被和蛮占据。清康熙《元江府志》卷一《沿革大事考》记载："唐时，蒙诏以属银生节度，封栖霞为南岳，建城甘庄，今遗址尚存。随徙白蛮苏、张、周、段十姓戍之；又开威远等处，置威远睑。"③

在设置行政和军事建制进行一定程度管理的同时，南诏允许边远地区被征服民族保持其内部原有的经济、社会制度，但这些民族部落要以当地特产和奇珍异宝向南诏缴纳贡赋，并服从征调。

《蛮书》云："茶出银生城界诸山，散收无采造法。蒙舍蛮以椒姜桂和烹而饮之。"④ 南诏南部疆域银生节度境内和蛮等民族所居之地，盛产茶叶，今镇沅县千家寨尚存活有树龄达 2700 年的茶树王，茶树王附近遍布野生古茶树，可见今普洱市到西双版纳一线产茶历史之悠久。南诏统治者所享用的茶叶，应当就是银生地界的和蛮、朴子蛮等民族所供。同时，这一片区也是重要的产盐区。南诏时期，银生城已发展为南诏境内较大的贸易城市之一，联系着南诏与境外今东南亚国家之间的贸易往来。

---

① （唐）樊绰撰：《云南志补注》，向达原校，木芹补注，云南人民出版社 1995 年版，第 77、89 页。

② （明）宋濂等：《元史》卷 61《地理志四》，中华书局 1976 年版，第 1461—1462 页。

③ （清）章履成纂修：康熙《元江府志》卷一《沿革大事考》，李崇隆、梁耀武、李亚平点校，载梁耀武主编《府志两种》，云南人民出版社 1995 年版，第 644—645 页。

④ （唐）樊绰撰：《云南志补注》，向达原校，木芹补注，云南人民出版社 1995 年版，第 103 页。

从被征服的边疆部落人口中征调奴隶兵，不仅是南诏兵力的来源途径之一，更是南诏军队战斗力的保障。南诏作为少数民族建立的奴隶制国家，征战频繁，掳掠成性，通过战争抢夺人口、财物和土地，来维持南诏奴隶制政权。和蛮与其他山区、边疆众多民族一样，是被南诏政权征服后留在原地的集体奴隶。出于发动战争或迎战来敌的需要，"战即召之"，南诏统治者随时可以从这些部落中进行征调，征发部落青壮年从军打仗。这些从边远民族部落中被南诏征调的奴隶兵，"勇悍趫捷"，弓"发无不中"，"跣足可以践履榛棘"，往往被统治者当作冲锋陷阵打头阵的先锋，"如有不前冲者，监阵正蛮旋刃其后"。[①] 被南诏征调的民族部落，也应包括和蛮。

在南诏统治时期，和蛮社会有所发展。大约于南诏末期，和蛮内部开始形成一些较大的部落。在银生节度辖境，以哀牢山东麓上段今元江县地界为中心，有因远部。在通海都督辖境，红河南岸哀牢山东麓中、下段的和蛮组合成铁容甸部（在今红河县东南部下亏容）、思陀部（在今红河县思陀）、伴溪部（在今红河县落恐）、七溪部（在今红河县溪处）。上述哀牢山地区的和蛮部落，属因远部势力最强。在通海都督辖境东南部的六诏山地区，和蛮逐渐组合成维摩部（在今泸西县南部和丘北县）、强现部（包括今文山、砚山、马关、西畴）、王弄部（在今屏边县）。从和蛮中发展组合而成的这些部落被史册列入东方三十七部蛮之内，在后来段思平讨伐大义宁国时给予了大力支持。

三　大理国的统治举措

公元937年，时任通海节度使的白蛮贵族段思平，以减税粮、宽徭役为号召，获得白蛮封建主、乌蛮贵族及广大奴隶、农民的支持，合集东方三十七部蛮武装力量，发动兵变，进军洱海地区，推翻大义宁国奴隶制政权，建立大理国封建农奴制政权。

大理国建立之初，吸取南诏之后3个小王朝覆灭的教训，进行大治大理，推行符合当时社会、经济发展需要的举措。

为缓和阶级关系和民族关系，稳定统治基础，大理国政权对境内各方

[①] （唐）樊绰撰：《云南志补注》，向达原校，木芹补注，云南人民出版社1995年版，第58—60页。

群体采取针对性措施。一方面，采取分封制。在大理国封建农奴制度下，国王为最高土地所有者，国王又将土地和土地上的人口分封给臣子。受封赐的臣子领有封地，相应地对国王负有进贡、征调劳役和兵役等义务。白蛮贵族为大理国统治民族，白蛮为大理国主体民族。对于白蛮封建领主，大理国政权不仅充分肯定其在经济、政治上的地位，而且对其加以大力扶植。如封高方为岳侯，高氏领地除洱海地区的部分外，大理国王还将东方滇池区域的巨桥（今昆阳）封赐给高氏。大理国王封董伽罗为宰相，董氏不但拥有在洱海地区原有的领地，还获得成纪（今永胜）作为世袭领地。在大理国王封赐之下，其他白蛮封建主原有的封建庄园皆得以扩大。对于在段思平起兵摧毁大义宁国政权中立下汗马功劳的东方三十七部蛮，大理国解除其集体奴隶地位，并大加封赏。《滇史》云："（段）思平之得国以讨灭杨氏，其成功实赖东方诸蛮，故于初年即加恩三十七部蛮，皆颁赐宝贝，大行封赏。故东方终段氏未尝加兵。"[①] 另一方面，对于广大村社农民，大理国政权承认其原有土地，并兑现起兵前的承诺，减免税粮负担，宽免三年徭役。还有，对于奴隶，"凡有罪无子孙者"，全部赦免，一律释放。此外，对于广泛的各民族部落，大理国政权解除其在南诏时期的集体奴隶地位，免去奴隶性质的徭役。[②]

建立行政建制，对于境内各民族，大理国政权允许其内部保持原有政治、经济结构，实行内部自治，外部则要求其隶属于所处行政区划的府、郡。大理国政权基本继承了南诏的疆域。根据《元史·地理志》的记载，大理国版图"东至普安路之横山（今贵州普安），西至缅地之江头城（今缅甸杰沙），凡三千九百里而远；南至临安路之鹿沧江（今越南莱州省境内的黑河），北至罗罗司之大渡河，凡四千里而近"[③]。大理国在南诏行政区划基础上，设置"府八，……郡四，部三十有七"[④]。公元1180年，大理国南部边境金齿百夷政权景昽金殿国建立，国主叭真，大理国王段智兴不得不赐予叭真虎头金印，令其"为一方之主"。

上述措施为大理国政权的稳固起到了积极作用，但分封制还是埋下了隐患，随着时间推移，分封制下的国家权力分散问题渐渐显露，

---

① （明）诸葛元声撰：《滇史》卷7，刘亚朝校点，德宏民族出版社1994年版，第211页。
② 尤中：《云南民族史》，云南大学出版社1994年版，第221页。
③ （明）宋濂等：《元史》卷61《地理志四》，中华书局1976年版，第1457页。
④ （明）宋濂等：《元史》卷61《地理志四》，中华书局1976年版，第1457页。

各地势力不断发展，割地自雄，难以控制，大理国后期陷入分裂割据之中。

大理国在与两宋王朝的关系构建上一直是处于积极主动地位的。大理国始于公元937年，终于公元1253年；宋王朝建立于公元960年，止于公元1279年；大理国基本与宋王朝相始终。大理国虽为少数民族地方割据政权，但一直尝试与内地中原王朝建立通好关系，寻求两国正常交往。公元982年，北宋朝廷在黎州（今四川汉源）大渡河上造大船，以方便大理国使臣向宋朝入贡，黎州边境成为大理国的白蛮、乌蛮等民族与内地汉族进行民间贸易的一个重要市场。大理国未对宋王朝发动过任何军事侵扰，而是为了发展自身经济、社会、文化的需要，并不满足于一般的朝贡与边境贸易，一直积极寻求与宋王朝建立宗藩关系。但是，宋王朝鉴于南诏反复叛唐、不断军事侵扰唐朝和周边各国的教训，所以对大理国的态度极为谨慎。直到公元1117年，宋朝封大理国王段和誉为"金紫光禄大夫检校司空云南节度使上柱国大理国王"，大理国与北宋之间算是正式建立起宗藩关系。10年后，北宋灭亡，南宋对大理国又心生戒备。但是，在与北方金国的对峙中，南宋又需仰仗西南大理国提供江南地区所缺少的战马等物资，于是在公元1133年，南宋王朝在邕州（驻今南宁）设立买马提举司，作为向大理国购买战马的专门机构。通过邕州横山寨（位于今广西田东县境内）的战马等军需物资交易市场，大理国与南宋之间的民间贸易互市随之得以发展，两地互通有无，进行经济、文化交流，促进共同发展。总之，"宋挥玉斧"，两宋王朝对大理国的积极主动示好总是处于戒备与矛盾之中，并不愿与大理国产生更多的政治关系，而是保持敬而远之的态度。

四 大理国对"和蛮"的统治

（一）大理国统治时期"和蛮"的分布及其社会状况

与乌蛮的分布一样，隋唐时期，和蛮的分布也具有北部、中部、南部之分，在宋代大理国时期，和蛮的这一分布格局进一步巩固和凸显。今川西南，以及滇东北和黔西北相交处，为和蛮的北部分布区，和蛮与其他乌蛮民族相杂居，二者关系密切，难于分割。今滇西洱海经滇中楚雄北部到滇中滇池区域一线为和蛮的中部分布区，和蛮与白蛮、乌蛮民族杂居共处。今无量山、哀牢山、六诏山地区为和蛮的南部分布区，和蛮与扑子蛮、金齿百夷、僚子、乌蛮、白蛮等其他民族杂居，但此区域的和蛮已经形成集中分布态势，并发展成在当地具有影响力的民族群体。

大理国统治时期，和蛮社会、经济有了较大进步，但其内部仍然存有发展的不平衡性。北部和蛮，尚处于奴隶制时期。中部和蛮，从属于乌蛮、白蛮等其他民族之下。在南部地区，今无量山和哀牢山之间的景东、镇沅、景谷一带的和蛮，与扑子、金齿银齿等民族杂居，隶属于金齿银齿贵族的统治。哀牢山东麓的因远部、思陀部、伴溪部、七溪部等，六诏山地区的维摩部、强现部、王弄山部等，发展较快，已进入本民族上层统治的封建领主制社会。在哀牢山地区的和蛮部落中，以因远部最为强大。因远部的一部分人口于南诏时期迁徙至今元江甘庄城，后迁移到礼社江畔参与建设罗槃城（今元江城），约在大理国后期，因远部发展成罗槃国，最高领主为罗槃主，幅员达3万平方公里，包括今哀牢山东麓元江县、哀牢山西麓今新平县西部、墨江县、镇沅县、宁洱县、思茅区、江城县和无量山地区景谷县，南与今越南、老挝接壤，东南部与思陀、伴溪、七溪等其他哀牢山和蛮部落相连。① 六诏山地区的和蛮，由于地处滇桂交界要道，受到汉、僮（今壮族先民）先进农业技术的影响，农业发展水平较高。北宋皇祐四年（1052年），桂西侬智高起兵反宋，失败后，于次年率部向西逃入大理国境内，狄青率军追击，得到六昭山和蛮的帮助，和蛮首领龙海基"向导有功，始命领其地"②，受到宋王朝嘉奖，获得这一片区统治权。和蛮龙氏为六诏山地区最高领主，其领地包括今丘北县、泸西县南部（维摩部），文山市、砚山县、西畴县（强现部），马关、麻栗坡（舍资部）和屏边县（王弄山部）等广大地域，幅员近2万平方公里，南与交趾相接。③

公元1133年，南宋王朝在今广西邕州设置买马提举司，带动了南部和蛮社会商业的兴起。哀牢山罗孔（即落恐）部将马贩卖到广西邕州横山寨，《岭外代答》记载曰："有知寨、主簿、都监三员，同主管买马钱物。产马之国曰大理、自杞、特磨、罗殿、毗那、罗孔、谢蕃、滕

---

① 《哈尼族简史》编写组：《哈尼族简史》，云南人民出版社1985年版，第47页。
② （清）汤大宾修、赵震纂：乾隆《开化府志》卷2《建置·沿革》，乾隆刊本传抄本。
③ 《哈尼族简史》编写组：《哈尼族简史》，云南人民出版社1985年版，第41页。

蕃等。"①

宋代大理国时期，和蛮的分布区与唐代南诏时期相比，宏观格局上虽无实质性变化，但和蛮的分布向更南的边疆区域伸入，抵达今西双版纳傣族地区。据研究，公元 10 世纪初，哈尼族支系僾尼人的"者威"（吉维）、"者庄"（吉坐）两个部族已居住于勐巴拉纳西（今景洪）。《明史》卷 315《云南土司列传三·车里》曰："车里，即古产里，为倭泥、貂党诸蛮杂居之地，古不通中国。元世祖命将兀良吉觯②伐交趾，经所部，降之，置撒里路军民总管府，领六甸，后又置耿冻路耿当、孟弄二州。"③蒙古军在征伐安南途中，顺势征服云南南部边疆，当时的车里（今西双版纳）是"倭泥、貂党诸蛮杂居之地"，哈尼族先民倭泥已经被看作当地原住民，可见其在当地居住时间之长。这些倭泥即唐初就分布于银生节度的北部区域今景东、景谷一带的和蛮，在南诏末期、大理国初期，由于南部金齿百夷势力向北扩张，导致他们沿无量山、哀牢山山脉走势南迁，进入今西双版纳。

（二）大理国对"和蛮"的统治

大理国继承了南诏疆域，在辖境内设置府、郡实施国家行政治理。境内的各民族群体在外隶属所处区域的府、郡，在内则保持原有经济、社会结构，民族上层领主有本民族统治权。

大理国时期，位于北部分布区的和蛮，属于大理国的会川府（驻今四川会理）、建昌府（驻今西昌）等府、郡，可能从属于乌蛮统治之下。位于中部分布区的和蛮，处于大理国统治中心区域，受大理国政权直接治理，或在政治、经济上从属于当地更具人口、权力优势的白蛮和乌蛮。而大理国南部为和蛮的集中分布区，分别属于大理国的威楚府、秀山郡。其中，威楚府辖境内的和蛮主要分布于今楚雄州南部和普洱市；秀山郡辖境内的和蛮分布区主要为今红河州、文山州。

哀牢山地区的和蛮部落因远、思陀、伴溪、七溪等，六诏山地区的和蛮部落维摩、强现、王弄山等，作为东方三十七部蛮，参加了公元

---

① （宋）周去非撰：《岭外代答校注》，杨武泉校注，中华书局 1999 年版，第 187 页。
② 《明史》此处书写可能有误，根据《元史》，"兀良吉觯"应为"兀良合台"。
③ （清）张廷玉等：《明史》卷 315《云南土司列传三·车里》，中华书局 1974 年版，第 8156 页。

937年段思平发动的起义，推翻了旧的大义宁国奴隶制政权，故而，大理国建立后，不仅解除了这些和蛮部落在南诏时期的集体奴隶身份，而且部落贵族皆被封赐，成为统领一方的封建领主，这些和蛮地区亦进入封建领主经济。大理国统治中心在洱海地区，东方则以滇池地区为重，和蛮聚居区为国家的南部边疆，距离大理国政权中心较远，大理国对其之控制可谓鞭长莫及。且大理国建立之初即实行分封制，大理国虽然在这些和蛮聚居区设置了府、郡行政管理机构，但其势力不可能直接驱及和蛮腹地，和蛮内部仍为自治，由本民族上层管理，各和蛮封建领主实际上各自为政。

第三节 隋唐和南诏、大理国时期"和蛮"的迁徙活动

春秋战国时期，居住于大渡河以南的氐羌系民族中的一部分被文献记录为"和夷"，为哈尼族先民。但秦汉以降，和夷与其他氐羌系统民族被统一记入昆明、叟之中。和夷融合于昆明、叟等族群之中不断南迁，至南北朝末期、隋唐初期，和夷的后裔以乌蛮别种"和蛮"之名出现于历史记录中。根据有关史料透露的信息及该民族在后来历史时期的分布情况，结合当时的相关历史背景，我们可以寻找出隋唐时期，包括南诏统治时期及宋代的大理国统治时期，哈尼族先民和蛮的迁徙活动及轨迹。

一 隋唐时期"和蛮"的迁徙

（一）北部分布区"和蛮"的迁徙

在前文部分，我们一再提到今川西南、滇东北和黔西北接壤处为和蛮的北部分布区，但并没有进行详细的阐述或给出明确的证据，现我们就此话题展开论述，并勾勒出隋唐时期和蛮在川西南与滇东北之间的迁徙轨迹。

恩格斯指出，在历史上如果"把每条河、每座山，都画出一个确定的方向，对每一个民族，都给它指定一个准确的居处。像这样是根本不可能达到的企图"，但是，"在一些名称中，也许有一些是正确的地名"。甚

至"也有正确得十分惊人而具有头等历史价值的报导"①。一些河流、山川、集镇和村寨拥有的哈尼族历史名称，确实具有不可忽视的史料价值，它们反映出这些地域曾有哈尼族先民居住过。

"华阳黑水惟梁州。岷、嶓既艺，沱、潜既道，蔡、蒙旅平，和夷底绩。"② 公元前3世纪，哈尼族先民以"和夷"之名活动于今大渡河以南、雅砻江以东地域，今川西南是哈尼族形成和迁徙的源头。

《蛮书·云南界内途程第一》记载："云南蛮界：从巂州俄淮岭七十里至菁口驿，三十里至芘驿，六十里至会川镇，差蛮三人充镇。五十里至目集馆，七十里至会川，有蛮充刺史，称会川都督。从目集驿至河子镇七十里，泸江（今雅砻江）乘皮船渡泸水（今金沙江）。"③ 清康熙《蒙自县志》卷3《彝俗》记载："窝泥，自呼哈泥。蒙邑有河泥里，即其所居也。"④ "河泥里"是当时蒙自县管辖的13个编里之一，之所以称"河泥里"，显然所居者为"河泥人"，"河泥"即"和泥"的同音异写。同理，"河子镇"显系"河子"即"河泥"（"和泥"）居住于此而得名。河泥、和泥亦分别被称为"河子""和子"。据《元史·地理志四·威楚开南等路》曰："唐时蒙舍诏阁罗凤合六诏为一，侵俄碌，取和子城，今镇南州是也。"⑤ 元时的镇南州（今楚雄南华）在唐南诏时称"和子城"，概因其为"和泥"所居的城镇。晋张华《博物志》称僚人为"僚子"，唐张九龄《曲江集》亦称僚族为"僚子"，《北齐书·魏兰根传》称汉人为"汉子"，中华人民共和国建立前，人们习惯上称苗族为"苗子"，称白族为"白子"。由此说明，"河子"即为"河泥"，"和子"即为"和泥"，皆为对哈尼族先民的称谓，位于会川之南金沙江北岸的"河子镇"为哈尼族先民"河泥"所居的集镇，唐时，此地尚有哈尼族先民居住。依据《蛮书·云南界内途程第一》记载，从"会川镇"经"目集馆"至"河子镇"共一百二十五里，过"河子镇"后可乘皮船渡泸水（金沙江），

---

① 恩格斯：《德国古代的历史和语言》，刘潇然译，人民出版社1957年版，第54页。
② 王世舜：《尚书译注》，四川人民出版社1982年版，第59页。
③ （唐）樊绰撰：《云南志补注》，向达原校，木芹补注，云南人民出版社1995年版，第9页。
④ （清）韩三异纂修：康熙《蒙自县志》卷3《彝俗》，清康熙五十一年（1712年）刊本传抄本。
⑤ （明）宋濂等：《元史》卷61《地理四》，中华书局1976年版，第1460页。

"河子镇"当位于今四川会理南境金沙江北岸。① 可见，唐时，今川西南一带仍有哈尼族先民和蛮分布。

阿泥为哈尼族历史名称之一。源出大渡河南岸连三海的安宁河，在明代又名"阿泥河"，此河名得来与阿泥人曾居住于此地有关。在明景泰《云南图经志书》卷一的云南地理至到之图上，"浪蕖"（今滇西北宁蒗县南部）东部有河流"打冲河"（即川西南雅砻江），打冲河东部有河流"阿泥河"②，两河交汇后入金沙江。在清初《古今图书集成·职方典4》卷641的建昌五部疆域图上，今凉山州南部金阳县所在地标示名称为"阿泥"。③ 综上可见，今川西南的凉山彝族自治州在明时还有哈尼族先民阿泥居住。

在一些文献中，明确记载在今滇东北、黔西北居住有哈尼族先民和泥。《经世大典·招捕总录·宋隆济》记载："大德五年（1301年），雍真葛蛮土官宋隆济叛。……（大德）六年（1302年）正月，官军以隆济九次围攻贵州，粮尽退还。贼邀于花猫、牛场二箐……杀伤甚众，掠去行装、文卷。江头、江尾、和泥等二十四寨，龙冯蹄一十八村，皆叛。"④ 据《哈尼族简

---

① 《哈尼族简史》认为"河子镇"在今会理南境金沙江北岸的姜驿（属云南省元谋县）。（《哈尼族简史》编写组：《哈尼族简史》，云南人民出版社1985年版，第35页。）方国瑜《中国西南历史地理考释》论证曰"河子镇"即在黎溪。[方国瑜：《中国西南历史地理考释》（上册），中华书局1987年版，第537页。] 谭其骧《中国历史地图集》所标出的河子镇位置为今四川会理黎溪镇。[谭其骧主编：《中国历史地图集》（第五册 隋·唐·五代十国时期），中国地图出版社1982年版，第67—68页。] 河子镇为元谋姜驿，河子镇在会理黎溪，这两种说法皆有道理，皆有可能。按今天的公路里程，从会理到黎溪68公里，与《蛮书》记载的会理到河子镇125里较为吻合，会理到姜驿约115公里，但需要注意的是今天的公路较绕，古代的道路比起今天的公路算是捷径，同一个起点和终点的路程，古代的道路比现在的公路里程要短很多，所以不能从道路里程上否定姜驿为河子镇的可能。从黎溪向西行不到30公里有鱼鲊渡口，从姜驿往南行约30公里有龙街渡口，皆为金沙江上的著名古渡口。姜驿自古为滇、川交通要道，从滇池出发，经富民、武定、元谋，渡金沙江，经姜驿至黎溪，而自黎溪以北至大渡河，秦汉时为南方丝绸之路的一段灵关道，与唐时清溪关道线路相同。

② （明）陈文修：景泰《云南图经志书校注》卷一，李春龙、刘景毛校注，云南民族出版社2002年，附地图。

③ （清）陈梦雷编纂、杨家骆等整理：《古今图书集成·职方典4》卷641，台北鼎文书局1977年，附图79。

④ （元）赵世延等：《经世大典·招捕总录·宋隆济》，载王云五主编《丛书集成初编》第3911册，中华书局1985年版，第14—16页。

史》考证，"江头、江尾、和泥等二十四寨"所处地理位置为今黔西北赫章、毕节、大方之间的六冲河及阁鸦江一带①，这一地带的北境与滇东北相连。显而易见，元时，滇东北和黔西北相连的乌蒙山区仍然有哈尼族先民分布。

而某些文献的记载，虽未直接言及居住者的哈尼族历史名称，但根据资料的内容，也可将其与今哈尼族联系起来。

《元史·地理志四·建昌路》"阔州"条目下曰："州治蜜纳甸。古无城邑，乌蒙所居。昔仲由蒙（即仲牟由）之裔孙名科居此，因以名为部号，后讹为阔。至三十七世孙㪍罗内附。至元九年（1272年），设千户。二十六年（1289年），改为州。"②《读史方舆纪要》卷74《四川九·建昌卫军民指挥使司·宝安废州》之下曰："废阔州在司东南四百里，蛮名蜜纳甸乌蒙所居。其裔有名科者因为部号，后讹为阔；元至元初降附。"③阔州在建昌（今西昌）东南四百里，为今凉山彝族自治州南部金阳县。金阳在清《古今图书集成·职方典4》卷641的建昌五部疆域图上标名为"阿泥"，有凉山河源出于金阳，向西南流入安宁河，安宁河在景泰《云南图经志书》中被写作"阿泥河"。可见，金阳在元、明时期，尚有阿泥人，为唐代"仲由蒙（即仲牟由）之裔""阔部"的后代。

《元史·地理志四·建昌路》"姜州"条目下曰："姜者蛮名也。乌蛮仲牟由之裔阿坛绛始居閟畔部，其孙阿罗仕大理国主高泰，是时会川（今会理）有城曰龙纳，罗落蛮世居焉。阿罗挟高氏之势，攻拔之，遂以祖名曰绛部。宪宗时，随閟畔内附，因隶焉。至元八年（1271年），为落兰部酋建蒂所破。九年（1272年）平之，遂隶会川，后属建昌。十五（1278年）年，改为姜州。二十七年（1290年），复属閟畔部，后又属建昌。"④可见，绛部源出于閟畔部，绛部与閟畔部为同一族属，绛部祖先又为乌蛮仲牟由之裔，故两部皆为乌蛮仲牟由之裔。阿坛绛时与閟畔部共居于金沙江东岸，宋代大理国时，阿坛绛之孙阿罗攻占金沙江西岸罗落蛮龙纳城，说明閟畔部、绛部并非罗落族属，而是其他民族。绛部即从金沙

---

① 《哈尼族简史》编写组：《哈尼族简史》，云南人民出版社1985年版，第9—10页。
② （明）宋濂等：《元史》卷61《地理四》，中华书局1976年版，第1472页。
③ （清）顾祖禹撰：《读史方舆纪要》卷74《四川九·建昌卫军民指挥使司·宝安废州》，上海书店出版社1998年版，第499页。
④ （明）宋濂等：《元史》卷61《地理四》，中华书局1976年版，第1473页。

江东岸今滇东北地区迁移至金沙江西岸今川西南地区。"姜州"位置在今四川会东县南部①，乌蛮仲牟由后裔绛部正是居住于此，与金沙江东岸的原居住地閟畔部地域隔河相望。閟畔部的分部地望为今天滇东北的东川、巧家、会泽一带。《大明一统志》卷72《东川军民府·建置沿革》曰："地名东川甸，乌蛮仲牟由之裔骂弹得之，改曰那札那夷，属南诏蒙世隆（860—877年），置东川郡。后，乌蛮閟畔强盛，自号閟畔部。"②从此条史料也可见閟畔部与仲牟由的密切关系。总之，绛部与閟畔部皆为乌蛮仲牟由后裔，可能是于唐初时从金沙江西岸今川西南迁徙至金沙江东岸今东川、巧家、会泽一带，在宋代大理国时，绛部因夺取会川龙纳城而迁回金沙江西岸的"姜州"，并以先祖"阿坛绛"之名自称"绛部"。

《大明一统志》卷72《乌蒙军民府·建置沿革》曰："古为窦地甸，汉为牂柯郡地。唐时，乌蛮仲牟由之裔曰阿统者始迁于窦地甸；至十一世孙乌蒙始强，号乌蒙部。宋时封阿杓为乌蒙王，元初归附。"③《大元混一方舆胜览·乌撒乌蒙等处宣慰司》说："乌蒙路……其祖阿杓宋封为乌蒙王。"④《宋史·蛮夷传·西南诸夷·黎州诸蛮》曰："乌蒙蛮，在州东南千里。"⑤宋黎州治在大渡河北岸，今四川汉源县，黎州东南千里处即今滇东北昭通乌蒙山区，滇东北昭通市与川西南凉山州金阳县隔金沙江相望。唐时，乌蛮仲牟由的后裔阿统迁徙至此，乌蒙部之名来自其十一世孙乌蒙。乌蒙部于乌蒙时开始强大起来，在宋代，乌蒙部首领阿杓被封为

---

① 《哈尼族简史》持"姜州即今会理县南境金沙江北岸的姜驿"之观点，认为绛部居于姜驿，姜驿即河子镇。《云南各族古代史略》（初稿）标明绛部位于今四川会东。[《云南各族古代史略》编写组：《云南各族古代史略》（初稿），云南人民出版社1977年版，第230页。]谭其骧《中国历史地图集》所标出的姜州在今四川会东县。本研究从后两者观点，今四川会东县仍有"姜洲镇""姜州村"，显然是沿袭古名，位于会东县西南，与四川会理县南部、云南元谋县姜驿地域接近。

② （明）李贤等：《大明一统志》卷72《东川军民府·建置沿革》，三秦出版社1990年版，第1125页。

③ （明）李贤等：《大明一统志》卷72《乌蒙军民府·建置沿革》，三秦出版社1990年版，第1126页。

④ （元）刘应李原编、詹友谅改编、郭声波整理：《大元混一方舆胜览》，四川大学出版社2003年版，第465页。

⑤ （元）脱脱等：《宋史》卷496《蛮夷传·蛮夷四·西南诸夷·黎州诸蛮》，中华书局1977年版，第14231页。

王，成为当时南方四大地方民族政权之一，势力超过罗罗建立的罗氏鬼国。①川西南的阔州，滇东北的乌蒙山区，皆有乌蒙人所居，故乌蒙人的先祖阿统，应该是唐时从今川西南迁徙而至滇东北，至其十一世孙乌蒙时，部落开始强大起来，号称乌蒙部，在宋代时成为一方民族政权，其影响又复达金沙江对岸的阔州（今金阳县），部分乌蒙部人口迁徙至金沙江西岸，故而阔州在元代也有"乌蒙所居"。从中，可看出历史上金沙江东西两岸之间的民族迁徙对流和相互融合、相互影响现象。

《大明一统志》卷72《茫部军民府·建置沿革》曰："古为屈流大雄甸。昔，乌蛮之裔阿统与其子芒布居此地。其后昌盛，因祖名号芒布部。宋置西南番部都大巡检使。元至元中，置芒布路隶乌撒乌蒙宣慰司。本朝改为芒部府，初隶云南，洪武十六年（1383年），升为芒部军民府，隶四川布政司。"②阿统为乌蛮仲牟由后裔，芒布为阿统之子，乌蒙为阿统十一世孙，可见，芒布部与乌蒙部本为一体，皆为乌蛮仲牟由后裔阿统的部落发展分化而来，两部为同一兄弟民族部落。芒部（今镇雄）北接四川宜宾，南邻黔西北乌撒部，即今毕节、赫章、威宁，"江头、江尾、和泥等二十四寨"位于该区域。芒部与乌蒙部一样，是唐时从今川西南渡过金沙江东迁至此。

《明史·土司传》曰："乌蒙、乌撒、东川、芒部，古为窦地、的巴、东川、大雄诸甸，皆唐乌蒙裔也。"③可见，乌撒亦属于乌蒙裔，同为乌蛮仲牟由后裔，其主体也是在唐时从今川西南东迁至此的仲牟由后人基础上发展起来的。

综上所述，川西南阔部（位于今金阳县），会理县绛部（位于今会东县），滇东北閟畔部（位于今东川、巧家、会泽），滇东北乌蒙部（位于今昭通），滇东北芒布部（位于今镇雄），黔西北乌撒部（位于今威宁），

---

① 南宋吴昌裔《论湖北蜀西具备疏》中曰："南方诸蛮之大者，莫如大云南，其次小云南，次乌蒙，次罗氏鬼主。其他小国，或千百家为一聚，或二三百家为一族，不相臣属，皆不足数。"[（明）黄淮、杨士奇等编：《历代名臣奏议》卷339，载傅增湘原辑、吴洪泽补辑《宋代蜀文辑存校补》（六），重庆大学出版社2014年版，第2795页。]

② （明）李贤等：《大明一统志》卷72《茫部军民府·建置沿革》，三秦出版社1990年版，第1127页。

③ （清）张廷玉等：《明史》卷310《四川土司列传一·乌蒙乌撒东川镇雄四军民府》，中华书局1974年版，第8002页。

皆为乌蛮仲牟由后裔。乌蛮是一个具有确定性的民族族称，还是具有不确定性的民族泛称，学术界对这一问题有不同看法。一说乌蛮直接发展为彝族，一说乌蛮发展形成为汉藏语系藏缅语族彝语支民族。① 本研究持后一观点，乌蛮是汉族历史学家对有着尚黑文化习俗且具有共源关系的某一民族群体的称呼。唐时，乌蛮不等同于近现代彝族，还包含了哈尼族在内的汉藏语系藏缅语族彝语支民族的一些部分。而且，文献中屡屡提及的"乌蛮仲牟由"更接近于哈尼族祖先，而非彝族祖先。根据哈尼族父子连名谱系，各地哈尼族的共祖皆称为"初木耶"或"搓莫耶"，乃是"仲牟由"的同音异写。而且，《哈尼族简史》著者考证，哈尼族共祖"搓莫耶"（仲牟由）为公元 7 世纪即唐代早期时人。② 那么，为什么上述部落，特别是乌蒙、芒布、乌撒，一直被学术界认为是彝族先民呢？因为史料中明确说仲牟由为乌蛮，而一说是乌蛮，则很多人自然地就将其直接跟今天的彝族联系起来，却不知晓或忽略了哈尼族等其他彝语支民族与乌蛮的源流关系。同时，从近现代的民族分布格局来看，今川西南、滇东北、黔西北这一片区为彝族集中分布区，并没有世居哈尼族，哈尼族聚居于离此遥远的滇南地区。所以，自然容易忽略"乌蛮仲牟由"中的关键人物"仲牟由"是哈尼族共祖的事实，从而将"乌蛮仲牟由"的后裔芒布部、乌蒙部、乌撒部等误认为全是彝族先民。其实，仲牟由、仲由蒙或仲磨由以三个音节组成，不管是发音，还是音节，皆更接近于哈尼族共祖初木耶（或搓莫耶），而与彝族祖先阿普笃慕的发音和音节差别较大。当然，也不能因此而排除其中包括彝族先民的可能，因为历史上的乌蛮确实是个复杂的民族群体，哈尼族先民与彝族先民关系着实密切。根据刘尧汉先生的调查，"凉山彝族的构成也很复杂……还融合有哈尼、纳西、傈僳、普米、仡佬、布依、白、苗、瑶、藏、蒙、回、汉各族血统"③。一直以来，哈尼族与彝族不仅同根同源，血缘相近，居住于共同地域，有着共同的经济生活，而且两族的语言、文化、风俗习惯等各方面都十分相似，故而很容易将两族进行混淆。并且，两族的相互融合不仅可能，更是历史客观现象。

综上，阔部、绛部（位于今川西南），閟畔部、乌蒙部、芒布部（位

---

① 王文光：《西南边疆乌蛮源流考释》，《中国边疆史地研究》2007 年第 1 期。
② 《哈尼族简史》编写组：《哈尼族简史》，云南人民出版社 1985 年版，第 30 页。
③ 刘尧汉：《彝族社会历史调查研究文集》，民族出版社 1980 年版，第 126 页。

于今滇东北)、乌撒部（位于今黔西北），皆为哈尼族共祖仲牟由后裔，即上述部落不排除包括哈尼族先民和蛮的可能。唐时，仲牟由后裔分流，从今川西南渡过金沙江东迁至今滇东北直至黔西北地区，发展成为势力影响整个和蛮北部分布区的閟畔部、乌蒙部、芒布部、乌撒部。宋代大理国时，从閟畔部发展出来的绛部又迁回金沙江西岸，居住地为今四川会东县；乌蒙部落的一部分人口亦迁徙至金沙江西岸，与阔部一起居住于今四川金阳县。可见，金沙江东西两岸的民族迁徙、影响是互动、对流的，而非是单向的。需要再强调的是：从唐时开始兴起的阔部、绛部，閟畔部、乌蒙部、芒布部、乌撒部，虽然皆为哈尼族共祖仲牟由（"搓莫耶"）的后裔，内中包含有哈尼族先民，但经历史的发展与变迁，这些部族名称已转变为地名，这些部族也经后世漫长的民族分化、融合、迁徙过程，到元明时，有些分化、进一步发展成为和泥、阿泥，仍居于此；有些分化、融合为彝族先民，成为罗罗；有些已迁往他方，在迁徙途中，或融合进罗罗等其他民族之中，或继续传承成为后来历史阶段的哈尼族先民。

（二）其他分布区域"和蛮"的迁徙

从春秋战国时期开始，哈尼族先民"和夷"以今大渡河以南、雅砻江以东为起点，不断迁徙。向南进入今滇中北部和滇西，向东进入今滇东北和黔西北，如此持续不断地迁徙、融合与分化，活动痕迹遍布川西南、滇西、滇中、滇东北、黔西北、滇南等纵横南北东西的广阔地域，最终于近现代形成哈尼民族及聚居于滇南并延伸至境外东南亚国家的分布格局。隋唐时期，出于在长期历史过程中养成的迁徙习惯，或其他主客观原因，不管是处于今滇西—滇中—滇东一线中部分布区的和蛮，还是聚居于今六昭山、哀牢山、无量山这一南部分区的和蛮，都在沿袭上述迁徙趋势，经历着民族迁徙、分化与融合的历史过程。

二 南诏、大理国统治时期"和蛮"的迁徙

（一）南诏强制性民族迁徙下"和蛮"的迁移

对被征服的民族进行强制性迁移，是南诏稳固占领区统治的一种手段。

为实现对东方爨区的控制，南诏派军队强制把西爨白蛮20多万户西迁到永昌境内。"阁罗凤遣昆川城使杨牟利以兵围胁西爨，徙二十余万户于永昌城。乌蛮以言语不通，多散林谷，故得不徙。是后自曲靖州、石

城、升麻川、昆川南至龙和以来，荡然兵荒矣。……乌蛮种类稍稍复振，后徙居西爨故地。"① 因大量人口被迁走，原来富庶的西爨白蛮地变得荒芜萧条，后来被从山上迁移下来的乌蛮所填补。南诏为重新振兴这一原本繁荣富裕的地区，以获得可观赋税收入，将在多方征战中征服的民族陆续迁往原西爨白蛮地区，以增加这一地区的劳动力。洱海坝子原为河蛮居住，南诏在往北扩张、统一六诏的过程中，占领河蛮居住区大釐城（今喜洲）等地，河蛮往北迁徙退让，依附于三浪诏、吐蕃的庇护，南诏攻破三浪诏后，将这些河蛮迁往东方爨区拓东城。"河蛮，本西洱河人，今呼为河蛮……及南诏蒙归义攻拔大釐城，河蛮遂并迁北，皆羁制于浪诏。贞元十年，浪诏破败，复徙于云南东北拓东以居。"② 贞元十年（794年），南诏攻下吐蕃神川都督府后，对依附于吐蕃势力的当地施蛮、顺蛮（今傈僳族先民）采取将其首领与部族分开的方式，来实现对其之控制。"施蛮，本乌蛮别种也。……贞元十年，南诏攻城邑，虏其王寻罗并宗族置于蒙舍城，养给之。……顺蛮，本乌蛮种类……贞元十年，南诏异牟寻虏其王傍弥潜宗族，置于云南白岩，养给之。其施蛮部落百姓，则散隶东北诸川。磨蛮，亦乌蛮种类也。……此种本姚州部落百姓也。南诏既袭破铁桥及昆池等诸城，凡虏获万户，尽分隶昆川左右，及西爨故地。"③ "拓东城，广德二年凤伽异所置也。……贞元十年，南诏破西戎，迁施、顺、磨些诸种数万户以实其地。又从永昌以望苴子、望外喻等千余户分隶城傍，以静道路。"④ 南诏将滇西北的施蛮、顺蛮和磨些（今纳西族先民）数万户人口及滇西永昌地区的望苴子、望外喻等千余户迁移到东方爨区滇池一带。

南诏政权推行的民族迁徙政策，往往辅以军事行动，具有政治性、军事化、强制性的特点。南诏政权组织的强制性民族迁徙活动，规模大，速

---

① （唐）樊绰撰：《云南志补注》，向达原校，木芹补注，云南人民出版社1995年版，第48页。

② （唐）樊绰撰：《云南志补注》，向达原校，木芹补注，云南人民出版社1995年版，第54—55页。

③ （唐）樊绰撰：《云南志补注》，向达原校，木芹补注，云南人民出版社1995年版，第56—57页。

④ （唐）樊绰撰：《云南志补注》，向达原校，木芹补注，云南人民出版社1995年版，第80页。

度快，次数多，发生频繁，涉及区域广，所以，不仅引发了南诏境内各民族的大规模融合，而且带动加速了民族迁徙的齿轮效应，那些被南诏政权征服后留在原地未被整体或大规模迁走的民族，如和蛮等，也随之发生互动，出现整体或部分人口的迁徙现象。

如，泸江流域和蛮西迁至红河流域今元江甘庄等地。《明史》卷314《云南土司列传二·元江》记载："元江，古西南夷极边境，曰惠笼甸，又名因远部。南诏蒙氏以属银生节度，徙白蛮苏、张、周、段等十姓戍之。又开威远等处，置威远睒。后和泥侵据其地。"① 南诏迁徙白蛮苏、张、周、段等十姓开发、戍守，但后来被和泥占领之地，正是今元江县甘庄。清康熙《元江府志》卷一《沿革大事考》记载："唐时，蒙诏以属银生节度，封栖霞为南岳，建城甘庄，今遗址尚存。随徙白蛮苏、张、周、段十姓戍之；又开威远等处，置威远睒。"② 南诏时期迁徙至红河流域甘庄的和泥，可能是汉晋时即分布于滇东南泸江流域的哈尼族先民，经石屏等地西迁至此，即方国瑜先生所言之"兴古和泥西迁"③。

又如，东方爨区散居林谷的和蛮迁居到坝区。南诏派军队强行将西爨白蛮20多万户西迁至永昌地区，原白蛮所居之坝区空置出来，于是"乌蛮种类稍稍复振，后徙居西爨故地"④，住在山上的乌蛮搬迁至坝区，其中，当包含乌蛮别种和蛮。在哈尼族的历史记忆里，滇池区域是其一个非常重要的迁居地之一。唐以后的史料，特别是明代的历史文献，多有哈尼族先民阿泥、和泥等在滇池周围居住的记载。明天启《滇志》卷2"山川"条目"云南府"下曰："阿泥井，在城北二十里江头村，环村而居者取汲焉。"⑤ 早在明景泰《云南图经志书》中，就有阿泥井的记载，阿泥

---

① （清）张廷玉等：《明史》卷314《云南土司列传二·元江》，中华书局1974年版，第8100页。

② （清）章履成纂修：康熙《元江府志》卷一《沿革大事考》，载李崇隆、梁耀武、李亚平点校，梁耀武主编《府志两种》，云南人民出版社1995年版，第644—645页。

③ 方国瑜：《中国西南历史地理考释》（上册），中华书局1987年版，第487页。

④ （唐）樊绰撰：《云南志补注》，向达原校，木芹补注，云南人民出版社1995年版，第48页。

⑤ （明）刘文征撰：《滇志》卷2《地理志·山川·云南府》，古永继校点，云南教育出版社1991年版，第74页。

井时为云南府四井之一。① 说明在昆明北郊江头村（可能为今昆明北市区岗头村），明代曾有哈尼族先民阿泥居住，井因人而得名。明洪武时被贬谪云南马龙他郎甸的程本立，至晋宁州，"过峤甸，见禾泥蛮数家，有叟携酒过水，见土酋，饮道旁，仆从皆饮，酒尽乃行，有作云：山断村才见，溪回路欲迷。贩茶非土僚，劝酒是禾泥。碧树排空直，青秧插水齐。欲忘乡土念，多是子规啼"②。可见，滇池岸的晋宁，也有禾泥（和泥）居住、耕作。后世滇池坝子的阿泥、和泥，大部分应当是在唐南诏时因白蛮西迁，而从山上或其他地方迁徙过来的和蛮发展演变而来。

（二）金齿百夷势力北扩下无量山、哀牢山"和蛮"的南迁

靠近洱海地区的无量山、哀牢山上半段，今景东、镇沅、景谷等地，早在南北朝末期、隋唐初期，和蛮与扑子蛮就共同生活于此，和蛮在当地已形成较大的势力范围。《新唐书·南蛮传下》记载的显庆元年（656年），随西洱河大首领杨栋附显等人一起归附、向唐王朝朝贡的和蛮大首领王罗祁，《南诏图传》文字卷所提到的和泥大首领宋林则，他们所统辖的地域，就位于和蛮的这一分布区。到宋代大理国时期，大理国南部边地今西双版纳景洪一带，金齿百夷贵族叭真统一周边各部落，于公元1180年建立景陇金殿国，自称国主，并逐渐控制了兰那（今泰国北部青莱、清迈）、猛交（今缅甸南掸邦）、猛老（今老挝琅勃拉邦）等地的同一民族部落，势力日盛。③ 景陇金殿国亦向北往大理国腹地方向扩张，直指大理国境内威楚府辖区的和蛮、扑子蛮聚居区。从南诏国末期开始，因金齿百夷势力逐渐北上，原住民和蛮、扑子蛮被迫或从坝区退入山区，成为受金齿百夷统治的山地民族，或大量迁徙离去，移往他方。和蛮中的一部分往下，向更为靠南的金齿百夷地区迁徙，进入今西双版纳；一部分则往东南，进入今墨江、元江等地，融合入这一地区的和蛮。

原南诏国境内银生节度辖区的和蛮及其后来被金齿百夷挤走的历史，文献对此有明确记载。《元史·地理志》曰："开南州，下。州在路西南，其川分十二甸，昔朴、和泥二蛮所居也。庄蹻王滇池，汉武开西南夷，诸

---

① （明）陈文修：景泰《云南图经志书校注》卷1《云南布政司·云南府·井泉》，李春龙、刘景毛校注，云南民族出版社2002年版，第12页。

② （民国）袁嘉毂：《滇绎》下编卷3《程本立》，载李春龙主编主点、刘景毛副主编主点《正续云南备征志精选点校》，云南民族出版社2000年版，第712页。

③ 尤中：《云南民族史》，云南大学出版社1994年版，第244页。

葛孔明定益州，皆未尝涉其境。至蒙氏兴，立银生府，后为金齿、白蛮所陷，移府治于威楚，开南遂为生蛮所据。自南诏至段氏，皆为徼外荒僻之地。中统三年（1262年）平之，以所部隶威楚万户。至元十二年（1275年），改为开南州。威远州，下。州在开南州西南，其川有六，昔扑、和泥二蛮所居。至蒙氏兴，开威楚为郡，而州境始通。其后金齿、白夷蛮酋阿只步等夺其地。中统三年征之，悉降。至元十二年（1275年），立开南州及威远州，隶威楚路。"①

（三）侬智高余部窜入下甘庄"和蛮"的移徙

宋皇祐四年（1052年），侬智高起兵反宋，失败后率部西逃，进入和蛮聚居区，"（侬）智高孑身投蛮，至和泥，其酋卢豹等皆不及从。蛮人疑之，且虞其险诈，鸩而杀之。大理遂函其首，以归于宋。至是段氏始与宋通"②。侬智高余部在和蛮地区四处流徙，其中，有一部逃窜到和蛮因远部所居之地，并占为己有，这部分因远部和蛮只得往南移徙，渡过红河，到红河南岸罗槃甸（今元江城）居住。《明史》记载："元江，古西南夷极边境，曰惠笼甸，又名因远部。南诏蒙氏以属银生节度，徙白蛮苏、张、周、段等十姓戍之。又开威远等处，置威远赕。后和泥侵据其地。宋时，侬智高之党窜居于此，和泥又开罗槃甸居之。"③ 这支侬智高余部所占据的地方为南诏时修筑的甘庄城，位于今元江县红河以北。清康熙《元江府志》卷一《沿革大事考》记载："唐时，蒙诏以属银生节度，封栖霞为南岳，建城甘庄，今遗址尚存。随徙白蛮苏、张、周、段十姓戍之；又开威远等处，置威远赕。"④

因远部为当时哀牢山地区最为强盛的和蛮部落，其首领曾受到大理国的封赏。侬智高余部能够轻易得到和蛮所居之甘庄城，盖因文化不同，这里的和蛮主动离徙，汇合入红河南岸的因远部其他和蛮之中。因远部和蛮以罗槃甸为中心，发展成在哈尼族历史上具有重要影响的罗槃国。

除上述两个具体迁徙事件外，在宋代大理国时期，从文献记载中还可

---

① （明）宋濂等：《元史》卷61《地理志四》，中华书局1976年版，第1461—1462页。
② （明）诸葛元声撰：《滇史》卷7，刘亚朝校点，德宏民族出版社1994年版，第211页。
③ （清）张廷玉等：《明史》卷314《云南土司列传二·元江》，中华书局1974年版，第8100页。
④ （清）章履成纂修：康熙《元江府志》卷一《沿革大事考》，载李崇隆、梁耀武、李亚平点校，梁耀武主编《府志两种》，云南人民出版社1995年版，第644—645页。

以寻找出和蛮的其他迁徙活动。如前文论述到的绛部因夺取会川龙纳城而迁回金沙江西岸的"姜州",并以先祖"阿坛绛"之名自称"绛部";滇东北乌蒙部落中的一部分人口亦迁徙至金沙江西岸,与阔部共同居住于今四川金阳县。

第三章

元代"和泥"的迁徙

中国西南的地方少数民族独立政权南诏、大理国结束后，西南各民族重新被纳入大一统国家体制。在元代①，随着进一步的民族迁徙、分化与融合，以及中央王朝对云南民族地区统治的纵深发展，之前历史时期的"和蛮"已不再见于史籍记载，代之出现的称谓是更为细分化的"斡泥""斡尼""禾泥""和泥"。为行文方便，从元代哈尼族先民众多族称中选取出现频率相对更高的"和泥"一名，作为本章节名称中的关键词，并以其统称元代的哈尼族先民。

第一节 元代云南重回统一多民族国家

一 蒙古军征服大理国

经历唐朝末年的动荡、五代十国的四分五裂之后，公元960年，国家经北宋得以再度统一。但北宋的统一程度远远无法和大唐相比，在汉民族之外，许多少数民族迅速崛起，不断强大。从10世纪始，边疆的一些少数民族随着自身发展的需要而纷纷立国。公元916年，契丹建立辽。公元937年，白蛮建立大理国。公元1038年，党项建立西夏。公元1115年，女真建立金。中国境内呈现民族间矛盾纷争、国家分裂的局面，而表象之下是各民族在稳定与平衡状态寻求过程中的发展，以及建立更大规模、更高程度的国家"大一统"的政治实践。13世纪初期，中国依然处于分裂

---

① 自公元1253年蒙古军初平云南，到1271年忽必烈改国号为"元"，这之间近20年的时间，云南已处于蒙古的统治之下，为行文方便，本研究将这一阶段和后续的元纳括一起，按惯例以"元代""元朝"统称。

状态之中，宋、夏、金并立，西南地区大理国内部纷争不已，在北方草原，蒙古族兴起，蒙古族政治家开始了实现中国"大一统"政治目标和政治理想的历史实践。公元1206年，铁木真统一蒙古各部，建立蒙古汗国，随即对外发动征服战争。公元1209年，蒙古降畏兀儿。公元1227年，蒙古灭西夏。公元1234年，蒙古灭金。

蒙古先后灭西夏、金后，南宋即作为其统一中国的最后障碍，提上军事议程。欲征服南宋，"斡腹之举"的南北包抄当属上策。《元史·郭宝玉列传》载："木华黎引见太祖，问取中原之策。宝玉对曰：'中原势大，不可忽也。西南诸蕃勇悍可用，宜先取之，籍以图金，必得志焉。'"①首先征服"西南诸蕃"，从西南地区各民族中汲取人力、物力，然后从西南出动军队，与自北而下的蒙古军合力，从南北两面夹击南宋，从而消灭南宋，这早已是蒙古帝国实现统一的战略方针。公元1246年，蒙古帝国通过团结当时吐蕃宗教势力最为强盛的萨迦派而实现了对吐蕃的和平招服。公元1253年，忽必烈率军亲征西南大理国，在特剌（今四川松潘）兵分三路，忽必烈率领中路军南下，经川西，过大渡河，乘革囊渡金沙江，进入丽江，末些（纳西族先民）投降，蒙古军趁势南下攻克大理国，结束了南诏、大理500余年的地方民族政权割据局面，西南各民族逐渐被重新纳入统一多民族国家范畴。

公元1254年春，忽必烈返回北方，由大将兀良合台统军继续征服大理国境内其余地区和民族。公元1271年，忽必烈改国号为"大元"。公元1279年，元灭南宋，彻底结束辽宋夏金时期的国家分裂状态，又一次统一中国，中国再次成为多民族"大一统"的国家。

二 元王朝对云南的设治与经营

（一）建设统治制度，设置行政区划，建立行政机构

从公元1253年蒙古军初平大理，到公元1273年元朝决定建立云南行省期间，朝廷先后在原大理国统治的中心区域即云南靠内地区设置军事行政联合统治机构万户府，各万户府之下设置千户、百户所。《元史·地理志》云南诸路行中书省曰："元世祖征大理，凡收府八，善阐其一也，郡

---

① （明）宋濂等：《元史》卷149《郭宝玉列传》，中华书局1976年版，第3521页。

四，部三十有七。……宪宗五年（1255年），立万户府十有九。"① 先后设置万户府19个，为：大理上万户、大理下万户、威楚万户、鄯阐万户、阳城堡万户、巨桥万户、嵩明万户、罗婺万户、仁地万户、于矢万户、閟畔万户、磨弥万户、落蒙万户、罗伽万户、阿㝫万户、宁部万户、阿迷万户、元江万户、落恐万户。在云南行省正式建立以前，万户府的设置是元代云南政区设置中非常关键的一个环节。朝廷委任原来的少数民族首领担任万户长、千户长、百户长，保留了少数民族上层统治者原先的统治地位和其之前统治的区域范围，既避免了地方少数民族统治阶级与征服者蒙古帝国的大民族统治阶级之间的冲突和摩擦，起到"抚恤已附之民"的效果，又取得地方少数民族统治阶级对蒙古贵族在这些地区的统治权力的认可。靠内的"已附之民"白蛮、乌蛮及其区域既然得以安定下来，下一步则可"招集未降之国"，将招降边疆"金齿""百夷"等民族地区的计划提上行动日程，从而扩大统治范围。

至元初年（1264年），忽必烈在可汗位的争夺战中获胜，蒙古帝国统一全国的形势越趋明朗，南宋的灭亡已成定局。自蒙古军进入云南以来，云南各民族反抗民族征服的斗争此起彼伏，一直不曾停止。公元1264年，以舍利畏为首、涉及洱海地区、滇中、滇东的最后一次较大规模的云南各族人民反抗斗争被镇压，云南靠内地区的社会秩序逐步安定下来，蒙古帝国对云南的经营也在逐渐加强。至元四年（1267年），封皇子忽哥赤为云南王，遣忽哥赤镇大理（包括今滇西的腾冲、保山、大理州、楚雄州一带，又称"哈剌章"）、鄯阐（又称"押赤"，云南王统辖的鄯阐地区包括今红河以北至曲靖一带）、茶罕章（包括今丽江市和怒江州）、赤秃哥儿（包括今贵州省西部和云南昭通）、金齿（包括今德宏州和临沧西部地带）等处，招抚谕吏民。② 当时云南王所控制的区域，比初设之19万户府更为广阔。后来，又将万户府逐步改为路，开始撤销军事管制机构，而逐步改设行政机构，为云南行省的建立奠定基础。"至元七年（1270年），改（善阐万户府）为路。八年（1271年），分大理国三十七部为南北中三路，路设达鲁花赤并总管。"③"至元八年（1271年），改（威楚万户府

---

① （明）宋濂等：《元史》卷61《地理志四》，中华书局1976年版，第1457页。
② （明）宋濂等：《元史》卷6《世祖本纪三》，中华书局1976年版，第115—116页。括号内解释，参见尤中《云南民族史》，云南大学出版社1994年版，第274页。
③ （明）宋濂等：《元史》卷61《地理志四》，中华书局1976年版，第1457页。

为）威楚路，置总管府。领县二、州四。州领一县。"① "至元七年（1270年），并（大理）二万户为大理路。"②

公元1271年，忽必烈依照中国封建王朝传统，改蒙古帝国为元朝，并进一步采取措施加强全国范围内的政治统一，组建从中央到地方的完整的政权组织体系。云南行中书省正是诞生于这一全国统一形势不断发展的背景之下。《元史》卷85《百官志一》曰："世祖即位，登用老成，大新制作，立朝仪，造都邑，遂命刘秉忠、许衡酌古今之宜，定内外之官。其总政务者曰中书省，秉兵柄者曰枢密院，司黜陟者曰御史台。体统既立，其次在内者，则有寺，有监，有卫，有府；在外者，则有行省，有行台，有宣慰司，有廉访司。其牧民者，则曰路，曰府，曰州，曰县。"③ 元朝在中央以中书省总领全国政务，在地方则设置行省，代为行使中书省权力管理地方政务，行省之下，设置路、府、州、县，从而达到全国范围内的政治统一。至元十年（1273年），忽必烈决定建立云南行省，"（至元）十年……闰月……丙子，以平章政事赛典赤行省云南，统合刺章、鸭赤、赤科、金齿、茶罕章诸蛮"④。至元十一年（1274年），"始置行省，治中庆路（今昆明）"⑤。至元十三年（1276年），云南行中书省正式建立，之前设立的万户、千户、百户等被改设为路、府、州、县，实现了云南地方统治从军事管制到行政治理的转变。《元史·地理志四》载："云南诸路行中书省，为路三十七、府二，属府三，属州五十四，属县四十七。其余甸寨军民等府不在此数。……其地东至普安路之横山（今贵州盘县、普安一带），西至缅地之江头城（今缅甸北部杰沙），凡三千九百里而远；南至临安路之鹿沧江（今越南莱州北部的黑江），北至罗罗斯之大渡河，凡四千里而近。"⑥ 元代云南行省幅员辽阔，地域范围除今云南全省外，还包括今贵州省西部、四川省西南部、缅甸北部、越南西北部及老挝、泰国北部地区。云南行省的建立，将云南又一次纳入统一多民族国家体系之

---

① （明）宋濂等：《元史》卷61《地理志四》，中华书局1976年版，第1460页。
② （明）宋濂等：《元史》卷61《地理志四》，中华书局1976年版，第1479页。
③ （明）宋濂等：《元史》卷85《百官志一》，中华书局1976年版，第2119—2120页。
④ （明）宋濂等：《元史》卷8《世祖本纪五》，中华书局1976年版，第150页。
⑤ （明）宋濂等：《元史》卷91《百官志七》，中华书局1976年版，第2307页。
⑥ （明）宋濂等：《元史》卷61《地理志四》，中华书局1976年版，第1457页。括号内解释，参见朱映占等《云南民族通史》（上），云南大学出版社2016年版，第358页。

中，是云南民族史上的一个重大事件，具有深远意义。云南行省设立后，一切军政事务由行省平章政事掌管，服从中央王朝统一管理。

在云南行省之下，与全国一样，设置路、府、州、县四级常设机构。路仅次于行省，辖府、州和县；元代的府分两种，一种为由路管辖，是路下的一级政府，另一种为直隶于行省，与路平级；州也分两种，一种辖于府，为府下的一级政府，另一种直隶于行省，与路平级；县隶属于州。①

在远离行省中心之地设立宣慰司等特殊机构，以确保行省掌握地方军政大权。《元史·百官志七》曰："宣慰司，掌军民之务，分道以总郡县，行省有政令则布于下，郡县有请则为达于省。有边陲军旅之事，则兼都元帅府，其次则止为元帅府。其在远服，又有招讨、安抚、宣抚等使，品秩员数，各有差等。"② 宣慰司为元王朝在行省之下、路府州县之上设置的一个专门行政机构，意图在于"分道以总郡县"，进一步加强行省对少数民族地区的控制。在宣慰司下，边远地区还设立招讨司、安抚司、宣抚司。宣慰司体系在西南少数民族地区尤为重要。

元王朝一直坚持派蒙古宗王到云南任"云南王"或"梁王"，代表皇帝镇守云南，权力在行省之上，为边陲云南行省的稳定及中央王朝对云南之控制多了一层保障和监督体系。

元朝延续和发展了汉、晋以来"以夷制夷"的羁縻政策，建立土官制度。中央王朝委任各土著民族中的上层分子为土官，以其治理辖境内各民族，国家不直接干预土官内部事务，土官通过纳贡、服从征调等方式体现对国家义务的履行。土官制度的实质是利用少数民族上层分子实现国家对少数民族的统治。土官制度遵循民族地区实际情况，成为连接国家与地方少数民族之间的纽带，国家通过土官的任用避免了因统治方式相异而导致的少数民族反抗，从而使国家统治在地处边远、民族众多、情况复杂的云南社会得以维持和发展。《元史·百官志七》曰："诸蛮夷长官司。西南夷诸溪洞各置长官司，秩如下州。达鲁花赤、长官、副长官，参用其土人为之。"③ "云南土司官病故，子侄兄弟继之，无则妻承夫职。远方蛮夷

---

① 王文光、朱映占、赵永忠等：《中国西南民族通史》（中册），云南大学出版社 2015 年版，第 14 页。

② （明）宋濂等：《元史》卷 91《百官志七》，中华书局 1976 年版，第 2308 页。

③ （明）宋濂等：《元史》卷 91《百官志七》，中华书局 1976 年版，第 2318 页。

第三章 元代"和泥"的迁徙　　　　　　　　　　　　　　97

顽犷难制，必任人可以集事，今或阙员，宜从本俗权职以行。"① "凡蛮夷官：……今后除袭替土官外，急阙久任者，依例以相应人举用，不许预保，违者罪及所由官司。"② "诸内郡官仕云南省，有罪依常律，土官有罪，罚而不废"。③ 元王朝广泛任用少数民族上层担任路、府、州、县土官，且土官可世袭罔替、犯法不究、"从本俗"治理，保证了土官制度的稳定性、延续性。

如此，在地处边疆、民族众多、情况复杂的云南，元王朝也建立起如同内地汉族地区的一套较为严密完备的统治系统，保证了元朝中央集权统治的贯彻执行，有利于云南地方的统一和统一多民族国家的发展。

（二）实施屯田，兴修水利，发展农业

为补给军需，元朝继续推行军民屯田。"国初，用兵征讨，遇坚城大敌，则必屯田以守之。海内既一，于是内而各卫，外而行省，皆立屯田，以资军饷。……至于云南八番，……虽非屯田之所，而以为蛮夷腹心之地，则又因制兵屯旅以控扼之。由是而天下无不可屯之兵，无不可耕之地矣。"④ 忽必烈平定云南时，带来部分北方人口，平定云南后，为稳定局势及经略东南亚，不断增补军队镇戍云南各地。戍军由蒙古军、探马赤军（诸部族及色目军）、汉军（北方汉民军）、新附军（新归附南宋军）组成。⑤ 军屯由上述外来镇戍军及白族先民组成的爨僰军构成。民屯由"漏籍人户"和被签拔出来的部分"编民"组成。据《元史·兵三·屯田》记载，云南行省所辖军民屯田有12处。⑥ 屯田不仅解决了驻军的军需问题，提高了民屯户的生产力，巩固了元王朝在云南省境内的统治，而且削弱了之前的地方封建领主经济，有利于当地封建地主经济的产生。

元朝在云南积极兴修水利，设置"劝农官"，提高农业生产技术。赛典赤发动昆明地区的军屯户和民屯户，凿开海口石龙坝，疏浚螳螂江，使

---

① （明）宋濂等：《元史》卷26《仁宗本纪三》，中华书局1976，第589页。
② （明）宋濂等：《元史》卷82《选举志二》，中华书局1976年版，第2055页。
③ （明）宋濂等：《元史》卷103《刑法二》，中华书局1976年版，第2635页。
④ （明）宋濂等：《元史》卷100《兵志三·屯田》，中华书局1976年版，第2558页。
⑤ 陈燕：《"多元一体"视野下的哈尼族民间"东来说"——简析历史上融入哈尼族的汉族移民》，《贵州民族研究》2016年第4期。
⑥ （明）宋濂等：《元史》卷100《兵志三·屯田》，中华书局1976年版，第2575页。

滇池水得以从海口泄出，经螳螂江、普渡河注入金沙江，解除昆明西郊滇池水患威胁，水位消退，露出万余顷良田；设坝闸、涵洞节水分洪，修松华坝水库大坝，引盘龙江水灌田，开挖金汁、银汁等河渠，较为有效地解决了昆明东郊的干旱问题。为传播、提高农业生产技术，设置"劝农官"，以"劝课农桑""兼领屯田事"。《元史·张立道列传》载："皇子忽哥赤封云南王，往镇其地，诏以立道为王府文学。立道劝王务农以厚民，即署立道大理等处劝农官，兼领屯田事……（至元）十年三月，领大司农事，中书以立道熟于云南，奏授大理等处巡行劝农使……爨、僰之人虽知蚕桑，而未得其法，立道始教之饲养，收利十倍于旧，云南之人由是益富庶。罗罗诸山蛮慕之，相率来降，收其地悉为郡县。"[①] 可见，劝农官的设置，不仅传播、推广了先进的农业生产技术，提高了产量，推动了农业生产的发展，而且吸引了山区的罗罗前来投诚，产生了积极的政治影响，促进了中央王朝对云南少数民族地区的进一步治理。

（三）恢复发展交通，活跃商业贸易

元朝广设驿道驿传，广开驿道，改变了南诏、大理国以来云南地域的封闭状态，促进了云南各民族对内对外的交流，活跃了商业贸易。史书中，元朝的驿传交通网被称为"站赤"。《元史·兵四·站赤》曰："元制站赤者，驿传之译名也。盖以通达边情，布宣号令……凡站，陆则以马以牛，或以驴，或以车，而水则以舟。……其官有驿令，有提领，又置脱脱禾孙于关会之地，以司辨诘，皆总之于通政院及中书兵部。而站户阙乏逃亡，则又以时签补，且加赈恤焉。于是四方往来之使，止则有馆舍，顿则有供帐，饥渴则有饮食，而梯航毕达，海宇会同，元之天下，视前代所以为极盛也。"[②] 全国性交通网络站赤的设立，不仅达到了"通达边情，布宣号令"，为使节往来提供保障的目的，而且客观上构建起全国性的交通网络体系。在驿道上熙来攘往者，既有朝廷使节、国家官员，还有难以胜数的蒙古人、色目人、汉人等商旅，他们凭借四通八达的驿道，往来于全国各地，进行商品运输与贩卖，从事商业贸易活动。云南行省虽地处边陲，但站赤建设仍很到位。"云南诸路行中书省所辖站赤七十八处：马站

---

① （明）宋濂等：《元史》卷167《张立道列传》，中华书局1976年版，第3915—3916页。
② （明）宋濂等：《元史》卷101《兵志四·站赤》，中华书局1976年版，第2583页。

七十四处,马二千三百四十五匹,牛三十只。水站四处,船二十四只。"①
这些站赤分布于主要交通沿线上,既可能形成集镇,还与沿线城镇紧紧相连,沿线城镇又将影响力辐射到四周一定范围内星星点点的少数民族村寨。这种关系,犹如一根根纽带,无形之中将王朝国家体系与边缘少数民族村寨栓连起来,事实上起到对广大少数民族村寨的国家经营、国家凝聚效果;同时,推动了民族村寨的经济、社会发展。元代,在一些农村中,已经出现定期的市集,即"街子"。李京《云南志略》记载和描述了元代农村定期市集的情况:"白人,有姓氏。……市井谓之街子,午前聚集,抵暮而罢,交易用贝子。……金齿白夷……交易五日一集,旦则妇人为市,日中男子为市,以毡、布、茶、盐互相贸易。"②赶街传统一直延续到今天,赶街日称为"街天",以五日、十日或以某一生肖属相日为一个街子,云南许多地方以动物为名,如牛街、马街、羊街、鸡街、狗街等,就与古代的"街天"有关。上述情况,反映出元朝重新统一全国、云南复归统一多民族国家后,云南对内对外联系与交流的加强,以及经济、社会的进一步发展。

(四) 办学劝学,礼仪教化

为使"资性悍戾,瞀不畏义"的云南土著民族"渐摩化其心",元朝统治者在云南积极设立学校,提倡儒学,使儒家思想在云南部分少数民族地区得以传播,有助于元王朝对云南少数民族的统治。"云南俗无礼仪,男女往往自相配偶,亲死则火之,不为丧祭。……子弟不知读书。赛典赤教之拜跪之节,婚姻行媒,死者为之棺郭奠祭……创建孔子庙、明伦堂,购经史,授学田,由是文风稍兴。"③"先是云南未知尊孔子,祀王逸少为先师。立道首建孔子庙,置学舍,劝土人子弟以学,择蜀士之贤者,迎以为弟子师,岁时率诸生行释菜礼,人习礼让,风俗稍变矣。"④从滇西的大理、永昌,到滇东北的乌蒙(今昭通),至滇南的临安(今建水),在有条件的路、府、州、县内,开始建起孔子庙,置学舍,传授儒家文化,

---

① (明) 宋濂等:《元史》卷101《兵志四·站赤》,中华书局1976年版,第2593—2594页。

② (元) 李京撰:《云南志略·诸夷风俗》,王叔武校注,云南民族出版社1986年版,第88、93页。

③ (明) 宋濂等:《元史》卷125《赛典赤赡思丁列传》,中华书局1976年版,第3065页。

④ (明) 宋濂等:《元史》卷167《张立道列传》,中华书局1976年版,第3916—3917页。

传播儒家思想，云南境内少数民族地区传统习俗渐渐有所改变，对元朝统治权力得到云南境内各土著民族的进一步认可起到推动作用。

（五）开疆拓土，征伐境外

元朝在采用行政、经济、文化等各种措施经略云南的同时，继续动用军事手段，在稳定靠内地区社会秩序的基础上，在巩固南诏、大理国以来的边疆之余，也热衷于开疆拓土，拓展边疆范围，不断加大对外扩张力度。元王朝多次发动征缅国、伐交趾、攻八百媳妇等军事行动，① 从而使元代云南疆域向原来边疆以外的其他地域扩张。元代，云南行省的疆域最广时，西设有蒙光路（蒙光即孟拱），与西天（即今印度）交界，征服缅蒲甘王朝后，于其地设邦牙等处宣慰司，辖境主要为今缅甸曼德勒地区。于南部边疆置宁远州，即今越南莱州；所设置的八百等处宣慰司都元帅府，管辖范围扩展至今泰国清迈府一带；又于八百等处宣慰司东部设老告军民总管府，辖境为今老挝琅勃拉邦及其以北各省地域。②

第二节　元王朝对"和泥"的统治

一　元代"和泥"的分布及其社会状况

公元前3世纪，哈尼族先民以"和夷"之名出现于大渡河流域，后来继续往南迁徙，后续历史阶段，其活动涉及今川、滇、黔三省安宁河流域、大凉山、乌蒙山、六诏山、哀牢山和无量山广阔地域，与其他乌蛮部落关系密切。

元代，哈尼族先民在史籍中被记录为"斡泥""斡尼""禾泥""和泥"，史书对其居住情况已有明确记载。哈尼族先民分布的区域集中于临安路、元江路、威楚路之开南州和威远州，在今川西南、滇东北、黔西连接地域及其他地区也有和泥分布。

（一）临安路的"斡尼"及其社会状况

元代，今红河州、文山州一带仍为哈尼族先民聚居区之一。宪宗七年

---

① 王文光、朱映占、赵永忠等：《中国西南民族通史》（中册），云南大学出版社2015年版，第135—136页。

② 尤中：《中国西南边疆变迁史》，云南教育出版社1987年版，第104—124页。

(1257年)，于安南（今马关）老寨立阿僰万户府，至元八年（1271年）改为南路，至元十三年（1276年），又改为临安路。① 至此，滇南、滇东南哈尼族先民聚居区归临安路管辖。龙海基九世孙和泥首领龙健能曾被授为阿僰万户府总管，辖红河以东至滇东南黔、桂边境。②

《大元混一方舆胜览》临安道宣慰司曰："斡尼部归附后，合思他、伴谿、七溪三部立斡尼路。巢居山林。其俗巢居山林，使用极俭，积贝以百二十索为窖，收地中，死则嘱其子曰：'我藏贝凡若干窖，汝取几处，余勿发，我来生将用之。'其愚如此。哈迷部，军民万户。王弄山，领屈中、阿马、阿月三部。矣尼迦部。沙资部。教合三部，领车部、牙部、空亭部。纳楼部。铁锁甸。花角蛮。大甸，七十城门甸。方二百余里，兰沧江（按，李仙江、黑河）经其中，入交趾（今越南北部）。刀刀王部。大笼刀蒙甸。钟家部，即绣面蛮也，接蒙信、蒙彭、蒙尤三部。点灯部，胡椒壖。南关甸，蒙当甸、蒙麻甸。"③ 上述各部中，思他、伴谿、七溪、王弄山、教合三部，为"斡尼"，其中，思他、伴谿、七溪位于哀牢山下段东麓，今红河州境内，王弄山、教合三部位于六诏山区，今文山州境内；哈迷、纳楼等部为"罗罗"，但辖境内也有不少"斡尼"；七十城门甸、刀刀王部、蒙信、蒙彭等部、甸为"白衣"。④ 这些部、甸分布地域即今红河州南部、文山州及其与越南北部相连地区。李京《云南志略·诸夷风俗·斡泥蛮》曰："斡泥蛮，在临安（按，元临安路驻今通海县）西南五百里，巢居山林。治生极俭。家有积贝，以一百二十索为一窖，藏之地中。将死，则嘱其子曰：'我生平藏若干，汝可取几处，余者勿动，

---

① （明）宋濂等：《元史》卷61《地理志四》，中华书局1976年版，第1476页。

② （民国）周钟岳等纂：《新纂云南通志》（七），牛鸿斌等点校，云南人民出版社2007年版，第690页。关于龙海基家族的族属，《哈尼族简史》通过论证，认为其为和泥，本研究从该结论。(《哈尼族简史》编写组：《哈尼族简史》，云南人民出版社1985年版，第13—16页。)

③ （元）刘应李原编、詹友谅改编、郭声波整理：《大元混一方舆胜览》，四川大学出版社2003年版，第474—475页。

④ 各部族属观点，参见尤中《尤中文集》第3卷《中国西南的古代民族 中国西南的古代民族续编》，云南大学出版社2009年版，第263页。但在该书中，尤中先生认为王弄山部为"罗罗"，而《哈尼族简史》对王弄山部为"和泥"进行了考证，本研究从《哈尼族简史》结论，视王弄山部为哈尼族先民。

我来生用之.'其愚如此。"① "在临安西南五百里",约为今红河州南部到元江一带,而这一区域的河谷地带为"白衣"(傣族)居住。《元史·本纪》载:"(至元)十五年(1278年)……夏四月……丁丑,云南行省招降临安(路)白衣、和泥分地城寨一百九所。"② 又《经世大典·招捕总录·云南》说:"至元十三年(1276年)……十月,云南省调蒙古、爨僰诸军征白衣、和泥一百九寨。土官匍思叛,(伴)溪、七溪等降,得户四万。"③ 白衣城寨位于河谷,和泥城寨处于山区,为同一区域的两种民族在不同海拔的垂直分布。

元代,临安路西南的"斡尼蛮""巢居山林",居住于山区,一起居住于山区的还有"罗罗",而同区域的河谷地带,则为"白衣"所居。"斡尼蛮"使用"贝币"作为货币,说明农业和手工业有一定发展,已有剩余产品,商品交换已经产生。但大部分贝币被窖藏起来,没有进入流通领域,说明农业与手工业发展水平并不高,剩余产品数量十分有限,对外商业交换还不发达,"斡尼蛮"商业交换意识薄弱。六诏山区的教合三部、王弄山等部的"斡尼",从宋皇祐年间龙海基为狄青征侬智高做向导而"屡著奇功"起,就被龙海基所统一,终宋之世,皆为龙氏家族所属,已经形成一方较大的政治势力,至宪宗七年(1257年)立阿僰万户府,六诏山区"斡泥"的上层贵族接受了朝廷授予的土官职衔,龙海基九世孙龙健能曾被授为阿僰万户府总管。

(二)元江路的"和泥"及其社会状况

元代,和泥的另一聚居区为元江路,包括元江、步日(今宁洱)、思么(今思茅)等地,即从今新平、元江、墨江一线往南的哀牢山西麓片区。这一区域东与临安路哀牢山东麓的"斡尼"聚居区相连,西与威楚路的开南州、威远州和泥居住区相接。

至元二十五年(1288年),立元江路,从威远州境内划出部分区域归元江路管辖。《元史·地理志》曰:"元江路,下。古西南夷地。今元江在梁州之西南,又当在黑水之西南也。阿僰诸部蛮自昔据之。宪宗四年

---

① (元)李京撰:《云南志略·诸夷风俗·斡泥蛮》,王叔武校注,云南民族出版社1986年版,第95—96页。

② (明)宋濂等:《元史》卷10《世祖本纪七》,中华书局1976年版,第200页。

③ (元)赵世延等:《经世大典·招捕总录·云南》,载王云五主编《丛书集成初编》第3911册,中华书局1985年版,第2页。

(1254年)内附,七年(1257年)复叛,率诸部筑城以拒命。至元十三年(1276年),遥立元江府以羁縻之。二十五年(1288年),命云南王讨平之,割罗槃(今元江坝)、马笼(今新平县)、步日(今宁洱)、思么(今思茅)、罗丑、罗陀(今普洱市思茅区西南的官房一带)、步腾(今普文)、步竭、台威、台阳、设栖、你陀十二部于威远,立元江路。"①

《明史》卷314《云南土司列传二·元江》记载:"元江,古西南夷极边境,曰惠笼甸,又名因远部。南诏蒙氏以属银生节度,徙白蛮苏、张、周、段等十姓戍之。又开威远等处,置威远睑。后和泥侵据其地。宋时,侬智高之党窜居于此,和泥又开罗槃甸居之,后为么些、徒蛮、阿棘诸部所据。元时内附。至元中,置元江万户府。后于威远更置元江路,领罗槃、马笼等十二部,属临安、广西、元江等处宣慰司。"②

元代,在今新平西部、元江、墨江、江城、宁洱、思茅一带,为和泥聚居区。元江路的和泥被纳入中央封建集权国家体统,聚居于罗槃甸(今元江坝子)等地的一些较大部落的和泥民族上层被委任为土官,代表朝廷对本民族进行治理。

(三)威楚路的"和泥"及其社会状况

元代,威楚路的开南州(今景东)、威远州(今景谷)仍为和泥与扑子蛮、金齿百夷的杂居地区。

《元史·地理志》记载:"开南州,下。州在路西南,其川分十二甸,昔朴、和泥二蛮所居也。庄蹻王滇池,汉武开西南夷,诸葛孔明定益州,皆未尝涉其境。至蒙氏兴,立银生府,后为金齿、白蛮所陷,移府治于威楚,开南遂为生蛮所据。自南诏至段氏,皆为徼外荒僻之地。中统三年(1262年)平之,以所部隶威楚万户。至元十二年(1275年),改为开南州。威远州,下。州在开南州西南,其川有六,昔朴、和泥二蛮所居。至蒙氏兴,开威楚为郡,而州境始通。其后金齿、白夷蛮酋阿只步等夺其地。中统三年征之,悉降。至元十二年(1275年),立开南州及威远州,隶威楚路。"③

---

① (明)宋濂等:《元史》卷61《地理志四》,中华书局1976年版,第1478页。
② (清)张廷玉等:《明史》卷314《云南土司列传二·元江》,中华书局1974年版,第8100页。
③ (明)宋濂等:《元史》卷61《地理志四》,中华书局1976年版,第1461—1462页。

元代，在今景东、镇沅、景谷一带，和泥仍与"朴"（布朗族先民）、"百夷"（即"白衣"傣族先民）杂居于此，在政治上受金齿百夷贵族统治。这一居住格局从南诏、大理以来就如此。这一区域的人口，在北部地区，"和泥"与"朴"是主体民族，在南部地区，则以"百夷"占优势。这一区域曾先后为南诏、大理国所属，大理国后期由于南部的金齿百夷民族政权景眬金殿国势力向北扩张而受其所控。南诏大理国时期，因受到来自南部金齿、百夷北上的排挤，原南诏银生府和泥的一部分向东南迁移到今元江、墨江一带，一部分向南往今西双版纳地界移动。

（四）彻里军民总管府的"倭泥"及其社会状况

元代，云南南部边境的彻里军民总管府，即今西双版纳，也为哈尼族先民的一个集中分布区。"大德中，云南省言大彻里地与八百媳妇犬牙相错，势均力敌。今大彻里胡念已降，小彻里复控扼地利，多相杀掠。胡念日与相拒，不得离，遣其弟胡伦入朝，指画地形，乞别立彻里军民宣抚司，择通习蛮夷情状者为之师，招其来附，以为进取之地。乃立彻里军民总管府。"① "车里，即古产里，为倭泥、貌党诸蛮杂居之地，古不通中国。元世祖命将兀良吉䚟②伐交趾，经所部，降之，置撒里路军民总管府，领六甸，后又置耿冻路耿当、孟弄二州。"③ 元代的彻里军民总管府地域，为唐时南诏国银生节度管辖的一部分，是大理国后期出现的白衣政权景眬金殿国的版图，元时，哈尼族先民倭泥与其他民族杂居于此，政治上从属于白衣。

（五）北部分布区的"和泥"及其社会状况

元代，会川路、建昌路、东川路、乌蒙路、茫部路、乌撒路，即今川西南凉山彝族自治州，今滇东北昭通和黔西北毕节相连的乌蒙山区，仍为和泥在北部的分布区，这些地区处于金沙江流域两侧。《经世大典·招捕总录·宋隆济》记载："大德五年（1301年），雍真葛蛮土官宋隆济叛。……（大德）六年（1302年）正月，官军以隆济九次围攻贵州，粮尽退还。贼邀于花猫、牛场二箐……杀伤甚众，掠去行装、文卷。江头、

---

① （明）宋濂等：《元史》卷61《地理志四》，中华书局1976年版，第1463—1464页。
② 《明史》此处书写可能有误，根据《元史》，"兀良吉䚟"应为"兀良合台"。
③ （清）张廷玉等：《明史》卷315《云南土司列传三·车里》，中华书局1974年版，第8156页。

江尾、和泥等二十四寨，龙冯蹄一十八村，皆叛。"① 唐宋时，这一区域的哈尼族先民，仍为乌蛮别种，混杂于乌蛮之中，与其他乌蛮部落杂居，与周边乌蛮部落关系亲近，联系紧密，互动频繁，处于不断的民族分化与融合之中。元代，这一分布区的哈尼族先民和泥或归附，或被中央王朝降服。元朝封建中央政权虽在此加以行政设置，但此区域仍处于民族奴隶主控制的奴隶制经济。

二 元王朝对"和泥"的统治

（一）军事镇压

外来势力对一地的征服不可能风平浪静，在这一过程中往往充斥着血雨腥风的斗争与反反复复的波折。蒙古军征服云南，从内地到边疆，各民族的反抗此起彼伏，延续多年，难于平息。中央王朝通过军事、政治、经济、文化多重手段，逐步实现对云南靠内地区各民族社会秩序的稳定，在此基础上，元朝进一步收服、巩固边疆和拓展边疆范围。

军事镇压是元朝征服和泥地区惯用的手段。

哀牢山地区的罗槃甸（又记为罗匐甸、罗必甸、惠笼甸、因远部）在史料中明确显示为和泥所居。"和泥即今元江，古西南极边境，与交、广接壤。其先，开罗盘甸居之，属唐蒙诏银生节度；后为么么徒蛮阿棘诸部所有，则段氏东方蛮因远部也。"② "罗槃"为哈尼语，意为"大江、大河"，"甸"在哈尼语中意为"平坝、坝子、平坦之地"，"罗槃甸"即意为"大江大河流经的坝子、平地"。哈尼族先民以罗槃甸为中心，建立起部落联盟"罗槃国"。罗槃国在"东方三十七部蛮"之一因远部基础上发展而来，最高领主称"罗槃主"。罗槃国时代历经唐宋，至元初，是哈尼族历史记忆里最为强大的时期，在哈尼民族情感中占据重要地位。罗槃国以罗槃甸即今元江坝子为中心，幅员约3万平方千米，范围包括今元江、墨江、镇沅、宁洱、思茅、江城全境，以及新平西部、景东的哀牢山地区和无量山地区景谷县东部等广袤区域。其南部与越南、老挝接壤。其东南部与和泥的另一聚居区伴溪、七溪、思他等部落相连，包括今红河、

---

① （元）赵世延等：《经世大典·招捕总录·宋隆济》，《丛书集成初编》第3911册，中华书局1985年版，第14—16页。

② （明）诸葛元声撰：《滇史》卷8，刘亚朝校点，德宏民族出版社1994年版，第224页。

元阳、绿春、金平等县，南与越南接壤。因为亲缘、地缘及对罗槃国的认同等关系，罗槃国对这一地区的和泥部落影响颇大，两个地区在反抗朝廷的斗争中连动呼应。

《元史·地理志》曰："元江路，下。古西南夷地。……宪宗四年（1254年）内附，七年（1257年）复叛，率诸部筑城以拒命。至元十三年（1276年），遥立元江府以羁縻之。二十五年（1288年），命云南王讨平之，割罗槃（今元江坝）、马笼（今新平县）、步日（今宁洱）、思么（今思茅）、罗丑、罗陀（今普洱市思茅区西南的官房一带）、步腾（今景洪普文）、步竭、台威、台阳、设栖、你陀十二部于威远，立元江路。"①此条史料平实无华、波澜不惊的文字叙述背后，是野蛮的武力征服与倔强不屈的反征服，是一段血雨腥风的历史岁月。

元江流域和泥不接受中央王朝的统治而叛服无常。在赛典赤·赡思丁（以下称赛典赤）"心战为上"的策略之下，至元十三年（1276年）正月，罗槃主阿禾必率罗槃国和泥"举国出降"，罗槃城以西的今墨江、宁洱、思茅等地诸部和泥款附元朝。但罗槃国的归降仅为一时的权宜之计，数年后，罗槃甸和泥重起反抗，元王朝派遣重兵前往镇压。《元史·步鲁合答列传》记载："（至元）二十一年（1284年）……都元帅蒙古歹征罗必甸，步鲁合答率游兵先行，江水暴溢，率众泅水而渡，去城三百步而营。居七日，诸军会城下，乃进攻之，步鲁合答先登，拔其城，遂屠之。"②至元二十一年，元军对罗槃甸和泥的军事镇压极其野蛮，攻城拔寨，大屠罗槃城，重现成吉思汗攻城略地初年蒙古军屠城的残酷手段。虽惨遭屠戮，但和泥并未就此顺从元王朝的国家统治，和泥的反抗与元王朝的镇压，在滇南和泥地区反复上演。元至元二十五年（1288年），罗槃甸和泥的再次反抗又被元军镇压下去。在血腥的兵锋之下，罗槃国走到终点，自此退出历史舞台，但仍存在于哈尼族的历史记忆之中。

赛典赤靠"心战"降服罗槃城及其以西的广大和泥地区后，至元十三年（1276年）十月，元军乘胜向罗槃城以南的思他、伴溪、七溪等和泥地区进攻，和泥各部虽奋起抗争，但还是难敌元军强大武力而降服。《经世大典·招捕总录·云南》记载："至元十三年正月，罗匐甸官禾者

---

① （明）宋濂等：《元史》卷61《地理志四》，中华书局1976年版，第1478页。
② （明）宋濂等：《元史》卷132《步鲁合答列传》，中华书局1976年版，第3208页。

阿禾必招降。十月，云南省调蒙古、爨僰诸军征白衣、和泥一百九寨，土官甸思叛，（伴）溪、七溪等降，得户四万。"① 《元史·世祖本纪》记载："（至元）十五年（1278年）……夏四月……丁丑，云南行省招降临安（路）白衣、和泥分地城寨一百九所。"② 思他、伴溪、七溪的和泥虽已被元军兵锋征服及政治招降，但也是忽叛忽降，而每一次反抗的结果，必然少不了遭受王朝政权的残酷军事镇压。《元史·张立道列传》记载："（至元）十七年（1280年），入朝，力请于帝以云南王子也先帖木儿袭王爵，帝从之。遂命立道为临安广西道宣抚使，兼管军招讨使……始赴任，会和泥路大首领必思反，煽动诸蛮夷。亟发兵讨之，拔其城邑，徇金齿甸七十城，越麻甸，抵可蒲，皆下之。"③ 和泥路设于思他，包括伴溪、七溪和泥地区。根据哈尼族父子连名制，此条史料所说之"必思"，可能是罗槃主阿禾必之子，罗槃城沦陷后，必思很可能向南出逃到思他、伴溪、七溪一带，凭借同族亲缘及罗槃国威望，在此地聚集力量，与元军周旋。④ "拔其城邑，鼓行而前"，于此可见元军兵锋所指，可谓所向披靡、势不可挡。

元江，本为古西南夷极边境，名惠笼甸，又名因远部、罗槃甸，至元十三年（1276年），立元江万户府，至元二十五年（1288年），立元江路，元江之名正始于此，并一直沿用至今。元江流域和泥时叛时服，概因元朝征服元江流域和泥的过程实属不易，战役惨烈，故元朝才将这一区域命名为元江，寓意为元王朝的江山，以宣示对其之主权，蕴含着元王朝统治者的统治理念。

（二）心战招降

面对和泥的抵抗，除了野蛮的军事镇压，元朝也运用诸葛亮"心战为上"的策略，采用相对平和的政治招降手段去争取和团结。

哀牢山元江流域一带的和泥叛服无常，和泥上层不接受元朝的统治设

---

① （元）赵世延等：《经世大典·招捕总录·云南》，载王云五主编《丛书集成初编》第3911册，中华书局1985年版，第2页。
② （明）宋濂等：《元史》卷10《世祖本纪七》，中华书局1976年版，第200页。
③ （明）宋濂等：《元史》卷167《张立道列传》，中华书局1976年版，第3917页。
④ 按元江县哈尼民间的说法，阿禾必名义上归顺元朝，实则不服，率部从退居深山老林里，与元军斗争了十几年，最后兵败，双方约定"我不上山林，你也不要来坝子"，于是哈尼族先民就永远退出了坝子。

置而频频叛乱。这一区域的和泥于宪宗四年（1254年）内附，七年（1257年）反叛，坚守城垣抵抗。至元十二年（1275年）乙亥冬罗槃甸又起反抗。《元史》卷125《赛典赤·赡思丁列传》记载："萝槃甸叛，往征之，有忧色，从者问故，赛典赤曰：'吾非忧出征也，忧汝曹冒锋镝，不幸以无辜而死；又忧汝曹劫虏平民，使不聊生，及民叛，则又从而征之耳。'师次萝槃城，三日不降，诸将请攻之，赛典赤不可，遣使以理谕之。萝槃主曰：'谨奉命。'越三日又不降，诸将奋勇请进兵，赛典赤又不可。俄而将卒有乘城进攻者，赛典赤大怒，遽鸣金止之，召万户叱责之曰：'子命我安抚云南，未尝命以杀戮也。无主将命而擅攻，于军法当诛。'命左右缚之，诸将叩首，请俟城下之日从事。萝槃主闻之曰：'平章宽仁如此，吾拒命不祥。'乃举国出降。将卒亦释不诛。由是西南诸夷翕然款附。"① "诸酋长各献金帛，奔走若不暇。随遣郎中杨琏安谕迤西和泥诸部，皆望风而靡。"② 赛典赤不以"兵战"攻克罗槃城，而是像诸葛亮一样，以"心战为上"的策略，降服罗槃城，遂即，罗槃城以西各部和泥不得不放弃抵抗，纷纷归附元朝，赛典赤兵不血刃，不战而胜，取得对今元江到墨江、宁洱、思茅等广阔区域的统治经营。

（三）设治经营

元宪宗七年（1257年），于安南（今马关）老寨立阿僰万户府，至元八年（1271年）改为南路，至元十三年（1276年），又改为临安路。③ 至此，滇南、滇东南和泥聚居区归临安路管辖，辖红河以东至滇东南黔、桂边境。

元王朝初步征服罗槃城及其以西、以南的各部和泥之后，在罗槃城设置元江万户府，在落恐设置万户府，在思陀设置和泥路，在溪处设置副万户府等统治机构，以和泥原首领为土官，分别直隶于云南行省。④ 但和泥的反抗此起彼伏，元王朝对和泥地区的设治也变化无常。为加强对滇南和

---

① （明）宋濂等：《元史》卷125《赛典赤·赡思丁列传》，中华书局1976年版，第3066页。

② （明）诸葛元声撰：《滇史》卷9，刘亚朝校点，德宏民族出版社1994年版，第244—245页。

③ （明）宋濂等：《元史》卷61《地理志四》，中华书局1976年版，第1476页。

④ （清）顾祖禹撰：《读史方舆纪要》卷115《云南三》，上海书店出版社1998年版，第725页、727页。

泥的控制，步鲁合答大屠罗槃城后，元王朝于至元二十五年（1288年）废止元江万户府、落恐万户府、溪处副万户府、思陀和泥路，改设元江军民总管府隶云南行省，随即又将元江军民总管府改设为元江路。元江路辖罗槃、马龙、步日、思么、罗丑、罗陀、步腾、步竭、台威、台阳、设栖、你陀十二部，以及思陀、落恐、溪处、亏容、案版等处，辖域包括哀牢山系和无量山系的全部哈尼族先民聚居区，广及从元江西岸到澜沧江东岸的广袤地段。①

临安道宣慰思所辖的今文山州和红河州江外地区的哈尼族先民聚居区，在南诏时属于通海都督府管辖，在大理国时为秀山郡辖境，在元云南行省建立之前，此部分白衣、和泥中尚有100多个村寨没有归附元王朝，直到云南行省建立后，这一片区才被中央王朝武力征服。又经后续进一步的政治招降、军事平服，和泥等民族居住的云南东南部边疆慢慢得以恢复和巩固。至元十七年（1280年），张立道平定了和泥路的叛乱，乘胜南下，直达金齿甸七十城，不仅用武力将云南行省南部的和泥再一次纳入王朝国家体系，而且拓展了元王朝的南部边疆地域，征服了居于更南边的以金齿（傣族）为主的民族地区，为南部边疆的行政设置奠定了基础。元至治三年（1323年），元朝在七十城门甸地区设置宁远州，将云南行省的东南部疆域延伸至今越南莱州省境内。《大元混一方舆胜览》临安道宣慰司条目下记载："七十城门甸。方二百余里，澜沧江经其中，入交趾。"②此中所言"澜沧江"实为"鹿沧江"，即今越南莱州省北部的黑江。③《元史·英宗本纪》记载："（至治）三年（1323年）……五月辛卯（朔），……置云南宁远州。"④《越史通鉴纲目》正编卷14《注》曰："宁远，古州名，今莱州是。"⑤宁远州地域即今越南莱州。七十城门甸区域在大理国时属秀山郡边地，鞭长莫及，统治松弛，元朝宁远州的设置加强了对这一边疆地域的控制。

---

① 白玉宝：《罗槃国若干史实考辨》，《玉溪师范学院学报》2013年第5期。

② （元）刘应李原编、詹友谅改编、郭声波整理：《大元混一方舆胜览》，四川大学出版社2003年版，第475页。

③ （清）阮元、王崧等：道光《云南通志稿》卷16《地理志三之六·山川六·临安府下》，道光刻本。

④ （明）宋濂等：《元史》卷28《英宗本纪二》，中华书局1976年版，第630页。

⑤ 尤中：《云南民族史》，云南大学出版社1994年版，第279页。

在云南南部边疆金齿百夷、倭泥等民族分布区，即今云南南部与缅甸、泰国、老挝邻近或相接地带，元王朝先后设置彻里军民总管府、八百宣慰司、老告总管府，对这一广阔边疆区域各民族进行统治。今川西南、滇东北、黔西北的哈尼族先民亦处于相应的王朝国家设治管辖之下。

第三节　元王朝统治时期"和泥"的迁徙活动

根据史料所记录内容反映出的信息，元代哈尼族先民和泥的迁徙活动体现为罗槃甸和泥的迁离，乌蒙山区和泥的迁移，以及伴随元军开疆拓土、征伐境外的军事活动下发生的逃匿。

一　元军屠戮下罗槃甸"和泥"的迁逃

战争意味着杀戮和掠夺，军事镇压往往引起大量人口的流离失所。元江流域和泥对元朝一次又一次的抗争，遭受到元军一次次残酷的军事镇压。元至元二十一年（1284年），步鲁合答率元军大屠罗槃城，致使罗槃城气数尽失。后世，元江城内、元江坝子已无哈尼族，盖因元军的屠城，幸存的和泥为逃避元军的杀戮，而逃出罗槃城，迁出罗槃甸，罗槃城、罗槃甸遂被他族占据。这是哈尼族历史上最后一次大规模的民族迁徙，在元军残酷的军事镇压之下，和泥人不得不离开罗槃甸，向南迁徙，退入哀牢山深林。

在历史上，"因远"既是地名，又是和泥部族名，显然，地名得源于族名。今人可以从这一名称窥探到罗槃甸和泥迁徙的踪迹。今元江县境内尚有因远镇，位于元江县西南，以哈尼族人口占多数，与墨江县联珠镇、龙坝镇哈尼族分布区相接。"因远"一名始出于唐代，《滇史》卷7记载："因远部唐为威远睑，总名和泥，即今之元江也。旧名惠笼甸。唐属银生节度，而徙白蛮苏、张、周、段等十姓戍之。"[①] "（皇朝职贡图）窝泥，本和泥蛮之裔。南诏蒙氏置威远睒，称和泥，为因远部。"[②]《明史》卷

[①] （明）诸葛元声撰：《滇史》卷7，刘亚朝校点，德宏民族出版社1994年版，第211页。
[②] （清）阮元、王崧等：道光《云南通志稿》卷183《南蛮志三之二·种人二·窝泥》，道光刻本。

314《云南土司列传二·元江》的记载反映出和泥开发元江的历史过程,"元江,古西南夷极边境,曰惠笼甸,又名因远部。南诏蒙氏以属银生节度,徙白蛮苏、张、周、段等十姓戍之。又开威远等处,置威远赕。后和泥侵据其地。宋时,侬智高之党窜居于此,和泥又开罗槃甸居之,后为幺些、徙蛮、阿㚑诸部所据。元时内附。至元中,置元江万户府。后于威远更置元江路,领罗槃、马笼等十二部,属临安、广西、元江等处宣慰司"①。清康熙《元江府志》卷一《沿革大事考》记载:"唐时,蒙诏以属银生节度,封栖霞为南岳,建城甘庄,今遗址尚存。随徙白蛮苏、张、周、段十姓戍之;又开威远等处,置威远赕。"② 据此可知南诏蒙氏于今元江境内建筑的城邑为甘庄城,今元江县境内尚有甘庄,为古地名的沿袭。栖霞山位于甘庄以南,元江县城北,元江古八景中即有栖霞樵唱、栖霞灵洞二景。结合此二条史料,可知和泥在唐南诏时侵占的元江地域内的城邑是白蛮所建造戍守的甘庄城。元江境内的和泥,被称为因远部。因远部为"东方三十七部蛮"之一,在哀牢山所有和泥部落里,势力最强,曾武力支持段思平取得推翻大义宁国政权、建立大理国的胜利,并被段思平封赐。宋时,居住于甘庄城的那部分和泥因远部人口被侬智高余部挤走,向南迁移,融入红河南岸的和泥因远部人口之中,共同开发建设罗槃甸、罗槃城,即今天的元江坝子和元江城。元至元年间,在元军兵锋之下,罗槃国走向终点,和泥整体逃离罗槃甸后迁徙进入哀牢山,其中的一部分开发了哀牢山间的因远坝子,并留居于此。所以,今元江县的因远得名于和泥因远部,是元时部分和泥迁徙到此而产生的地名。

今墨江县联珠镇癸能村是哈尼族豪尼支系聚居村落,辖13个自然村,18个村民小组,与元江县因远镇比邻,距离因远镇约3.5小时步行路程,距离因远镇的安定村约2.5小时步行路程。历史上,癸能是茶马古道从墨江上元江、进入安定的墨江境内最后站点,清代,在水癸河村、坤勇村设有译传或塘。③ 癸能大寨于元朝年间建寨,寨子后山的石碑上刻有村民王氏家族28代主要家庭成员的名字,王家是最早来此定居的家族,在癸能

---

① (清)张廷玉等:《明史》卷314《云南土司列传二·元江》,中华书局1974年版,第8100页。
② (清)章履成纂修:康熙《元江府志》卷一《沿革大事考》,载李崇隆、梁耀武、李亚平点校,梁耀武主编《府志两种》,云南人民出版社1995年版,第644—645页。
③ (民国)胡钟琳、周雨苍等纂:《墨江县志资料·驿传》,民国二十年(1931年)抄本。

大寨居住已达 28 代。① 由此可以推断，癸能大寨的哈尼族很有可能是在蒙古军的战火之中从元江坝子迁徙出来的和泥人的后裔。②

罗槃甸亦称罗必甸、罗匐甸。"罗必"与"罗弼""路弼""糯比"，"罗匐"与"罗缅""罗美""糯美"，前者与后者实为同音异写，而后者都是和泥支系称谓。可见，罗必甸、罗匐甸得名于居住于此地的民族"罗弼""路弼""糯比"或"罗缅""罗美""糯美"，皆为和泥。当代，互称糯比、糯美③的哈尼族，基本分布于元江南岸哀牢山东侧山麓，由西北向东南延伸，即从新平县建兴乡、元江县羊街乡与那诺乡、红河县大羊街乡与浪堤乡，到元阳县嘎娘、上新城、小新街、逢春岭、大坪等乡镇，直至更南的金平县阿得博、沙依坡、马鞍底等乡镇。④ 在今越南老街省巴沙县、莱州省封土县，也有哈尼糯美支系分布，这些糯美人是从邻近的中国云南金平县、绿春县渐进式迁徙过去的。⑤ 在此需要说明的是，糯比、糯美自称皆为哈尼，糯比、糯美是其内部的互称，他们习惯根据所处地理方位互称糯比、糯美，如以某一条河流、某一座山梁为参照物，或居住于同一片区域，甚至同一村寨的糯比、糯美，居住于上方者称居住于下方者为糯比，反之，居住于下方者称居住于上方者为糯美。糯比、糯美的这一分布格局与元军对元江坝子的残酷军事镇压有关。元初，因蒙古军屠城而不得不逃离罗槃城、罗槃甸的糯比、糯美，上到哀牢山，与原居住于此的其他和泥支系相杂居，并顺山顺水不断扩散、繁衍，发展成今天于元江南岸哀牢山东麓一侧延伸分布直至越南等境外区域的广大糯比、糯美哈尼群体。

我国西双版纳哈尼族雅尼中广为流传的迁徙史诗《雅尼雅嘎赞嘎》的重点是"加滇"王国。史诗用很长的篇幅叙述哈尼人寻找理想之地加滇、开发加滇、治理加滇及失去加滇政权而迁离加滇的历史。加滇是雅尼人心目中祖居的圣地，是民族繁荣兴旺的故乡。雅尼人历史记忆深处的加滇何在？众多学者认为"加滇"即今天的元江，有的学者甚至指明"加

---

① 谢伟等：《家园耕梦——哀牢腹地哈尼人》，云南美术出版社 2006 年版，第 107—111 页。
② 此部分信息为笔者于 2015 年 4 月 5 日在墨江县联珠镇癸能村公所一带调研时获得。
③ 为便于称呼，在此统一写为糯比、糯美。
④ 白玉宝：《罗槃国若干史实考辨》，《玉溪师范学院学报》2013 年第 5 期。
⑤ 杨六金、许敏：《越南哈尼族源流探究》，《云南社会科学》2008 年第 6 期。

滇政权"即"罗槃国"。① 如这一观点不无大谬，则迫使雅尼人离开加滇的真正原因即为元军的兵燹。

美国学者格朗菲尔德所著《泰国密林中的游迁者——阿卡人》一书说，在泰国阿卡人的口述史《阿卡赞》中，描述到了一场"大火"——一次大的灾难，迫使阿卡人逃到丛林密布的高山地带。根据阿卡人的族谱，阿卡人的这次逃难发生在大约30代人以前，700年前左右，即13世纪。② 那时正是元军大举镇压元江坝子和泥之时，阿卡人口述历史记忆中的这一"大火"（大的灾难）即元军大屠罗槃城这一历史事件。逃离罗槃甸的和泥的一支，翻越哀牢山，从哀牢山东麓进入哀牢山西麓地区，并逐级往下迁移，最终进入云南最南端，与以前历史时期即已迁徙至此的和泥相融合，繁衍分散，继续向更南端的地区蔓延，这些地区后来称为老挝、缅甸、泰国。这支从罗槃甸逃离的和泥，是拥有《阿卡赞》历史记忆的阿卡人的祖先主源。元军屠罗槃的兵火对阿卡人的历史记忆影响深远。

二 元军军事镇压下乌蒙山区"和泥"的迁离

元大德四年（1300年）十二月，元朝开始发动征伐八百媳妇国的大规模军事行动，由云南行省左丞刘深率领，但因劳师远征，以"有用之民而取无用之地"，过多劳民伤财而激起民变。为促成此次征伐八百媳妇国的军事行动，朝廷向云南行省摊派军马一万匹，如果马匹不够，则拉牛充抵。大德五年（1301年）五月，出征大军到达云南行省的顺元路（驻今贵阳），向当地的苗、僚征派粮饷夫役，顺元土官宋隆济首先起兵反叛。水西（今贵州境内鸭池河以西彝族地区）女酋长蛇节被勒索出金三千两、马三千匹佐军，"因民弗忍"，亦举兵反叛。七月，远在西南边境的"金齿百夷"各部起而应之。东北部的乌撒（今威宁）、乌蒙（今昭通）、东川（今会泽、巧家、东川）、茫部（今镇雄）各民族蜂拥响应。

---

① 《雅尼雅嘎赞嘎》搜集整理者注释说："加滇，地名，指今昆明和元江流域，是雅尼雅祖先居住过的地方。"白永芳《哈尼族服饰文化中的历史记忆——以云南省绿春县"窝拖布玛"为例》指出："加滇"即"拉洒"一带（今元江县）。杨忠明《西双版纳哈尼族简史》一书认为"哈尼族口碑资料中提到的'加滇朗'，很可能就在元江坝附近"。哲赫《哈尼考辨》也持"加滇"即"拉洒"的观点，并认为《雅尼雅嘎赞嘎》所说的"加滇政权"就是指"罗槃国"。

② [美] F. V. 格朗菲尔德：《泰国密林中的游迁者——阿卡人》，刘彭陶译，载云南省民族研究所编印《民族研究译丛》（第5辑），1983年，第12—17页。

北部的罗罗斯宣慰司（今四川凉山州）、东部的广西路（今师宗、弥勒、泸西）、南部的临安路（今红河州、文山州）等地的罗罗、白蛮、和泥等各民族纷纷群起而应。云南行省的东北部乌蛮地区，即今黔西北、滇东北区域，是此次反抗斗争的中心区。元王朝一边对各地反抗者分化诱降，一边集全国多地之兵力，打击水西、顺元路、乌撒、乌蒙等地的反抗主力。由湖广行省平章刘国杰统四川、湖广军，分道从东北南下；由也速得儿率陕西军从西北下；由云南梁王阔阔从中庆路（驻今昆明）领兵北上。三路大军夹击宋隆济、蛇节和滇东北各民族的反抗。在大军兵锋之下，这一延续3年之久的反抗斗争终于被镇压下去。

《经世大典·招捕总录·宋隆济》记载："大德五年（1301年），雍真葛蛮土官宋隆济叛。……（大德）六年（1302年）正月，官军以隆济九次围攻贵州，粮尽退还。贼邀于花猫、牛场二箐……杀伤甚众，掠去行装、文卷。江头、江尾、和泥等二十四寨，龙冯蹄一十八村，皆叛。"① 此乃史料对分布于今滇东北、黔西北哈尼族先民最后的记载，此后，这一地区的和泥在史书中再也没有出现过，今天，这些地区也无世居哈尼族。究其去向，一部分可能融合入当地罗罗中，或被后世汉族史家误视为罗罗，因和泥与罗罗本就是近亲民族，语言、文化等差异很小，而生活于同一地区，这些差异则更小，故而很容易被混淆，所以不再以"和泥"的民族身份见于史料记录。而大部分和泥由于此次战火而离开滇东北、黔西北，往南迁移，有的留居沿途地区，或被其他民族同化，或仍以和泥之名出现于这些地区；有的迁入六诏山、哀牢山和泥聚居区。故而，今滇东北、黔西北的民族分布格局以彝族为主，而再无世居哈尼族。明朝天启年间的《滇志》卷30《羁縻志·种人》曰："窝泥，或曰斡泥……临安郡属县及左能寨、思陀、溪处、落恐诸长官司，景东、越州（曲靖越州）皆有之。石甼嘉县又曰和泥。……阿迷州称阿泥，邓川州称俄泥。"② "窝泥……景东、曲靖皆有之。"③ 在哈尼族先民历史分布区的北部地区，即今川西南、滇东北、黔西北连片地带，到哈尼族先民南部聚居区之间的中

---

① （元）赵世延等：《经世大典·招捕总录·宋隆济》，载王云五主编《丛书集成初编》第3911册，中华书局1985年版，第14—16页。

② （明）刘文征撰：《滇志》卷30《羁縻志·种人》，古永继校点，云南教育出版社1991年版，第999页。

③ （清）阮元、王崧等：道光《云南通志稿》卷183《南蛮志三之二·种人二》，道光刻本。

间过渡地带，如云南府、越州（曲靖越州）等地，在明代史料记录中，这些地区有和泥居住，滇中地带的这些和泥，有的是在之前历史阶段哈尼族先民从北往南迁徙途中遗留下来的，有的则是元时从云南行省东北部乌蒙山区即今滇东北、黔西北往南迁徙而来的和泥之遗裔。

三 元军开疆拓土下"和泥"的逃匿

元朝初步取得在云南的统治之后，一边稳定靠内地区的社会秩序，平定内地各民族此起彼伏的反抗斗争，一边巩固边疆，进一步开拓边疆范围，将版图向原大理国边疆以外的区域扩张。为加大对外扩张力度，伐交趾，攻八百媳妇，征缅国，元朝多次发动规模较大的军事行动。和泥分布区车里地域正处于从云南内地通往交趾、缅国、八百媳妇的交通沿线和边疆地区，车里南为缅国、八百媳妇，车里东南则为交趾。另一和泥分布区元江流域的下游地带与交趾山水相连。

元宪宗七年（1257年），兀良合台率蒙古军讨伐交趾。《元史·宪宗本纪》记载："七年……冬十一月，兀良合台伐交趾，败之，入其国。安南主陈日煚窜海岛，遂班师……八年，二月，陈日煚传国于长子光昺。光昺遣壻与其国人以方物来见，兀良合台送诣行在所。"[①] 安南国虽被兀良合台所败，蒙古帝国将其作为藩属国实行羁縻统治，但交趾并未真正臣服，而是屡屡违背命令，且叛服不常，元朝对交趾的攻伐自然反复不断。元朝攻打占城，要求安南出粮出兵，安南每次皆置之不理，致使元朝不满。至元二十二年（1285年），元军进攻安南国，攻占其都城，安南国王陈日烜出逃海外。[②] 至元二十三年（1286年），元军又大举进攻安南，封归附元朝的陈益稷为安南国王。[③] 至元二十六年（1289年），元朝罢征交趾，撤销安南行省，安南国王陈日烜派人进贡，请求归附。[④] 之后，安南与元朝仍有冲突。

在蒙古军征伐安南途中，云南南部边疆得以平服。"车里，即古产

---

① （明）宋濂等：《元史》卷3《宪宗》，中华书局1976年版，第50—51页。
② （明）宋濂等：《元史》卷209《外夷二·安南列传》，中华书局1976年版，第4641—4645页。
③ （明）宋濂等：《元史》卷209《外夷二·安南列传》，中华书局1976年版，第4646页。
④ （明）宋濂等：《元史》卷209《外夷二·安南列传》，中华书局1976年版，第4649页。

里，为倭泥、貊党诸蛮杂居之地，古不通中国。元世祖命将兀良吉斛①伐交趾，经所部，降之，置撒里路军民总管府，领六甸，后又置耿冻路耿当、孟弄二州。"②《元史·成宗本纪二》记载："（元贞）二年（1296年）……十二月戊戌，立徹里军民总管府"③。元宪宗七年（1257年），在兀良合台征讨交趾时，沿线白衣、倭泥等民族降服。元贞二年（1296年），元朝设置徹里军民总管府，④云南南部边疆今西双版纳的白衣、倭泥进入元王朝的统治体系。

八百媳妇国即兰那，元时的八百媳妇曾隶属于宋时的景昽金殿国，后分裂成为境外的独立国家。八百媳妇地域位于今泰国北部清莱府、清迈府及缅甸南掸邦境内。《明史·地理志七》说："八百大甸军民宣慰使司，元八百等处宣慰使司。洪武二十四年六月改置。东北有南格剌山，下有河，与车里分界。"⑤《明史》卷315《云南土司列传三》记载："八百……其地东至车里，南至波勒，西至大古喇，与缅邻，北至孟艮，自姚关东南行五十程始至。平川数千里，有南格剌山，下有河，南属八百，北属车里。"⑥ 八百媳妇与车里的地理分界，元时未有明确记录，但从上述两条明朝史料可见，八百媳妇与车里以南格剌山下之河为界。南格剌山即今缅甸南掸邦北部的乐潘瑙山，南格剌山下的河流为南垒河（南拉河），孟艮为今缅甸南掸邦境内的景栋。八百媳妇国与车里以南垒河为界，南垒河北属车里，南垒河南属八百媳妇。公元1292年，元军征讨八百媳妇，八百媳妇降附元朝。"（至元）二十九年（1292年）……八月……戊午……诏不敦、忙兀［秃］鲁迷失以军征八百媳妇国。"⑦ 但鞭长莫及，元王朝难以掌控八百媳妇国。元朝设置车里军民总管府，境外的八百媳妇不断攻打车里边境，元朝从而对八百媳妇发动大规模的军事征伐行动。

---

① 《明史》此处书写可能有误，根据《元史》，"兀良吉斛"应为"兀良合台"。
② （清）张廷玉等：《明史》卷315《云南土司列传三·车里》，中华书局1974年版，第8156页。
③ （明）宋濂等：《元史》卷19《成宗本纪二》，中华书局1976年版，第407页。
④ 关于徹里军民总管府建立的时间，《元史·地理志》作大德中置。
⑤ （清）张廷玉等：《明史》卷46《地理志七·云南·八百大甸军民宣慰使司》，中华书局1974年版，第1192页。
⑥ （清）张廷玉等：《明史》卷315《云南土司列传三·八百》，中华书局1974年版，第8163页。
⑦ （明）宋濂等：《元史》卷17《世祖本纪十四》，中华书局1976年版，第366页。

"大德元年（1297年）……九月……甲子，八百媳妇叛，寇彻里，遣也先不花将兵讨之。"①"大德……四年（1300年）……十二月……癸巳……遣刘深、哈剌带、郑祐将兵二万人征八百媳妇。"② 始于元大德四年（1300年）元军征八百媳妇的军事活动，本意为平息八百媳妇对车里的侵扰，肃清车里内部上层分子内乱，巩固、扩大云南南部边疆。但是，朝廷内部对本次出征意见不一，而且本次征伐因对沿途各地苛扰过多而最终激起民愤，引发顺元土官宋隆济、罗鬼女酋长蛇节和乌撒、乌蒙、东川、茫部，以及云南行省很多地区各民族的大规模反抗活动。刘深率领征讨八百媳妇的军队才抵达今贵州境内，便遭重创而"存者什才一、二"，"王师始终未涉八百媳妇之境一步"，这次远征八百媳妇国的军事行动就此半路夭折。

　　元朝为维持频繁的对外军事扩张，在云南已归附地区不断征兵、征赋税，加大了云南各民族的负担，导致其与云南民族的关系更加紧张化。元大德四年（1300年），元军为出征八百媳妇，"仍敕云南省每军十人给马五匹，不足则补之以牛"③。因为征集兵丁困难大，不得已"诏云南行省：'自愿征八百媳妇者二千人，人给贝子六十索'"④。元世祖忽必烈平定云南后，为稳定局势及经略东南亚，不断增补军队镇戍云南各地。戍军由蒙古军、探马赤军（诸部族及色目军）、汉军（北方汉民军）、新附军（新归附南宋军）组成。⑤ 此外，元朝在云南的军队构成中还有一个特殊的组成部分"爨僰军"。爨僰军初始由最先被蒙古军征服的云南靠内地区的白族、彝族先民构成，但后来，新归附地区的和泥等其他民族，也被充军为卒，成为国家统治者稳定内部社会秩序和对外开疆拓土的工具。《元史》卷98《兵志一·兵制》记载："（至元）十五年（1278年）正月，定军官承袭之制。……云南行省言：'云南旧屯驻蒙古军甚少，遂取渐长成丁怯困都等军，以备出征。云南阔远，多未降之地，必须用兵，已签爨、僰人一万为军，续取新降落落、和泥等人，亦令充军。然其人与中原不同，

---

① （明）宋濂等：《元史》卷19《成宗本纪二》，中华书局1976年版，第413页。
② （明）宋濂等：《元史》卷20《成宗本纪三》，中华书局1976年版，第433页。
③ （明）宋濂等：《元史》卷20《成宗本纪三》，中华书局1976年版，第433页。
④ （清）毕沅：《续资治通鉴》，中华书局1957年版，第5275页。
⑤ 陈燕：《"多元一体"视野下的哈尼族民间"东来说"——简析历史上融入哈尼族的汉族移民》，《贵州民族研究》2016年第4期。

若赴别地出征，必致逃匿，宜令就各所居一方未降处用之。'九月，并军士。初，至元九年签军三万，止择精锐年壮者，不复问其赀产，且无贴户之助，岁久多贫乏不堪。枢密院臣奏，宜纵为民，遂并为一万五千。"①此条史料记载的是至元十五年（1278年）之事，故其所言新降和泥，应该是指罗槃甸和泥及更靠南的思他、伴溪、七溪的和泥，这些地区陆续于至元十三年（1276年）被元朝收服，可谓新归附之地。罗罗、和泥等民族被政府强制充军，他们往往在出征途中借机逃匿，其中必然有人难于回归家园而流落沿途地区。

故而，元朝的开疆拓土活动，特别是多次讨伐交趾、出征八百媳妇国的军事行动，一方面对分布于征伐所经地区和泥社会造成了侵扰，致使部分和泥为逃避战火及过重的征兵、征赋税负担而迁离之前的居住地；另一方面，为保证军事征伐行动而被充入军队的沿途和泥，因出征过程中半路逃匿，而流落他乡，并有可能随着元朝征伐大军进入今越南、老挝及中缅泰交界地区，与原先居住于此的和泥融合，成为今天这些国家和地区哈尼族的先民。后来，元代宁远州（在今越南北部莱州省境内，于1323年设置）、八百等处宣慰司都元帅府（在今泰国北部清迈，于1331年设置）、老告军民总管府（在今老挝北部，于1338年设置）的相继设立，进一步触发云南南部和泥向更为靠南地区的迁徙移动。

---

① （明）宋濂等：《元史》卷98《兵志一·兵制》，中华书局1976年版，第2516—2517页。

第四章

明代"窝泥"的迁徙

明王朝对边疆云南的治理更为深入、稳定和长久，云南社会、经济、文化发生显著变化，民族结构出现历史性转折。明代，汉文典籍对哈尼族先民称谓的记录新增"窝泥""倭泥""倭尼""阿泥""俄泥"，基本上是对之前历史文献所记之"斡泥""斡尼""和泥"的同音异写或音转。为行文方便，从上述族称中选取出现较为频繁的"窝泥"一名，来统称这一阶段的哈尼族先民，并作为本章节名称中的关键词。

第一节 明王朝的经营与云南社会状况、民族结构变化

一 明王朝对云南的设治与经营

公元 1368 年，元朝的统治大厦在农民起义的洪流中崩塌，元室北徙，退回蒙古草原，朱元璋在应天（今南京）建立明王朝。但云南的中庆路到曲靖路一带，仍为蒙古梁王所盘踞；滇西洱海地区，为白蛮段氏所割据；其余地区则是四分五裂，为各土著民族上层集团所控制。因屡次政治招降云南梁王未果，朱元璋不得不采取军事进攻手段。公元 1381 年 12 月，傅友德、蓝玉、沐英奉命率 30 万大军，取道辰（今湖南沅陵）、沅（今湖南芷江），攻克普安，夺取曲靖。公元 1382 年正月，明军抵昆明东郊金马山，梁王把匝剌瓦尔密率亲众出逃晋宁，投滇池自杀。明军乘胜，兵分两路：一路南下临安，临安的罗罗、窝泥等土官遂即归附；另一路西向大理。傅友德先驻军威楚，谕令招降大理段氏，段氏不从，欲继唐宋时的地方割据局面，傅友德遂提兵西进，攻下大理。明军乘势"取鹤庆，略丽江，收三营寨，破五门关，又略金齿（今保山）等处，又略建昌。

故元平章月鲁贴木儿降"①，云南内地得以初步平定。

建构、维护多民族"大一统"国家是历代杰出的帝王、政治家穷极一生追求的政治理想。明朝建立者朱元璋丰富了"大一统"国家观念，赋予了"中国"概念新的、更为广泛的含义。"中国"一词最早见于西周初年，春秋以前，天子所居的"国"（京师）被称为"中国"，"中国"即"国中"；后来，地理上居于中心区域的国泛称为"中国"，其实就是中原；随着统一国家的形成、疆域的扩大，以及经济文化的发展，"中国"观也在不断变化、扩大。在传统王朝体统中，一般而言，中原王朝的主要统治区才可称为中国，边远地区和统治范围之外是戎、狄、蛮、夷之地，就不是中国了。②朱元璋以"中国"指称统一王朝国家，改变了传统王朝"夷夏"观，打破了"夷狄"不能入主中华的正统王朝观，承认元朝统治的合法性和正统性。③在明王朝的国家认识里，"中国"是涵盖我国历代王朝疆域范围内各民族的国家名称，疆域内的少数民族地区是"中国封疆"不可分割的部分，明朝疆域内的戎狄蛮夷不再称"四夷"，明朝的"四夷"所指乃域外蕃属诸国，传统的"中国"含义在明朝的表述变为"华夏"。④对国家和国家疆域的基本认识是明朝处理边疆和边疆民族问题的重要指导思想。在明王朝博大、丰富的"中国"观下，明王朝在云南的边疆民族治理实践必然会产生历史性的重大变化。

明军平定云南，朱元璋在回顾历朝历代民族反叛的重要历史事件后，得出边疆稳定的关键是"非惟制其不叛，重在使其无叛耳"⑤。"使其无叛"，无西南之忧，从而得以边疆无患、疆域统一、版图完整、国家认同稳固，是明王朝施行云南统治的基本政治目标。可以说，明封建中央王朝对多民族边陲云南的一系列文治武功皆出于此目的。

（一）三司的设置与土司制度的健全

明朝在元朝的基础上对地方政权机构进行了调整，改元朝的行中书省

---

① （清）倪蜕撰：《滇云历年传》卷6，李埏校点，云南大学出版社1992年版，第252页。

② 葛剑雄：《中国历史疆域的变迁》，商务印书馆1997年版，第2—3页。

③ 栾凡：《明朝治理边疆的时代特征》，《学习与探索》2006年3期。

④ 陆韧：《明朝的国家疆域观及其明初在西南边疆的实践》，《云南师范大学学报》（哲学社会科学版）2010年第5期。

⑤ （明）《明实录·明太祖实录》卷142，"台湾中央研究院历史语言研究所"校印本，1962年版，第2237页。

为三司,设置承宣布政使司、提刑按察使司、都指挥使司,分别行行政、司法、军政之职,避免了地方权力的过分集中。后来,在三司之上,设巡抚,代表中央驻地方行使集权统治,以防止尾大不掉。云南三司和巡抚的设置,与全国各省一样,说明了边疆省份云南与内地各省在政治上的统一性,反映出明王朝对云南进行封建中央集权统治的进一步加强。

在设置三司的同时,明王朝仍沿袭元朝的土司制度。西汉的羁縻政策,在元代演变为土司制度,而到明代,土司制度得到进一步完善与健全,形成为一套较为完整的民族区域地方政治制度。有明一代,在云南共设立土司 332 家,数量庞大,可见明朝对云南统治的更加深入。①《明史》卷 310《土司列传》曰:"西南诸蛮,有虞氏之苗,商之鬼方,西汉之夜郎、靡莫、邛、莋、僰、爨之属皆是也。自巴、夔以东及湖、湘、岭嶠,盘踞数千里,种类殊别。历代以来,自相君长。原其为王朝役使,……沿及汉武,置都尉县属,仍令自保,此即土官、土吏之所始欤。迨有明踵元故事,大为恢拓,分别司郡州县,额以赋役,听我驱调,而法始备矣。然其道在于羁縻。彼大姓相擅,世积威约,而必假我爵禄,宠之名号,乃易为统摄,故奔走惟命。……其要在于抚绥得人,恩威兼济,则得其死力而不足为患。"② 从此条史料可见明代土司制度的缘由、目的和基本点。云南地处边陲,民族繁杂,社会经济文化发展的地域差异、民族差异普遍存在,不可能采取和内地汉族省份一模一样的行政统治模式。同时,各土著少数民族上层牢牢掌控着对该民族的统治权力。在当时而言,明封建中央王朝不仅无法改变少数民族内部的生产方式,也无力剥夺地方民族上层的统治势力。为既能够达到对地方民族的统治目的,又能够避免以此引起的民族矛盾,上策当为任用少数民族上层集团为土官,假其之力行使国家统治权,经济上"额以赋役""修职贡",政治上"听我驱调""谨守疆土",获得土著少数民族的国家认同,从而消除边疆忧患,达到政治上的国家统一之目的。而各少数民族上层统治者与封建中央王朝统治阶级之间存在的对广大少数民族群体进行统治剥削的共同利益,以及少数民族上层可以借助外来大民族统治阶级力量增强自身权力的好处,促使土著少数民族上层集团愿意效力于封建中央王朝。通过土司制度的推行,确实达到了

---

① 杨林兴:《云南民族关系的历史形成与现实发展》,博士学位论文,云南大学,2015 年,第 116 页。

② (清)张廷玉等:《明史》卷 310《土司列传》,中华书局 1974 年版,第 7981 页。

封建中央统治者维护边境稳定、疆域统一的目的。

(二) 大规模移民垦殖

明朝效仿汉、晋的移民垦殖政策，在云南推行大规模的移民垦殖。明朝在云南的移民垦殖主要通过军屯、民屯、商屯3种形式。

明朝普遍推行卫所屯田制度。为了军屯的巩固和发展，实行世籍军户制，卫所军士及其子孙均世代为军人，在驻地屯田戍守，安家落户，不得辄改，不可随意流动。明朝规定"军士应起解者，皆金妻"①。军士在原籍没有妻室者，完娶以后再从征调；如已有妻室，则要将妻室送往丈夫屯戍之地。明洪武十五年（1382年）三月，朱元璋令傅友德、蓝玉班师回朝，留沐英戍守云南，"留江西、浙江、湖广、河南四都司兵守之，控制要害"②，明洪武十七年（1384年），朱元璋命令将留戍云南军人的家属，悉数送到云南。进入云南的军队及家属成为落籍的军屯户，分布于境内各卫所屯田区域。明正德《云南志》卷2曰："云南屯田，最为要重。盖云南之民，多夷少汉，云南之地，多山少田，云南之兵，食无所仰，不耕而待哺，则输之者必怨，弃地以资人，则得之者益强，此前代之所以不能义安此土也。今诸卫错布于州县，千屯卫列于原野，收入富饶，既足以纾齐民之供应，营垒连络，又足以防盗贼之出没。此云南屯田之制，所以其利最善，而视内地相倍蓰也。"③ 云南军屯的作用，从此条史料足以见之。军屯不仅使戍军能够自给自足，减少朝廷的财政支出，而且减轻了云南各族人民的负担，有利于社会稳定。汉族军屯户落籍云南，促进了汉族与土著少数民族的联系、交往与融合，有助于土著少数民族国家认同意识的形成，有助于抑制少数民族上层分子之间因相互兼并而造成分裂割据局面。

明王朝在云南大力发展民屯，不断向云南移民。洪武十七年（1384年），"移中土大姓以实云南"④。洪武二十年（1387年），"诏湖广常德、辰州二府，民三丁以上者出一丁，往屯云南"⑤。"（沐）春镇滇七年

---

① （清）张廷玉等：《明史》卷92《兵志四》，中华书局1974年版，第2258页。
② （明）《明实录·明太祖实录》卷143，"台湾中央研究院历史语言研究所"校印本，1962年。
③ （明）周季凤：正德《云南志》卷2，明嘉靖三十二年（1553年）刻本。
④ （明）诸葛元声撰：《滇史》，刘亚朝校点，德宏民族出版社1994年版，第285页。
⑤ （明）《明实录·明太祖实录》卷186，"台湾中央研究院历史语言研究所"校印本，1962年版，第2788页。

（1392—1398年），六修屯政，再移南京人民三十余万。"① "髙皇帝既定滇中，尽徙江左良家闾右以实之，及有罪窜戍者，咸尽室以行。"② "时各府设卫所，然屯伍空虚，上欲实之，故巨族富民一有过犯即按法遣戍云南。"③ "国朝以迁谪流徙入滇者，不可胜数。"④ 大量内地汉族进入云南垦殖，改变了云南的民族格局。

明朝也曾在云南实行开中之法，开展商屯。明军平定云南之时，即开展"盐商中纳"。在很多地方停止开中的情况下，云南依然实行开中。盐商招募内地汉族赴云南屯田，从而使部分汉族以商屯形式进入云南。

明朝通过军屯、民屯、商屯方式，在云南大力发展移民垦殖，一方面促进了云南社会生产的发展，推动云南经济实现跨越式发展；另一方面促使民族融合加强，民族关系改善，实现了政治上的边疆稳固和国家统一；同时，移民垦殖活动实质性地改变了历史上的云南民族结构，自明代起，进入云南的汉族"夷化"的历史惯常现象彻底逆转为"以夏变夷"的总体发展方向，汉族开始在人口总数上超过云南任何一个土著民族，云南土著民族成为真正意义上的少数民族，汉族成为云南的主体民族。

（三）大力兴办教育，传播汉文化

武功定天下，文教化边人，建立统一多民族国家，不仅是靠武力取得国家疆域的一统，更需要推广文教获得各民族心理上的国家认同。明朝廷在云南大力推广儒学，兴办教育，建立学校，文化教育事业和汉文化传播得到前所未有的发展，推动了儒家文化、儒家价值观在云南民族地区的宣传和影响。

元时，相对于之前历史朝代而言，云南靠内地区各民族接受汉族文化的情况更为广泛，但汉族文化的传播和影响力依然十分有限。明军平定云南之初，洪武十五年（1382年），在朱元璋下发的榜文中要求"府、州、县学校，宜加兴举，本处有司，选保民间儒士堪为师范者，举充学官，教

---

① （民国）吕志伊、李根源：《滇粹·云南世守黔宁王沐英传附后嗣十四世事略》，载徐丽华主编《中国少数民族古籍集成》（汉文版）第87册，四川民族出版社2002年版，第395页。

② （明）谢肇淛撰：《滇略》卷4，载"中国西南文献丛书"第三辑（86）《西南史地文献》（第十一卷），兰州大学出版社2004年版，第90页。

③ （明）诸葛元声撰：《滇史》，刘亚朝校点，德宏民族出版社1994年版，第285页。

④ （明）谢肇淛撰：《滇略》，载方国瑜主编《云南史料丛刊》第6卷，云南大学出版社2000年版，第725页。

养子弟,使知礼仪,以美风俗"①。明廷相继在靠内地区的府、州、县设立学校,建立专门的学校教育管理机构体系,配备师资,专司各地学校教育。明弘治十七年(1504年),朝廷要求"各府、州、县建立社学,选择明师,民间幼童十五以下者送入读书,讲习冠、婚、丧、祭之礼"②。云南靠内地区也建立起社学,一些地区发展普及。如明万历元年(1573年),昆明城内外的社学达27所之多。③ 到明代中期,云南靠内地区的城镇地带,汉文化已较为发达,社会氛围近似中原内地。如临安府治建水,由于汉文化发达而被视为"小南京"。进入各级学校学习者,并不仅仅是汉族子弟,还有少数民族子弟。洪武二十八年(1395年),明太祖晓谕礼部:"云南、四川边夷土官,皆设儒学,选其子孙弟侄之俊秀者以教之,使之知君臣父子之义而无悖礼争斗之事,亦安边之道也。"④ 明代教育体系健全,府学、州学、县学、卫学、土司学等各级各类办学形式构成了明代云南的学校教育体系。明宣德年间,朝廷规定了学生定额,在京府学为60人,在外府学为40人,州学为30人,县学为20人;明成化年间,朝廷规定,4卫以上军生80人,3卫以上军生60人,2卫、1卫军生40人,有司儒学军生20人,土官子弟进入附近儒学,无定额。⑤ 据研究统计,明代云南共有府学14个,州学28个,县学30个,卫学众多。⑥

二 明代云南社会状况与民族结构的变化

通过明王朝在政治、经济、文化各个领域的锐意经营,明代的云南社会发生了显著变化,民族结构出现历史性转折。明代的云南社会与云南各少数民族,不仅是在外在表现上,而且在思想意识上,皆已较之前历史时期更加趋向于统一的多民族国家。

---

① (明)张紞:《云南机务钞黄》,载李春龙主编主点、刘景毛副主编主点《正续云南备征志精选点校》,云南民族出版社2000年版,第190—191页。

② (清)张廷玉等:《明史》卷69《选举志一》,中华书局1974年版,第1690页。

③ (明)李元阳:万历《云南通志》卷8《学校志·云南府·社学》,载"中国西南文献丛书"第一辑(21)《西南稀见方志文献》(第二十一卷),兰州大学出版社2004年版,第185页。

④ (明)《明实录·明太祖实录》卷239,"台湾中央研究院历史语言研究所"校印本,1962年版,第3476页。

⑤ (清)张廷玉等:《明史》卷69《选举志一》,中华书局1974年版,第1688页。

⑥ 王瑞平:《明清时期云南的人口迁移与儒学在云南的传播》,博士学位论文,中央民族大学,2004年版,第53页。

三司的设置和土司制度的健全，既达到了云南与内地省份政治上的一体化，在自秦汉以来历代封建中央王朝对极边之地云南少数民族地区设治经营的基础上，实现了王朝国家中央集权统治势力向更为纵深化的拓展，又尊重了云南地处边疆、民族复杂、生产力滞后等实际情况，巩固了边疆稳定，保证了国家统一。

大规模的屯田垦殖活动，使农业生产得以迅速提高，实现了以汉族居住地区为主导的云南全省经济的繁荣。军屯、民屯、商屯活动，不仅带来垦田面积和粮食产量的巨大增长，而且促进了农田水利设施的修建、牛耕技术的进一步推广、农作物种类的增多。明洪武二十一年（1388年），云南都指挥使司下辖各卫所屯田面积为434036亩；[1] 到120多年后的明正德五年（1510年），都司屯田数量增加到1276630亩，[2] 为洪武年间的3倍。明朝初年，沐英发动昆明地区屯户疏浚滇池，解决滇池水患；沐英之子沐春镇滇7年，大力推行屯政，组织人力新开垦农田30多万亩，疏浚宜良铁池河，使数万亩已干涸的农田得到灌溉，从而帮助5000多户农民重新得以有田耕种。[3] 明万历四十六年（1618年）前后，云南三司大规模修复松华坝。[4] 在新兴州（今玉溪），用以灌溉的坝塘达54个，各坝塘的分渠密密麻麻如同血管纵横交错于新兴州坝子之中。[5] 元代，除部分白族先民外，云南的其他民族尚未使用牛耕或牛耕技术较低。明洪武二十年（1387年），朝廷从四川购入耕牛万头，发给云南的军屯户耕地[6]，民屯户"江湖之民"也"云集而耕于滇"，即"夷人亦渐习牛耕"。明代，农耕技术推广到少数民族之中。内地省份拥有的农作物品种，云南靠内的各府、州、县也在种植；云南过去就在种植的农作物品种，在明代得以不断改良。同时，农业生产的发展，带动了手工业、副业、矿产开发和冶炼

---

[1]（明）《明实录·明太祖实录》卷194，"台湾中央研究院历史语言研究所"校印本，1962年版，第2909页。

[2]（明）周季凤：正德《云南志》卷1，明嘉靖三十二年（1553年）刻本。

[3]（清）张廷玉等：《明史》卷126《列传第十四·沐英》，中华书局1974年版，第3759—3760页。

[4]（清）张毓碧修、谢俨等纂：康熙《云南府志·艺文志》，载《中国地方志集成·云南府县志辑》（1），凤凰出版社第407页。

[5]（清）李丕垣、李应绶纂修：道光《澄江府志》卷6《堤闸 堰塘》，载梁耀武点校、梁耀武主编《府志两种》，云南人民出版社1995年版，第148—150页。

[6] 尤中：《云南民族史》，云南大学出版社1994年版，第362页。

业、商业的发展。纺织技术得以推广，纺织品种类逐渐增多。内地的制瓷手工业技术在明代传入云南，并开始出现"窑课"，说明当时的瓷器生产已具备一定规模。官府对鱼、蜂蜜、皮毛、果园等农副产品征收课税，可见副业生产已有较大地发展。明代，云南矿产的开发，尤其是银矿的开采，在全国都是相当突出的。弘治十三年（1500年），云南较大的银矿场达9处。明廷派遣开采太监到云南，专司矿课的征收。明代，城镇和居民点越来越多，大量汉族人口集中居住于城镇，阡陌纵横的驿道连接起各个城市之间的交通往来，商品交换频繁，市集、街子纷纷兴起。靠内地区经济的繁荣影响到边疆地区，推动了边疆地区交通道路、贸易的发达。汉族商人将内地的商品运到边疆地区，甚至在边疆地区定居，专门从事商业活动。边疆商业交换的频繁，促进了边疆地区集镇的形成和城市的繁荣。

朝廷的文化教育政策，大规模汉族移民的融入，少数民族与汉族更为频繁的交往与融合，社会经济的进一步繁荣等多方因素，促使汉族文化在云南得以更为广阔地传播。"华夷错居，习俗各异"，元末明初，汉族与云南土著少数民族之间的文化差异还是非常显著的，但到了明代中期，云南少数民族接受汉族文化的情况已有较大改变，至明代后期，在少数民族与汉族杂居的靠内地区的城镇，汉文化发展程度很高，已经十分接近于内地各省。"衣冠礼法，言语习尚，大率类建业。二百年来，熏陶渐染，彬彬文献，与中州埒矣！……人文日益兴起，其他夷、夏杂糅，然亦蒸蒸向化，醇朴易治，庶几所谓，一变至道者矣。"[①]

大量汉族移民以军屯、民屯、商屯等多种形式不断融入云南，致使云南的民族结构发生根本性改变。明代云南的总人口，极盛时估计为350万人以上，进入云南的移民，大致占总人口的1/4，即100万人左右。[②] 汉族人口越来越多，逐渐超过了云南境内的其他任何一个民族的人口数量，汉族成为云南的主体民族，云南的土著民族真正成为少数民族。同时，历史上进入云南的汉族往往被"夷化"的现象在明代出现全面逆转。虽然难免存在进入少数民族聚居区的少部分汉族被"夷化"的情况，但云南民族融合的总体方向转变为"以夏变夷"，汉族不仅在政治上、经济上、文化上起着主体民族的作用，而且在民族关系上发挥出主体民族的影响

[①] （明）谢肇淛撰：《滇略》卷4，载"中国西南文献丛书"第三辑（86）《西南史地文献》（第十一卷），兰州大学出版社2004年版，第90页。

[②] 古永继：《元明清时期云南的外地移民》，《民族研究》2003年第2期。

力。"汉族移民广泛分布屯田,打破了云南当地民族原已存在的相当固定的民族地域,分割了世居当地民族的聚居地,在云南大多数地区普遍形成了汉夷杂居、汉夷共居,奠定了云南近代汉族与少数民族杂居而形成的各民族大杂居、小聚居的分布格局,促进了民族融合。"[1]

第二节 明王朝对"窝泥"的统治

一 明代"窝泥"的分布及其社会状况

明代,史籍中对哈尼族先民称谓的记录新增"窝泥""倭泥""倭尼""阿泥""俄泥"。其中,"窝泥""倭泥""倭尼"显然是对之前历史文献所记"斡泥""斡尼"的同音异写,"阿泥""俄泥"为"和泥"的音转。较之前朝,明代史料对哈尼族先民的记录更加丰富。

(一)临安府的"窝泥""和泥"及其社会状况

明代,临安府的窝泥大量分布于临安府南部靠近边境地区,即今天的红河、元阳、金平、绿春等县;同时,今天的文山州大部分地区在明代属于临安府,也是窝泥的聚居区之一;此外,临安府北部靠内州、县也仍然有窝泥。

明天启《滇志》卷30《羁縻制·种人》曰:"窝泥,或曰斡泥。男环耳跣足。妇花布衫,以红白绵绳辫发数绺,续海贝杂珠,盘旋为螺髻,穿青黄珠,垂胸为络;裳无襞积,红黑纱缕相间,杂饰其左右;既适人,则以藤束膝下为识。娶妇数年无子,则出之。丧无棺,吊者击锣鼓摇铃,头插鸡尾跳舞,名曰'洗鬼',忽泣忽饮,三日,采松为架,焚而葬其骨。祭用牛羊,挥扇环歌,拊掌踏足,以钲鼓、芦笙为乐。食无箸,以手抟饭。勤生啬用,积贝……临安郡属县及左能寨、思陀、溪处、落恐诸长官司,景东、越州,皆有之。石平嘉县又曰和泥,男子剪发齐眉,衣不掩胫。饮酒,以一人吹芦笙为首,男女连手周旋,跳舞为乐。死,以雌雄鸡各一殉葬。阿迷州称阿泥,邓川州称俄泥。"[2]

---

[1] 陆韧:《变迁与交融——明代云南汉族移民研究》,博士学位论文,云南大学,1999年,第3页。

[2] (明)刘文征撰:《滇志》卷30《羁縻志·种人》,古永继校点,云南教育出版社1991年版,第999页。

又，明天启《滇志》卷 30《羁縻志·土司官氏·临安府》说：

"溪处甸长官司土官束充，和泥人。洪武中归附，授副长官。……部夷僰夷、窝泥二种。

"教化三部长官司土官莽乍，和泥人。洪武中授副长官。……部夷曰马喇，曰沙人，曰猓，曰侬人，曰野蒲，曰喇记。

"思陀甸长官司土官遮比，和泥种。洪武中授副长官。……部夷皆窝泥种。

"左能寨长官司土官猎豆，沿至龙胜安死，子龙上登袭。……部夷惟窝泥一种。

"落恐甸长官司土官他有，和泥人。洪武中授副长官。……部夷惟窝泥一种。

"纳更山巡检司土官龙政，和泥人。"①

关于临安府窝泥聚居区社会状况，《滇志》又云："诸甸皆藏匿山林，群聚杂处，喜人怒兽，一言不合，则机弩引弓相向，死则以财物偿之，非德化所能怀柔。各长官俱本土罗罗、和泥人，原无姓名，各从族汇本语定名，或随世递承其父名之末字，更接一字相呼。弘治初，知府陈晟以百家姓首二句，司分一姓，加于各名之上，惟纳楼未受。其地在郡西南，远者不下二百里，近者百里。沐西平人安南，盖取道于此。今莲花滩之外即交夷，而临安南面之虞者，诸甸为之蔽也。惟是流官惮瘴，久不履其地，诸酋不袭而自冠带，且始相犄角，而渐相倾危，遂日寻干戈。数十年来，广南沙、侬以征戍窃据其地，窝泥弱而无谋，为所并吞，官兵讨之，不得志，各长官寄食如栖苴耳。"②

临安府红河以南的哈尼族先民"窝泥""和泥"处于土官统治之下。明初在红河南岸窝泥聚居区设置溪处、思陀、左能、落恐、纳更（均位于今红河县境内）等长官司，土官全为和泥（窝泥），所领居民，基本为窝泥或绝大多数是窝泥。纳楼茶甸长官司辖境跨越红河南北两岸，土官为罗罗，但部民以窝泥为多。在红河以东，设教化三部（位于今文山县）长官司，土官为和泥（窝泥），部民中窝泥居多。

---

① （明）刘文征撰：《滇志》卷 30《羁縻志·土司官氏·临安府》，古永继校点，云南教育出版社 1991 年版，第 976—977 页。

② （明）刘文征撰：《滇志》卷 30《羁縻志·土司官氏·临安府》，古永继校点，云南教育出版社 1991 年版，第 977 页。

明代，和当时与其杂居的彝族先民罗罗一样，这些长官司管辖区域范围内的哈尼族先民窝泥中仍然盛行父子连名制。随着明朝的统治势力逐渐向红河以南深入，窝泥的经济文化日渐受汉族影响，有的窝泥土司开始采用赵、钱、孙、李等姓氏，但也依然保留父子连名制。边境窝泥地区，朝廷难于管控，流官因惧怕瘴气而不赴任，各土官自封名号，土官之间火拼频繁，自相残杀削弱了窝泥的力量。由于广南沙人、侬人迁入，一些窝泥居住地被侵占，窝泥被挤走。同时，明代的实权大姓黔国公沐氏家族将哀牢山下段东麓及与其相连的红河以北共四百余里的土地（位于今红河南部至越南莱州省北部一带）加以圈占，在史书中以"十五猛沐氏勋庄"称之，主要任用窝泥的土司、头人进行管理，把"沐氏勋庄"生产的东西，贡纳一部分给沐氏家族，从而在一定程度上加速了窝泥的发展进程。

在临安府所辖的嶍峨县（今峨山）、阿迷州（今开远）、新化州（今新平县新化）等临安府北部靠内地的州、县，也有窝泥分布。明天启《滇志》卷30曰："嶍峨县土官普净，郡志作禄侑。国初归附，授县丞。……辖部猡猡、窝泥二种。"[①] "窝泥……（在）阿迷州称阿泥。"[②] 临安府靠内地区的窝泥，其社会情况与靠近边境地区的窝泥差异很大。这些地区的窝泥与汉、罗罗等族杂处，窝泥内部已没有本民族的土司，窝泥与汉、罗罗等其他民族一样，共同由流官治理，受到汉文化的影响。

（二）元江军民府的"和泥""倭泥"及其社会状况

明代，元江军民府所辖地域与元代元江路所辖范围大致相同，部民仍多为哈尼族先民和泥。

《明史》卷314《云南土司列传二·元江》曰："元江，古西南夷极边境，曰惠笼甸，又名因远部。南诏蒙氏以属银生节度，徙白蛮苏、张、周、段等十姓戍之。又开威远等处，置威远睑。后和泥侵据其地。宋时，侬智高之党窜居于此，和泥又开罗槃甸居之，后为么些、徒蛮、阿僰诸部所据。元时内附。至元中，置元江万户府。后于威远更置元江路，领罗

[①]（明）刘文征撰：《滇志》卷30《羁縻志·土司官氏·临安府》，古永继校点，云南教育出版社1991年版，第976页。

[②]（明）刘文征撰：《滇志》卷30《羁縻志·种人》，古永继校点，云南教育出版社1991年版，第999页。

槃、马笼等十二部，属临安、广西、元江等处宣慰司。"①

又，明代设钮兀御夷长官司，辖地在今元江、墨江、江城交界地带，土官为和泥，主体居民亦为和泥。《明史》卷 315《云南土司列传三·钮兀》曰："钮兀长官司，宣德八年（1433 年）置。钮兀、五隆诸寨在和泥之地，其酋任者、陀比等朝贡至京，奏地远蛮多，请授职以总其众。兵部请设长官司，从之。遂以任者为长官，陀比为副。"②

明景泰《云南图经志书》卷 6《外夷衙门·钮兀长官司》记载："钮兀长官司。蛮名也兀。自古不通中国，今宣德七年始归附，开设钮兀长官司。其地距云南布政司一十六程。东至元江，南至车里，西至威远，北至思陀。其民皆倭泥，类蒲蛮，男子绾髻于顶，白布裹头，妇人盘头露顶，以花布为套头衣，黑布桶裙，见人无拜礼。"③

明代，从今元江经墨江到江城一带的哈尼族先民和泥处于本民族土司统治之下，本民族文化生活特征仍然浓重。和泥上层贵族已开始主动与王朝国家封建中央政权联络，请求委任官职。说明经过历史时期的磨合，和泥社会已从元初屡屡反抗、强烈排斥外来大民族国家政权统治的形势，逐渐转为认同、接纳，且上层贵族有了借助外来力量壮大自身统治势力的意识。

（三）景东府、镇沅府的"窝泥"及其社会状况

自南诏、大理国以来，和泥与扑子蛮、金齿百夷共同居住于今景东、镇沅一带。明时，此地的窝泥仍然不少。

明天启《滇志》曰："窝泥，或曰斡泥……临安郡属县及左能寨、思陀、溪处、落恐诸长官司，景东、越州，皆有之。"④《明史》卷 313《云南土司列传一·镇沅》曰："镇沅，古濮、洛杂蛮所居，《元史》谓是和泥、昔朴二蛮也。唐南诏蒙氏银生府地。其后，金齿僰蛮据之。元

---

① （清）张廷玉等：《明史》卷 314《云南土司列传二·元江》，中华书局 1974 年版，第 8100 页。

② （清）张廷玉等：《明史》卷 315《云南土司列传三·钮兀》，中华书局 1974 年版，第 8143 页。

③ （明）陈文修：景泰《云南图经志书校注》卷 6《外夷衙门·钮兀长官司》，李春龙、刘景毛校注，云南民族出版社 2002 年版，第 349 页。

④ （明）刘文征撰：《滇志》卷 30《羁縻志·种人》，古永继校点，云南教育出版社 1991 年版，第 999 页。

时为威远蛮棚府①，属元江路总管。"② 明天启《滇志》卷2《地理志·沿革郡县名》"镇沅府"条目曰："古西南极边地，濮、洛杂蛮所居。唐蒙氏为银生府之地。其后金齿僰夷侵夺之，宋段氏莫能服。元初内附，立威远州，属威楚路。后置案板寨，属元江路。本朝洪武三十三年，改置镇沅州。永乐四年，升为府，领长官司一。禄谷寨长官司，本朝永乐十年设。"③

明代，景东、镇沅一带的窝泥与金齿百夷、罗罗、朴等民族杂居共处，受金齿百夷土官的统治。

(四) 楚雄府的"和泥"及其社会状况

明代，在楚雄府南安州（今双柏）广通县（今楚雄州禄丰市广通镇）、石琴嘉境内，有和泥分布。

《明宣宗实录》卷106曰："宣德八年（1433年）九月……乙巳，升云南南安州琅井（在今广通镇西北）土官巡检李保为本州判官。先是，南安州乡老言：本州俱是罗舞、和泥乌蛮杂类④，禀性顽傲，因无土官管束，多致流移。"⑤ 明景泰《云南图经志书》卷4《楚雄府·南安州·风俗》曰："男服女事。州之西南有和泥蛮者，男子剪发齐眉，头戴笋箨笠，跣足，以布为行缠，衣不掩胫，而凡妇女服饰，皆其所办。妇人头缠布，或黑或白，长五尺，以红毡索约一尺馀续之，而缀海贝巴或青绿药玉珠于其末，又以索缀青黄药玉珠垂于胸前，以为饰。衣桶裙，无襞积。女子则以红、黑纱缕相间为布，缀于裙之左右，既适人，则以藤丝圈束于膝

---

① 威远蛮棚府，"棚"，《明史》卷313《云南土司列传一·镇沅》与卷314《云南土司列传二·威远》所载同，皆为"棚"，《明实录·明太祖实录》卷143亦载洪武十五年闰二月丙戌"改云南威远蛮棚府为威远州"，而《明史》卷46《地理志七·云南》及清光绪年间刘慰三撰《滇南志略》卷3《普洱府》则作"栅"。当以前者为是。

② （清）张廷玉等：《明史》卷313《云南土司列传一·镇沅》，中华书局1974年版，第8077页。

③ （明）刘文征撰：《滇志》卷2《地理志·沿革郡县名》，古永继校点，云南教育出版社1991年版，第62页。

④ 由此可见，在明代，和泥仍被视为乌蛮杂类，反映出历史上乌蛮与和泥的亲缘、源流关系。

⑤ （明）《明实录·明宣宗实录》卷106，"台湾中央研究院历史语言研究所"校印本，1962年版，第2366页。

下以为记,然不谙女工,惟打鼠捕雀以供其夫焉。"① 明天启《滇志》卷30《羁縻志·种人》曰:"石甼嘉县又曰和泥。"②

明代,楚雄府的"和泥"与"罗舞"等乌蛮杂居生活,本民族文化生活特征浓厚,且尚有原始氏族、部落痕迹的遗存。

(五)车里军民宣慰使司的"倭泥"及其社会状况

哈尼族先民进入西双版纳的时间可以追溯到更早的历史年代。公元10世纪初,哈尼族支系僾尼人的"者威"(吉维)、"者庄"(吉坐)支已居住在勐巴拉纳西(今景洪)。③ 明代,史料中明确记载车里(今西双版纳)为倭泥居住地区,且倭泥已经是此区域的主要民族之一。《明史》卷315《云南土司列传三·车里》曰:"车里,即古产里,为倭泥、貊党诸蛮杂居之地,古不通中国。元世祖命将兀良吉觲④伐交趾,经所部,降之,置撒里路军民总管府,领六甸,后又置耿冻路耿当、孟弄二州。"⑤《大明一统志》卷87《云南布政司·车里军民宣慰使司·建置沿革》曰:"蛮名车里,倭泥、貊党、蒲剌、黑角诸蛮杂居……。"⑥

明代,车里军民宣慰使司的倭泥已有较多人口,受金齿百夷土司的统治,但仍保留有本民族文化生活特征。

(六)其他地区的"窝泥"及其社会状况

在明代,根据史料记载,云南府、曲靖府、大理府等靠内地区,亦皆有窝泥分布。

明洪武时被贬谪云南马龙他郎甸的程本立,至晋宁州,"过峤甸,见禾泥蛮数家,有叟携酒过水,见土酋,饮道旁,仆从皆饮,酒尽乃行,有作云:山断村才见,溪回路欲迷。贩茶非土僚,劝酒是禾泥。碧树排空

---

① (明)陈文修:景泰《云南图经志书校注》卷4《楚雄府·南安州·风俗》,李春龙、刘景毛校注,云南民族出版社2002年版,第218页。

② (明)刘文征撰:《滇志》卷30《羁縻志·种人》,古永继校点,云南教育出版社1991年版,第999页。

③ 杨忠明著:《西双版纳哈尼族简史》,云南民族出版社2010年版,第17页。

④ 《明史》此处书写可能有误,根据《元史》,"兀良吉觲"应为"兀良合台"。

⑤ (清)张廷玉等:《明史》卷315《云南土司列传三·车里》,中华书局1974年版,第8156页。

⑥ (明)李贤等:《大明一统志》卷87《云南布政司·车里军民宣慰使司·建置沿革》,三秦出版社1990年版,第1343页。

直，青秧插水齐。欲忘乡土念，多是子规啼"①。明天启《滇志》卷2"山川"条目"云南府"下曰："阿泥井，在城北二十里江头村，环村而居者取汲焉。"② 早在明景泰《云南图经志书》中，就有阿泥井的记载，阿泥井时为云南府四井之一。③ 说明在昆明北郊江头村（可能为今昆明北市区岗头村），明代曾有哈尼族先民阿泥居住，井因人而得名。《滇志》卷30《羁縻志·种人》"窝泥"条目记载："或曰斡泥……临安郡属县及左能寨、思陀、溪处、落恐诸长官司，景东、越州（曲靖越州）皆有之。……阿迷州称阿泥，邓川州称俄泥。"④

上述靠内地区的窝泥，政治上从属于他族，或受流官管辖，成为编民，或受他族土官统治。

同时，哈尼族先民历史上的北部分布区即今川西南一带，元末明初仍有哈尼族先民阿泥居住于此。在清《古今图书集成·职方典4》卷641的建昌五部疆域图上，今四川金阳县名为"阿泥"。在明景泰《云南图经志书》中，今四川安宁河被写作"阿泥河"。"安宁"即"阿泥"的音变。地名、河名皆因阿泥人曾居住于此地而得名。

综上，从史料记载来看，明代，哈尼族先民分布区域虽与前朝大致相同，但出现了新的变化：一是分布地域呈现出往更南地域蔓延和集中的趋势，除原有的临安府、元江军民府、景东府、镇沅府、楚雄府等地区外，处于云南最南端的车里军民宣慰使司也成为哈尼族先民的重要聚居区。说明在元明时，和泥仍然沿着哀牢山、无量山由北向南的走势源源不断地逐渐向下迁移。二是哈尼族先民北部分布区之一的乌蒙山区和泥不再见于明代史料记载，盖因和泥已于元时迁离此地，未离开者因人口数量相对太小及文化上与当地罗罗十分相似，而未被史家发现或被史家混淆，并渐渐融合入罗罗等族之中。三是在哈尼族先民的历史北部分

---

① （民国）袁嘉穀：《滇绎》下编卷3《程本立》，载李春龙主编主点、刘景毛副主编主点《正续云南备征志精选点校》，云南民族出版社2000年版，第712页。

② （明）刘文征撰：《滇志》卷2《地理志·山川·云南府》，古永继校点，云南教育出版社1991年版，第74页。

③ （明）陈文修：景泰《云南图经志书校注》卷1《云南布政司·云南府·井泉》，李春龙、刘景毛校注，云南民族出版社2002年版，第12页。

④ （明）刘文征撰：《滇志》卷30《羁縻志·种人》，古永继校点，云南教育出版社1991年版，第999页。

布区金沙江流域、乌蒙山区，到哈尼族先民南部聚居区六诏山、哀牢山之间的中间过渡地带，如云南府、曲靖府、大理府等地，史料记载中出现了哈尼族先民的零星分布，由此可见哈尼族先民历史上从北往南迁徙的痕迹。

二 明王朝对"窝泥"的统治

明王朝为了在云南贯彻国家统治力量，实施了一系列行政、军事、经济、文化政策，这在上文中已进行梳理和总结。明王朝的上述国家行为在哈尼族先民窝泥地区同样得到较为全方面的体现，现结合明代窝泥地区较为突出的事例，对明王朝在窝泥地区的统治情况做具体分析。

（一）设置土官

明代，在窝泥集中分布区六诏山、哀牢山，朝廷设置土官进行统治。

临安府的长官司，《明史·云南土司列传一》记载："临安领州四，县四。其长官司有九，曰纳楼茶甸，曰教化三部，曰溪处甸，曰左能寨，曰王弄山，曰亏容甸，曰思陀甸，曰落恐甸，曰安南，其地皆在郡东南。"[1]

关于临安府各长官司的情况，《明史·地理志七》做了阐述。

纳楼茶甸长官司："本纳楼千户所，洪武十五年置，属和泥府。十七年四月改置。北有羚羊洞，产银矿。又有禄丰江，即礼社江下流。又东有倘甸。"[2]

教化三部长官司："元强现三部，洪武中改置。西南有鲁部河，源出礼社江，下流合蒙自县梨花江。"[3]

王弄山长官司："元王弄山大小二部，洪武中改置。"[4]

亏容甸长官司："元铁容甸，属元江路。洪武中改置，来属。西有亏

---

[1]（清）张廷玉等：《明史》卷313《云南土司列传一·临安》，中华书局1974年版，第8071页。

[2]（清）张廷玉等：《明史》卷46《地理志七·云南·纳楼茶甸长官司》，中华书局1974年版，第1177页。

[3]（清）张廷玉等：《明史》卷46《地理志七·云南·教化三部长官司》，中华书局1974年版，第1177页。

[4]（清）张廷玉等：《明史》卷46《地理志七·云南·王弄山长官司》，中华书局1974年版，第1177页。

容江，源出沅江府，东经车人寨，出宁远州境。"①

溪处甸长官司："元溪处甸军民副万户，属元江路。洪武中改置，来属。"②

思佗甸长官司："元和泥路。洪武十五年三月为府，领纳楼千户所伴溪、七溪、阿撒三蛮部，十七年废，后änglich置。"③

左能寨长官司："本思佗甸寨，洪武中改置。"左能为从思佗分出。④

落恐甸长官司："元伴溪落恐部军民万户。洪武中改置。"⑤

明初临安府境内设置的9个长官司中，有8个长官司下辖部民全为窝泥或以窝泥为主，除纳楼茶甸长官司土官为彝族先民、亏容甸长官司土官为傣族先民外，其余长官司土官皆为哈尼族先民。其中，教化三部长官司、王弄山长官司位于六诏山区，其余长官司皆在哀牢山区。事实上，有明一代，临安府境内长官司数目是处于变化中的，后又有所增加，新设瓦渣长官司、纳更山巡检司。瓦渣："自官桂思陀之部分，而瓦渣别为一甸。明初，土司阿因归附，赐姓钱，授副长官司世袭，隶临安。"⑥ 瓦渣为从思佗分出，土官钱氏为窝泥。建水州："元时，府在州北，洪武中，移府治此。……东南有纳更山土巡检司。"⑦ "纳更山巡检司土官龙政，和泥人。成化间授土巡检。"⑧ 纳更山是从纳楼独立出来的，纳更山土巡检司土官龙氏也为和泥。

---

① （清）张廷玉等：《明史》卷46《地理志七·云南·亏容甸长官司》，中华书局1974年版，第1177页。

② （清）张廷玉等：《明史》卷46《地理志七·云南·溪处甸长官司》，中华书局1974年版，第1177页。

③ （清）张廷玉等：《明史》卷46《地理志七·云南·思佗甸长官司》，中华书局1974年版，第1177页。

④ （清）张廷玉等：《明史》卷46《地理志七·云南·左能寨长官司》，中华书局1974年版，第1178页。

⑤ （清）张廷玉等：《明史》卷46《地理志七·云南·落恐甸长官司》，中华书局1974年版，第1178页。

⑥ （清）江濬源修、罗惠恩等纂：嘉庆《临安府志》卷18《土司》，载《中国地方志集成·云南府县志辑》(47)，凤凰出版社2009年版，第238页。

⑦ （清）张廷玉等：《明史》卷46《地理志七·云南·建水州》，中华书局1974年版，第1175页。

⑧ （明）刘文征撰：《滇志》卷30《羁縻志·土司官氏·临安府》，古永继校点，云南教育出版社1991年版，第977页。

元江军民府是和泥分布的另一个重要地区。明代,在元江军民府的和泥集中分布区,设置了因远罗必甸长官司,白文玉为副长官,和泥人。

元江军民府南部的和泥聚居区,设置钮兀御夷长官司,以任者为长官,陀比为副长官,皆为和泥人。"马龙他郎甸长官司。洪武十七年四月置,直隶布政司。"① 在今墨江县北部、镇沅县东部、新平县西部,设置马龙他郎甸长官司,直隶云南布政司,以普氏为副长官。② 马龙他郎甸长官司居民多为和泥,其次为彝族先民,土官普氏为彝族先民。

明王朝在窝泥聚居区设立众多的民族上层土官,借助土官之力实现对当地少数民族的统治,保证了国家疆域在政治上的统一。窝泥上层贵族接受朝廷的任命,甚至主动请求设治,反映出其对封建中央集权国家的政治认同。

(二) 置沐氏勋庄

明代,朝廷大力移民入滇,在云南广置军屯、民屯,促进云南农业生产发展。镇守云南总兵官黔国公沐氏被允许私置田土,称为沐氏勋庄、总镇庄田、黔府庄田,简称沐庄、勋庄、总庄、镇庄、庄田等。明代云南境内,西起永昌(今保山)、澜沧,东至曲靖,北达金沙江、元谋、大姚,南抵今越南、老挝边境,皆有沐氏勋庄,可谓星罗棋布。沐氏家族通过大小管庄、伙头、佃长管理庄内的农奴即庄民、沐丁、黔国庄丁,实现沐氏的剥削。在窝泥聚居的红河南岸哀牢山东麓南段及与其相连的红河东岸,散布着沐庄,长达400余里,一直伸入今越南、老挝北部,被称为"十五猛沐氏勋庄"。分别为:斗岩、水塘、阿土(此三猛位于红河北岸),五亩、五邦、宗哈瓦遮、马龙、猛弄、猛丁、者米、茨通坝、猛喇、猛梭、猛蚌、猛赖。斗岩、宗哈瓦遮、猛弄、猛丁都为窝泥,马龙、猛弄、猛丁处于钮兀、溪处、纳更三土司间,者米、茨通坝位于今金平县西境,其他各庄,也多有窝泥。大小管庄、伙头、佃长,由各庄窝泥、僰夷(傣族)头人担任。内地省份先进的农具、农业技术和经验传入哀牢山区窝泥居住区,有助于推动窝泥社会的发展。

---

① (清)张廷玉等:《明史》卷46《地理志七·云南·新化州》,中华书局1974年版,第1177页。

② (清)张廷玉等:《明史》卷314《云南土司列传二·新化》,中华书局1974年版,第8104页。

但是到明代晚期，沐氏对勋庄农奴的剥削越来越苛重，致使一些农奴被迫外逃，"相率寇盗"，成为明末反朝廷起义洪流中的重要力量。万历时，云南巡抚周嘉谟在《缴查庄田册疏》中申述沐庄之害："正征之外有杂派，杂征之外有无名。虐焰所加，不至骨见髓干不止"。[1] 明天启初，云南巡抚闵洪学奏疏，因庄田贻害，骇乱之鼎已沸，所以奏请朝廷将沐氏勋庄赋税征收收归政府，以减轻庄民负担，避免庄丁起义。[2] 但明朝廷已昏庸腐化至极，对此置若罔闻。清初，明代的沐氏勋庄曾一度落入吴三桂私囊。"《府志》载诸猛地，东界开化，南界交趾，西界溪处、纳楼，北界纳楼、纳更，纵横四百余里，极为险要之区。明初为沐氏勋庄，清顺治十七年，吴三桂请并云南荒田给与藩下庄丁耕种，迨后叛逆伏诛，始一例变价，归附近州县征收。诸猛与建水相连，因归建水。猛各设一掌寨，督办钱粮。"[3] 吴三桂反叛失败后，清廷将吴氏藩庄变价，归附近州县征收赋税，十五猛勋庄转变为十五掌寨，每寨设寨长代朝廷征收税粮。原来沐庄内的管庄、佃长，顺理成章地成为世袭寨长，实则为发迹于沐庄的新兴土官领主。

（三）鼓励拓荒造田

哀牢山哈尼梯田规模宏大、历史悠久、内涵丰富、景观壮丽，于2013年被联合国教科文组织列为世界文化景观遗产。哈尼梯田泛指分布于哀牢山地区以哈尼族为代表的各民族所开垦之山地稻田。哈尼族梯田文化是哀牢山地区哈尼族在漫长历史发展进程中以梯田为主要物质载体、以梯田生产生活为核心创造的物质财富和精神财富总和。[4] "蛮治山田，殊为精好"[5]，山田应该就是梯田。哀牢山哈尼梯田于唐代开始出现，经宋、元、明数代的不断开垦、耕种，到清时，今天所见之宏伟壮丽梯田规模已

---

[1] （明）周嘉谟：《缴查庄田册疏》，载（明）刘文征撰《滇志》卷22《艺文志第十一之五·疏类》，古永继校点，云南教育出版社1991年版，第760页。

[2] （明）闵洪学：《条滇黔事宜并庄田照旧归有司疏》，载（明）刘文征撰《滇志》卷23《艺文志第十一之六·疏类》，古永继校点，云南教育出版社1991年版，第771—773页。

[3] （民国）丁国梁修、梁家荣纂：《续修建水县志稿》卷2《户口·附十五猛》，载《中国地方志集成·云南府县志辑》(56)，凤凰出版社2009年版，第84页。

[4] 陈燕：《哈尼族梯田文化的内涵、成因与特点》，《贵州民族研究》2007年第4期。

[5] （唐）樊绰撰：《云南志补注》，向达原校，木芹补注，云南人民出版社1995年版，第96页。

成形。清嘉庆《临安府志》卷20《杂记》描述曰："依山麓平旷处，开凿田园，层层相间，远望如画。至山势峻极，蹑坎而登，有石梯磴，名曰梯田。水源高者，通以略彴（卷槽），数里不绝。"① 哀牢山哈尼梯田形成于历史时期，至今虽已跨越1000多年历史，但无论是在今天，还是在未来，梯田仍然承担着红河南岸广大老百姓粮食生产基地的重任，是哀牢山哈尼族安身立命之根本。哈尼梯田的形成依赖于其自身特殊的地理、气候、水源、土壤等自然条件，但也有其特定的历史、社会、民族等人文因素，离不开王朝国家的边疆农垦政策。

明朝大规模移民入滇，鼓励开发荒山，以扩大耕地面积，有效促进了窝泥山乡大量梯田的开垦。窝泥土司或首领成为开辟荒山、引水造田的组织者。首领领导下的垦荒造田活动为哀牢山地区规模化开垦梯田的早期方式之一。明代，有不少窝泥首领因农垦有功而被中央王朝授予土官职衔，并世代相袭，故而有些土官就此从原来附属的长官司中独立出来，成为新兴的土官领主阶层。清嘉庆《临安府志》卷18《土司》记载："左能，亦旧思陀属也，后以其地有左能山，改曰左能寨。明洪武中，有夷民吴蚌颇开辟荒山，众推为长；寻调御安南有功，即以所开辟地别为一甸，授副长官司世袭，隶临安。"② 吴蚌颇因开荒造田而被推为首领，又因服从朝廷征调抵御安南，而被授予世袭土官，从而得以从思陀甸长官司独立出来，单独领有辖境，即左能寨副长官司。"纳更司，唐、元无闻。明洪武间，有龙嘴者始以开辟荒山，给冠带，寻授为土巡检，隶临安。"③ "纳更山巡检司土巡检龙夔，其先龙嘴，当明洪武时，因开辟荒山，给以冠带。又交趾贼兵入境，捍御有功，授巡检，隶临安。"④ 龙嘴因开垦荒山、扩大耕田面积、抵御交趾入侵而被授予土巡检，从而纳更得以从纳楼长官司独立出来。

---

① （清）江濬源修、罗惠恩等纂：嘉庆《临安府志》卷20《杂记》，载《中国地方志集成·云南府县志辑》(47)，凤凰出版社2009年版，第385页。

② （清）江濬源修、罗惠恩等纂：嘉庆《临安府志》卷18《土司》，载《中国地方志集成·云南府县志辑》(47)，凤凰出版社2009年版，第239页。

③ （清）江濬源修、罗惠恩等纂：嘉庆《临安府志》卷18《土司》，载《中国地方志集成·云南府县志辑》(47)，凤凰出版社2009年版，第236页。

④ （民国）周钟岳等纂：《新纂云南通志》(七)，牛鸿斌等点校，云南人民出版社2007年版，第667页。

（四）征调土司兵

服从朝廷征调是土官职责之一，是土司承担国家义务的体现。朝廷征调窝泥土司兵，对内平定叛乱，维护统治秩序；对外御边安民，守卫疆土。

"明洪武十四年，命颍川侯傅友德为征南将军，永昌侯蓝玉、西平侯沐英为副将军，从征云南。元梁王下檄征兵，龙者宁率部兵应调。至陆凉、罗雄界，料天命有在，闻王师至普安，者宁有归服之念，恐官兵谓达里麻细作不信。适颍川侯傅友德、西平侯沐英传檄各土酋：首先归附者，许其世业。者宁喜曰：'吾得生矣！'即领部兵，由山径小路赴辕门归服，反戈攻达里麻。后破大理等处，通话顺抚，诸夷归服。协从征广南、富州，擒获贼首沈玄金，杀贼不计名数。"① 明军征讨云南时，元梁王征调六诏山区窝泥土官龙者宁率部兵前往抵御，结果龙者宁临阵倒戈，归顺明军。窝泥各部领主相率归附，协同明军瓦解元梁王在云南的统治。

明代，窝泥聚居的六诏山区、哀牢山区，地接交趾，明朝廷多次调用各窝泥土司兵，征伐交趾或抵御入侵。"（明洪武）十五年，以临安路为临安宣慰司。时龙者宁从征交趾有功，加云南卫指挥职衔。"② 六诏山区龙者宁因归附明军，协助破元，以及率部征交趾而被授予云南卫指挥职衔。"溪处，山名也，……有夷人不知姓，以散居溪处，因以溪处为名。传二世曰处遂，三世曰遂配，四世曰配束，五世曰束克，六世曰赤谒；及七世自恩，当明洪武十五年，调御交南有功，授副长官司世袭，隶属临安。"③ 哀牢山自恩、吴蚌颇、龙嘴因服从朝廷征调，抵御安南入侵，而被授予世袭土官职衔。早在明代，窝泥人民就已将维护边疆稳定和国家统一付诸实践，反映出窝泥人国家认同意识进一步形成。

（五）新辟水陆交通，活跃商业贸易

窝泥聚居的哀牢山地区地理位置极其特殊，处于边疆与内地的分水岭，历来是中国与境外邻邦越南、老挝、缅甸往来的必经之地。哀牢山西麓一线的因远罗必甸长官司和马龙他郎甸长官司一直是从滇中昆明经临安

---

① （清）汤大宾修、赵震纂：乾隆《开化府志》卷8《兵防·师旅考》，乾隆刊本传抄本。
② （清）汤大宾修、赵震纂：乾隆《开化府志》卷2《建置·沿革》，乾隆刊本传抄本。
③ （清）江濬源修、罗惠恩等纂：嘉庆《临安府志》卷18《土司》，载《中国地方志集成·云南府县志辑》（47），凤凰出版社2009年版，第237页。

到车里通缅甸的旧道。"河底自洪武中官置渡船,路通车里、八百。"① 明洪武时,新辟从临安府治建水出发,斜贯哀牢山东麓的驿道。驿道所经礼社江边,官府设置渡船。驿道穿过思陀、落恐、左能、瓦渣、溪处、钮兀、茨通坝,既可通到车里、八百,然后可达今老挝、缅甸。明万历年间,疏通从元江到今元阳的航道,设船济渡,通商便民。② 14世纪中期,哀牢山东麓礼社江下游只有一个渡口,到17世纪中期,这一河段的渡口至少有6个。《读史方舆纪要》卷115记载纳楼茶甸长官司境内有禄莲渡、乍甸渡、呵土渡,即"纳楼三渡"。③ 明天启《滇志》卷30《羁縻志·土司官氏·临安府》记载纳更山巡检司:"治车人寨,礼社江自亏容东流至此,出宁远州,俗呼河底。其撒果山下有龙墩渡,七宝山下有蛮板渡,哈剌山下有蛮汪渡,所谓'纳更三渡'也。"④

  交通的改善,促进了窝泥地区与外界的联系与交流,激活了窝泥地区的商业贸易。商旅将内地先进的生产用具、其他物品贩到窝泥地区,又将窝泥地区出产的农副产品、手工业品运到其他地区贩卖。内地与窝泥地区的商业往来,实现了各自不同需求的互为补给,增进了民族交往与和谐。向少数民族地区输入汉族移民,历来是封建中央王朝国家认同建设的一个部分。道路的开通,方便了汉族移民的进入与渗透,外来军户、民户、匠户的到来,给窝泥地区带来内地先进的生产技术、生产经验和汉文化,不仅提高了窝泥地区的农业生产,带动了商业和手工业的发展,而且有助于窝泥人国家认同意识的形成与强化。六诏山、哀牢山东麓窝泥聚居区,在明代皆为临安府辖地。经过有明一代的锐意经营,各民族的长期开发,临安府境内农业、水利、矿业、水陆交通、商业全方位发展,使得"临安之繁华富庶,甲于滇中,谚曰'金临安,银大理'"⑤。至元末明初,贝

---

① (清)张廷玉等:《明史》卷313《云南土司列传一·临安》,中华书局1974年版,第8070页。

② (民国)袁嘉谷纂修:《石屏县志》(五十卷校补本)卷18《土司志》,孙官生校补,中国文史出版社2012年版,第378页。

③ (清)顾祖禹撰:《读史方舆纪要》卷115《云南三·临安州·纳楼茶甸长官司》,上海书店出版社1998年版,第725页。

④ (明)刘文征撰:《滇志》卷30《羁縻志·土司官氏·临安府》,古永继校点,云南教育出版社1991年版,第977页。

⑤ (明)谢肇淛撰:《滇略》卷4《俗略》,载"中国西南文献丛书"第三辑(86)《西南史地文献》(第十一卷),兰州大学出版社2004年版,第90页。

币仍为窝泥地区的流通货币,朝廷规定窝泥土官所进贡货币为贝币。自洪武初年在哀牢山东麓窝泥地区增开新的水路通道后,当地有了驿站,增进了内外交流,市集出现,交易贸易发展,金属货币流入。到明永乐九年(1411年),当地改使银钞。"永乐九年,溪处甸长官司副长官自恩来朝,贡马及金银器,赐赉如例。自恩因言:'本司岁纳海贝巴七万九千八百索,非土所产,乞准钞银为便。'户部以洪武中定额,难准折输。帝曰:'取有于无,适以厉民,况彼远夷,尤当宽恤,其除之。'"① 马龙他郎盛产茶、盐,商旅往来素来频繁。明初,因远罗必甸白文玉、钮兀任者和陀比等哀牢山西麓各和泥土官,主动与朝廷交好,向朝廷进贡马匹和金银器物。

明王朝在窝泥地区开辟驿道、设置驿站、疏浚河道、增开渡口,打破了窝泥地区各部领地之间闭塞的经济状态,促使窝泥地区汉人进入、集市兴起、商贸活络、币值改革,使窝泥社会领主经济得以空前发展,带动了窝泥地区社会、文化的进步,为地主经济的产生奠定了基础。

(六) 传播汉文化

明朝廷在云南兴办教育、建立学校、广泛传播汉文化的工程,在窝泥地区也产生了成效。

明代,窝泥开始使用汉姓。《滇志》卷30《羁縻志·土司官氏·临安府》记载:"各长官俱本土罗罗、和泥人,原无姓名,各从族汇本语定名,或随世递承其父名之末字,更接一字相呼。弘治初,知府陈晟以百家姓首二句,司分一姓,加于各名之上。"② 明代以前,窝泥不像汉族有特定的姓氏,而是采用一种独特的父子连名方式来取名字,即父亲名字的尾字(音节)为儿子名字的首字(音节),以此不间断地代代相传。父子连名制为父权社会的产物,体现出父系氏族家庭结构、血缘传承及财产继承关系。明朝弘治初期,因受汉文化的影响,在临安知府陈晟的倡导下,在依旧保持父子连名制的同时,各窝泥土司纷纷带头使用汉姓,从而促使窝泥民间开始逐渐接受汉族姓氏。

---

① (清)张廷玉等:《明史》卷313《云南土司列传一·临安》,中华书局1974年版,第8069—8070页。

② (明)刘文征撰:《滇志》卷30《羁縻志·土司官氏·临安府》,古永继校点,云南教育出版社1991年版,第977页。

明代，汉文化在窝泥地区开始传播，当地文化展现出新的景象。"明土司龙者宁永乐十一年入贡京师，钦赐纻丝钞锭等物。适五月五日，上幸东苑观击球射柳，听文武群臣及四夷朝使聚观。自皇太孙而下，诸王群臣以次击射。……上大喜，大宴群臣，命儒臣赋诗，尽欢而罢。时龙者宁亦在观焉。后者宁回阿雅，感激圣恩，每年以五月端午日，令目把等骑射，以志不忘之意，后世子孙，习以为常。"① 从史料可知，明永乐十一年（1413年），六诏山教化三部长官司土官龙者宁入京进贡，瞻仰京都风物，受邀参加明成祖莅临的皇家端午盛事，其返乡后，每年端午日都要模仿当时盛况举行盛大的节日活动，端午节自此传入窝泥地区。龙者宁后裔龙上登，"性嗜书""不娴弓马"②，是云南土官中深受儒家文化影响的典型案例。明万历年间，龙上登赴京，逗留京师期间"遍访名宿，归至家而学问益进，始兴学校，建文庙，朔望礼拜，愚夷化之"③。龙上登曾亲撰碑文，论述孟子学说。④ 从这些史料记录，可见龙上登对汉文化的喜爱和推崇。在其提倡之下，汉文化在六诏山窝泥地区传播顺利。至明末时，龙氏土司的女儿通汉文典籍，"工写花卉翎毛山水，通汉语"，⑤ 汉文化水平已有相当高的造诣，可以看出其受汉文化影响之深。

明代，窝泥人使用汉姓，接受汉文化，学习汉文化，是封建中央王朝长期以来对边疆少数民族实施政治、经济、文化多重形塑的结果，也体现出窝泥人对外来文化的主动性选择，是窝泥人对国家的政治认同、文化认同的体现。

第三节　明王朝统治时期"窝泥"的迁徙活动

根据明代的社会背景、史籍记载内容、窝泥分布情况，以及哈尼本民

---

① （清）汤大宾修、赵震纂：乾隆《开化府志》卷9《风俗》，乾隆刊本传抄本。
② （清）汤大宾修、赵震纂：乾隆《开化府志》卷2《建置·沿革》，乾隆刊本传抄本。
③ （清）嘉庆《大清一统志·云南志》卷488《开化府·人物》，载《四部丛刊续编》史部（28），上海书店印行，1984年。
④ （清）汤大宾修、赵震纂：乾隆《开化府志》卷10《艺文·杂记附》，乾隆刊本传抄本。
⑤ （清）陈鼎撰：《滇黔土司婚礼记》，载姚乐野、李勇先、胡建强主编《中国西南地理史料丛刊》（第二十五册），巴蜀书社2014年版，第537页。

族的历史记忆，可以归结出明代"窝泥"的主要迁徙活动表现为民族结构变化下的"汉进夷退"式迁徙。还有，川西南阿泥的迁离，也是明代窝泥民族较为重要的一个迁徙事件。明代以后，川西南不再有窝泥居民，哈尼族先民的北部分布区不复存在。

一 民族结构变化下"窝泥"的"汉进夷退"式迁徙

明王朝在元朝对云南经营统治的基础上，通过采取更为深入的一系列政治、经济、文化措施，不仅把民族众多、情况复杂的云南稳稳地统一在国家版图之内，而且促使云南社会发生显著变化，云南民族结构产生历史性转折。在明代，汉族人口超过其他任何一个云南土著民族人口，汉族成为云南的主体民族。在这一特定时代背景之下，哈尼族先民在保持原有习惯性迁徙的同时，开始出现"汉进夷退"式的迁徙活动。

明代，大量汉族移民通过军屯、民屯、经商、流徙等各种方式不断进入云南。进入云南的汉族移民不仅数量庞大，而且在云南定居下来，先来者又邀约老家的亲戚朋友迁入云南谋生，子子孙孙，世代相袭，汉族人口越来越大，分布地域不断扩散，并保持了汉民族特征，最终演变为云南的世居民族之一，发展成为云南人口最大的民族，实质性改变了云南民族结构，打破了云南民族分布格局。

军屯、民屯为明代汉族移民进入云南的两种主要形式，也是汉族移民对云南进行规模化农业开发的主要方式。而以镇戍屯田为职责的庞大汉族军事移民是明代云南移民的先头部队和主力军。明代，因征战、镇戍进入云南的卫所官军约有27万人，再加之妻小，定居云南从事屯垦的第一代汉族军事移民共达80余万人。[①]"明代云南汉族军事移民的农业开发呈现出从城镇近郊、交通沿线、坝区中心向城镇远郊、坝区边缘和半山区不断推进的态势。"[②] 明朝初年，由于云南局势还不稳定，战事仍然较多，官军流动频繁，故而军屯移民主要聚集于中心城镇、交通要塞，屯田区集中于城镇附近。随着明王朝对云南统治的逐步稳定，军屯移民从开始的于军政交通中心城镇屯聚向坝区集中屯田定居发展，继而向坝区边缘、半山区

---

① 陆韧：《变迁与交融——明代云南汉族移民研究》，云南教育出版社2001年版，第47—48页。

② 陆韧：《云南汉语地名发展与民族构成变迁》，《云南民族大学学报》（哲学社会科学版）2005年第6期。

分散屯田定居演变。至明中叶以后，越来越多的军田被豪右、将官隐占，卫所制度名存而实则几近废弛，大量军田变成民田，更多军户转为民籍。[①] 除军屯移民外，进入云南的其他汉族屯民户，垦荒屯田，定居云南。外来汉族屯民户起初也主要分布于交通沿线、城镇近郊和坝区，并往往以宗族和支脉为单位保持聚居，发展出一个个连片成区、以姓氏命名的汉族移民定居点。随着外来汉族移民数量的增加和汉族人口的自然增长，人口密度的增加，周边可开垦土地的减少和对更多田地垦殖的需求，汉族移民的分布开始渐渐往坝区边缘、半山区拓展，甚至向山区及更为偏远的少数民族地区扩散、渗透。于是，在坝区边缘、半山区，汉族氏族繁衍及支脉散落之处，出现了以家族聚居为单位的汉族定居点或汉族聚落，在山区和偏远的少数民族地区，汉族与少数民族杂居共处。

与汉族移民定居点从城镇近郊、交通沿线、坝子到城镇远郊、坝区边缘，再到半山区、山区、边远地区的发展态势相对应，是少数民族从城镇附近、交通沿线、坝子向坝子边缘，再向人烟稀少的半山区、山区的逐渐退缩，甚至是迁往更为边远的地区。从明代开始，延续至清代的这一"汉进夷退"现象，其最终局面，是城镇、交通沿线、坝区，成为汉族集中分布区域，而在半山区、山区和边疆地区，则为少数民族集中分布区域，汉族移民的发展、渗入，使云南广大地区的民族分布格局从少数民族聚居演变为汉族与少数民族大杂居、小聚居、交错杂居的景象。

如今，哈尼族为全民性山居民族，但在历史上，哈尼族的祖先也曾居住于水边、平坝。据流传于哀牢山地区的哈尼族迁徙史诗《哈尼阿培聪坡坡》讲述，哈尼族先民诞生于遥远天边一个叫"虎尼虎那"的地方，后由于人口增长、食物缺少而南迁到一个称为"什虽"的大湖边，又因烈火烧山而南迁到竹子成林的"嘎鲁嘎则"，后再继续南迁至雨量充沛、土地肥沃的"惹罗普楚"，在此地建起哈尼族的第一个大寨子，但因为瘟疫泛滥而不得不再南迁，发现了静卧于两条大河之间的平原"诺马阿美"，在此生存繁衍了13代，直至异族入侵，哈尼战败，而被迫离开美丽家园，南迁到了"色厄作娘"（洱海地区），因当地原住民不容，而迁往"谷哈密查（滇池地区）"，在谷哈居住了7代，后由于与谷哈原住民

---

① （清）张仲信《云南通志·序》曰卫所屯田制度"讫于明季，军非旧籍，田各易主，变军为民；屯政之坏，乃不可复救也"。

第四章 明代"窝泥"的迁徙　　145

之间的矛盾,哈尼迁离谷哈,经那妥(通海)、石七(石屏)、建水,南渡红河,进入哀牢山区定居下来。① 从史诗记载可见,哈尼族先民有过水边、平坝生活和生产的经历,并曾在肥沃富饶的昆明坝子居住了很长的时间。从史料及地名遗留的蛛丝马迹中,也可以找到哈尼族先民在滇池坝子生活过的痕迹。今昆明市的安宁,在《大元混一方舆胜览·中庆路》中称:"安宁州……蛮谓阿宁部。"② 阿宁为哈尼族先民历史称谓之一,可见此地曾分布有不少阿宁,"安宁"则为"阿宁"的音转。据明景泰《云南图经志书》卷一《云南布政司·云南府·井泉》和明天启《滇志》卷2《地理志·山川·云南府》记载,在昆明城北郊有"阿泥井",此井当因阿泥人所打、所用而得名。哈尼族先民曾长期居住于昆明坝子及其周边半山区,如今滇池东南岸的晋宁仍有哈尼族分布,但也是在半山坡上,这种分布格局的形成,与明代汉族移民进入滇池坝子有关。大量汉族移民进入坝子后,原有的少数民族自然被慢慢挤到周边的山区和半山区,或迁走他方。"数十年来,广南沙、侬以征戍窃据其地,窝泥弱而无谋,为所并吞。"③ 这条史料明确说明了外来民族的进入对原住民窝泥居住地的侵占、吞并,失去生存空间的窝泥只能是退向更偏远、人口稀少的地区,或直接迁走他乡。又据《哈尼阿培聪坡坡》的讲述,哈尼族先民曾在那妥(今通海)的平坝居住,但后来"蒲尼"(汉族)来了,这些"蒲尼"是一些能干的"查尼阿"(手艺人),"人人老牛般苦干,个个喜鹊般会讲,生着好心好肝,有事也肯帮忙。哈尼不愿和好人打架,决定让出那妥地方,查尼阿拉住哈尼的衣襟,请先祖和蒲尼同在一方,哈尼说小林难歇大象,告别了蒲尼走向下方"④。从史诗记述可见,哈尼族先民将自己居住的坝子让给了外来汉族,往南迁徙。当然,也有往当地山区迁徙的情况。今天,通海尚有部分世居哈尼族分布,主要聚居于团田村的梅子箐、马尾寨、独家村和水塘村的新寨等村寨,其余的与彝族、汉族杂居于团田、团

---

① 朱小和演唱、史军超等整理:《哈尼阿培聪坡坡》,云南民族出版社1986年。
② (元)刘应李原编、詹友谅改编、郭声波整理:《大元混一方舆胜览》,四川大学出版社2003年版,第455页。
③ (明)刘文征撰:《滇志》卷30《羁縻志·土司官氏·临安府》,古永继校点,云南教育出版社1991年版,第977页。
④ 朱小和演唱、史军超等整理:《哈尼阿培聪坡坡》,云南民族出版社1986年版,第179页。

沙田等村子。这些村寨坐落于曲江北岸山区地带，梯田层层，主要生产水稻、玉米、烤烟、药材等作物。① 分布于墨江县的哈尼族支系白宏人中流传说自己先民曾居元江，后来元江地方来了大量汉人，白宏人才迁徙到垤玛（位于红河县）、白宏九冲等地，其中，有一部分白宏人沿泗南江流域辗转迁徙，到清朝中期，陆续在泗南江流域定居下来，形成当今的分布格局。② 墨江哈尼族支系阿木人中也流传有同样的说法。从上述情况和传说可见汉人的大量融入对哈尼族先民造成的空间排挤及由此产生的迁徙活动。

总之，从明代开始，原居住于坝区的哈尼族先民，因为大量汉族移民的不断涌入，而慢慢退出坝区，搬迁到坝子周边的半山区、山区，或向其他更远的地方迁徙。

二 川西南"阿泥"的往南迁徙

学界普遍认为川西南曾是哈尼族先民的聚居地区和迁徙源头，并提出今四川大渡河南岸、雅砻江以东及安宁河流域即为哈尼族迁徙史诗《哈尼阿培聪坡坡》中的美丽家园"诺马阿美"。正如前文考证，历史上，川西南安宁河（即阿泥河）流域今四川会理境域有绛部落居住，大凉山南境今金阳县有阔部落居住，此两个部落是以前历史时期未迁走而留居于川西南的哈尼族先民，后来以"阿泥"之称出现于汉文资料之中。源出大渡河南岸连三海的安宁河，在明代汉文典籍中的地图上被标为"阿泥河"。明景泰《云南图经志书》卷1的云南地理至到之图上标注"浪蘧"（今滇西北宁蒗县南部）东部有"打冲河"（即川西南雅砻江），打冲河东部有"阿泥河"③，两河交汇后入金沙江。在清初《古今图书集成·职方典4》卷641的建昌五部疆域图上，今凉山州南部金阳县地域名为"阿泥"。清咸丰《邛巂野録》卷7《宁远府·安宁河》下注："又折西南有凉山河，东北自阿泥来注之。"④ 从汉文典籍中的这些零星信息，可以看

---

① 云南省通海县史志工作委员会编纂：《通海县志》，云南人民出版社1992年版，第611页。
② 谢伟等：《家园耕梦——哀牢腹地哈尼人》，云南美术出版社2006年版，第71页。
③ （明）陈文修：景泰《云南图经志书校注》卷1，李春龙、刘景毛校注，云南民族出版社2002年，附地图。
④ （清）何东铭纂：咸丰《邛巂野録》卷7《方舆论·江源·宁远府·安宁河》，载《中国地方志集成·四川府县志集》（68），巴蜀书社1992年版，第104页。

出上述地区在明代仍有哈尼族先民绛部落、阔部落的后裔阿泥居住。地名得于所居民族名，并在后续历史时代产生长期影响，所以直到清代，以阿泥命名的地名仍在沿用。但此后，这些地区的历史典籍记录中再也找不到有关阿泥的记录，近代以来，川西南地区也无哈尼族分布。这一状况自然与哈尼族先民的迁徙有关。

元明时，哈尼族先民的北部分布区川西南和乌蒙山区盛行奴隶制。在民族分化和融合中，一部分阿泥可能融入当地近亲民族罗罗之中。因在文化上与罗罗很相似，一部分留居原地的阿泥可能被史家误认为是罗罗而被忽略，所以不再有关于阿泥的记录。① 由于在民族形成的长期历史时段，哈尼族先民已养成"性习迁移"的传统，所以还有一部分阿泥循着以前历史时期本民族迁徙的足迹，跟随往南迁移，越过金沙江，进入滇中北部元谋、禄劝、武定，以及滇西北大理邓川等地。明天启《滇志》中，首次出现哈尼族先民分布于滇东北曲靖、滇西北大理的记录："窝泥 或曰斡泥……临安郡属县及左能寨、思陀、溪处、落恐诸长官司，景东、越州（曲靖越州），皆有之。……阿迷州称阿泥，邓川州称俄泥。"② 道光《云南通志稿》卷183《南蛮志三之二·种人二》记载："窝泥……景东、曲靖皆有之。"③ 在清代的史志中，可以找到滇中北部地区分布有哈尼族先民的记录。清康熙《武定府志》卷一《风俗》记载："倮㑢，在和曲之铺西、永兆，禄劝之硝井等处为多。耕山种田，肩挑背负，采薪拣菌，贸易盐米。"④ 雍正《云南通志》卷24《土司·种人》记载："罗缅禄劝有之，

---

① 哈尼族学者史军超曾于1986年邀请哈尼次方言区之元阳县哈尼族卢朝贵与大凉山彝族伍呷进行语言比较，二者基本能够通话。对这一现象，史军超的分析是"盖与大凉山毗邻的大渡河、雅砻江、安宁河流域曾是哈尼族历史的迁居之地，哈尼、彝族关系密切之故"。（史军超：《哈尼族文学史》，云南民族出版社1998年版，第26页。）对此，另一学者哲赫认为："关系密切到致两个民族之间天各一方了两千多年后还能相互基本通话，这似乎不大可能，据笔者了解凉山彝族跟云南彝族却又基本不能通话。这种现象充分说明，今凉山彝族大多原是哈尼人。"（哲赫：《哈尼考辩》，云南民族出版社2010年版，第93页。）缘何凉山今天无哈尼族？笔者认为可能与新中国成立后的民族识别有关，可能是将凉山哈尼族识别为彝族的缘故。

② （明）刘文征撰：《滇志》卷30《羁縻志·种人》，古永继校点，云南教育出版社1991年版，第999页。

③ （清）阮元、王崧等：道光《云南通志稿》卷183《南蛮志三之二·种人二》，道光刻本。

④ （清）王清贤、陈淳纂修：康熙《武定府志》卷一《风俗》，载杨成彪主编《楚雄彝族自治州旧方志全书·武定卷》，云南人民出版社2005年版，第45页。

耕种山田，肩挑背负，采薪拣菌，贸易盐米。"① 清乾隆倪蜕《滇小记·滇云夷种》记载："罗缅，禄劝有之，耕种山田，肩挑背负。采薪拣菌，贸易盐米。"② 清光绪刘慰三《滇南志略》卷6《武定直隶州·元谋县》记载："罗缅，元谋，禄劝有之，耕种山田，肩挑背负，采薪拣菌，贸易盐米。短裤裸肌，别有土语，遇山而菑。"③ 明清时，分布于滇中北部、滇西北的哈尼族先民罗缅、俄泥等，有一部分是先前历史时期迁徙留居于此者，一部分为明代从川西南渡过金沙江而来。今天，位于滇中靠北部地区的禄劝县仍有世居哈尼族分布。

---

① （清）鄂尔泰、靖道谟等：雍正《云南通志》卷24《土司·种人》，乾隆刻本。
② （清）倪蜕辑：《滇小记》，载姚乐野、李勇先、胡建强主编《中国西南地理史料丛刊》（第二十六册），巴蜀书社2014年版，第481页。
③ （清）刘慰三撰：《滇南志略》卷6《武定直隶州·元谋县》，载方国瑜主编《云南史料丛刊》卷13，云南大学出版社2001年版，第317页。

第五章

清代"窝泥"的迁徙

清王朝在前朝经略的基础上,大力推动云南从内地到边疆的开发,促进云南边地的内地化。清代,随着中央王朝对哈尼族先民统治的更加深入,史籍记载的该民族称谓更为多样,除之前历史时期的窝泥、斡泥、和泥等,新出现了哈泥、哈宜、糯比、路弼、卡惰、罗缅、阿卡、喇乌、黑铺等多种名称,还将窝泥细分为黑窝泥、白窝泥,说明该民族内部支系众多、复杂不一。为行文方便,本章将继续沿用清代文献中出现频率仍然很高的"窝泥"一名,作为本章节名称中的关键词。

第一节 清代云南内地化进一步推进、边疆危机出现

一 清王朝对云南的设治与经营

明崇祯十七年(1644年)四月,李自成领导的农民起义军攻陷北京,结束了明王朝的统治。镇守山海关的明将吴三桂投降清军,清军入主中原。李自成率领的大顺军、张献忠率领的大西军遭到清军与投降清军的汉族地主官僚的联合镇压。公元1645年4月,李自成在湖北通城九宫山被清军杀害。公元1646年,四川的张献忠战死。公元1647年春天,张献忠旧部孙可望、李定国带领余留的部分农民起义军从四川经贵州进云南。大西军平定了滇南土司沙定州的叛乱,团结明朝在云南的官吏,和云南各民族联合共同抗清,云南成为抗清根据地。公元1656年3月,李定国迎南明永历帝朱由榔入滇。公元1658年12月,清军分三路进攻云南,永历帝西逃缅甸。公元1662年,永历帝朱由榔被吴三桂绞杀于昆明金禅寺。从公元1659年吴三桂坐镇云南起,清朝开始了对云南长达250多年的统治。

(一) 行政机构的设置

清王朝于前朝基础上进一步加强对云南的行政控制。在行政机构的设置上，清沿袭明制，并恢复元代行省称谓，简称省，建云南省，设巡抚总管全省军、政，设置承宣布政史司掌管全省政务，设置提刑按察使司掌管全省刑事、监察。在省下的地方基层，设置府、州、县行政机构。但与明朝不同的是，清朝设置总督掌一方之政治、军事大权，代表中央王朝加强对地方的集权统治。总督从一品，巡抚从二品，一方总督可兼一省巡抚之职，一省巡抚也可兼任一方总督之事。在边地、边疆或少数民族地区，由于历史、地理、民族、社会、文化等各方面情况特殊，不适宜运用州、县常态化管理模式，于是清廷创设"厅"行政区划对这些地区进行管理。清代，边疆民族地区汉人增多，民族结构呈现多样化，从而带来行政管理双重性、户籍管理分类化、服役征收差异化等新情况，而厅的创设较为有效灵活地解决了这些问题。厅分直隶厅和散厅，以抚民同知为主官，保留原有的土司制度。抚民同知治地、掌民、控土司、兼汛防，偏重于对经济和汉人的管理；土司管理土民。厅是清廷独创的特殊过渡型行政区划，为清廷重要治边手段，不仅强化了边疆民族地区的统治，而且有利于边疆民族社会平稳和谐的向内地发展水平演进，促进边疆民族地区行政体制从土司制度或当地民族自行管理形式向全国政区一体化过渡。[①] 云南省各级行政机构设置完备，既有边疆民族特色，又与内地其他省份更趋一致，可见清朝对边疆云南多民族地区的统治，较之前朝更为深入。

(二) 从内地到边疆的进一步开发

"内地""边疆"是一对动态发展的概念。汉朝开发"西南夷"时，主要集中在滇池和洱海地区。自此，滇池和洱海无疑是中国西南边陲的中心，后世对云南的开发，无不以滇池和洱海地区为据点，逐步向外延区域，向更为边远的地区拓展。至清朝以前，中央政府对云南的开发主要在保山、顺宁（今凤庆）、云州（今云县）一线以东，元江、建水一线以北地带。[②] 此范围内即云南的内地，或称云南靠内地区，此范围外，则可视为云南的边疆地区。

在云南靠内地区，清朝政府在前朝基础上通过各种措施进行更加深入

[①] 陆韧、凌永忠：《元明清西南边疆特殊政区研究》，人民出版社2013年版，第7—8页。
[②] 尤中：《云南民族史》，云南大学出版社1994年版，第509页。

的开发，推动云南内地的进一步发展。

清廷改革了明朝遗留下来的"勋庄""官庄"及军屯制度。清政府将"勋庄""官庄"田地变价，归入其所属府、州、县的民田之中，之前耕种庄田的各民族农奴，只要缴付所要求的地价之后，即获取该土地的所有权，并成为自由农民。军屯田地也被并入所属府、州、县民田之中，军屯土地成为私有，原先被附着于土地之上、不可移动、世代为军的军户，演变为普通民户。庄田制度和军屯制度的改革，刺激了原耕种者恢复和发展生产的积极性，有效避免了庄田、军田曾被大量抛荒的情况，耕种田亩不断扩大，朝廷赋税收入得以增加。而更为重要的是，这一改革加强了中央王朝在云南的经济力量，促进了云南靠内地区在经济制度上的一致性，缩小了云南内地少数民族与汉族之间的差别，促使汉族与少数民族之间在政治、经济生活上更加趋同，为流官直接统治云南内地各民族地区奠定基础。此外，清政府鼓励汉族人口进入少数民族居住区垦荒，通过"夷地免其查丈"等政策，鼓励少数民族开垦山区荒地。经清康熙、雍正、乾隆三朝的开辟经营，明朝中叶尚为"不开化""夷盘踞六百余里"的宾川、大姚间的铁锁箐山区，至清道光年间，已然是"深山大壑之中……无不开辟之地，即无不居人之境，畸另散户，皆有统属。保甲既编，某里若干甲，某甲若干户。人户与里甲相维系，而村屯明若指掌矣！"[①]。在大力恢复熟荒田、增垦新荒地的同时，清政府重视兴修水利。雍正十年，朝廷议准地方官职责中增加水利事务，专理境内河道沟渠。时任云贵总督鄂尔泰在兴修水利的奏疏中极力强调水利对一地之重要性："地方水利，为第一要务，兴废攸系民生，修濬并关国计，故无论湖海江河，以及沟渠川汇，或因势疏导，或尽力开通，大有大利，小有小利，皆未可畏难。"[②]清代，不仅修复了明末年久失修的水利工程，而且新增不少水利设施，有力促进了农业生产的发展。

在云南的边疆地区，清朝政府突破前朝格局，拓展了历朝历代在云南边疆的活动空间，实质性推行中央集权统治在云南的东南部、南部、西南部边疆少数民族地区的活动内容。

清王朝统治势力能够直接伸入到云南更为边远的少数民族地区，得助

[①] （清）刘荣黼纂修：道光《大姚县志》卷2《地理之下·村屯》，载杨成彪主编《楚雄彝族自治州旧方志全书·大姚县志》，云南人民出版社2005年版，第110页。

[②] （清）阮元、王崧等：道光《云南通志稿》卷52《建置志七之一·水利一》，道光刻本。

于汉族移民源源不断迁入这些地区。今云南东南部边疆文山州，元时从属于临安路，明时从属于临安府，主要为哈尼族先民窝泥等土官所控制，封建中央王朝国家统治势力未曾深入。清初，随着外来汉族移民的大量进入，设置广南府、开化府，直接派遣流官管辖。今云南南部边疆普洱市，元代属元江路，明代属于威远州、元江府和车里土司，清朝以前一直为少数民族土司所统治，少数民族人口居住分散，大部分地区还未得到开发。清雍正年间，划出元江府南部和威远州、车里土司所属澜沧江以东地域，设置普洱府，由流官直接管理。移入普洱府的外来汉族移民，活动于各地，或采茶，或垦荒，或经商，甚至深入到更为偏远的勐烈（今江城）。从普洱府建立至清道光年间，"百数十年来，风俗人情，居然中土"[①]，普洱府境内的汉族人口数已经超过原来的土著民族人口数量，普洱府已是人烟稠密、田土渐开，成为云南南部边疆经济文化的繁荣地区。在云南西南边疆少数民族地区，即今保山以西、以南区域，清以前，"虽在控驭直吏之内，不过供差发，属羁縻而已，法令所不及也"[②]。清初，朝廷以保山、腾越（今腾冲）为中心，加强了对云南西南边疆的控制，直接驻军于南甸（今梁河）、勐卯（今瑞丽）、陇川及勐缅（后改称缅宁，今临沧）等边境地区。到雍正年间，内地部分汉族进入勐卯等西南延边区域，部分为屯田垦殖，多数为开矿。此后，来自昆明、保山、大理，甚至江西、湖广、四川等地的汉族，因开采银矿而不断到来。在西南边疆乃至境外，涌现出汉人开发的诸多著名银矿，如孟连的募乃银厂（位于今澜沧县北部），阿瓦山区的茂隆银厂，耿马的悉宜银厂，缅甸木邦的波龙银厂（位于今缅甸北掸邦腊戌一带）。[③] 汉族前往云南西南边疆开矿、垦荒，打破了这一区域历史上长期闭塞的状况，加强了西南边疆与内地的交往，促成了清王朝与当地少数民族及缅甸的联系。

（三）土司制度的存续与改土归流的推行

土司制度是各少数民族地区社会发展不平衡的产物，是封建王朝国家处理中央政权与地方民族关系的重要政治制度，起到沟通国家与地方各民

---

① （清）梁星源撰道光《普洱府志》序，载（清）郑绍谦原纂、李熙龄续修《普洱府志》，民国四年（1915年）铅印本。

② （清）刘彬：《永昌土司论》，载中国边疆研究资料文库《边疆民族资料初编·西北及西南民族》16，知识产权出版社2011年版，第157页。

③ 尤中：《云南民族史》，云南大学出版社1994年版，第513页。

族的桥梁作用,也是地方民族上层统治其辖境内各族人民的重要工具,并为边缘民族地区的内地化奠定条件。土司制度为汉代以来羁縻政策的延续、发展,肇始于元,完善于明,衰于清。云南社会经过元明两朝内地化的建设和发展,到了清代,土司制度的经济、社会条件已发生实质性变化,土司制度的变革当属必然。

清王朝在云南的部分少数民族地区依然沿袭元明以来的土司制度。王朝国家中央政权实行土司制度的目的在于利用少数民族上层分子达到对封建中央王朝力量无法直接介入的少数民族地区的统治。在云南南部、西南部的广大边疆沿线,因不具备任何政治或经济的改土归流条件,土司制度依然盛行,土司依旧握有统治当地各民族的政治、经济大权。如车里宣慰司,耿马、孟连、陇川、干崖、南甸宣抚司,遮放、盏达副宣抚司,潞江、芒市、勐卯安抚司,孟定土府,镇康土州,以上为傣族土司;还有纳楼彝族土司,以及亏容、左能、落恐、瓦渣、思佗、溪处等哈尼族土司。边疆土司制度的存续,在政治上维系着边境社会的稳定和王朝国家疆域的统一。"江内(澜沧江下游以东地区)宜流不宜土,江外(澜沧江下游以西地区)宜土不宜流",经过清初大规模的改土归流后,云南内地的土司所剩不多,有蒙化土知府、广南土府同知、富州土知州、北胜州土州同等,且为名存实亡,并无政治、经济上的实权。

同时,清王朝开始在云南靠内地区大力实施改土归流。明朝时期,云南内地的一些少数民族社会内部的封建领主经济解体,朝廷就在这些地区进行了改土归流,废除鹤庆土府、寻甸土府、广西土府、武定土府、顺宁土府等土司制度。到了清朝,在封建领主经济已经解体,或虽然地主经济尚未建立,但中央王朝统治势力已经能够直接控制的少数民族地区,清朝政府顺势推行改土归流。清朝在云南的改土归流始于清初顺治时期,在康熙年间持续推进,至雍正时则发展为大规模运动。顺治十六年(1659年),元江土知府那嵩抗清失败,元江土府改设为流官。康熙初年,宁州(今华宁)、嶍峨(今峨山)、蒙自、王弄山、教化(今文山)、石屏等地土官的反抗被镇压,之后,滇中、滇南、滇东南土官被陆续改设为流官。雍正元年(1723年),丽江土府改设流官。雍正二年(1724年),威远(今景谷)土州被废除。雍正三年(1725年),姚安土府同知被废。雍正四年至九年(1726—1731年),为改土归流的高潮阶段,滇东北奴隶制地区最终被改土归流,滇南澜沧江中下游以东以傣族土司为主的地区,最后亦完成了改土归流,并在滇南边境设置了普洱府流官。并且,改土归流之势不断向南部和西南部边疆民族地区蔓延,一直延续到民国年间。改土归流是一个复杂的过程,而在改流与反改流的斗争中,充斥着难以想象的反复、残暴、屠戮。但不管是设立土司制度,还是进行改土归流,目的都是在条件不同的地区因地制宜实现封建中央集权国家对各少数民族地区的政治统治。改土归流改变了被改流少数民族地区的经济制度,地主经济在这些地区取得统治地位。改土归流的另一结果是封建中央政权实现了对少数民族地区的直接统治,各少数民族成为王朝国家直接统治的对象,被改流地区少数民族社会的政权组织形式与内地汉族省份已趋于一致。边陲云南与全国范围内的其他省份在政治上的统一又前进了一大步,这是清王朝对云南进一步深入统治的又一表现。

(四) 汉文化教育教化空前发展

文化是寻求国家认同、民族认同的重要因素。推行汉文化教育教化是中央封建王朝国家治理边陲云南的重要手段和内容,有利于构建、稳固云南各民族与王朝国家之间的政治、经济、文化关系,能够促进云南民族地区政治、经济、社会的内地化发展,实现"以汉化夷""彝汉相安"。

在元、明推行汉文化教育的基础上,随着清王朝对云南从内地到边疆更为深入全面地治理,与之前历朝历代相比,清政府在云南推行汉文化教育教化的力度更大,影响范围更广,成效更为突出。"长治久安,茂登上理,盖法令禁于一时,而教化维于可久"①,可见清代统治者对教育、教化影响力的看重程度。清代对云南民族地区文化教育事业的重视和认识已经上升到国家治理、民族认同之高度。清代,云南已形成较为完备的教育体系,分为儒学、书院、义学。清康熙三十三年(1694年),在云南全省范围内建立学校。② 乾隆时期,陈宏谋在云南"立义学七百余所,令苗民得就学,教之书"③。学校教育已经渗透到土司地区、少数民族地区。鸦片战争后,西学东渐,新式学堂开始出现,并很快在清代教育中占据重要

---

① 《清圣祖实录》卷34,康熙九年十月癸巳条,中华书局1987年版,第641页。
② 杨林兴:《云南民族关系的历史形成与现实发展》,博士学位论文,云南大学,2015年,第126页。
③ (民国) 赵尔巽等:《清史稿》卷307《陈宏谋传》,中华书局1977年版,第10560页。

位置。清光绪二十八年（1902年），普洱府创办中等学堂，此为云南最早的中等学堂。第二年，清廷允准云南全省创办新式学堂。到光绪三十四年（1908年），云南各府、厅、州都建有1所新式学堂。① 清光绪二十九（1903年），初等学校开始在云南出现，至宣统二年（1910年），云南的初等、高等小学堂总计达749所。② 在永昌、顺宁、普洱府和镇边厅等少数民族地区，清廷还设立了大约128所"土民简易识字学塾"。③

二 清末云南边疆危机出现

1840年，英国发动侵略中国的鸦片战争，自此，西方列强以坚船利炮打开清王朝闭关锁国的大门。鸦片战争后，清王朝丧失了政治、经济上的独立地位，中国沦为半殖民地半封建社会。偏居一隅的云南也难逃帝国主义觊觎，成为英、法帝国主义争夺世界殖民霸权的角逐地。鸦片战争后不过短短几十年，19世纪末，由于英、法的插手，中国西南的云南陷入严重的边疆危机之中。

云南历来是中国西南的重要门户，是中国历朝历代中央政权经略今东南亚地区的桥头堡。2000多年前，南方丝绸之路将大夏（今阿富汗）、身毒（今印度）与成都平原、西南夷连接起来。在长期的历史发展中，云南与周边地区各民族形成了平等互利、互通有无的经济贸易往来关系，朝贡贸易和民间贸易历史悠久、互动频繁。一直到清末，清帝国与云南周边各邻邦之间尚保持着宗藩关系。但是，这种宗藩关系在英国占领缅甸、法国占领越南后随之终结。

从16世纪末开始，英、法相继侵入印度。18世纪中叶，法国在与英国抢夺印度的角逐中失败，继而把目标转向东南亚和云南。法国欲以占领越南为跳板，从而将势力伸进云南，再从云南向四川、西藏扩张，进而深入中国内地。英国并不满足于只占领一个印度，而是企图以缅甸为基地，从滇西打开中国后门，进入中国内地，最终将印度洋、澜沧江流域、长江流域势力范围连接贯通，构建起殖民霸权网络。

通过1824年、1852年两次侵缅战争，英国成功将魔爪从印度伸到缅甸。英国于1824年发动第一次侵缅战争，拉开缅甸殖民地化序幕。1852

---

① 古永继：《清代云南官学教育的发展及其特点》，《云南社会科学》2003年第2期。
② 刘光智：《云南教育简史》，贵州人民出版社1993年版，第74页。
③ 古永继：《清代云南官学教育的发展及其特点》，《云南社会科学》2003年第2期。

年,英国通过第二次侵缅战争,将下缅甸(缅甸南部)变成其殖民地。1885年的第三次侵缅战争,英国占领上缅甸(缅甸北部)。1886年1月1日,缅甸成为英属印度的一个省。1886年7月24日,英帝国主义强迫清政府签订《中英缅甸条款》,迫使清政府承认英国对缅甸的殖民权属①,终结了中国与缅甸在历史上长期存有的宗藩关系,缅甸完全沦为英国的殖民地。

1858年,法国联合西班牙舰队炮轰越南岘港,开始对越南的侵略。1862年,法国强迫越南阮氏王朝签订《西贡条约》,占领越南南圻东三省。1867年,法国军队强占越南南圻西三省,越南南部全部成为法国殖民地。1884年,越南阮氏王朝被迫签订第二次《顺化条约》,越南彻底沦为法国殖民地。1885年6月9日,作为中法战争产物的《中法会订越南条约》(又称《中法和约》《中法新约》《越南新约》《天津条约》等),不但正式割断了越南与中国的历史宗藩关系,清政府被迫承认法国对越南的保护权,而且迫使云南门户洞开。②

湄公河从北到南贯穿柬埔寨全境,最后从越南南部流入太平洋。法国吞并越南南圻之后,一度在暹罗与越南扩张的夹缝中求生存的柬埔寨成为法国的下一个侵略目标。1863年,法国逼迫柬埔寨签订《法柬条约》,认可法国对柬埔寨的保护权。1884年,法国又强迫柬埔寨签订第二次《法柬条约》,柬埔寨正式成为法国殖民地。

老挝处于越、柬、泰、缅、中5国之间,湄公河在老挝西部从北到南纵贯其全境,老挝可作为法国立足于越南、柬埔寨进入云南的跳板,具有重要战略地位。法国欲开发一条从越南西贡出发,沿湄公河而上,过柬埔寨,经老挝,进入云南的侵略通道。③ 当时,老挝澜沧王国处于万象、琅勃拉邦、占巴塞三国王朝分裂状态,并受暹罗控制。1893年,法国通过与暹罗签订《法暹条约》,迫使暹罗放弃对老挝的宗主国权利,老挝变成

---

① (清)许同莘、汪毅、张承棨编:《光绪条约》卷18,载沈云龙主编《近代中国史料丛刊续编第8辑》(78),台北文海出版社影印1982年版,第572页。

② (清)许同莘、汪毅、张承棨编:《光绪条约》卷15,载沈云龙主编《近代中国史料丛刊续编第8辑》(78),台北文海出版社影印1982年版,第484页。

③ 1866年,法国派出探险队考察湄公河航道。1867年,探险队到达思茅。考察队得出湄公河上游澜沧江因急流险滩多而不适宜通航的结论,却意外发现可以通过红河水运从越南进入云南。法国继而转向越南北部,企图利用红河航道侵入云南。

法国的保护国，且被并入于1887年成立的法属印度支那联邦①，沦为法国殖民地。

英、法对东南亚各国的武力吞并，不仅是西方列强为平衡自己在亚洲的利益而展开的角逐，更是其侵略云南、打开中国后门的前奏。随着缅、越、柬、老等国相继沦为英、法殖民地，中国西南边疆彻底丧失了曾经的藩属国的拱卫，完全暴露在英法殖民铁骑之下。英法以中南半岛各国为殖民据点，将势力从滇西、滇东南伸入云南，企图通过占领云南挺进四川，从而打开南亚、东南亚殖民地联通中国内地的门户，连接起扬子江航线流域，甚至东南沿海，最终瓜分中国这块亚洲最大的市场和原材料基地。

英、法对中国西南外围藩属国的殖民占领，制造出云南的边疆危机。在英法殖民帝国的干扰和捣乱下，产生了新的边界勘定问题。英、法利用勘界机会，极尽胡搅蛮缠、处心积虑，乘机侵占我国边境领土，割占云南部分边境地区，并遗留下中缅边境问题，直到后世新中国建立后才解决。

英国通过中缅边界勘定吞并云南边境领土。英国占领上缅甸，缅甸彻底成为英国殖民地后，中缅划界问题越趋凸显。时任驻英公使曾纪泽与英国谈判，力争怒江下游以东属于清王朝疆域，英国政府对此给予允诺。1894年3月1日，两国签订《中英续议滇缅界务商务条款》，确定以北纬25°35′、东经98°14′为参照标准，对北纬25°35′以南的边界作出划分，特别议定此线为北一段边界，等将来查明该处实情再划定界线。据此条约及中英双方签字认可的《滇缅界图》，猛卯三角地、木邦、科干等地皆在中国界内。② 中日甲午战争后，法国以"干涉还辽之功"窃取了普洱府所属猛乌、乌得，英国以此为籍口，要挟清政府调整滇缅边界。1897年2月4日，清政府被迫与英国签订《中缅条约附款》，将木邦、科干等地划给缅甸，并将以南坎为中心的猛卯三角地"永租与英国管辖"。③ 从晚清，中经民国，到新中国建立，集中反映于滇缅北段未定界、滇缅南段未定界的中缅边界问题一直存在，这些历史遗留的中缅未定边界问题和有争议之

---

① 1887年，法国将越南的南圻、中圻、北圻和柬埔寨组合为法属印度支那联邦，1893年，老挝也被并入，法属印度支那联邦为法国在柬埔寨、越南、老挝进行殖民统治的机构。

② （清）许同莘、汪毅、张承启编：《光绪条约》卷28，载沈云龙主编《近代中国史料丛刊续编第8辑》（78），台北文海出版社影印1982年版，第982—989页。

③ （清）许同莘、汪毅、张承启编：《光绪条约》卷43，载沈云龙主编《近代中国史料丛刊续编第8辑》（78），台北文海出版社影印1982年版，第1427—1433页。

处，直到1960年才最终得以彻底解决。还有，清末中英划界时，今勐海县打洛东南部界外南览河将入南垒河（又称南洛河）处的西南、南垒河以北的区域，即"三岛"地区，正式归属缅甸。"岛"为布朗语，是对基层政区的称谓，与傣语"勐"的意思相近，但"岛"比"勐"小一些，一个"岛"相当于现今的一个行政村，"三岛"即指三个基层政区范围。三岛之地曾一度属于车里（西双版纳）土司，中英划界前，这片区域处于缅甸孟艮（景栋）等土司与车里土司争夺的状态。[①] 该区域居住的民族为布朗、傈尼、拉祜等，与居住于中国云南勐海县南部边境的民族相同。同时，今景洪市东南的南阿河边界以外的部分地区，中英划界前曾受西双版纳土司管辖，中英划界时，被归入缅甸。[②]

法国在中越、中老勘界中乘机割走云南部分边境地区。

中法战争结束后，中越勘界问题提上日程表。1885年6月9日，中法签订《中法会订越南条约》，约定中法两国会同勘定界限。后来，中法陆续签订《滇越边界勘界节略》《中法续议界务专条》《中法界务专条附章》。在上述条约基础上，1896年10月25日，又签订《中法滇越界约》。前后历时11年后，中越边界基本格局终于确立，勘界立碑。中国云南段被法越割走的边境地区有临安府南部边境"六猛"中的勐蚌、勐赖、勐梭三勐之地，以及临安府纳楼土司所属三勐中的中勐的下半段和下勐，即目初、衙门坡、普方、里方等地，清政府收回雍正六年赏赐给越南黎氏王朝的都龙、勐峒等原开化府所属部分地区。

现位于老挝境内的猛乌、乌得原为中国领土。1895年，法国以干涉还辽有功为籍口，强索属普洱府车里宣慰司管辖的十三版纳中的猛乌、乌得两地。虽两地头人和民族群众强烈反对，但清政府还是被迫答应《中法界务专条附章》中有关猛乌、乌得的条款，将猛乌、乌得割让给法属越南[③]，居住于这一区域的族群演变为跨境民族。清光绪《续云南通志稿》卷99《秩官志·土司三》记载了这段历史："猛乌土把总。谨按，猛乌本隶宁洱县，为（车里）十三版纳之一，在九龙江（澜沧江的一段）之东，东南距（宁洱）县城九程。光绪二十一年（1895年）五月，总理

---

① 尤中：《中国西南边疆变迁史》，云南教育出版社1987年版，第261—263页。
② 尤中：《中国西南边疆变迁史》，云南教育出版社1987年版，第260页。
③ （清）许同莘、汪毅、张承棨编：《光绪条约》卷37，载沈云龙主编《近代中国史料丛刊续编第8辑》(78)，台北文海出版社影印1982年版，第1269页。

衙门奏请与乌得让归法国。……乌得土把总。谨按，乌得本隶宁洱县，为十三版纳之一，在九龙江之东，（宁洱）县东南，地与猛乌毗连，距（宁洱）县城十程。猛乌旧有盐井煎销，光绪十六年（1890年），疆吏以碍石膏井（在今宁洱县东南部）盐岸封禁。猛乌土弁怨忿，密投驻暹罗法使。至二十年（1894年），驻京法使遂向我总理衙门乞两乌（猛乌、乌得）土地，以为助我向日本索还辽地之报。总署奏请允之。"①

法国侵占老挝后，不断将势力伸进云南。法国利用划界之机，强行按自然地理以分水岭为线，挖走了原属勐腊的三盐井，三盐井即磨别、磨丁、磨杏，位于勐腊土司东南部。② 还有，今勐腊县西南的勐棒、勐润外的僾尼山区，即今老挝会晒省北部的勐新（芒新）以北地区，在中法划界前，属于中国，中法划界时，随着勐新划归法属老挝，这些地区也一并被割走。③

在中国封建帝国的传统政治观念里，中国为华夏之腹地，是天下之中心，"夷"，即"民族"，分布地则为边疆④，帝国文化、政治影响力所及之处皆为天朝版图。"大地东西七万二千里，南北如之，中土居大地之中，瀛海四环。其缘边滨海而居者，是谓之裔。海外诸国亦谓之裔。裔之为言边也。"⑤ 传统国家的边疆概念建立于政治、文化控制力之上，古代的统一多民族中国对边疆的认知是模糊游离的、弹性的，缺乏地理上明晰的边界划分，但内中掺糅着天朝的上国风范、浩荡气场和对自身文明的无比自信。这与近现代民族国家关于边疆的理念完全不同。"现代的边疆、边防的观念是近代以来的国际法上的概念，也是随主权意识的形成而形成的，由于其形成源于西方单一民族国家，故作为一个地理意义上的边疆与边疆民族之间并无多大的联系。"⑥ "传统国家的'边陲'与民族国家的'国界'两者之间具显著的差异"，"'边陲'均指某个国家的边远地区

---

① （清）王文韶、唐炯等：光绪《续云南通志稿》卷99《秩官志·土司三》，光绪刻本；括号内注释，参见尤中《中国西南边疆变迁史》，云南教育出版社1987年版，第248页。
② 尤中：《中国西南边疆变迁史》，云南教育出版社1987年版，第255页。
③ 尤中：《中国西南边疆变迁史》，云南教育出版社1987年版，第260页。
④ 张媚玲：《中国西南边疆近代民族关系史研究》，博士学位论文，云南大学，2012年，第64页。
⑤ （清）乾隆官修：《清朝文献通考》卷293《四裔考一》，浙江古籍出版社2000年版，第7413页。
⑥ 杜文忠：《边疆的概念与边疆的法律》，《中国边疆史地研究》2003年第4期。

(不必与另一国家毗邻)，中心区的政治权威会波及或者只是脆弱地控制着这些区。而另一方面，'国界'却是使两个或更多的国家得以区分开来和联合起来的众所周知的地理上的分界线。……国界只是在民族国家产生过程才开始出现的"。[①] 近现代民族国家建立于主权独立、领土完整基础之上，民族国家的边疆观念首先是地理意义上的边疆，必须以绝对的、清晰的地理边界来显示主权国家的领土完整。在英法染指以前，中国与云南外围邻邦之间是宗藩关系，并无明晰的边界线，清帝国认为"凡臣服之邦，皆隶版籍……既列藩封，尺地莫非吾土"[②]。随着西方列强对中国的武装入侵和殖民扩张，西方民族国家的主权意识也对中国传统国家地理观、民族观产生巨大的冲击和影响。近代，在英法西方列强武装占领中国西南邻邦、殖民入侵云南及不断与清朝政府进行界务交涉的过程中，中国云南现代意义上的国家边界形成。因国界划分，造成了属于同一区域内的同一民族的跨境而居现象。

第二节 清王朝对"窝泥"的统治

一 清代"窝泥"的分布及社会状况

清代，随着中央王朝对哈尼族地区统治的进一步深入，史籍中的哈尼族先民称谓更为复杂，除之前的窝泥、斡泥、和泥等，新出现了哈泥、哈宜、糯比、路弼、卡惰、罗缅、阿卡、喇乌、黑铺等多种名称，说明其内部支系众多、复杂不一。在清代，由于大量地方志的涌现，汉文史籍对哈尼族先民的记载更加丰富和详细，特别是府志、县志、厅志的出现，使县域内的种人分布及其经济、社会、文化等情况得以更为全面详细地记述。

（一）临安府的"窝泥"及其社会状况

清代，临安府南部靠近边境地区（即红河以南"江外"地区，今红河、元阳、金平、绿春各县）的窝泥，政治上从属于本民族封建领主土

---

① [英] 安东尼·吉登斯：《民族——国家与暴力》，胡宗泽等译，生活·读书·新知三联书店1998年版，第6页。

② （清）阮元、王崧等：道光《云南通志稿》卷107《武备志三之二·边防下·开化》，道光刻本。

司，受到汉文化一定程度的影响，梯田农业生产已达相当高的水平。

清雍正《临安府志》卷 7《风俗·附种人》曰："窝泥，自呼哈宜。性躁。面垢不洗。汉语少通，形相怪异。男子头包白帕，腰（束）皮绳，并系以刀。凡谷熟，任置田间，有窃去者，能咒人头痛发热。"①

清嘉庆《临安府志》卷 20《杂记》说："临属（土司之地）山多田少，土人（指窝泥）依山麓平旷处开作田园，层层相间，远望如画。至山势峻极，蹑坎而登，有石梯磴，名曰梯田。水源高者，通以略彴，数里不绝。至高亢处，待雨播种，曰雷鸣田，亦曰靠天田。"②"山家（指居住在山区的窝泥）引水用竹，空其中，百十相接，跨溪越涧，或用搘阁，或架以竿，或垫以石，延缘沟塍，直达厨灶。唐诗所谓'刳木取泉遥'也。"③

临安府北部靠内地区的新平县、嶍峨县、建水县、石屏州、阿迷州、蒙自县等州县，仍有部分窝泥人分布，但其政治、生产、生活情况，与临安府靠近边境地区的窝泥有所不同。

清康熙《新平县志》卷 2《风俗·附种人》曰："窝泥，性多狡滑。耕田纳粮，间亦为盗。住居近水，喜捕鱼虾。婚用媒妁。死无棺木，击鼓摇铃，焚而葬其骨。祭用牛羊。"④ 新平县的窝泥内部已无本民族封建领主土司，他们已是流官统治之下"耕田纳粮"的编民。

明天启《滇志》卷 30 曰："嶍峨县土官普净，郡志作禄侑。国初归附，授县丞。……辖部猡猡、窝泥二种。"⑤ 康熙《嶍峨县志》卷 6《风俗·附种人》："窝泥，男子多跣足，妇女衣衫，以绵绳辫发数绺，穿海贝盘旋为饰，穿珠垂胸。人死无棺，击锣鼓摇铃，头插鸡尾跳舞，名曰洗

---

① （清）张无咎等修纂：雍正《临安府志》卷 7《风俗·附种人》，雍正刻本。
② （清）江濬源修、罗惠恩等纂：嘉庆《临安府志》卷 20《杂记》，载《中国地方志集成·云南府县志辑》（47），凤凰出版社 2009 年版，第 385 页。
③ （清）江濬源修、罗惠恩等纂：嘉庆《临安府志》卷 20《杂记》，载《中国地方志集成·云南府县志辑》（47），凤凰出版社 2009 年版，第 385 页。括号内解释，参见尤中《尤中文集》第 3 卷《中国西南的古代民族 中国西南的古代民族续编》，云南大学出版社 2009 年版，第 265 页。
④ （清）张云翮修、舒鹏翮等纂：康熙《新平县志》卷 2《风俗·附种人》，康熙五十一年（1712 年）传抄本。
⑤ （明）刘文征撰：《滇志》卷 30《羁縻志·土司官氏·临安府》，古永继校点，云南教育出版社 1991 年版，第 976 页。

鬼，三日采松为架，焚而葬其骨。祭用牛羊。"① 明、清以来，嶍峨县的窝泥与罗罗相杂处，清朝时，与罗罗一起受流官统治，但保存着本民族原有的文化生活特征。

　　清嘉庆《临安府志》卷18《土司》纳楼土司所辖种人曰："窝泥，性躁，面垢不洗。男以白帕裹头，腰束皮绳。女子衣花布衫，以绵绳辫发数绺，穿海贝巴盘旋为饰。不居屋，凭高作篷，名曰掌，似雀巢；男女悉处其上，下关牛马牲畜。种稻谷、棉花、靛草为业。"② 纳楼土司为清代临安府辖区中著名的"十土司及十五掌寨"之一，其地跨红河南北两岸，归建水县管辖，故建水县境内居住有窝泥。建水、石屏的窝泥与当地的汉、罗罗相杂居，已属于编民。

　　清嘉庆《阿迷州志》卷6《风俗·种人附》记载："窝泥，或曰斡泥。男环耳跣足。妇衣花布衫，以红白绵绳辫发数绺，海贝杂珠盘旋为螺髻，穿青黄珠，垂胸为络。裳无襞绩，红黑纱缕，间杂饰其左右。既适人，则以藤束膝下为识。丧无棺，吊者击锣鼓摇铃，头插鸡尾跳舞，名曰洗鬼，忽泣忽饮；三日，采松为架，焚而葬其骨。祭用牛羊，挥扇环歌，拊掌踏足，以钲鼓芦笙为乐。"③ 清嘉庆《阿迷州志》中的"窝泥"条目，内容录之于明天启《滇志》，未有改变。明清时，阿迷州的窝泥，亦杂处于当地罗罗等族之中，清时，受流官管辖，但本民族的原有文化生活特征与明时无多少变化。

　　清康熙《蒙自县志》卷3《彝俗》曰："窝泥，自呼哈泥。蒙邑有河泥里，即其所居也。其性柔畏法，不敢为盗贼。所居多茅屋。男能耕，女能织。春耕用牛毕则放之于野，秋成获稻亦贮之陌上。其嫁女，则索牛以为聘。夫死则归于母家，更适人，不闻于舅姑。"④ 蒙自县的窝泥也杂居于当地汉、罗罗等族中，受汉文化影响较大。

---

①　转引自古永继《哈尼族古代史料汇编》，载林超民主编《西南古籍研究》（2008年），云南大学出版社2010年版，第364页、371页。

②　（清）江濬源修、罗惠恩等纂：嘉庆《临安府志》卷18《土司》，载《中国地方志集成·云南府县志辑》（47），凤凰出版社2009年版，第235页。

③　（清）张大鼎纂修：嘉庆《阿迷州志》卷6《风俗·种人附》，载《中国地方志集成·云南府县志辑》（14），凤凰出版社2009年版，第549页。

④　（清）韩三异纂修：康熙《蒙自县志》卷3《彝俗》，清康熙五十一年（1712年）刊本传抄本。

(二) 开化府的"窝泥"及其社会状况

从唐宋起,开化府地域即为哈尼族先民重要聚居区。开化府于清朝初年设置,有明一代,开化府地域属临安府,元代,起先属阿棘万户府,后阿棘万户府改为临安路,其地归属临安路。

清嘉庆《大清一统志·云南志》卷488《开化府·古迹》曰:"教化三部废长官司,在今府治(即今文山城区)。唐时强现蛮居此,元为强现三部,隶临安宣慰司,明改为长官司。……《通志》:西华山三十六峰间,有教化土司旧城址,或即其处。部夷曰马喇,曰沙人,曰猡,曰侬人,曰野蒲,曰喇记,多和泥余种。"① 清乾隆《开化府志》卷3《山川·里甲附》曰:"开化里:布都寨:摆夷。……王弄里:阿泥租迭寨:仆拉。骂姑迷寨:拉黑、窝泥。"② 以上史料中提到的和泥、布都、阿泥、窝泥,皆为对哈尼族先民或其支系的称谓。清乾隆《开化府志》卷9《风俗·种人》曰:"窝泥,或曰斡泥。男环耳跣足,妇衣花布衫,以红白棉绳辫发数绺,海贝杂珠盘旋为螺髻,穿青海珠垂臂为络;裳无襞积,红黑纱缕间饰其左右。既适人,则以藤束膝下为识。丧无棺,吊者击锣鼓摇铃,头插鸡尾跳舞,名曰洗鬼,忽泣忽饮;三日采松为架,焚而葬其骨。祭用牛羊,挥扇环歌,拊掌踏足,以钲鼓、芦笙为乐。性柔畏法,多处山麓耕地。"③ 清乾隆《开化府志》所载的窝泥风俗与明天启《滇志》记载相同。明时,教化三(山)部长官司地区属于临安府,该地域的窝泥与临安府其他长官司辖境内的窝泥,他们在政治、经济、文化各方面皆完全相同。但至清初康熙六年(1667年),教化三(山)部地区因"改土归流"设置开化府流官后,此地即无窝泥土司,民族也无窝泥之名,只是"多和泥余种"。清初,窝泥贵族丧失了在六诏山地区的统治地位,窝泥不再是该区域的主体民族。据乾隆《开化府志》(1758年完成)卷3所记,在开化府1500多个村寨中,仅王弄里(今文山市西部)170多个寨子中的骂姑迷寨有窝泥与剌黑杂居④,那些曾是窝泥聚集的其他寨子,如布都寨、阿泥寨,已被他族所占。清嘉庆时,情况已变成在其他族群中

---

① (清)嘉庆《大清一统志·云南志》卷488《开化府·古迹》,载《四部丛刊续编》史部(28),上海书店印行,1984年。
② (清)汤大宾修、赵震纂:乾隆《开化府志》卷3《山川·里甲附》,乾隆刊本传抄本。
③ (清)汤大宾修、赵震纂:乾隆《开化府志》卷9《风俗·种人》,乾隆刊本传抄本。
④ (清)汤大宾修、赵震纂:乾隆《开化府志》卷3《山川·里甲附》,乾隆刊本传抄本。

"多和泥余种"，窝泥人在当地民族结构中已被稀释。

（三）元江府的"窝泥"及其社会状况

元时，从威远州中划分出元江路，明沿袭之，至清初，将元江府南部的原他郎甸、步日、思麽和威远州之地分设普洱府，至此，元江府辖地缩小为元江、新平两县地域。元江一直为哈尼族先民聚居区，至清一代亦然。

康熙《元江府志》卷2《彝人种类》曰：

"阿泥秉性俭朴，食茹饮淡，男勤耕，女勤织，不敢为非，路不拾遗。居家，男女事长下气柔声。服食居处，多与汉人同。男将婚，告知族人，女将嫁，亦告族人，两家会亲，然后婚媾。死葬同汉俗。

"卡堕性顽钝，喜歌舞，男女多苟合。遇婚娶，通媒妁之日，议聘金八九十两不等，所以娶妻多有子孙代祖父赔聘者，故娶妻之家，见媳生女，则喜不自胜，若连生数子，以为受累异常。葬火化。

"糯比即阿泥之别种。……丧无棺。死，击锣鼓，摇铃跳舞，名曰'洗鬼'。忽泣忽饮，三日，采松为架焚之。

"黑铺其俗与阿泥同，而言语微异。性巧慧，善作宫室。元江器用竹几、竹床、竹桌、竹凳、竹梯，备极精巧，虽汉人不能过。……以上接下皆以礼，畜养山羊，不食羊肉。彝中最善者。"[①]

清时，元江府的哈尼族先民有阿泥、黑铺、卡堕、糯比、黑窝泥、白窝泥等之分，虽皆处于流官统治之下，但经济、文化已有差异，阿泥、黑铺、窝泥发展层次相对较高，受汉文化影响较大，婚丧嫁娶已与汉俗接近，而糯比、卡堕等仍保持原有文化。

（四）普洱府的"窝泥"及其社会状况

清雍正六年"改土归流"，将元江府南部、威远州及车里土司所辖澜沧江以东地域合并设置普洱府。自南诏、大理以来，此地区即为哈尼族先民窝泥与百夷、朴的杂居区，其中的部分地区，如他郎，窝泥人口占据绝大优势。

清道光《普洱府志》卷18《土司·种人附》曰：

"黑窝泥，宁洱、思茅、威远（景谷）、他郎（墨江）皆有之。性情

---

① （清）章履成纂修：康熙《元江府志》卷2《彝人种类》，载李崇隆、梁耀武、李亚平点校，梁耀武主编《府志两种》，云南人民出版社1995年版，第690—691页。

和缓，服色尚黑。鸡卜占吉凶，遇病不服药，宰牲祀祷而已。在思茅者，采茶为生。在威远、他郎者，男勤耕耘，女务织纺，采薪入市交易。嫁娶婚丧略似汉礼。通晓汉语，近有读书应试者。在宁洱者，刀耕火种。妇女虽行路负载，亦搴线，苦勤食力。

"白窝泥，宁洱、他郎有之。……所住上楼下屋，人住楼上，畜置楼下，名为掌子房。以耕种为生。土产花猪，家家多畜养之。

"卡堕，他郎有之。……虽务耕作，但嗜酒好逸。其名卡堕者，即以此欤？

"糯比，他郎有之，即阿泥之别种……少通汉语，山居僻处，罕入城市。"①

"阿卡……宁洱、思茅有志。……男穿青蓝布短衣裤，女穿青蓝布短衣裙，均以红藤缠腰。耕种杂粮之外，佩刀执镖捕猎为食。在思茅者罕入城市，在宁洱者应役当差。"② "（伯麟图说）阿卡性顽，貌醜，男女服青蓝，以红藤系腰，耕余猎，较罕入城市，普洱府属有之。"③

普洱府的哈尼族先民有黑窝泥、白窝泥、卡堕、糯比、阿卡等称谓和分类，政治上处于流官统辖之下，但经济、文化尚有差异，受汉文化影响程度不一。

（五）景东直隶厅、镇沅直隶厅的"窝泥"及其社会状况

根据《元史·地理志四·威楚开南等路》记载，在唐南诏以前，哈尼族先民"和泥"即居于今景东、镇沅、景谷等地，自南诏、大理以来，此区域即为"和泥"与"朴""金齿百夷"所共居之地。经元、明，至清，此地仍有不少哈尼族先民窝泥居住。

清雍正《景东府志》卷3《夷民种类》曰："窝泥，男服皂衣。女束发，青布缠头，别用宽布帕覆之；衣用长桶，有领、袖而无襟，穿衣自首套下，内着桶裤；领缀海贝巴，用锡作短小筒串以饰项。丧葬刳木为棺，祭用牛，贫则用猪。不记生而记死，每逢忌日，设牲祭于家，不出财，不

---

① （清）郑绍谦原纂、李熙龄续修：道光《普洱府志》卷18《土司·种人附》，民国四年（1915年）铅印本。

② （清）郑绍谦原纂、李熙龄续修：道光《普洱府志》卷18《土司·种人附》，民国四年（1915年）铅印本。

③ （清）阮元、王崧等：道光《云南通志稿》卷186《南蛮志三之五·种人五·卡堕》，道光刻本。

出户。婚亦用媒往议，路遇野兽即返而他求。娶时有奶钱、阿舅钱、火头钱，动费数金，无银以牲畜代之。贫则入赘，多年始得携妻归。男亦务耕力作，女织粗布葛，出则织葛布，止堪为袋。性嗜酒，食犬肉。呼父曰簸，呼母曰麽。"① 后来的嘉庆《景东直隶厅志》卷22《土司·种夷》②和民国《景东县志稿》卷2《地理志·种夷》③之记载与此相同。

清道光《云南通志稿》卷183《南蛮志三之二·种人二》道："白窝泥……（伯麟图说）男女务耕织，服青白衣，以笼负物入市。悍而知法。镇沅州属有之。"④

清初改土归流后，景东、镇沅等地的哈尼族先民受流官管辖，虽仍保留有自己的民族传统文化，但也在一定程度上受到汉文化的影响。

（六）楚雄府的"和泥"及其社会状况

清康熙《楚雄府志》卷1《地理志·土人种类》记载曰："和泥，男妇善夷歌，男子剪发齐眉，衣不掩胫。妇人辫发，饰以海贝、红绒，青绿烧珠为璎珞，垂于头额，桶裙无襞。女子以红黑布相间，缀于裙之左右。既适人，则以藤丝圈束膝下。婚姻，男以水泼女足为定。饮酒，以一人吹芦笙为首，男女牵手周旋，跳舞为乐。死者葬，以鸡雌雄各一殉之。"⑤康熙《南安州志》卷一《地理志·风俗》⑥和康熙《广通县志》卷1《风俗》⑦所记载的和泥内容与康熙《楚雄府志》所载内容相同。府志之文往往采自县志、州志，可见楚雄府南安州（今双柏县）、广通县（今禄丰市

---

① （清）徐树闳纂修、张问政等分修：雍正《景东府志》卷3《夷民种类》，清雍正十年（1732年）抄本传抄。

② （清）罗含章纂：嘉庆《景东直隶厅志》卷22《土司·种夷》，清嘉庆二十五年（1820年）刊印本。

③ （民国）周汝钊修、侯应中纂：《景东县志稿》卷2《地理志·种夷》，载《中国地方志集成·云南府县志辑》（32），凤凰出版社2009年版，第661页。

④ （清）阮元、王崧等：道光《云南通志稿》卷183《南蛮志三之二·种人二·窝泥》，道光刻本。

⑤ （清）张嘉颖纂修：康熙《楚雄府志》卷1《地理志·土人种类》，载杨成彪主编《楚雄彝族自治州旧方志全书·楚雄卷》，云南人民出版社2005年版，第197页。

⑥ （清）张伦至纂修：康熙《南安州志》卷一《地理志·风俗》，载杨成彪主编《楚雄彝族自治州旧方志全书·双柏卷》，云南人民出版社2005年版，第16页。

⑦ （清）李铨纂修：康熙《广通县志》卷1《风俗》，载杨成彪主编《楚雄彝族自治州旧方志全书·禄丰卷》，云南人民出版社2005年版，第384页。

广通）有和泥分布。

（七）其他地区的"窝泥"及其社会状况

清代，云南府易门县、武定直隶州也有哈尼族先民分布。乾隆《易门县志》卷6《风俗志·种人》曰："窝泥，夷中之下者。男女跣足。妇以红白带辫发数绔，海贝杂珠盘旋为螺髻，穿青黄珠垂胸为络；裳无襞积，红黑纱缕间杂为饰。婚娶亦是媒，允后欲娶，其婿先约数人伏于女家左右，俟女出，抢负至家成亲；三五日，女逃归母家，然后用亲迎之礼，整酒会宴，习以为俗。男女俱善饮，无不好酒者。"① 康熙《武定府志》卷1《风俗》载："倮儸，在和曲（今武定县）之铺西、永兆，禄劝之硝井等处为多。耕山种田，肩挑背负，采薪拣菌，贸易盐米。"② 道光《云南通志稿》卷185《南蛮志三之四·种人四》载："（旧云南通志）罗缅，禄劝有之。耕种山田，肩挑背负，采薪拣菌，贸易盐米。（元谋县志）短袴裸肌，别有土语，遇山而蕾。"③ "倮面""罗缅"即糯美的同音异写，虽始见于清代文献，但却是形成较早的一组称谓，在哈尼族先民进入滇南之前即已使用。清代，禄劝、元谋属武定直隶州，居住于这些地域的罗缅是南迁哈尼族先民的遗裔。今禄劝、武定仍有少量世居哈尼族，但元谋已无世居哈尼族。

（八）境外的"窝泥"及其社会状况

19世纪，随着西方帝国主义的殖民侵略，英法两个帝国主义国家在中国西南外围诸国展开激烈抢夺，历史上曾是中国西南"藩属""拱卫区"的越、缅、老等各国相继被列强瓜分。1885年，法国占领越南。1886年1月1日，缅甸成为英属印度的一个省。1893年，老挝沦为法国保护国。失去了"藩属"的拱卫，中国西南边疆直接暴露于英法殖民帝国铁骑之下，云南被包围在英法两大殖民帝国势力之间。伴随着西方帝国主义国家对越南、缅甸、老挝的殖民统治，中国与西南边疆诸邻间长期以

---

① （清）素尔方阿修、董良材纂：乾隆《易门县志》卷6《风俗志·种人》，清乾隆四十二年（1777年）原刊本。

② （清）王清贤、陈淳纂修：康熙《武定府志》卷1《风俗》，载杨成彪主编《楚雄彝族自治州旧方志全书·武定卷》，云南人民出版社2005年版，第45页。

③ （清）阮元、王崧等：道光《云南通志稿》卷185《南蛮志三之四·种人四》，道光刻本。

来的宗藩关系戛然而止。英法两国以划界为手段扩大殖民领土范围,中国西南边疆现代意义上的国家边界随之形成,居住于同一区域范围内的同一民族因地理国界的出现而成为跨境民族。至清代晚期,历史上居住于毗邻云南的越南、老挝、缅甸及泰国北部山区的哈尼族先民,成为境外民族。老挝的哈尼族先民主要居住于黑河流域与中国、越南接界的丰沙里,以及湄公河流域与中国、缅甸接壤的南塔省;缅甸的哈尼族先民主要分布于景栋一带;泰国的哈尼族先民主要居住于清莱一带,在清迈、袍、帕瑶、南邦等地,也有部分分布;越南的哈尼族先民主要居住于中越、越老边境地带,即越南莱州省、老街省。[①] 分布于境外的哈尼族先民,其文化生活的传统特色较为浓郁,保留着父子连名习俗,以及传统的原始宗教。经济生活以刀耕火种为主,种植粮食作物,也普遍种植鸦片。

综上,清代,临安府、元江直隶州、普洱府(清朝初年设置,其范围大部分为南诏、大理国时期威远州所辖十二部之地,元时属元江路,明时分属威远州、元江军民府和车里军民宣慰使司)及普洱府代为管辖的车里宣慰司,即哀牢山和无量山南部地区,依然是窝泥的集中分布区。其他地区,如云南府、武定直隶州、景东直隶厅、楚雄府、曲靖府、大理府邓川州等地,也有窝泥散布。但是,与元、明时期相比,到清代,哈尼族先民的分布在地域上出现三大变化:一是曾为窝泥聚居区的六诏山地区在18世纪中叶以后已无窝泥族属,今天,文山州也无世居哈尼族;二是在历史上曾作为哈尼族先民北部分布区、哈尼民族迁徙源头的川西南,在18世纪以后,这一片区的阿泥不再见于史料记载,说明当时这一地域已无阿泥之称的民族,盖因前朝时,遗留于川西南的阿泥一部分融入当地罗罗等民族之中,另一部分因性习迁徙而往南移动进入元谋、武定、禄劝及滇西北邓川等地域;三是由于近现代民族国家的产生,国界的划分,哈尼族先民的南向分布已蔓延至境外即今天的越南、老挝、缅甸、泰国等东南亚地区。即哈尼族的分布区依然处于变化之中,直至清代中后期,哈尼族才最终形成与今天基本一致的分布格局。

[①] 何平:《云南边境地区和境外诸国的阿卡人及其与哈尼族的历史文化关系》,《中央民族大学学报》(哲学社会科学版) 2012 年第 5 期。

二 清王朝对"窝泥"的统治

(一) 改土归流,土流兼施

清王朝顺势而为,在领主经济濒临崩溃的靠内地区开始大规模推行改土归流。在窝泥聚居的六诏山、哀牢山地区,清廷则采取不一样的政治统治政策,即既改土归流,又土流兼施。

清康熙六年（1667年）,清王朝以六诏山各窝泥土官参与李定国及后来的禄昌贤为首的反清大起义为借口,在六诏山地区实施改土归流,废除了六诏山的土官制度,设立开化府、广西府,六诏山地区开始进入地主经济时代,窝泥龙氏在当地近600年的统治至此结束。

清廷废除哀牢山西麓的因远罗必甸长官司,属元江州管辖。

清雍正六年,清廷将元江府南部、威远州及车里土司所辖澜沧江以东地域合并,设置普洱府。清政府改马龙他郎甸长官司、钮兀御夷长官司为他郎厅（辖今墨江县、江城县）,隶属普洱府。[①] 从而,哀牢山下段西麓地区进入地主经济社会。由于明、清以来,这一地区汉人迁入较多,受汉族经济、文化影响相较于其他哈尼族先民地区更深,哀牢山西麓的墨江、新平、镇沅、宁洱、思茅等哈尼族先民分布区,其社会经济文化发展程度相对其他哈尼族先民地区更高。

清廷沿袭明制,保留哀牢山东麓下段及与之隔河相望的红河北岸,即:纳更、思陀、溪处、瓦渣、左能、落恐、亏容、纳楼、阿邦[②]各土官领主制度。清雍正年间,从纳更山巡检司领地内分离出稿吾卡土把总。[③] 明代红河流域的沐氏勋庄,曾一度成为吴三桂的吴氏藩庄,吴三桂倒台后,庄田变价归建水县征收税粮,原各管庄或佃长演变为其所管辖庄寨的领主,从而在清代产生了新的土官领主十五猛土掌寨,即猛丁、猛弄、猛喇、马龙、斗岩、茨通坝、宗哈瓦遮、水塘、猛梭、猛赖、猛蚌、者米、五亩、五邦、阿土等。以上所提到的土司和掌寨即清代临安府辖区中著名的"十土司及十五掌寨"。在十土司中,除纳楼土司为彝族先民,亏容、

---

① 《哈尼族简史》编写组:《哈尼族简史》,云南人民出版社1985年版,第58页。

② 清顺治年间,从阿邦中分离出慢车。因慢车土目刀岗随清军协同围剿元江土夷叛乱有功,而被授予土舍世袭。

③ （民国）赵尔巽等:《清史稿》卷514《土司三·临安府·稿吾卡土把总》,中华书局1977年版,第14262页。

阿邦土司为傣族先民，其余土司皆为哈尼族先民。在十五掌寨中，猛丁、猛弄、马龙、斗岩、茨通坝、宗哈瓦遮六猛的寨长皆为哈尼族先民，其余寨长为傣族先民。十土司及十五掌寨所辖居民以哈尼族先民居多，彝族先民、傣族先民次之，还有少数侬人、沙人等其他民族散居其中。①

居住于其他地区的窝泥，或受其他民族土官统治，或受流官管辖。

（二）征课杂派

清廷在窝泥聚居地区进行改土归流，废除窝泥土官，设立流官管辖，实现了封建中央王朝对窝泥地区的直接政治统治。

在土司制度之下，民族群众受土官剥削，向土官履行田赋、地租、劳役、杂派等各种义务，土官再向朝廷纳贡，服从朝廷征调。改土归流后，王朝国家与少数民族之间已经不存在土司制度这一媒介，朝廷在少数民族地区建立起像内地一样的行政管理体制，由流官直接管辖，向民族群众直接征收赋税，加以劳役、杂派。清朝徭役繁重，甚至"一兔两皮"，反复缴纳。对元江府、临安府的窝泥聚居区，清廷不仅征收赋税，而且对核桃、松子、干笋、木耳、麻子油、槟榔、子花等土特产品、农副产品加以杂派。镇沅、威远、普洱等窝泥地区多盐井，一贯是"俱听土民煎食，原不办课"②，清廷于雍正二年（1724年）开始课税。普洱府盛产茶叶，采摘、售卖茶叶历来是当地窝泥等各民族的生计来源。后来，朝廷势力开始伸入茶山营生。鄂尔泰在思茅设立"总茶店"，垄断六大茶山所产茶叶，管制茶叶买卖。朝廷命令茶户所产茶叶必须运到官府的总茶店，规定私自买卖茶叶当罪论处。而茶户把茶运到总店"人役使费繁多，轻戥重称，又所难免。然则百斤之价，得半而止"③，且"文官责之以贡茶，武官挟之以生息"④，又"文武各员，每岁二三月间，即差兵役入山采取，任意作践，短价强买，四处贩卖，滥派人夫沿途运送"⑤。清廷的介入和

---

① "民族问题五种丛书"云南省编辑委员会编：《哈尼族社会历史调查》，民族出版社2009年版，第5页。

② （清）倪蜕辑：《云南事略》，载李春龙主编主点、刘景毛副主编主点《正续云南备征志精选点校》，云南民族出版社2000年版，第147页。

③ （清）倪蜕辑：《滇云历年传》卷12，李埏校点，云南大学出版社1992年版，第602页。

④ （清）倪蜕辑：《滇云历年传》卷12，李埏校点，云南大学出版社1992年版，第602页。

⑤ （清）尹继善：《筹酌普、思、元、新善后事宜疏》，载（清）师范纂《滇系》卷八之四《艺文》，台北成文出版社1968年版，第739页。

剥削对茶叶生产秩序造成严重破坏，危及到窝泥等当地族群的生活。雍正五年（1727年），普洱窝泥聚集起5000人起义，击杀清军把总王朝选，但起义还是以被镇压而结束。[①] 雍正十一年（1733年），元江倭泥群起反抗，义军攻至墨江，专杀清兵、地主，但起义最后被清军平服。[②]

（三）军事镇压

清王朝控制云南后，随即采取政治、经济、军事、文化等各种措施，不断扩大对云南各民族进行直接统治的区域，不断增强对云南各民族的直接统治力度。清朝时，中央王朝国家政权对云南各民族地区的直接统治比以前任何一个朝代都更为广泛和深入。换一个角度来看，在清王朝比前朝更为深入广泛的国家治理之下，必然伴随着民族关系、阶级关系等错综复杂的问题，交织着矛盾、剥削、压迫，以及各民族的武力反抗和统治阶级的暴力镇压。

清王朝对云南各民族的征服首先是借助军事力量。明末清初，张献忠农民起义军旧部李定国率军入滇，联明抗清，在彝族先民、哈尼族先民支持下，平定六诏山王弄部土官沙定洲叛乱，逐步平息由沙定洲叛乱导致的纷争混乱局面，在云南建立抗清基地。清顺治十五年、明永历十二年（1658年），清军分别从贵州、广西、四川三路进攻云南，十二月，清兵进入云南，逼近昆明，十二月二十五日，南明永历帝向滇西逃窜，后入缅，李定国转战滇西抗清。清康熙元年（1662年），清军入缅，将永历帝朱由榔押回昆明，并将其缢死，不久，李定国因忧愤成疾死于勐腊。但是，云南各族人民的反清斗争仍然在继续。

明末清初反清大起义爆发的主要阵地为窝泥、罗罗居住的滇中、滇南、滇东南地区，窝泥、罗罗是此次反清的主力。康熙三年（1664年），贵州水西彝族土官安坤在明朝旧臣常金印、罗联芳等人支持下，起兵反清。乘吴三桂率军前往贵州镇压安坤反抗之机，次年，即康熙四年（1665年），石屏的龙韬、龙飞扬、龙赞扬，六诏山教化的龙升、龙升宵，枯木的龙元庆、龙元祚，八寨的李成林，维摩的沈应麟，王弄部的王朔，

[①]（清）纪晓岚等：《钦定四库全书》史部178（第420册）《诏令奏议类·朱批谕旨》卷125之五《朱批鄂尔泰奏折》，台北商务印书馆影印本，1982—1986年版，第399—400页。

[②]（清）倪蜕辑：《滇云历年传》卷12，李埏校点，云南大学出版社1992年版，第623页。

哀牢山溪处的赵恩忠、瓦渣的钱觉耀等土官联合起来，以宁州（今华宁）土官禄昌贤为首，率部掀起反清大起义。在上述参加抗清起义的土官中，六诏山的龙氏，溪处的赵恩忠，瓦渣的钱觉耀，都为窝泥，窝泥约占起义土官的一半。起义军攻陷临安、蒙自、嶍峨（今峨山）、宁州、易门、通海、石屏、宜良，以及六诏山各城镇，震动滇南、滇东南，波及滇中，吴三桂领兵镇压，未及半年，起义被镇压，除龙元祚、龙韬外逃，大多数土官或战死或被擒后诛杀。史书对领导或参与此次起义事件的各土官情况和结局做了记载。"先是，王弄王朝聚沙定洲余党，率教化张长寿，枯木龙元庆，八寨李成林，牛羊侬得功，维摩沈应麟、沈兆麟等谋叛，旋讨平之，因置府焉。"① "教化三部废长官司……明洪武初，土司和泥人莽乍归附，授副长官，传至张明。本朝平滇，张长寿仍授世职。康熙四年，长寿以附逆诛。六年，即其地设开化府。"② "溪处……恩忠，当顺治十六年大师辟滇，首投诚，授世职；康熙四年，附禄昌贤叛，伏诛，改土舍，以其弟恩廉袭。……瓦渣……自钱因、钱玉、钱威远十三世而至钱觉耀，会本朝辟滇，耀投诚。康熙四年，通王禄叛，官兵擒斩之。"③ 起义被镇压平息后，清王朝乘机在六诏山地区实施改土归流，设置开化府，控制六诏山地区近600年的窝泥土司群自此退出历史舞台。

盐、茶等课税的繁重，官吏和差役们"兵差络绎于途，酒不待熟，鸡不及成，蛋且三分一枚"④的贪婪剥削，汉族地主阶级以大民族统治者姿态自居之下的纵横恣肆、强取豪夺，严重破坏了窝泥地区社会秩序，不断激起窝泥等民族的武装反抗。

雍正五年（1727年），普洱府窝泥被迫聚集起义，击杀清军把总王朝选，惊动了远在北京的雍正皇帝，起义最终被残酷镇压。时任云贵总督鄂尔泰在雍正五年十一月十一日上奏《为报明进剿窝泥逆贼事》，专门就此

---

① （清）汤大宾修、赵震纂：乾隆《开化府志》卷2《建置·沿革》，乾隆刊本传抄本。
② （清）嘉庆《大清一统志·云南志》卷488《开化府·古迹》，《四部丛刊续编》史部（28），上海书店印行，1984年。
③ （清）江濬源修、罗惠恩等纂：嘉庆《临安府志》卷18《土司》，载《中国地方志集成·云南府县志辑》（47），凤凰出版社2009年版，第237—239页。
④ （清）倪蜕辑：《滇云历年传》卷12，李埏校点，云南大学出版社1992年版，第622页。

事件及官兵围剿叛乱窝泥的过程向雍正皇帝进行汇报。① 时任云南提督郝玉麟于雍正六年二月二十二日呈递给雍正皇帝的奏章中，也汇报了上年普洱府茶山窝泥暴乱事件及调遣汉土官兵进剿暴乱窝泥事宜，并根据茶山疆界形势，建议朝廷考虑以险要隘口分布汛防、改设郡县，以"顽梗夷民得沐圣朝治化，渐改旧习"②。

雍正十年（1732年），先是普洱镇总兵李宗膺去茶山搜刮满载而归，后是普洱府知府佟世荫"过山，聚粮"，命令茶山土千户刀兴国到各村寨聚敛。刀兴国力陈"民力已竭"，拒绝领命而被踢打，于是率众反叛，围攻思茅、他郎，与清军相持了三四个月，直到第二年，即清雍正十一年（1733年），提督蔡成贵自大理统兵往茶山平叛，刀兴国被擒而斩，其余部悉力伐茶树，塞盐井后四向逃散。③ 刀兴国带领的普洱府思茅等地反抗压迫与剥削的斗争激起其他相关地区各民族的积极响应。雍正十一年（1733年），元江倭泥发动起义，支持思茅的反抗斗争，义军攻至他郎（今墨江），专杀清兵、地主。"（雍正）十一年（1733年）癸丑……元江土人白倭泥叛，杀他郎甸土民殆尽。署总督高其倬调临元镇总兵董芳剿之。"④ 新平土目杨昌奉响应思茅、普洱、元江、他郎的反抗，亦率部发动起义，围攻新平县城，向元江会合。⑤ 此次广及思茅、普洱、他郎、元江、新平的倭泥、摆夷等民族为主的反抗斗争，先后延续了3年，虽终究被清军镇压平息，但清军和汉族地主亦受重创。史书对元江倭泥反叛的原因有所提及："元江有黑、白倭泥二种。白者贱，汉人欺之益甚，至是乘衅作乱，杀田主、汛兵，无一免者，酬夙愤也。"⑥ 原来元江白倭泥的此次叛乱，导火索在于外来汉人移民的长期欺凌，由此可见，反抗、镇压这对现象之间交织着复杂的民族关系、民族与国家之间的关系。

---

① （清）纪晓岚等：《钦定四库全书》史部178（第420册）《诏令奏议类·朱批谕旨》卷125之五《朱批鄂尔泰奏折》，台北商务印书馆影印本，1982—1986年版，第399—400页。
② （清）纪晓岚等：《钦定四库全书》史部183（第425册）《诏令奏议类·朱批谕旨》卷214之一《朱批郝玉麟奏折》，台北商务印书馆影印本，1982—1986年版，第213页。
③ （清）倪蜕辑：《滇云历年传》卷12，李埏校点，云南大学出版社1992年版，第621页。
④ （清）倪蜕辑：《滇云历年传》卷12，李埏校点，云南大学出版社1992年版，第623页。
⑤ （清）王文韶、唐炯等：光绪《续云南通志稿》卷84《武备志·戎事杂记》，光绪刻本。
⑥ （清）倪蜕辑：《滇云历年传》卷12，李埏校点，云南大学出版社1992年版，第623页。

清嘉庆二十二年（1817年）丁丑，红河南岸掀起以窝泥高罗衣为首的起义。高罗衣自称"窝泥王"，以汉人章喜为军师，以朱申、马哈札为副军师。起义军迅速控制了麻栗、新街、芭蕉岭等村镇，攻下逢春岭（皆在今元阳县境内），杀了稿吾卡窝泥土目龙定国，继而进入瓦渣、溪处（皆在今红河县境内）两窝泥土司辖境，乘胜进攻元江州城，义军队伍快速发展到一万多人，起义的烽火在红河两岸窝泥地区迅速蔓延开来。清廷为之震撼，时任云贵总督伯麟亲自率领重兵前往镇压，进行残酷屠杀。高罗衣、章喜，以及高罗衣侄子高借沙等被清军处死。高罗衣堂侄高老五出逃至藤条江外，并于清嘉庆二十三年（1818年）戊寅称王，继续坚持反抗斗争，渡过红河进逼临安府城。在清军强力镇压之下，由高罗衣领导的此次窝泥起义坚持两年后终被剿平，高老五等人被擒后遭诛杀。[①]鉴于窝泥起义的教训，为缓和窝泥地区社会关系，朝廷不得已明令红河南岸各土司禁止"苛派扰累"。清政府减免建水、阿迷、蒙自、石屏、元江、嶍峨、宁洱、他郎、新平等地额赋。[②]

　　清咸丰三年（1853年），哀牢山地区爆发以哈尼卡惰人田四浪为首的反清、反汉庄主大起义。1856年4月7日，哀牢山彝族先民李文学聚众5000多人，在太平天国翼王石达开部下王泰阶（四川汉族）、李学东（四川凉山彝族）直接策划和组织下发动起义，李文学被拥为"夷家兵马大元帅"，起义军在弥渡县蜜滴村建立帅府，采纳王泰阶、李学东提出的"联合各族农民打倒庄主，反抗清廷，接应太平天国"的政治方针，推行"庶民原耕庄主之地悉归庶民所有，不纳租，课赋二成，荒不纳"的土地纲领，以及一系列政治、经济措施。[③] 清咸丰八年（1858年）夏农历六月二十四日，李文学与田四浪于景东者干会盟，田四浪被拥为"夷家兵马副元帅"，两股起义队伍联合起来成为一体，共同抗清反地主。李文学、田四浪领导的起义军具有鲜明的政治目标，以太平天国天朝田亩制度为土地纲领，并支持杜文秀领导的大理政权。队伍发展迅猛，声势浩大，

---

　　① （民国）丁国梁修、梁家荣纂：《续修建水县志稿》卷4《戎事》，载《中国地方志集成·云南府县志辑》（56），凤凰出版社2009年版，第303—305页。

　　② 《清实录·仁宗嘉庆实录》，载云南省历史研究所编《〈清实录〉有关云南史料汇编》卷4，云南人民出版社1985年版，第291页。

　　③ "民族问题五种丛书"云南省编辑委员会编：《哈尼族社会历史调查》，民族出版社2009年版，第27页。

李文学负责哀牢山上段地区，田四浪分领哀牢山中、下段义军。田四浪义军曾先后一度控制镇沅、新平、元江、他郎等府、州、县的大部或部分地域，控制了元江、他郎与思普之间的咽喉通关哨，并欲取思普等地。义军声威震撼整个哀牢山地区，清廷对起义进行疯狂镇压，义军奋勇抗争，浴血奋战，从清咸丰三年（1853年）到清光绪二年（1876年），与清军僵持了23年。清同治九年（1870年），清军重兵进击，地主武装助力侧击，思陀、瓦渣等窝泥土司违约叛变协助清军进攻义军，起义军败失通关哨，王泰阶、普顺义阵亡。清军继而进逼镇沅，田四浪被围困于新抚江（把边江上游）壁虎箐过得岩营地。1870年腊月，田四浪拟向李学东部求援，乘夜色借助绳索沿绝壁而下，摔晕厥后被俘而遭斩杀。但反抗斗争仍然继续，义军出入山谷，隐蔽深林，与清军打游击。直至清光绪二年（1876年），李学东病逝，起义才真正结束。① 田四浪领导的这场以哈尼族、彝族为主，汉、傣、白等各族参与的轰轰烈烈的起义运动，前后持续20多年，虽最终被统治者残酷镇压，但沉重打击了朝廷的统治势力，前后消灭清军和地主武装达10万人。②

综上可见，有清一代，窝泥地区的抗清、反清斗争较为激烈，在云南民族反抗外来大民族征服与统治的历史上占有重要一笔。换言之，武力镇压、军事杀戮是清廷对窝泥统治的惯用手腕。文治武功是国家治理手段，武装反抗和军事镇压，是统一多民族国家形成和发展历史中的一对惯常现象，反映出国家与民族之间的互动关系。

（四）办学设学

办学设学，"其旨趣略如今之民众教育，而在边省则尤重在开化夷民"③，建义学，立书院，令土人入学应试，通过教育体系的设置和教育制度的推行，在边远少数民族地区实现国家教化。清代，作为国家治理惯用的这些文化手段，在窝泥地区得到大力实施。

清廷教育政策在哀牢山西麓窝泥地区实施成效较为明显，书院、义学

---

① （清光绪）夏正寅撰：《哀牢夷雄列传·李文学传第一》《哀牢夷雄列传·王泰阶传第三》，中国社会科学院民族研究所图书室编印，1982年版，第6—15页、第16—19页；（民国）胡钟琳、周雨苍等纂：《墨江县志资料》，民国二十年（1931年）抄本。

② 《哈尼族简史》编写组：《哈尼族简史》，云南人民出版社1985年版，第75页。

③ （民国）周钟岳等纂：《新纂云南通志》（六），李春龙、王珏点校，云南人民出版社2007年版，第521页。

在窝泥聚居区得以不断建立。"雍正三年议准：云南威远地方夷人子弟令就元江府附考，于府学定额外加取二名。七年议准：云南普洱既改为府，照小学例取进童生八名，俟人文渐盛，再议加额。……（乾隆）十三年议准：普洱府设学已久，文风日盛，准设廪、增各八名。"① "普洱府宁洱县凤鸣书院在城北关外凤凰山麓。清乾隆六十年，威远同知傅鼐设立于文昌宫，率绅士捐银三千余两，置产生息，作束脩、膏火之资。……义学一在城内关圣庙，一在城内文昌宫，一在明伦堂，每年束脩银各一十一两六钱四分。一在猛先，一在那行里，一在磨黑，每年束脩银各十两。俱清雍正十三年知府漆扶助捐设。思茅厅思诚书院原名玉屏，在城西南玉屏山。清乾隆五十二年，署同知萧霖建。清嘉庆十九年，署同知李文桂拓修。……义学一在城内关圣庙……一在城南五里新庙文昌宫，一在城东十二里漫兰村五显庙，俱清雍正十三年护通判张明设立，每年束脩京斗米各十石。……他郎厅道南书院在城北门外，久废。联珠书院在东城外。……义学一在观音阁，清雍正十年元江知府祝宏设立，每年束脩银二十四两。一在德化里卜左村，清乾隆元年元江知府胡承璘、通判张子玉同设，每年束脩银一十六两。"② 清光绪二十八年（1902年），普洱府创立云南第一个新式中等学堂。

在朝廷教育制度推行之下，汉文化对哀牢山西麓窝泥社会影响较大，普洱府"文风日盛"，不少窝泥通晓汉语，有一些窝泥子弟开始读书应试。"黑窝夷，宁洱、思茅、他郎、威远有之。性情和缓。……在威远、他郎者……通晓汉语，近有读书应试者。"③ 宁洱"黑窝泥……通汉语，近有读书应试入泮者"④。他郎（今墨江）"黑阿泥，又名布都，居县城附近，为县属诸夷之首，性情柔和，人数约一万六千余左右。语言舚舌，备极粗笨。间或言语不敷应用，则假汉人之语为言。文字全无。近虽有读

---

① （民国）周钟岳等纂：《新纂云南通志》（六），李春龙、王珏点校，云南人民出版社2007年版，第514页。

② （民国）周钟岳等纂：《新纂云南通志》（六），李春龙、王珏点校，云南人民出版社2007年版，第576—577页。

③ （清）谢体仁纂修：道光《威远厅志》卷3《风俗·夷俗》，转引自景谷傣族彝族自治县地方志编纂委员会办公室点校《〈威远厅志〉点校》，云南人民出版社2016年版，第136页。

④ 转引自古永继《哈尼族古代史料汇编》，载林超民主编《西南古籍研究》（2008年），云南大学出版社2010年版，第373页。

书者，亦以汉文为文字，故其历史渺不可考。至其风俗，婚则不用年庚……且病不服药，惟杀牲禳祷，卜鸡卦以占吉凶。近来风气稍开，渐与汉族类化，一切风俗有逐渐改良之象焉。"① 景东直隶厅"山居者皆土著夷人，种类不同，语音各别，然常入城贸易，皆能说官语，亦有读书游泮者，惟汉人不与结亲"②。

但在哀牢山东麓窝泥土官统治地区，汉文化影响相对微弱。"溪处乡、瓦渣乡、思陀乡、左能乡、阿邦寨、慢车寨同，专务农业，不知诗书，奢取吝与，愚顽居多，衣服饮食与汉人别。"③

第三节 清王朝统治时期"窝泥"的迁徙活动

根据相关史料记载内容、当时社会背景和近现代哈尼族分布格局进行判断，清代，哈尼族先民窝泥的代表性迁徙活动主要为：六诏山地区窝泥的迁徙，哀牢山地区窝泥的向南迁徙，边境地区窝泥向境外及在境外的迁徙。

一 改土归流下六诏山地区"窝泥"的迁徙

自哈尼族先民形成为独立民族，进入云南后，六诏山地区一直是其重要聚居区之一。最迟在唐代时，六诏山地区哈尼族先民已在当地发展出较大势力，和蛮大鬼主孟谷悮被载进汉文史册。在宋代的时候，六诏山地区哈尼族先民发展成维摩部、强现部、王弄部，为宋代大理国东方黑爨三十七部中的三部。宋皇祐四年（1052年），在狄青征讨侬智高时，龙海基"向导有功，始命领其地"④，统一了维摩、王弄各部，自此窝泥龙氏领有了整个六诏山地区，一直到清康熙六年（1667年）改土归流设立开化府为止，统治六诏山地区达600年。

---

① （民国）胡钟琳、周雨苍等纂：《墨江县志资料·境内有回族夷族蒙古族等须详细调查并纪其习俗若何》，民国二十年（1931年）抄本。
② （清）刘慰三：《滇南志略》卷4《景东直隶厅》，载方国瑜主编《云南史料丛刊》第13卷，云南大学出版社2001年版，第260页。
③ （清）张无咎等修纂：雍正《临安府志》卷7《风俗·附种人》，雍正刻本。
④ （清）汤大宾修、赵震纂：乾隆《开化府志》卷2《建置·沿革》，乾隆刊本传抄本。

清王朝在六诏山地区的改土归流是在血腥的军事手腕下完成的。于清康熙四年（1665年）爆发的以禄昌贤为首的反清大起义，震撼了滇南，罗罗和窝泥为起义军主力。六诏山地区的窝泥土官龙升、龙升宵、龙元庆、龙元祚等参与领导了此次起义。吴三桂率重军对起义进行疯狂镇压和屠杀，参与领导起义的各族土官，共约十七八人，除龙韬（石屏彝族先民）、龙元祚（六诏山窝泥）外逃，其余所有土官或战死，或被擒后遭处死。平定起义后，清廷就势改土归流，废除六诏山各土官，设立开化府、广西府，派流官统治。

吴三桂对六诏山窝泥进行血腥屠杀，清廷对六诏山地区推行改土归流，彻底结束了历史上六诏山地区作为窝泥聚居区的状态，自此，窝泥不再以聚居民族分布于此地。据乾隆《开化府志》（1758年完成）卷3所记，在开化府1500余个寨子中，仅王弄里（今文山市西部）的骂姑迷寨有窝泥与剌黑杂居，那些曾是窝泥聚居的其他寨子，如布都寨、阿泥寨，已被他族所占。[①] 到清嘉庆年间，只不过是在其他族群中"多和泥余种"[②] 而已。今天，文山州已无世居哈尼族分布。当然，六诏山区哈尼族先民人口比重的下降也和明以来大量外族不断进入有关。宋时，六诏山区原住民为僚人、罗罗、㚣子、和泥，再往后一些，开始有侬人、沙人、白夷迁入，到明代时，大量汉人到来，苗、瑶也相继进入，16世纪中叶，明朝从广西调一批侬人、沙人前来戍守，从而，窝泥人在当地人口中的比重不断减少。[③] 六诏山窝泥及龙氏势力的减弱也与境外交人的屡屡侵犯有一定关系，但因参与以禄昌贤为首的反清起义而遭清廷杀戮、废除土官制、改土归流才是龙氏统治历史终结的直接原因。"开化土司，自龙海基始。……教化司龙者宁，永乐初入贡京师，钦赐纻丝钞锭，恩礼优隆。传至龙宜、龙保、龙蛟、龙彻、龙古、龙凤翔、龙敬，宗枝繁衍，分为三部：一在阿雅，一在枯木，一在教化山。正统（1436—1449年）间，交人数入犯边境，大肆杀掠，龙氏势少衰。抚司张泽掌教化司事，泽无后，仍以龙敬次子龙德胜冒姓张，继管教化，长子龙胜安承袭阿雅，三子龙胜全管枯木，皆为副长官司。德胜传张长寿，胜全传龙云庆，俱从禄昌贤等

[①] （清）汤大宾修、赵震纂：乾隆《开化府志》卷3《山川·里甲附》，乾隆刊本传抄本。

[②] 转引自古永继《云南15种特有民族古代史料汇编》（下），云南大学出版社2018年版，第189页。

[③] 《哈尼族简史》编写组：《哈尼族简史》，云南人民出版社1985年版，第46页。

叛落职。"①

经清军杀戮后残余的六诏山窝泥人，一部分仍留居当地。一些窝泥人渐渐融入当地罗罗等其他民族之中，另一些窝泥人盖因人口过少而被史家忽略，将其误认为是罗罗而不再以窝泥之名载于史册。哈尼族学者姜定忠研究员在田野调查中发现，今文山州麻栗坡县新寨乡新寨村和陈寨村两个彝族寨子的竜树林、寨门、房屋建筑、祭祀活动、服饰、人像都有哈尼族的特征。② 至于为何会如此，笔者认为可能是以下某一种缘由：第一，这两个村寨就是彝族村寨，之所以有哈尼族的文化特征，是因为彝族与哈尼族本为同源民族，两族文化本来就有诸多相似之处；第二，这两个村子的人可能是历史上融入彝族先民之中的哈尼族先民的后裔，故而其文化有着哈尼特征；第三，这两个寨子的人本来就是哈尼族，只是在新中国建立后的民族识别中，被识别为彝族。

部分哈尼族先民迁离六诏山，向西进入红河、哀牢山地区。今绿春县哈尼族中有一部分人称为"哈欧麻然"③，简称"哈欧"，是宋时侬智高的部属，他们当时从六诏山一路逃窜至哀牢山，定居于今天的绿春，其中的一部分成为哈尼族村社头人的部曲，并慢慢融入哈尼族之中，但至今仍保留着一些其原有习俗，一直自称"侬族"。④ 既然侬人可以从六诏山迁移到哀牢山，那么六诏山哈尼族先民在血雨腥风中面临民族生存危机时，迁逃往兄弟民族聚居、联系互动频繁且清王朝统治相对薄弱的哀牢山区，是极为自然的事情。六诏山地处云南与中原交流的通衢要道，与其他哈尼族先民地区相比，其接触汉文化相对更为便利。六诏山区河流纵横，池沼棋布，灌溉便利，有利于开展农业生产活动。加之明朝统治期间，大量中原汉族迁入六诏山区，带来先进生产工具和生产技术，促进了当地农业生产的显著发展，窝泥人也从中提升了稻谷培育经验和种植水平。根据史料记载，清嘉庆年间，临安府所辖哀牢山区的梯田数量庞大，窝泥的梯田垦

---

① 转引自古永继《哈尼族古代史料汇编》，载林超民主编《西南古籍研究》（2008年），云南大学出版社2010年版，第325页。
② 姜定忠：《哈尼族史志辑要》，云南民族出版社2007年版，第5页。
③ 即"被雇佣的伍卒"之意。
④ 云南省绿春县志编纂委员会编纂：《绿春县志》，云南人民出版社1992年版，第116页。

殖水平已很高，"依山麓平旷处开作田园，层层相间，远望如画"①，如今宏伟壮丽的世界文化遗产红河哈尼梯田景观在清嘉庆年间即已形成。清代中后期哀牢山区梯田农业耕作之所以能够取得历史突破性成效，当与清初六诏山哈尼族先民迁入带来的更为先进的稻作生产技术和生产劳动力有关。六诏山哈尼族先民擅长饲养"阿泥花猪"②，"窝泥……善养猪，其猪小耳短身，长不过三十勒，肉肥腯，名窝泥猪"③。"阿泥花猪"这一品种和饲养技术随着六诏山哈尼族先民的西迁而传入哀牢山地区。"白窝泥……以耕种为生。土产花猪，家家多畜养之。"④ 直到今天，哀牢山地区哈尼族所饲养之猪仍以肉香肥嫩、圆润短小之"小耳冬瓜猪"最为有名。

另一部分哈尼族先民迁离六诏山后往境外方向移动，最终定居于今越南境内。居住在越南老街的哈尼——阿卡人称他们的祖先大约是在170多年前从中国云南省"睿伽县"迁入，何平教授认为"睿伽县"可能就是今天云南文山州的马关县。⑤ 越南老街省巴沙、莱州省勐碟两县的哈尼人中流传说他们有一个共同的故乡在中国云南。据范宏贵教授等人的民族学田野调查发现，越南老街省巴沙县哈尼人在六月节和举办婚礼时诵唱的古歌，会提到他们的故乡是 nung ma。越南勐碟县的哈尼人中流传有自己的祖先住在 na ma 地方的说法。在其叙事长诗《哈尼地方》中，亦提及这一地名。很多人认为 nung ma 即 na ma，仅读音有差异而已，na ma 就是睿伽县。云南并无此历史地名，元代时，今滇东南有矣尼伽部，明代叫八寨长官，即今天云南文山州马关县。⑥

---

① （清）江濬源修、罗惠恩等纂：嘉庆《临安府志》卷20《杂记》，载《中国地方志集成·云南府县志辑》（47），凤凰出版社2009年版，第385页。

② （清）汤大宾修、赵震纂：乾隆《开化府志》卷4《田赋·物产·毛属》，乾隆刊本传抄本。

③ （明）杨慎撰：《南诏野史》下卷《南诏各种蛮夷》，载"中国西南文献丛书"第三辑(86)《西南史地文献》（第十一卷），兰州大学出版社2004年版，第241页。

④ （清）阮元、王崧等：道光《云南通志稿》卷183《南蛮志三之二·种人二·白窝泥》，道光刻本。

⑤ 何平：《云南边境地区和境外诸国的阿卡人及其与哈尼族的历史文化关系》，《中央民族大学学报》（哲学社会科学版）2012年第5期。

⑥ 范宏贵：《越南的民族与民族问题》，广西民族出版社1999年版，第231页。

二 武装起义与暴力镇压下哀牢山地区"窝泥"的迁徙

咸同年间的滇西回民杜文秀起义,从开始的民族之间的械斗纷争,后来转为全省各民族的反清反封建斗争,起义持续了近20年,影响波及整个云南,全省大部分民族被卷入此次反抗斗争。清同治十一年(1872年)十一月,清军攻下大理,杜文秀服毒自杀。清军无视杜文秀"情愿拼舍一身,以救数万生灵"①,不要杀害起义军民的请求,违背与起义军投降派之间达成的协议,开始疯狂屠城。经过3天的大屠杀,大理城和附近村寨原有的5万居民中,有3万人被屠杀,其余2万人逃散失踪。②赵藩编著的《岑襄勤公年谱》记载"凡两昼夜,奸宄四万计"③。清道光时,云南人口为600多万,其中回民占80多万,云南已经是全国第二大回族聚居区,仅次于宁夏;杜文秀起义失败后,云南人口损失惨重,特别是回族,因惨遭清军大规模屠杀或不得不逃亡他乡,致使人口锐减,仅剩几万。④在清廷镇压和屠杀之下,大批回民被迫逃到泰国、缅甸、老挝等国。⑤清道光十年(1830年),云南统计在册人口6553108人,到光绪十年(1884年),云南人口仅2982664人,短短50年间,人口总数锐减逾半。⑥内中原因,除瘟疫、饥荒等因素外,主要原因还是咸同年间的武装起义与朝廷暴力镇压、大肆屠杀。岑毓英即曾明言"又查各属,自遭兵燹,百姓死亡过半……现约计通省百姓户口不过当年十分之五"⑦。

公元1853年至1876年,哀牢山区彝族先民李文学、哈尼族先民卡惰人田四浪领导的反清反庄主起义是当时云南除杜文秀义军以外最大的一支起义队伍,并与杜文秀和太平天国政权有联系,支持杜文秀领导的滇西大理政权。虽然没有研究成果显示因此次起义而被镇压和屠杀的哈尼族先民数量,但从上述回民被杀戮的血腥惨状来看,作为哀牢山地区反清主力的

---

① 白寿彝编:《回民起义》I,上海:神州国光社1953年版,第42页。
② 罗舍著:《云南回民革命见闻秘记》,李耀商译,清真书报社1952年版,第87页。
③ 转引自蒋中礼《杜文秀起义失败后的云南回族》,《回民研究》1991年第3期。
④ 杨兆钧主编:《云南回族史》,云南人民出版社1989年版,第84页;马维良:《云南回族历史与文化研究》,云南大学出版社1999年版,第28、233页。
⑤ 申旭:《云南移民与古道研究》,云南人民出版社2012年版,第222—223页。
⑥ (民国)周钟岳等纂:《新纂云南通志》(六),李春龙、王珏点校,云南人民出版社2007年版,第342页。
⑦ 转引自蒋中礼《杜文秀起义失败后的云南回族》,《回民研究》1991年第3期。

哈尼族先民亦难逃清廷的残酷杀戮。在血雨腥风之下，如同回民逃亡一样，哀牢山地区部分哈尼族先民也逃离故土，往清廷统治较为薄弱的南部边疆区域迁徙。景东、镇沅、元江、他郎（今墨江）等哀牢山地区各县是此次迁徙的迁出地，靠南部的今宁洱、思茅、景洪、勐海、澜沧、孟连等接近边境地区是此次迁徙的迁入地。新迁入的哈尼族先民与早先定居于此的哈尼族先民融合在一起，发展为今天分布于云南南部边疆地区的哈尼族。据民族学田野调查了解到，今定居孟连县的哈尼族阿卡说："先辈原居他郎（今墨江），后分散迁徙。一部分先迁至今勐腊，次迁至今澜沧，最后入孟连景信定居，为平头爱尼；另一部分自他郎迁出，先迁今思茅、景洪、勐海一带，后入孟连腊垒定居，为尖头爱尼。"① 迁入孟连定居的这两支哈尼族先民，很有可能就是因田四浪起义失败，为逃避清军屠杀而从他郎迁出的。他郎是当时田四浪义军活动的中心，自然成为此次迁徙的主要迁出地。今分布于墨江、镇沅等地的卡多（即卡惰）人是哈尼族的一个支系，自称"阿里嘎多"，"阿里"为儿子之意，"嘎多"为"掉队"之意，即"卡多"意为"已掉队的自己同胞的儿子"。② "'平头阿卡''尖头阿卡''包头阿卡'与'卡多'原是亲兄弟。"③ 从而可以推断，今分布于边境地带西双版纳州及东南亚的阿卡人与分布于相对靠内地区的卡多人有直接的渊源关系，卡多人是阿卡人南迁过程中遗留下来的同一兄弟民族，卡多人中往更南的今云南边境方向迁徙的部分，发展成为今天的阿卡。《澜沧拉祜族自治县志》说："（哈尼族）部分迁居于元江、他郎（今墨江）一带。清代，由于受不了封建王朝的压迫和民族剥削，有一部分继续南迁，且沿途不断分散，有的留居在景谷、宁洱、勐海等地，一部分则陆续进入澜沧一带定居。"④ 《双柏县志》曰："清末，哀牢山地区哈尼族多次举旗反清，清廷屡次用兵征服，由西入境之哈尼族或南迁，或融

---

① 孟连傣族拉祜族佤族自治县志编纂委员会编纂：《孟连傣族拉祜族佤族自治县志》，云南人民出版社1999年版，第63页。

② 杨洪、张红：《墨江哈尼族自治县哈尼支系与人口现状调查研究》，《红河学院学报》2010年第3期。

③ 杨六金：《缅甸的哈尼族——阿卡》，《世界民族》1996年第2期。

④ 云南省澜沧拉祜族自治县志编纂委员会编纂：《澜沧拉祜族自治县志》，云南人民出版社1996年版，第130页。

入其他民族。"① 还有部分哈尼族先民往更南的境外迁徙,最终迁徙定居到今天的老挝、缅甸等地。如何平教授等学者指出,虽在之前历史年代,老挝已有阿卡人定居,但阿卡人更多还是在杜文秀起义失败后为躲避战乱而迁徙到老挝的。②"1855 年,云南回族起义,更有很多阿卡人迁到缅甸景栋,后又进而迁到老挝和越南。"③ 可见,上述阿卡人当是因田四浪起义失败而从哀牢山中段、下段顺着山脉河流走向往南进入老挝、缅甸等其他东南亚国家的。

三 国内和国际形势影响下"窝泥"的境外迁徙

19 世纪末,伴随着近现代民族国家的诞生,在英法西方殖民列强的操纵之下,中国云南与邻近国家之间产生了现代意义上的国家地理边界,原本居住于同一地域内的同一民族因国界线的出现而变为跨境民族。至此,哈尼族先民的历史迁徙中新增向境外和在境外的迁徙活动。

哈尼族先民在公元 8 世纪以前即已迁徙至毗邻云南的今越南北部,这一区域属于唐朝宰相张九龄《敕安南首领爨仁哲书》提到的"和蛮大鬼主孟谷悮"所管辖区域。后世,仍不断有哈尼族先民由于各种原因迁入越南境内。据杨六金教授于 1999 年 10 月 12 日田野调查所获资料,从越南老街省巴沙县雨底村吴氏家谱记述内容可知其家族迁自中国云南金平县马鞍底,从迁至越南时的第一代祖先沙缺到现在的热课,为 4 代,以每代25 年计,吴氏家族大约于 100 年前(即清末)从金平搬迁到越南巴沙县雨底村。另据杨六金教授于 1998 年 7 月 8 日田野调查所获资料,越南莱州省孟德县孟拔社李家说其家族原居住于中国云南省的墨江、江城、勐腊等地,因逐次往南迁移,来到今老挝丰沙里省班沙拉方,在那里居住一代人后,有的留居于班沙拉方,有的搬迁至越南阿巴寨,由于阿巴寨传染病多,最后搬迁到孟拔社才定居下来。迁到孟拔社的李家先祖阿永生有两个儿子,大儿子阿聪依然居于孟拔,小儿子阿俄从孟拔搬迁回中国境内,定居于今天的金平县。李家在越南阿巴寨居住了 8 代人,以 25 年为一代,

---

① 云南省双柏县地方志编纂委员会编纂:《双柏县志》,云南人民出版社 1996 年版,第 97 页。

② 何平:《云南边境地区和境外诸国的阿卡人及其与哈尼族的历史文化关系》,《中央民族大学学报》(哲学社会科学版)2012 年第 5 期。

③ 庞海红:《泰国的阿卡人》,《东南亚研究》2006 年第 1 期。

李家在越南阿巴寨定居的历史约有 200 年。加上在老挝班沙拉方居住的一代，李家从中国云南迁出去的时间大约是在 225 年以前，即清乾嘉年间。再据杨六金教授于 2006 年 8 月 24 日田野调查所获资料，中国云南金平县水源村李氏与越南莱州省封土县瑶山社麻栗寨李氏拥有同一祖先让为，让为生有两子，长子为倒留居金平县水源村，次子为取先是搬到金平县城边的地棚上寨，几年后，又搬到越南莱州省封土县瑶山社麻栗寨，为取后代在越南已有 7 代人以上，为取大约是在 175 年前（即清道光年间）搬迁到越南的。[①] 据范宏贵教授调查，越南的哈尼族老人说其先祖大约于 18 世纪从中国的金平县、绿春县迁移到越南，开始仅五六户，后来又搬回云南居住，12 年后再搬到越南，而后又陆续有哈尼人从中国云南迁入越南居住；19 世纪初，邵、陈、张、樊、周等姓共 90 户哈尼人从中国云南迁移到越南的阿鲁（位于越南老街省巴沙县），阿鲁发展为哈尼人迁入越南后的集散地，一些哈尼人从这里又迁往越南的其他地区。[②] 根据何平教授的观点，清代，有一部分哈尼族先民从今文山州马关县迁入越南老街省巴沙县、莱州省勐碟县定居。[③] 总之，清代，哈尼族先民从我国云南的今金平、绿春、文山州马关县等边境地区及老挝迁入越南，分布于今越南北部毗邻云南的莱州省、老街省等地各县。

哈尼族先民在老挝的分布历史亦较久远，今老挝北部与中国云南、越南北部三国毗邻之地也属于唐代"和蛮大鬼主孟谷悮"所管辖区域。后世，在哈尼族先民不断往南迁徙，云南南部边陲哈尼族先民人口比重不断增长的情况下，哈尼族先民依然陆续不断地迁往老挝。清代，哈尼族先民仍然迁徙频繁，从今江城、勐腊等地进入老挝。如上文所言，越南莱州省孟德县孟拔社李家先是从中国云南迁至老挝丰沙里省班沙拉方，一部分族人留居于此，另一部分则迁入越南定居。据范宏贵教授调查，老挝阿三老李（曾任老挝人民革命党政治局委员、内务部长）的族谱记载，道光十七年（1837 年），其先祖从中国云南墨江逃到老挝，后因与哈尼族通婚，

[①] 杨六金、许敏：《越南哈尼族源流探究》，《云南社会科学》2008 年第 6 期。
[②] 范宏贵、刘志强等：《中越跨境民族研究》，社会科学文献出版社 2015 年版，第 148 页。
[③] 何平：《云南边境地区和境外诸国的阿卡人及其与哈尼族的历史文化关系》，《中央民族大学学报》（哲学社会科学版）2012 年第 5 期。

故而成了哈尼族。① 据申旭教授等学者的研究成果，老挝卡戈人（老挝哈尼族的称谓之一）中流传着其祖先来自中国的湖南、湖北、贵州，后经云南搬迁到老挝丰沙里省孟乌怒等地定居已有 200 年。② 老挝卡戈人的这一说法即流传于中国云南部分哈尼族民间的祖上是内地汉族的"东来说"。哈尼族民间"东来说"证明了历史上哈尼族吸收、融合部分汉族移民的历史事实，是哈尼族与汉族在经济、文化、血缘上发生交流渗透的结果。③ 老挝卡戈人中流传的"东来说"，一方面说明了哈尼族对汉族移民的融合，另一方面反映出清代哈尼族先民从云南边境向老挝境内的迁徙。

据研究，早在公元 10 世纪初，今云南南部西双版纳州境内外已有哈尼族先民居住，由此可见哈尼族迁入缅甸的历史也不短。清代，哈尼族先民依然陆续不断地从今天的景洪、勐海、澜沧、孟连等地迁进缅甸。美国学者格朗菲尔德所著《泰国密林中的游迁者——阿卡人》一书述及，19 世纪末期，一部分阿卡人继续南迁，有些阿卡人进入缅甸，另一些阿卡人迁入老挝，而后，还有一些阿卡人从缅甸迁移至泰国。④ 据杨六金教授 1993 年在缅甸东北部南垒河北岸坝门、坝可、腊鸟等阿卡村寨进行田野调查期间所获资料，当地时年 76 岁的阿卡"莫批"阿禾说他们家是在其父辈时迁自今澜沧县境内的"腊里"，从"腊里"迁徙到今缅甸架奥红特（杂山寨）后一直居住到现在。⑤

清末，一些哈尼族先民从缅甸迁入泰国，定居于泰国北部与缅甸接壤的山区。据研究资料显示，1903 年，泰国出现第一个阿卡寨子，后世，由于缅甸东部山区缅甸人和掸族人的内战，更多的阿卡人逃离缅甸涌进泰国避难，并定居下来，在泰国的阿卡人中，也有一部分是迁自于老挝。⑥

综上，历史上，在今东南亚的越南、老挝、缅甸等国素有哈尼族先民

---

① 范宏贵：《华南与东南亚相关民族》，民族出版社 2004 年版，第 314 页；杨六金：《国际哈尼/阿卡历史源流探究》，《红河学院学报》2011 年第 6 期。

② 申旭、刘稚：《中国西南与东南亚的跨境民族》，云南民族出版社 1988 年版，第 256 页。

③ 陈燕：《"多元一体"视野下的哈尼族民间"东来说"——简析历史上融入哈尼族的汉族移民》，《贵州民族研究》2016 年第 4 期。

④ ［美］F. V. 格朗菲尔德：《泰国密林中的游迁者——阿卡人》，刘彭陶译，载云南省民族研究所编印《民族研究译丛》（第 5 辑），1983 年，第 12—17 页。

⑤ 杨六金：《国际哈尼/阿卡历史源流探究》，《红河学院学报》2011 年第 6 期。

⑥ Joachim Schliesinger, *Ethnic Groups of Thailand: Non-Tai-Speaking Peoples*, Bangkok: White Lotus Press, 2000, p. 178.

居住，清代，在国内、国际等各种因素及本族"性习迁徙"影响下，仍然有哈尼族先民继续往南迁徙，哈尼族先民从今金平、绿春、马关等地及老挝迁入越南境内，从今江城、勐腊等地迁入老挝境内，从今景洪、勐海、孟连、澜沧等地迁入缅甸境内，一些哈尼族先民又从缅甸迁入泰国境内。哈尼族先民在东南亚越南、老挝、缅甸、泰国各国的分布态势，是长期历史迁徙的结果，这一迁徙过程是缓慢而渐进的，并与近现代民族国家地理边界的形成有关。

第六章

哈尼族历史迁徙的动因

　　根据费尔南·布罗代尔的历史观,历史可以分解为不同层面,即结构、局势、事件,历史可以分解为不同时段,即地理时间(长时段)、社会时间(中时段)、个人时间(短时段),并有着"长时段——地理时间——结构""中时段——社会时间——局势""短时段——个人时间——事件"的内在关系。布罗代尔认为,长时段(包括超长时段),即地理时间,以世纪或更长的时间来度量,与"结构"有关,所谓"结构"是指历史上长期不变或变化极慢的现象,如地理、气候、生态环境、社会组织、思想观念、文明系统等;中时段,即社会时间,考察的是历史时间的大段落,以 10 年、20 年、50 年为一段进行研究,与"局势"相关,所谓"局势"即指在一定时期内发生变化、形成一定周期和规律的现象,如人口消长、生产增减、工资变化、物价升降、制度政策等;短时段,即个人时间,与"事件"相关,所谓"事件"主要指历史上突发的事变,如革命、战争、地震、条约、一阵暴雨、一场洪水等。对于各种因素对历史发展产生的不同作用,在布罗代尔看来,"短时段是所有时段中最变化莫测、最具欺骗性的",短时段的"事件"只是"闪光的尘埃",转瞬即逝,对整个历史进程只起微小的作用;中时段的"局势"对历史进程起着重要作用;长时段的"结构"是构成整个历史发展的基础,对历史进程起着长期、决定性的作用。历史无非是 3 种时段的辩证关系,历史学家不能只考虑短时段,而要看到历史的长时段,研究长时段的历史现象,才能从根本上把握历史,做"全面的历史"。[①] 布罗代尔的史学观和史学方法纵然有其局限性,但依然有其合理性的一面,"从重视历史连续性的角

---

① [法]费尔南·布罗代尔:《历史学和社会科学:长时段》,载费尔南·布罗代尔《论历史》,北京大学出版社 2008 年版,第 27—60 页。

度来看，布罗代尔强调'结构'的长期影响无疑是正确的"①。布罗代尔的历史层次分解法，把影响历史进程的各种因素进行划分，首要为深层因素（结构），其次为中层因素（局势），最后是表层因素（事件），为历史研究开创出新的分析思路与研究视角。

过去，学界在研究哈尼族先民迁徙的原因时，或者只是从气候环境、自然灾害、疾病瘟疫、外敌入侵、族际争斗、人口增长、内部纷争等单一影响因素、客观因素入手，得到的只是一些支离破碎的、漂浮游移在历史表面的认识；或者就是不分主次轻重地将各种相关因素掺和在一起，混沌不清，难于梳理出其间的关系和规律；同时，往往只考虑到客观因素，忽略了迁徙民族自身在迁徙中的主观能动性。故而，无法从高屋建瓴的视野看到外在纷繁现象下的实质，无法从根本上把握全面的历史。鉴于此，为避免陷入与之前研究范式相同的泥淖，在下面的研究中，将借助布罗代尔的历史层次分解法和历史时段理论，并结合汉文历史资料和流传至今的哈尼本民族口述史，对哈尼族先民迁徙的动因进行分层与剖析，以期勾画出一个从表到里、从碎片到整体的"全面的历史"。

通过对引起哈尼族先民迁徙的诸多原因进行初步梳理、分层，发现短时段的"事件"是哈尼族先民迁徙的表层直接动因，中时段的"局势"是哈尼族先民迁徙的中层间接动因，长时段的"结构"——文化，才是哈尼族先民迁徙的深层动因。一场瘟疫疾病的突然流行，一次突然降临的自然灾害，本民族内部矛盾纷争的爆发，外族野蛮的武力侵夺，王朝国家的军事征伐等事件，会直接引发哈尼族先民的迁徙行为，是哈尼族先民迁徙的直接动因。哈尼族先民迁徙的直接动因是短促、迅速、动荡的历史，属于历史短时段的事件，在布罗代尔看来，"这是表面的骚动，是潮汐在其强有力的运动中激起的波涛"②。再进一步分析后发现，直接动因下还存有其他因素，直接动因与这些隐藏其下的因素有着关联，直接动因常常是这些更深层因素作用下的表象。我们将这些隐藏于直接动因之下的因素称为中层间接动因，它们是节奏缓慢的历史，属于中时段视野下的"局

---

① 张芝联：《费尔南·布罗代尔的史学方法》，《历史研究》1986年第2期。
② ［法］费尔南·布罗代尔：《地中海与菲利普二世时代的地中海世界》（第一卷），唐家龙、曾培耿等译，商务印书馆2013年版，第9页。

势",布罗代尔将其比喻为"深海暗流"①。分析至此,看似已然,但向问题更为深远的层次解剖,可以发现一条深藏的脉络——文化因素,即长时段,甚至是超长时段历史,被布罗代尔称为"一种几乎静止的历史"②,为缓慢流逝和演变,经常出现反复和不断重新开始的周期性历史。文化动因是哈尼族先民迁徙的深层、核心根源,对哈尼族先民的迁徙活动起着长远、决定性的作用,是构成哈尼族先民迁徙历史的基础,所有短时段的直接动因、中时段的中层动因,都受到长时段主线文化动因的牵制。换言之,哈尼族先民的迁徙现象,是表层直接动因、中层间接动因、深层文化动因综合影响的产物,层次越深,影响越大、越远。

第一节 哈尼族历史迁徙的表层直接动因

根据历史文献和哈尼族迁徙史诗,从短时段的事件来看,导致哈尼族历史迁徙的原因主要可以归结为瘟疫疾病流行、自然灾害降临、族内矛盾爆发、外族武力侵占、中央王朝的军事征伐和境外战乱等几个方面。

一 瘟疫疾病流行

瘟疫是人类发展史上的一大困扰。作为恶性传染病,一些特别严重的瘟疫,对区域内的人口具有灭绝性影响,严重威胁着人类的生存和发展。在古代,由于生产力水平低下,缺乏必要的医疗技术和手段,一旦瘟疫泛滥,逃离疫区成为人们的首要反应。

瘟疫是导致哈尼族先民迁徙的因素之一。

根据流传于哀牢山地区的哈尼族迁徙史诗《哈尼阿培聪坡坡》的记述,哈尼族先民发源于遥远天边一个叫"虎尼虎那"的高山,后来,在漫长的历史进程中,由于各种原因而不断迁徙,形成虎尼虎那—什虽湖—嘎鲁嘎则—惹罗普楚—诺马阿美—色厄作娘(洱海地区)—谷哈密查(滇池地区)—那妥(通海)、石七(石屏)、建水—红河南岸的迁徙路

---

① [法]费尔南·布罗代尔:《地中海与菲利普二世时代的地中海世界》(第一卷),唐家龙、曾培耿等译,商务印书馆2013年版,第9页。

② [法]费尔南·布罗代尔:《地中海与菲利普二世时代的地中海世界》(第一卷),唐家龙、曾培耿等译,商务印书馆2013年版,第8页。

线，最终在红河南岸哀牢山密林间的山坡上定居下来。惹罗普楚是哈尼族先民早期的迁居地之一，"惹罗"为哈尼语，意为大雨倾盆。① 据说是哈尼族先民长途跋涉到这块低低的凹地时，"茫茫大雨跟着飞过山梁；大雨带着阳光的热和，簌簌地洗掉先祖脸上的黄尘，大雨带着泉水的清凉，哗哗地冲掉先祖身上的泥浆；先祖喜欢得呼叫'惹罗！惹罗！'从此用惹罗来称这个地方"②。惹罗普楚雨量充沛、土地肥沃，哈尼族先民在此建起民族历史上的第一个大寨子，安居乐业。哈尼族先民在惹罗普楚的日子，起初一直风调雨顺，五谷丰登，六畜兴旺，由于人口的快速增长，分出去的寨子越来越多，族群在此得到极大发展。但是，好景之后是灾难的降临。"喜欢的时候不要太喜欢，悲伤的时候不要太悲伤。管病的天神心肠比黑蜂毒，他把病种撒遍惹罗的土壤。力气最大的牛吐出白沫，跑得最快的马虚寒流淌，猪耳里流出黑血，狗拖着尾巴发狂，人吃不下饭喝不进水，大人小娃两眼无光。……惹罗一天出了七十个寡妇！……惹罗一夜有七十个独儿子死亡！生谷子的大田闲了，牙齿草有一尺长；蒸饭的甑子闲了，绿霉比头发还长；背水的竹筒闲了，白木耳生在筒上！……水浇过的火塘吹不着，刀砍过的树长不长。快快离开惹罗土地，去那瘟神够不着的地方！快趁哈尼没有绝种，去到别处繁衍兴旺！"③ 面对突然爆发的瘟疫及由此造成的严重后果、灭种威胁，哈尼族先民不得不忍痛离开心爱的家园惹罗普楚，走向南方的万道山梁。

不管是在哀牢山地区流传的哈尼族迁徙史诗《哈尼阿培聪坡坡》《杜达纳嘎》《普嘎纳嘎》《寻找祖先的足迹》中，还是在西双版纳哈尼族地区流传的迁徙口述史《雅尼雅嘎赞嘎》《迁徙悲歌》里，随处可见瘟疫对处于迁徙流转生活中的哈尼族先民的困扰，以及哈尼族先民对其之恐惧。在哈尼族的历史记忆里，瘟疫是极其可怕的疾病，它如同一团挥之不去的乌云始终笼罩在哈尼人的心头。一地一旦爆发瘟疫，哈尼人必然会毫不犹豫地迁离。瘟疫成为阻碍哈尼族先民选择居住地的一个重要因素，哈尼族

---

① 朱小和演唱、史军超等整理：《哈尼阿培聪坡坡》，云南民族出版社1986年版，第213页。

② 朱小和演唱、史军超等整理：《哈尼阿培聪坡坡》，云南民族出版社1986年版，第25页。

③ 朱小和演唱、史军超等整理：《哈尼阿培聪坡坡》，云南民族出版社1986年版，第33—35页。

先民绝对不会选择一个容易滋生瘟疫的地方作为长久居住地。"这里的土地虽然肥沃，可这里的恶草长得快；这里的泉水清又甜，可这里有魔瘴会作怪，不是雅尼雅久留的地方。"①"塘水里冒着浓浓的浊气，草丛里青蛇出没，刚强的达哈达迁部落，有的被毒蛇咬了，有的被病魔缠身，达哈达迁阿爸染上了瘟疫，他不能追上兄长，他不能等到亲人，含着老泪走了，尸骨留在了凹塘里。从此达哈达迁部落的人，不再留恋凹塘，不再留恋平坝，在高高的山冈上安了家。他们是雅尼雅的一个支系，这个支系的族谱，名叫木达雅尼。"②

二 自然灾害降临

自然界发生的异常现象给人类生存带来危害、损害时，即构成自然灾害。人亦为大自然之子，在生产力发展水平极为低下的古代，人类与自然之间是生态系统内部同质和谐的关系。当大的自然灾害来临时，人类的力量显得异常渺小，家园被毁，人口锐减，环境在短时段内难以自我恢复和人为修复，于是，迁离受灾区是幸存者的本能反应之一。

根据哈尼族迁徙史诗《哈尼阿培聪坡坡》记述，什虽湖是哈尼族先民仅次于发源地虎尼虎那的最早居住地。哈尼族先民在什虽湖期间，实现了对六畜、五谷的驯化，有了历法和十二生肖，学会了用五谷酿造美酒。但是，好景不长，灾难开始降临什虽湖。烈火烧遍大山，大湖干涸露出湖底，庄稼无法成活，哈尼族先民认为天神、地神发怒了，无法再在什虽湖住下去，于是只有动身上路，往南方迁徙。③

主要流传于红河县、元江县的哈尼族迁徙史诗《杜达纳嘎》（哈尼先祖迁移歌之意），全诗共分5节，接近千行，叙述了哈尼族先民从诺玛阿美经洪阿（昆明）、窝你（开远）、勒昂（建水）等地逐渐南迁的历程。据《杜达纳嘎》讲述，哈尼族先民从洪阿迁出，来到一个叫窝你的地方，窝你坝子土地肥沃，很快成为哈尼人的家乡，哈尼人在这里建寨盖房，栽

---

① 批二演唱，施达、阿海收集整理：《雅尼雅嘎赞嘎》，载云南省少数民族古籍整理出版规划办公室编《云南少数民族古典史诗全集》，云南教育出版社2009年版，第768页。

② 批二演唱，施达、阿海收集整理：《雅尼雅嘎赞嘎》，载云南省少数民族古籍整理出版规划办公室编《云南少数民族古典史诗全集》，云南教育出版社2009年版，第774—775页。

③ 朱小和演唱、史军超等整理：《哈尼阿培聪坡坡》，云南民族出版社1986年版，第19—20页。

秧栽棉花，日子过得幸福甜蜜，可惜好景不长，暴雨连下七天七夜，窝你坝子变成汪洋，洪水淹没了庄稼，冲塌了新房，哈尼人饥寒交迫，无处安身，只得离开窝你，寻找新的乐土。①

根据流传于西双版纳州哈尼族支系僾尼人中的迁徙史诗《雅尼雅嘎赞嘎》，雅尼雅的则交部落从景兰出走后，来到一个山坳里，山坳边有一个小金湖，湖边开满鲜花，则交部落就此落脚居住，但若干年后，山坳遭遇暴雨水灾，雅尼雅只得又开始迁徙，寻找新的家园。"山坳里突然变了天，暴雨下了七天七夜，小金湖不见了，山花已经凋谢，雨水淹没了村寨，雨水冲跑了牛羊，冲走了寨门。则交人不能在这里了，众人在德其的率领下，又开始了迁徙，朝更远的西面山林行进。"②

可见，在民族发展的历史过程中，哈尼族先民因受自然灾害破坏严重而迁徙的情况屡见不鲜。根据罗丹和马翀炜教授的研究和统计，《哈尼阿培聪坡坡》提到的哈尼族先民大规模迁徙共计7次，其中的4次迁徙与自然灾害相关；《雅尼雅嘎赞嘎》提及的哈尼族先民集体大迁徙为6次，其中有2次迁徙与自然灾害关联；创世史诗《十二奴局》述及哈尼族先民的8次集体大迁徙，其中的5次迁徙缘于自然灾害和人地资源矛盾。③

当代，我国之所以实施环境移民，自然灾害因素也是其中的一个重要原因。昆明市晋宁区夕阳乡高梁地村委会的小石板河村为哈尼族村寨，村寨原来建在半山坡上，地质灾害频发，山体滑坡严重。在政府支持下，小石板河哈尼村于2009年整村搬迁到现址，现址位于原址对面山脚下的河堤边。2014年，小石板河村被打造成为哈尼民族特色旅游村，在经济、民族传统文化传承等方面进行积极探索，多次举办哈尼十月年④，开办哈尼长街宴。2018年1月，小石板河村被云南省民族宗教事务委员会列入"云南省少数民族特色村寨"名单，成为首批140个云南省少数民族特色

---

① 《杜达纳嘎》，载赵官禄、郭纯礼、黄世荣、梁福生收集整理《十二奴局》，云南人民出版社2009年版，第122—123页。

② 批二演唱，施达、阿海收集整理：《雅尼雅嘎赞嘎》，载云南省少数民族古籍整理出版规划办公室编《云南少数民族古典史诗全集》，云南教育出版社2009年版，第773页。

③ 罗丹、马翀炜：《哈尼族迁徙史的灾害叙事研究》，《西南边疆民族研究》2017年第24辑。

④ 哈尼十月年，是哈尼族一年中最为盛大隆重的节日，类似于汉族春节，于农历十月的第一个属龙日开始，历时数日。

村寨之一。①

三 族内矛盾爆发

矛盾不是一朝一夕间就能形成的,而是需要一个较长时间过程的积累。如果能够得到合理的处理,矛盾有可能化解或缩小;反之,如果矛盾长期未能得到较好调节,积少成多达到一定程度,就会爆发,造成难以挽回的后果。族内矛盾是导致哈尼族先民迁徙的原因之一,迁徙是哈尼内部矛盾难以调和下的一种对策。

根据迁徙史诗《雅尼雅嘎赞嘎》,雅尼雅败失广景城后,迁逃到景兰(今景洪),定居下来,受傣泐王的管辖。雅尼雅由则交、则维、木达、鸡麻、玛仁等部落(即雅尼雅的各分支)组成,其中,最大的3个部落分别是以阿交科德为首领的则交部落、以追玛辉标为首领的则维部落、以达哈达迁为首领的木达部落。雅尼雅各部落相依为命,亲如兄弟,但后来,矛盾出现了。则交阿交科德和则维追玛辉标是儿女亲家。一天,阿交科德的儿子德其除草烧地时,不小心失火烧掉了岳父追玛辉标部落地头的粮仓,引起岳父的怒火和两个部落的矛盾,德其只得告别妻子标格离开部落出走。标格为了化解父亲追玛辉标的怒气,去河里抓鱼,准备做宴席请达哈达迁劝和父亲与公公,结果不慎掉进河中央的漩涡里淹死了。标格的死更加激起追玛辉标对则交部落的怨恨,两个部落之间的矛盾变得更深。阿交科德不忍兄弟反目,带着则交部落离开景兰。追玛辉标得知阿交科德不辞而别,更是怒火中烧,不愿再在景兰呆下去,也率领则维部落离开景兰这块给他带来灾难和伤心之地。景兰地广日头火辣,剩下的达哈达迁部落及鸡麻、玛仁人数总共就数千人,难以在炎热潮湿、瘴气大的景兰继续存生,于是,达哈达迁带着余留的雅尼雅也离开景兰,前往寻找两位兄长。② 从景兰迁出的雅尼雅不断迁徙、流转,慢慢在今西双版纳州的山区地带散布开来。

历史上,哈尼族统治集团内部土司之间因争权夺利、争夺地盘而相互厮杀的情况十分常见。斗败的一方出逃,去其他地方另建新寨和统治系

---

① 《云南省民族宗教委关于首批云南少数民族特色村寨拟命名挂牌名单公示的通知》,《民族时报》,2018年1月4日。笔者曾于2016年2月7日在小石板河村就其搬迁问题进行调研。

② 批二演唱,施达、阿海收集整理:《雅尼雅嘎赞嘎》,载云南省少数民族古籍整理出版规划办公室编《云南少数民族古典史诗全集》,云南教育出版社2009年版,第765—775页。

统，是这种斗争的后续现象之一。元阳猛弄土司是清代临安府辖区里的"十土司及十五掌寨"之一掌寨。猛弄土司原属稿吾卡土巡检，寨长为白姓，清嘉庆《临安府志》卷18《土司》记载："猛弄寨长白安，自雍正十三年投诚。"① 白家在猛品建司署时，有兄弟四人，长兄为土司，其他3个弟弟也得到了相应的田地分封，并享有免缴捐税特权。3个弟弟与土司争夺领地，联合起来攻打土司。土司被打败，逃到崇善里的衣龙寨，3个弟弟继续带人追剿，土司又逃到俄马寨。后来，局势稍稳，土司在碧博寨重建司署。碧博寨距离猛品不远，土司担心弟弟们再来攻击，就搬迁到黄草岭。当时，黄草岭一带没有人烟，土司又搬迁到哈播，在哈播建立土司司署。黄草岭为土司家坟地，土司派了一姓白的人家看守，后来，陆续有人家搬来定居，黄草岭渐渐形成集市，逢鼠日赶集。② 瓦渣土司钱氏，清光绪时共有兄弟13人，为争夺土司之位，兄弟之间内讧，4人死于相互杀戮之中，其余9人逃亡在外，致使无人承袭土司职位，临安府遍寻钱氏土司子嗣，找到钱老五来继承。③

因族内矛盾而迁徙的情况，在民族学田野调查中亦较为常见。勐海县西定坝丙寨，为哈尼族村寨，分为新、老寨子。坝丙新寨和坝丙老寨的原址皆在8公里外一个叫"皆松卡"的地方。皆松卡，哈尼语意为"高山梁"，在布朗语和傣语中叫"沟沙松"，意思是"后面的大山"，现在此地名"三棵桩"。④ 居住于皆松卡的家族有良东枯、玛包枯、玛来枯、戛切枯、别戛枯、别他枯，由于寨中头人之间意见有分歧，经常发生争吵，追玛对一部分家族也有看法，致使皆松卡分裂，属于良东枯、玛包枯、玛来枯家族的13户人家迁离皆松卡，搬到胡楼卡建起新寨，选取良东枯家族老人为追玛。在胡楼卡居住了大约9年后，这13户人家搬到现在的寨址坝丙（也叫沟纠塔），被称为坝丙新寨。13户人家搬迁到坝丙后不久，原来留居皆松卡的几个家族，也相继迁到坝丙，在附近建寨，他们居住的寨

---

① （清）江濬源修、罗惠恩等纂：嘉庆《临安府志》卷18《土司》，载《中国地方志集成·云南府县志辑》(47)，凤凰出版社2009年版，第241页。
② "民族问题五种丛书"云南省编辑委员会编：《哈尼族社会历史调查》，民族出版社2009年版，第17页。
③ 《哈尼族简史》编写组：《哈尼族简史》，云南人民出版社1985年版，第76页。
④ "民族问题五种丛书"云南省编辑委员会编：《哈尼族社会历史调查》，民族出版社2009年版，第130页。

子习惯上被称为坝丙老寨。①

四 外族武力侵占

不同民族之间，为了争夺赖以生存和发展的土地、水源、山林等资源，往往会产生矛盾，当矛盾长期积累到一定程度时，可能就会以武力冲突乃至战争的形式爆发。在哈尼族的历史记忆里，哈尼族一次又一次的迁徙，也与外族有关。族际战争的爆发，是导致哈尼族迁徙事件的常见动因之一。

诺马阿美是哈尼族历史记忆中最为重要的祖居地。据哈尼族迁徙史诗《哈尼阿培聪坡坡》的讲述，哈尼族先民迁离瘟疫肆虐的惹罗普楚，往南移动，有一天，在一只大雁的引导之下，发现了如天神般躺卧在两条大河中间的肥沃平坝诺马阿美。诺马阿美成为哈尼族先民的美丽家园，哈尼如雨后春笋，在诺马阿美迅速兴旺发达，安居乐业。诺马阿美好地方的美名传到其他地方，引来异族的觊觎。东方的异族腊伯用花言巧语骗取了哈尼大头人乌木的信任，得以住进诺马阿美，并通过上门入赘的方式，骗走了乌木象征权威的权帽和绶带。诺马阿美的异族腊伯越来越多，腊伯不断采用各种计谋，不是偷哈尼的猪和羊，就是侵占哈尼的土地和山林。当诺马阿美的腊伯足以和哈尼分庭抗礼时，异族腊伯发动了独占诺马阿美、驱赶哈尼的战争。"哈尼和腊伯开了战……水急的诺马河，漂起数不清的死人死马，宽大的诺马坝，哈尼人睡平倒光！七千个女人变成寡妇，七千个小娃望不见爹娘，高高的秋房操倒了，三层的蘑菇房被烧光……权威的乌木决定离开诺马，走出这多灾多难的故乡……哈尼人从此离开了亲亲的诺马河水，爬上了野羊才走的陡峭山岗。"② 如此，战败的哈尼无奈只有放弃几代人辛勤耕耘创建的美丽家园诺马阿美，往南迁徙。可见，哈尼族先民失去诺马阿美，离开诺马阿美，直接原因是外族入侵者腊伯发动的暴力战争。根据《哈尼阿培聪坡坡》记载，哈尼族先民在诺马阿美生活了13代人。

族际战争是哈尼族先民迁离谷哈密查（滇池地区）的直接导火索。

---

① "民族问题五种丛书"云南省编辑委员会编：《哈尼族社会历史调查》，民族出版社2009年版，第125页。

② 朱小和演唱、史军超等整理：《哈尼阿培聪坡坡》，云南民族出版社1986年版，第86—93页。

据《哈尼阿培聪坡坡》记述，因为原住民"哈厄"下了逐客令，哈尼先祖不得不离开色厄作娘（洱海坝子），经过长途跋涉，寻找到了更加宽阔、肥沃、富饶的滇池坝子"谷哈密查"。此地已有擅长开荒种田的农业民族"蒲尼"居住，蒲尼挽留哈尼先祖共同居住于谷哈，将大山分给哈尼用以撵山，把坝子半边划给哈尼用以种田，但前提是哈尼必须臣服于蒲尼，由蒲尼管辖。于是，哈尼先祖掩埋了武器，在谷哈密查居住下来。哈尼人口不断增加，哈尼寨子越来越多，蒲尼头人对哈尼的剥削不断加重，也忌惮哈尼的日益壮大，最终，两族矛盾以战争这一极端形式爆发。为了更好地控制哈尼，蒲尼头人罗扎将女儿马姒嫁给哈尼头人纳索为妻，两族开战后，马姒将哈尼的军事机密泄露给父亲，致使哈尼吃了败仗，哈尼无奈只有逃离谷哈密查。哈尼先祖在谷哈密查经历的战争非常残酷，在哈尼民族心理上留下了惨痛的历史记忆。"苦罗，先祖的儿孙，灾难来到哈尼面前！惨罗，后世的哈尼，伤心的事出在谷哈平原！罗扎领着蒲尼来了，一直打进厄戚蒲玛，大人小娃被杀被砍，牛马猪羊被拖被牵，到处望见鸡飞狗跳，平平的坝子堆满死人，熊熊的大火烧红了天！……七十个好汉流出七十股鲜血，把木朵策果大山染遍；一树树白花被鲜血染红了，像早上的彩霞耀眼，哈尼把它叫作都匹玛雅，谷哈的山茶花至今最红最艳！"① 面对战争惨绝种族的威胁，哈尼头人纳索的正妻戚姒果断做出迁移的决策。"哈尼像被割断的草，一排一排倒在田间，要保住哈尼的人种，只有另找新的家园！逃难吧，谷哈没有哈尼的站脚处！逃难吧，能逃多远就逃多远！这回啊，哈尼不能成伙结队了，为保住人种啊，各人脸朝哪面就逃向哪面！"② 就这样，哈尼趁着天黑雾大，悄悄逃离了谷哈平原。据史诗交代，哈尼族先民在谷哈密查居住了7代。

根据哈尼族迁徙史诗《哈尼阿培聪坡坡》的讲述，哈尼先祖逃离谷哈密查（滇池地区）后，南迁到那妥（今通海），安寨建房，开出大田。不久之后，一些蒲尼跟着搬到那妥，这些蒲尼是查尼阿（手艺人），勤劳善良，哈尼不想因为争地盘和好人打战，就把那妥让出来，继续往南迁徙。哈尼先祖南迁到了石七（今石屏），将石七荒凉贫瘠的山坡变成一片

---

① 朱小和演唱、史军超等整理：《哈尼阿培聪坡坡》，云南民族出版社1986年版，第169—170页。

② 朱小和演唱、史军超等整理：《哈尼阿培聪坡坡》，云南民族出版社1986年版，第170—171页。

又一片碧绿金黄的稻田，引来石七原住民蒲尼的觊觎，两族开战，石七蒲尼头人从谷哈请来更多的蒲尼帮忙应战，哈尼从石七狼狈逃离。哈尼在前面逃，石七头人率部在后面追，誓将哈尼赶尽杀绝，双方在建水山上展开大战，哈尼头人纳索最后英勇牺牲，戚姒、马姒领着剩余的哈尼，渡过滚滚红河，上山进入人烟稀少的哀牢山密林，最终定居下来。

在西双版纳哈尼族支系雅尼（僾尼）人中流传的迁徙史诗《雅尼雅嘎赞嘎》里，加滇是雅尼人心中神圣的祖居地，是民族繁衍兴旺的美丽家园。雅尼雅历经千辛万苦，寻找到美丽富饶的加滇，开辟建设加滇，雅尼人在加滇得以前所未有的发展壮大。但在加滇政权后期，由于首领们腐败轻敌，雅尼雅捡来养大、上门入赘的异族儿子不仅想方设法分割加滇土地，而且向自己族人泄密，致使雅尼雅在外来异族侵占加滇的战争中被打得措手不及，只能拱手将加滇让给异族人。

雅尼雅迁离加滇后，曾在许多地方定居过，广景城就是其中一个重要的迁居地。广景，傣语山城之意，位于今景洪景讷乡西南面的广景山。根据雅尼传说和傣族史料记载，大约在八九百年前，雅尼在广景山一片定居，建起坚固城池，傣族称其为"广景"，今广景遗址仍隐约可见。[①] 根据《雅尼雅嘎赞嘎》的讲述，雅尼雅在风尘仆仆的长途跋涉中，在山鸡和山狗的指引下，找到一座巍峨的山梁，在椭圆的山梁上，有一块平坦的地方[②]，北面山峦高耸，西边河水碧绿，东边和南边林地宽阔，正是雅尼人心中的好地方，这个地方就是广景。雅尼雅就此建寨安家，开垦田地，定居下来。后来，傣泐来到广景，想和雅尼雅做邻居，于是雅尼雅住在山上，傣泐安寨于山下，两族和睦共居。但随着时间的推移，两族间渐渐产生了矛盾，不断堆积的矛盾最后以战争方式爆发。战争初始，雅尼雅占上风，傣泐屡战屡败。于是，傣泐佯装求和联姻，雅尼雅帅王纠龙中了美人计，被傣泐人在宴席上砍了脑袋，雅尼雅最终战败，为保全种族而逃离广景城。史诗如此描述傣泐首领的狡诈贪婪、战争的惨烈情景和雅尼雅的悲惨结局："狡猾的曼召寨王，立即派人去通报广景，告知他们帅王已被杀，要雅尼雅交出武器，要雅尼雅交出粮食，要雅尼雅赶快离开广景。广

---

① 批二演唱，施达、阿海收集整理：《雅尼雅嘎赞嘎》，载云南省少数民族古籍整理出版规划办公室编《云南少数民族古典史诗全集》，云南教育出版社2009年版，第759页。

② 即哈尼族迁徙史诗中频繁提及的山坡上的凹塘，较为宽阔、平坦，水源充足，阳光充沛，是哈尼族理想的住所。

景百姓听到这消息，仿佛晴天霹雳。武将墨昌听了，啊呀一声，嘴唇上咬掉一块肉。为报仇雪恨，广景雅尼雅和曼召人展开了血战。但是无论怎样拼搏，雅尼雅始终敌不过曼召人。十天半月过去了，双方砍来杀去血流成河。战场上流淌的鲜血啊，淹没了马蹄，尸体堆成了山……广景城被攻破了，广景寨的雅尼雅，终于被曼召人打败……纠龙帅王被砍了头，桑迁大臣做了刀下鬼，墨昌大将战死沙场。数十万雅尼雅，只剩下了数万人。为了保全子孙后代，为了民族的生存，战败了的雅尼雅哟，只得含泪逃离广景城，朝景洪方向迁徙。"①

在加滇、广景发生的残酷血腥的战争在雅尼雅心中留下的创伤是深远的。在后续的迁徙历史中，雅尼雅尽量避免再以战争方式解决与异族的争端和矛盾。尼洛（据说在今景洪市勐龙南端）是今西双版纳州勐海县格朗和乡雅尼人在迁离广景城、景洪坝子后的一个居住地。除了雅尼雅，此地还居住着傣家人，雅尼和傣家共同开发尼洛这一共同家园。但是，随着人口的增多，两族为争山林、水土而矛盾渐增，最后，是雅尼雅做出让步，迁离了尼洛。"雅尼雅怕动刀枪，雅尼雅怕流血死人，雅尼雅忍着悲伤，将尼洛地方让给了傣家。则维雅尼雅啊，又继续向南面迁徙。"②

五　中央王朝的军事征伐

战争不仅是族际之间的一种交流方式，更是王朝国家征服、统治、管理顽犷群体的一种铁血手腕。战争之残酷，体现在大规模的屠杀、掠夺，以及大量人群的流离失所和民族迁徙。因惧怕战争的杀戮、死亡、种族灭绝而选择快速逃离兵燹之地，成为弱势族群的本能反应。从史料记载透露出的历史信息可推断，在前文所梳理和分析到的哈尼族先民的迁徙事件中，特别是元代、清代哈尼族先民重大迁徙活动的发生，其主要导火索是王朝国家对哈尼族先民的暴力统治和武力镇压。

历史上，今元江城和元江坝子曾是哈尼族先民的聚居区。元时，云南行省首任平章政事赛典赤曾借用诸葛亮"心战为上"策略，收服了元江及其以西各部和泥。但和泥叛服无常，故而屡遭中央王朝的武力镇压。

---

① 批二演唱，施达、阿海收集整理：《雅尼雅嘎赞嘎》，载云南省少数民族古籍整理出版规划办公室编《云南少数民族古典史诗全集》，云南教育出版社 2009 年版，第 762 页。
② 批二演唱，施达、阿海收集整理：《雅尼雅嘎赞嘎》，载云南省少数民族古籍整理出版规划办公室编《云南少数民族古典史诗全集》，云南教育出版社 2009 年版，第 773 页。

《元史》卷132《步鲁合答传》记载："至元二十一年，都元帅蒙古歹征罗必甸，步鲁合答率游兵先行。江水暴溢，率众泅水而渡，去城三百步而营。居七日，诸军会城下，乃进攻之。步鲁合答先登，拔其城，遂屠之。"① 元至元二十一年（1284年），元军征讨罗必甸（即罗槃甸，又名罗匐甸，今元江坝子），步鲁合答率军攻下罗槃城（今元江城）后，采用残酷的屠城方式，和泥遭遇灭顶之灾。在元军的血腥屠戮下，为了种族的生存与繁衍，和泥只得选择逃离罗槃城、罗必甸，退到王权势力相对难于直接进入的哀牢山高山密林地带，与原居住于此的和泥汇聚。从此，和泥大规模聚居于坝区的状况结束，和泥开始逐渐向山居民族演变。

根据史料记录可以判断，今滇东北和黔西北相接的乌蒙山区也曾是哈尼族先民的历史分布区，是哈尼族先民较为靠北的居住地。《经世大典·招捕总录·宋隆济》曰："大德五年（1301年），雍真葛蛮土官宋隆济叛。……（大德）六年（1302年）正月，官军以隆济九次围攻贵州，粮尽退还。贼邀于花猫、牛场二箐……杀伤甚众，掠去行装、文卷。江头、江尾和泥等二十四寨，龙冯蹄一十八村，皆叛。"②"江头、江尾和泥等二十四寨"所处地域为今黔西北赫章、毕节、大方之间的六冲河及阁鸦江一带，这一地域北境与今滇东北相连。③ 从这条史料反映的信息可见，在今黔西北与滇东北相连区域有哈尼族先民和泥居住。但此条史料之后，在有关这一区域的历史文献中，再也看不到关于和泥的记载，说明此地已无和泥，在近现代，滇东北、黔西北地区也没有哈尼族分布。直到明代，在天启《滇志》中，出现曲靖越州居住有窝泥（斡泥）的记录。④ 明代越州的窝泥很有可能就是元代"江头、江尾"等地和泥南迁时留居于此的部分。元朝中央政权发动的军事镇压是导致乌蒙山区和泥此次迁徙活动的直接原因。元时，因不堪封建中央政府远征八百媳妇国而征派的繁重粮饷夫役，云南行省境内的顺元路（驻今贵阳）各民族以土官宋隆济为首，起而反抗，水西女土官蛇节率领部民配合宋隆济反抗，罗罗斯宣慰司

---

① （明）宋濂等：《元史》卷132《步鲁合答列传》，中华书局1976年版，第3208页。

② （元）赵世延等：《经世大典·招捕总录·宋隆济》，载王云五主编《丛书集成初编》第3911册，中华书局1985年版，第14—16页。

③ 《哈尼族简史》编写组：《哈尼族简史》，云南人民出版社1985年版，第9—11页。

④ （明）刘文征撰：《滇志》卷30《羁縻志·种人》，古永继校点，云南教育出版社1991年版，第999页。

（今四川凉山州）、广西路（今师宗、弥勒、泸西）、临安路（今红河州、文山州）等地各民族纷纷起而响应。元王朝出动大军对顺元路、水西的反抗者进行集中镇压，反抗最终被平息。从上述史料可知，乌蒙山区和泥也参与了此次叛乱，故而，遭受军事打击是必然结局。而选择逃命是遭受重创后的哈尼族先民首先采取的常用策略。在元军大力镇压叛乱的战火中，乌蒙山区和泥往南向和泥更为集中的六诏山、哀牢山地区迁徙，曲靖越州处于哈尼族先民历史分布区的北部地区（即今川西南、滇东北、黔西北连片地带）到南部聚居区（即六诏山、哀牢山）之间的中间过渡地带，有部分和泥在迁徙过程中留居于越州，成为此地的窝泥。

六诏山曾是哈尼族先民的重要历史聚居区之一，战争是导致哈尼族先民迁离六诏山的重要原因。清初，六诏山哈尼族先民参与了彝族先民禄昌贤领导的反清起义，清廷派云南总管吴三桂领军镇压，起义首领几乎全部战死，或被擒后遭杀害，六诏山窝泥也遭到残酷杀戮。六诏山土官制度就此被废除，于此区域设立广西、开化二府，归流官统治。在清廷的疯狂军事镇压下，窝泥逃离六诏山，往红河、哀牢山区域的窝泥靠拢，一部分则往边境方向移动。到清乾隆时，六诏山地区的窝泥人已十分稀少，到清嘉庆时，六诏山地区已无窝泥族属。曾经盛极一时的六诏山窝泥，在六诏山最终绝迹，后世，今文山州再无世居哈尼族分布。

显然，清咸同年间，分布于哀牢山上段、中段的一些哈尼族先民之所以往哀牢山下段及靠近边境的南部区域迁徙，是受李文学、田四浪起义烽火及清廷对义军活动区域民族群众武力残害的影响。19世纪末，云南陆续爆发杜文秀起义，以及李文学、田四浪起义等各民族反抗斗争，云南境内战乱频繁，社会动荡，一些阿卡人（哈尼族的一支）为躲避战乱，迁到老挝、缅甸等地。

六 境外战乱

19世纪末，西方殖民列强英、法两国在东南亚展开激烈角逐，本来居于同一地理区域的哈尼族先民等边地族群成为跨境民族，并夹于两大殖民帝国的纷争之中。英、法帝国在境外制造的战乱，造成部分民族的迁徙，东南亚的阿卡人即如此。泰国阿卡人口述史《阿卡赞》述曰："十九世纪末期，云南处在大动乱的时候，阿卡人的先头部分在中国云南南部边境定居下来。可是，在那里他们又发现自己处在两大殖民强国的斗争范围之内，即缅甸的大不列颠帝国和印度支那的法国。这样，一些阿卡人继续南迁，一部分进入缅甸，另一部分进入老挝。后来一些阿卡人又从缅甸涌入泰国。"① 泰国的阿卡人大多数是于130—150年间为躲避战乱而从邻国迁徙过去的。②

第二节 哈尼族历史迁徙的中层间接动因

中时段的"局势"是哈尼族历史迁徙的中层间接动因，主要包括环境气候、人口增长、亲缘因素、族际关系、国家政策等主客观方面。

一 环境气候

"一方水土养一方人"，人类是大自然之子，人与自然的关系必然与整个人类历史相伴相随。环境与气候深刻影响人类的活动，越是远古的年代，人类对自然的依赖越大。自然地理和气候环境的恶化，是导致古代民族群体迁徙的重要原因之一。根据竺可桢先生的研究，约5000年以前的仰韶文化时期到3000年以前的殷墟文化时期为我国的温和气候时代，那时的年均气温比现在约高2℃，正月平均气温比现在高3℃—5℃，但进入西周初期不久，我国气候开始恶化变冷，一直到春秋时期才又变得和暖。③ 由于气候变冷，原有生产基础受到动摇，为了生存与繁衍，居住于西北的氏羌族群不断向外迁徙和扩张，其中的一部分，踏着新石器时代南迁的氏羌之足迹，沿着藏彝走廊，进入滇川地带中国西南地区，并与之前居住于此的氏羌人口逐步融合在一起。

一方面，气候条件、地理因素对哈尼族先民历史迁徙动向起着重要的影响作用。另一方面，在悠久的民族迁徙历史中，哈尼人对迁居地的地理和气候等环境条件逐渐建立起严格的选择标准。

---

① [美] F. V. 格朗菲尔德：《泰国密林中的游迁者——阿卡人》，刘彭陶译，载云南省民族研究所编印《民族研究译丛》（第5辑），1983年，第17页。

② Leo Alting von Geusau, "Akha Internal History: Marginalization and the Ethnic Alliance System", in Andrew Turdon, ed. *Civility and Savagery: Social Identity in Tai States*, Richmond, Surrey: Curzon Press, 2000, p.126.

③ 竺可桢：《中国近五千年来气候变迁的初步研究》，《考古学报》1972年第1期。

哈尼族先民在漫长的迁徙过程中，既在山坡上居住过，也在平坝生活过。哈尼族先民虽然喜爱气候温和、土地肥沃的高原平坝地区，但是，在哈尼族的历史记忆里，关于平坝的那部分记忆却是灰色和沉重的，平坝带给哈尼人太多的伤痛。哈尼人对平坝的这种心理障碍，一个是由于哈尼族先民在历史上和异族之间因争夺平坝而发生的种种残酷血腥战争及失败后的被迫迁徙造成的。另一个原因，则与低纬度、低海拔地带平坝炎热的"魔鬼"气候和瘴气有关。低纬度、低海拔的坝区，气候炎热潮湿，杂草密林丛生，毒蛇虫兽出没，往往是瘴疠之地，疫病易于流行。来自相对寒冷的北方的哈尼族先民迁居到纬度更低的滇南河谷、湿地、坝子地带后，因无法适应炎热潮湿的气候，也缺乏相应的治疗手段应对瘴气，故而容易染病而死。坝区气候环境对哈尼人的生存造成极大威胁，久而久之，哈尼人形成了对坝区的畏惧心理。经过长期的迁居实践，哈尼人发现自己还是更适合居住于温暖、凉爽、疾病不易流行的山区、半山区。于是，一旦坝区传染病爆发，哈尼人就会选择往山区迁移，并最终放弃坝区，成为山居民族。

哈尼族对坝区炎热气候环境的恐惧和对山高水长、阳光充沛、森林密布的山坡的喜爱，在哈尼族迁徙史诗或传说里随处可见，哈尼族因环境、气候不适应而迁徙的案例比比皆是。

在《哈尼阿培聪坡坡》中唱到："下方天气扎实热，好像背着大大的火塘，牛马猪鸡张嘴喘气，大人小娃身上发痒。老林厚是厚了，草也发得很旺，只是到处爬大蛇，沿途处处遇老象。猪羊蹄子烂了，骏马牙齿掉光，公鸡不会啼鸣，狗也不会汪汪，母牛下儿难活，母马养儿死光，阿妈生下的小娃，只能活过三早上！……从前哈尼爱找平坝，平坝给哈尼带来悲伤，哈尼再不找坝子了，要找厚厚的老林，高高的山场；山高林密的凹塘，是哈尼亲亲的爹娘。"[①]

哈尼族另一迁徙史诗《杜达纳嘎》重点讲述的是哈尼族3位祖先之一的仰者率领部落沿红河辗转迁移的情况。在勒昂（建水）与其他哈尼同胞分开迁徙后，仰者带领族人来到腊萨（元江），在腊萨开垦出富饶美丽的家园，后来迁入的异族为了侵占哈尼的腊萨，施展出到哈尼人家上门

[①] 朱小和演唱、史军超等整理：《哈尼阿培聪坡坡》，云南民族出版社1986年版，第195—198页。

入赘的计策，仰者的 10 个女儿嫁给了异族的 10 个儿子，于是 10 个姑爷霸占了哈尼的良田美池，两族之间的矛盾以武力形式爆发，哈尼战败，不得不离开腊萨。仰者带领哈尼顺红河漂到海边，渡海来到一个叫"额咪合啰"（在今越南地界）的岛屿。额咪四处是平平的坝子，土地肥沃，庄稼丰收，人们丰衣足食，但额咪气候湿热，瘴气严重，因瘴气而死的哈尼人越来越多，仰者的妻子也因瘴气死于额咪。虽然一部分哈尼人在额咪留居下来，但饱受瘴气折磨的仰者还是历经千辛万苦返回到故乡腊萨，最后领着新娶的妻子①搬迁到米尼坎（在今红河县境内）定居下来，生儿育女，繁衍生息。《杜达纳嘎》史诗唱曰："额咪地方虽说庄稼好，瘴气却像魔鬼一样恶；瘴气熏得人们头昏眼花，吃了水后肚子好像胀破；着了瘴气发起来，全身一下发冷，一下又发热；哈尼人来到额咪九年，年年发瘴气死掉一些人。"② " 历经磨难的仰者告诫自己的子孙："我们哈尼人，经受了数不尽的灾难；平平的坝子虽然好，天灾人祸太多我们不能在，子子孙孙都不要到坝子安寨。高高的山梁，山清水秀灾害少，山高不怕大水淹，坡陡恶人很难爬上来；密密森森难开路，坏人也不敢轻易进山寨；从今以后，子子孙孙都在山上安寨。"③

此外，在哈尼族的其他迁徙史诗中，如流传于哀牢山地区的《普嘎纳嘎》《寻找祖先的足迹》④，流传于西双版纳哈尼族僾尼人中的《雅尼雅嘎赞嘎》《迁徙悲歌》等，都会述及坝区湿热气候及瘴气对哈尼人的折磨、祸害，以及哈尼人最终离开坝区、选择山区的故事。

云南省绿春县骑马坝现主要居民为傣族的一支——花腰傣。据研究，花腰傣于清嘉庆六年（1801 年）在一位名叫范连甲的人带领下迁入骑马坝，此后一直居住至今。但在花腰傣到来时的 30 多年前，卡多人（哈尼族的一支）等其他民族曾在骑马坝短暂居住过，由于寨子靠近渣吗河畔，

---

① 为其原配妻子之妹。
② 《杜达纳嘎》，载赵官禄、郭纯礼、黄世荣、梁福生收集整理《十二奴局》，云南人民出版社 2009 年版，第 142 页。
③ 《杜达纳嘎》，载赵官禄、郭纯礼、黄世荣、梁福生收集整理《十二奴局》，云南人民出版社 2009 年版，第 149 页。
④ 此二首史诗内容大致相同，前者详细，是一首篇幅较长、体量较大的迁徙长诗；后者相对简洁，为在葬礼上吟唱的祭词，目的在于将哈尼祖先的迁徙来路告诉死者，便于死者沿着祖先的足迹回到祖居地。

气候炎热，瘴气重，每年都有不少人因瘴疠而死，所以最终卡多人只有放弃骑马坝而迁移到山上。①

二 人口增长

人口是一个民族繁衍的基础，是社会发展的依托。但是，当一地人口增长到一定程度后，就会造成土地等生产资料的紧缺。在古代，迁出多余人口无疑是解决人地关系紧张问题的有效途径。

人口增长是哈尼族先民历史迁徙的原因之一，主要分为远距离迁徙和近距离分寨迁移两种类型。前者迁徙距离较长，已脱离原居住地范围，新居住地和原居住地之间已无联系或关系疏远。后者属于分寨搬迁，由于寨址地理空间受限无法再拓展，寨子无力容纳不断增加的人口，所以选择在寨子附近建立新的寨子，将部分人口搬迁过去，原寨子被称为老寨，新建的寨子被称为新寨，老寨和新寨之间距离较近，新老寨子之间在生产、生活等各方面依然存续着较为密切的关系。

在哈尼族迁徙史诗《哈尼阿培聪坡坡》里，哈尼先祖起源于远古的虎尼虎那，后来由于人口增长，食物减少，不能再满足人们的口粮需求，哈尼先祖离开虎尼虎那，经过长途迁徙来到什虽湖，居住下来。"仓里的红米撮一碗少一碗，撮到底半碗也不够装。两条大河里的鱼越捞越少，虎尼虎那不再是哈尼的家乡。顺着野兽的足迹走呵，先祖离开住惯的山岗；随着大水淌呵，先祖走过无数河滩。艾地戈耶把先祖领到新的住处，这里有宽宽的水塘；水塘象眼窝深陷下去，先祖就在什虽湖边盖起住房。"②

根据流传于红河县等地的哈尼族迁徙史诗《杜达纳嘎》记述，哈尼族先民曾生活于勒昂（建水）坝子。勒昂土地肥沃，头人管理有方，年年风调雨顺，哈尼人平平安安，繁荣兴旺，最后，因人口发展太快，勒昂坝子无法容纳，哈尼决定让一部分人搬离勒昂，去新的地方开发家园。"哈尼人的儿孙，一年比一年发展，人多勒昂坝子在不下，哈尼要到新的地方辟地盘。亲亲的父老兄妹，我们的儿孙一天天发展，再这样下去，勒昂坝子会变成街场，为了子孙后代，我们去别处辟地盘；大家分头走吧，各自去找自己的地盘。勒昂坝子的哈尼人，分成十二路去辟地盘；莫作带

---

① 卢保和：《绿春史话》，云南民族出版社 2011 年版，第 68—71 页。
② 朱小和演唱、史军超等整理：《哈尼阿培聪坡坡》，云南民族出版社 1986 年版，第 14 页。

着朝东边走四路,去找安居的地方;区依带着朝南边走四路,去找乐业的地方;仰者带着朝西边走四路,去找幸福的地方;还有一部分,仍然留下来守勒昂。"①

人口增长并非一蹴而就,而是需要较长时间的积累。哈尼先祖在某个迁居地安居乐业一段时期后,社会风调雨顺,五谷丰登,六畜兴旺,人丁增长迅速,人们忙于分家、分寨,这些景象在哈尼族迁徙史诗里出现频率很高。"惹罗的哈尼,像蚂蚁上树结对成行,搬着指头算算,六千已经算满;二月祭树的时候,肥猪杀翻在神山上,腿快的人,只分得手指厚的一片,脚慢的人,树叶薄的一片也不要想。一家住不下分两家,一寨住不下分两寨,老人时时为分家操心,头人天天为分寨奔忙。"② "哈尼在诺马兴旺发达,好像雨后的竹笋冒尖。瞧罗,哈尼小娃一对一对地出来,好似一窝窝兔子活蹦乱钻;哈尼伙子一伙一伙地出来,在寨脚的草坝上遛马比赛;哈尼姑娘一群一群地出来,清脆的笑声像叮咚的山泉。……哈尼的寨子一个个增多,像灿烂群星闪烁在天边。"③ "谷哈成了哈尼的家乡,哈尼在这里增到七万。……哈尼寨子天天长大,谷哈坝子占去一半,大寨生出窝窝小寨,好像小鸡围着阿妈游玩,哈尼后代天天变多,好像细沙难得数完,不管走到哪山田坝,伙啀麻啀④处处听见。"⑤ "大寨生出小寨,小寨生出新寨;大寨是小寨的阿哥,小寨是新寨的亲娘;哈尼寨子布满哀牢山,像数不清的星星缀在天上。"⑥ "哈尼像蜜蜂搬家分房,分家的头人抱着白鹇,领着寨人去到新的山岗。第一个能干的头人楚依,领着哈尼去到瓦渣,由他传下的楚依这支,至今还在瓦渣地方。……罗纳头人也走出家乡,领着术娃、罗纳两支,扎在两个不远的山岗。……第三个头人叫罗

---

① 《杜达纳嘎》,载赵官禄、郭纯礼、黄世荣、梁福生收集整理《十二奴局》,云南人民出版社 2009 年版,第 125—126 页。"漠作""区依""仰者",皆为人名,为当时带领哈尼人迁徙的先祖。

② 朱小和演唱、史军超等整理:《哈尼阿培聪坡坡》,云南民族出版社 1986 年版,第 31—32 页。

③ 朱小和演唱、史军超等整理:《哈尼阿培聪坡坡》,云南民族出版社 1986 年版,第 51—52 页。

④ 哈尼问候语,意为"吃饭没有"。

⑤ 朱小和演唱、史军超等整理:《哈尼阿培聪坡坡》,云南民族出版社 1986 年版,第 121—122 页。

⑥ 朱小和演唱、史军超等整理:《哈尼阿培聪坡坡》,云南民族出版社 1986 年版,第 207 页。

赫,在竹鹿安下了寨房;策打的儿孙也搬来,一处做活一起商量,人多地少在不下,兄弟又为分家忙:早上分出去的是罗蒲寨,下午分出去的是麻栗寨,麻栗寨是世上最大的哈尼寨,山腰上盖满七百个蘑菇房。二日早上又分出一支,领寨的头人名叫必扎,必扎寨子好是好了,只是地方不够宽敞。必扎、罗蒲和竹鹿,三寨又走出哈尼三帮,三股水合做一股,在洞浦①安下寨房。"②

墨江县龙坝乡娘浦寨哈尼族支系布孔人中流传,其老祖宗早先居于元江,生有两个女儿,一个女儿姐白嫁给汉族,另一个女儿姐索嫁给摆衣族(傣族)。嫁给汉族的女儿将地契拿走了,失去土地的布孔人便从元江迁到安定(位于元江县西南端),后又几经辗转,来到底马(距娘浦寨约30公里),而后搬到火马(距底马约5公里),人口在此开始发展,生子四人,分别姓金、李、杨、王。因为人口繁衍,四姓人家分别迁居各处,老金家迁至大白(距娘浦寨15公里),老李家迁至曼柏(距娘浦寨约12.5公里),老王家南迁至阿子栅(距娘浦寨10公里),老杨家迁至幌竹(距娘浦寨17.5公里)。娘浦寨的布孔人多为李姓,大约于8代以前从曼柏搬迁而来。③

三 亲缘因素

由于共同的族源、族属,相同或相近的语言、习俗,同一民族认同感等原因,构成了民族的亲缘关系。亲缘因素是哈尼族先民迁徙活动的中层动因之一。亲缘因素对哈尼族先民迁徙的影响主要体现在两个方面。

其一,分布于其他地方的同族对哈尼族先民的迁徙有着拉力作用。

经魏晋时期的民族大分化、大融合过程,至唐时,哈尼族先民已以"和蛮"之名以独立民族身份进入汉族历史学家的视野。"蛮治山田,殊为精好",唐宋时期,哈尼族先民的主体部分已经转型为农耕定居民族,

---

① 瓦渣,地名,在今红河县境内;竹鹿、罗蒲、麻栗、必扎、洞浦,地名,皆在今元阳县境内,洞浦即《哈尼阿培聪坡坡》演唱者哈尼摩批朱小和所居的寨子。

② 朱小和演唱、史军超等整理:《哈尼阿培聪坡坡》,云南民族出版社1986年版,第206—208页。

③ "民族问题五种丛书"云南省编辑委员会编:《哈尼族社会历史调查》,民族出版社2009年版,第94—95页。

居住于六诏山、哀牢山地区，已体现出近现代哈尼族分布格局雏形，但分布区远比今天多且广，从川西南、滇东北、黔西北到滇西、滇中，直至滇东南的六诏山，再到滇南的哀牢山、无量山之间及其南延尾梢地带今西双版纳州等边境区域，皆有哈尼族先民居住。哈尼族先民在民族形成过程中的举族大规模迁徙看似已经结束，但哈尼族先民的局部和部分人口的迁徙从来不曾停止。特别是经过元、明、清的进一步民族融合和持续迁徙，哈尼族先民的分布呈现出往更南地域流动和集中的趋势，且越到后世，分布重心越往南移，南边聚集的人口越多，而原先的北部分布区即川西南、滇东北、黔西北，以及滇东南的六诏山地区，最后已无哈尼族属，至清朝中后期，哈尼族最终形成集中居住于哀牢山和无量山之间、南延至境外东南亚越南、老挝、缅甸等国家的近现代分布格局。

　　除地理环境、政治人文等因素影响外，哈尼族先民从北向南的迁徙也有其内在的亲缘吸引。如，元时，因受战乱推动，滇东北、黔西北交接处的哈尼族先民往南流动。明时，遗留川西南的部分哈尼族先民越过金沙江，进入处于南部的云南。其之所以往南迁徙，不仅是因为越往南越暖和，还因更多的同族兄弟分布于南部地区，他们是循着同族在之前历史阶段的迁徙足迹而行进的。清初，在统治阶级的残酷军事镇压及改土归流之下，六诏山哈尼族先民离开家园，往哀牢山方向靠拢，清咸同年间，因田四浪起义失败，哀牢山上段、中段部分哈尼人口往哀牢山下段及边境地区迁移。之所以如此行动，不仅仅是由于上述迁入地更为边远，朝廷控制力相对薄弱，也是因为这些地方居住有大量同族兄弟。从近现代哈尼族分布的走势和民族学田野调查资料可知，即使到了元明清时期，哈尼族先民的部分人口一直沿着哀牢山、无量山由北向南的走向源源不断地逐级逐层向下移动，一直延伸至境外国家。之所以有如此长时段迁徙态势，也是因为所谓的"下面"有同族分布。同一族属认同，有助于搭建相互之间的情感纽带，使后来者更易找到心灵归属感和心理安全感。而相近的生产生活、文化习俗，能够使后来者更快适应、融入新的居住地。

　　据《哈尼阿培聪坡坡》的讲述，哈尼先祖渡过红河后，找到一个好地方"策打"①，因人员众多，策打容纳不了太多人口，戚奴就把策打让

---

① 地名，不详。

给马姒一支居住,自己领着人马去寻找新的安身处所。戚姒找到一个新的好地方"尼阿多"①,于是,江外的哈尼聚集来此。若干年后,以尼阿多为基础,分出很多寨子,其中的一个叫"竹鹿"②,策打的一部分哈尼也搬到竹鹿定居。③

联系当代的移民现象,就更好理解亲缘因素的影响作用了。农民工往往是通过先进城的亲戚、老乡、朋友等引路、传递消息,然后才进城务工。农民工进城后会逐渐形成以地缘或亲缘为纽带的各种农民工圈。一般而言,每个农民工都可能属于某个农民工圈,可以从中寻求依靠和帮助。在当代,由于橡胶种植与生产的需要,墨江等靠内地县份的哈尼族移民西双版纳的情况很普遍。20世纪70年代,墨江的一些哈尼族到西双版纳加入橡胶种植业,这部分先去的哈尼人站稳脚跟后,呼朋引伴,不断引荐家乡的亲戚、朋友、同村人前来西双版纳各大橡胶农场谋生,这种情况一直延续到今天。在勐腊县、景洪市等地的橡胶农场,甚至在以橡胶为主业的一些村庄,都有从墨江移民过去的哈尼族,他们以橡胶种植、割胶为生。当然,从墨江过去的一部分哈尼人在西双版纳也从事茶叶种植、加工和餐饮业。西双版纳的墨江哈尼族与墨江老家之间仍然保持着密切联系,并不断有老家的人前往西双版纳投奔他们。④

其二,共同生活于迁出地的同族对哈尼族先民的迁徙也有影响。

哈尼族的历史形成于走走停停的漫长迁徙旅途,在民族面临生存威胁之时,是当机立断搬迁,还是守着家园共同存亡?虽然难舍故土,但搬迁才有活路,主张搬迁者往往是大多数,少数反对搬迁者最终也只能跟着走上漫漫迁徙旅途。如哈尼族先民在外族侵占诺马阿美的战争中失败,为了繁衍种族,只能选择离开13代人用汗水浇灌的美丽家园,史诗对当时人们的痛苦、不舍、矛盾的复杂心情进行了仔细反复的雕琢,从中可见亲缘的凝聚力。"扎纳召集全体哈尼,把最大的事情商量,权威的乌木决定离开诺马,走出这多灾多难的故乡。扎纳叫妻子带领老小,顺着大河走向下

---

① 在元阳县境内,旧译为丫多、鸟多。
② 地名,在元阳县境内。
③ 朱小和演唱、史军超等整理:《哈尼阿培聪坡坡》,云南民族出版社1986年版,第197、202、208页。
④ 此部分资料为笔者于2017年2月22日、23日在景洪市调研时获得。

方，自己带领勇敢的男人，把凶恶的腊伯①抵挡。贤惠的扎纳玛②哭瞎了双眼，泪水浇湿烧倒的老房：'麂子死了，也要死在出生的岩洞，白鹇死了，也要死在出生的凹塘；大树一样的哈尼，不能离开生根的家乡！''哈尼人啊，怎能丢下座座大山，那里有先祖的尸骨埋藏；怎能丢下棵棵神树，哈尼在那里乞求过吉祥；怎能丢下滚滚的诺马河啊，那滴滴河水是哈尼的血浆！'听见扎纳玛的话，七千个哈尼一齐停下，七千个哈尼纷纷跪倒啊，求乌木带他们去拼杀疆场。扎纳摇动满头白发，声音又老又悲怆：'亲亲的扎纳玛啊，和我同老的女人，鸭子不能和老鹰共一林，人不能和魔鬼共一方。起来走吧，起来领着搬迁的人群，快快走吧，快快离开这熟悉的老房。''瞧你面前的棵棵柱子，都是我从山上砍来，瞧你脚边的块块石头，都是我亲手砌上。瞧着它们抵得瞧着亲儿子，望见它们好像望着亲故娘，我也舍不得啊，和你一样悲伤。''哦哦，不能了，再不能舍不得了，花鹿最宝贵的是角，人最宝贵的是生命，哈尼还想有后代，就要到远远的下方。''走吧，亲亲的女人，草结烧掉，来年还会转青，房子倒掉，石脚还会在地上，大山不会变心，平坝不会变肠，只要哈尼没有死光，总有一天会回到诺马河旁！'听见扎纳的劝说，扎纳玛离开了老墙，走到诺马河边，拾起一块石头，装进了披火披斗③，让这珍贵的石头啊，睡在靠心贴肉的地方；她说一声：'走啊！'就带着大队离开了家乡。"④

  同族内部某个支系的迁离，也会拉动其他支系跟着迁徙。氐羌开始于新石器时代后期沿着藏彝走廊的民族迁徙，造就了今天云南境内汉藏语系藏缅语族彝族支各民族，哈尼族就是在氐羌母体族群迁徙的浪潮中形成的，是由氐羌迁徙中比较靠南的群体部分逐渐融合发展而来的。根据西双版纳哈尼族支系僾尼人口述史《雅尼雅嘎赞嘎》的阐述，雅尼雅中的则交、则维、木达、鸡麻、玛仁等支系曾共同生活于景兰，由于民族内部矛盾，则交支先行迁离景兰，随后，则维支也离开景兰，由于则交、则维两个最大部族的离开，剩下的雅尼雅无能力在景兰继续生存下去，于是也只

---

① 侵占诺马阿美的外族人。
② 扎纳的妻子，在名字上加后缀"玛"为哈尼族习惯称呼，表示女性或雌性。
③ 哈尼族常穿的一种衣服。
④ 朱小和演唱、史军超等整理：《哈尼阿培聪坡坡》，云南民族出版社1986年版，第87—90页。

得跟随迁出景兰坝子，去其他地方寻求定居地。

四 族际关系

民族与民族之间的武力冲突、暴力战争，是族际关系在某一时间点上的极端特殊形式，是民族矛盾的爆发，属于短时段的"事件"，可能会直接引发民族迁徙活动。一般情况下，族际关系是不同民族之间在较长时间阶段内形成的相互影响、相互作用的联系，表现为一种状态，属于中时段的"局势"，对民族迁徙有着更为深远的影响。

哈尼族先民与其他民族生活于同一空间，天长日久，难免渐生嫌隙，族际关系趋向恶化，为避免矛盾积累到最后发展成战争，哈尼族先民选择自己离开，去其他地方开辟新的家园，于是产生民族迁徙。

根据哈尼族迁徙史诗《哈尼阿培聪坡坡》的内容，哈尼族先民离开什虽湖后，迁徙到了嘎鲁嘎则。这里巨石满地，龙竹成行，竹鸡鸣叫，居住着阿撮[①]。哈尼人在嘎鲁嘎则停下来，和阿撮亲密和谐共处，相互交流，互帮互助。但仅仅住了两辈人，阿撮头人的女人突然死掉了，头人认为是哈尼带来了不详，对哈尼又打又骂，把哈尼送的干巴[②]当柴烧掉，把哈尼给的美酒泼在地上，发誓要把哈尼撵走。在此情况下，哈尼决定"我们还是走吧，嘎鲁嘎则不是哈尼的家乡；我们还是搬吧，离开阿撮居住的地方；和和气气地来，和和气气地走，不要把眯细的眼睛变成睁大的眼睛！喜喜欢欢地来，喜喜欢欢地走，不要用抬酒碗的手去抬弓箭棍棒！"[③] 哈尼族先民从诺马阿美战败迁离后，经过长途跋涉，来到了宽阔肥沃的色厄作娘（洱海地区），与原住民哈厄一起生活。起初，两族亲密无间，互通有无，但随着哈尼人口越来越发展，哈尼的力量愈加强大，两族间的日常摩擦不断发生，哈厄开始心存提防。一天，哈厄头人终于找上门来，说没有不散的宴席，哈尼歇够了，应当去找真正属于自己的家乡了。于是，哈尼再一次依依不舍地离开，踏上迁徙的路途。

当然，有时候，民族之间良好的相互关系，也会导致民族迁徙。因为两族之间相处得好，哈尼族先民不愿为了居住地而与对方闹翻，所以选择

---

① 根据《哈尼阿培聪坡坡》的注释，一说傣族，一说不详。
② 即干肉。
③ 朱小和演唱、史军超等整理：《哈尼阿培聪坡坡》，云南民族出版社1986年版，第22页。

迁走他方，这是迁离者对留居者的礼让谦和，是哈尼族先民妥善处理族际关系的一种常用方式。哈尼族先民战败逃离谷哈密查（滇池地区）后，曾在那妥（通海）居住过一段时间。后来，汉人也跟着进入那妥。这些汉人勤劳能干，温和善良，乐于助人，哈尼不愿与之为了地盘而争斗，谢绝汉人共同居住于此的挽留，离开那妥往南迁移，寻找新的家园。[①]

还有，自明代起，因大量汉人不断涌进民族地区，而造成的你来我走、汉进夷退式的民族搬迁，也是族际关系对哈尼族先民迁徙的一种影响方式。

五 国家政策

国家政策是国家统治集团为实现一定历史阶段的目标而制定的路线方针、行动准则、步骤措施，为统治阶级利益的反映，是在一定历史时期内的国情和条件下实施的，具有较长时间内的稳定性，属于中时段的"局势"。暴力战争、武力镇压，是国家政策在某一时间点上的暂时性体现，为短时段上的"事件"，可能会直接导致大规模民族迁徙活动的发生。而国家政策作为更深层次的存在，对哈尼族先民的迁徙活动有着更大、更深远的影响。

公元前7世纪中期起，由于秦国实施征服、吞并西北氐羌部落的战略，积极向西扩张，直接导致西北地区的氐羌掀起更大的民族迁徙浪潮，西北大量氐羌人口被迫南迁。他们不断往西南地区迁移，循着前世先民的足迹，沿着藏彝民族走廊，有的前往西藏，有的移动到川西北、川西南、滇西北和滇西，融入之前时期就迁徙至此的氐羌人群。

南诏统治时期，南诏政权为稳固对占领区的控制而实施强制性大规模民族迁徙政策。这一政策不仅在短时间内快速完成了对某一民族群体的整体性搬迁，同时无意间促成了南诏境内各民族的大交流、大融合，带动、引发民族迁徙的齿轮效应，那些被南诏政权征服后留在原地未被整体或大规模迁走的民族，如和蛮等，也随之发生互动，发生整体或部分人口的迁徙事项。

元代，中央王朝对和泥地区杀戮频繁，生产力破坏严重，和泥为躲避

[①] 朱小和演唱、史军超等整理：《哈尼阿培聪坡坡》，云南民族出版社1986年版，第178—179页。

兵燹而往山区、往南部迁徙辗转。元王朝热衷于开疆拓土，征伐境外，多次发动征缅国、伐交趾、攻八百媳妇等军事行动。为壮大征伐力量，元朝在云南的军队中组建了"爨僰军"，由罗罗、僰人、和泥等民族构成。和泥被朝廷强制充军后，往往在出征途中寻机逃匿，有人就此流落征途沿线。

明代，明王朝在云南大规模推行军屯、民屯，实行大规模移民政策，在较长时期内，从内地不断迁移大量汉人实滇，最终改变了云南的民族结构，汉人成为云南人口最多的民族。

清代，清王朝采取绿营兵制，绿营兵为外省汉人，退役后大多留居驻防地，并招引老家的人也到驻防地谋生，这类移民，以开化、广南、普洱3府窝泥地区为最多。清政府对四川、云南、贵州实施的募民垦荒政策，吸引了大量外省移民进入元江、普洱、镇沅、开化等窝泥地区。① 之前到来者繁衍发展，后面到来者源源不断，外省移民规模越来越大，甚至在传统的窝泥分布区，汉族移民数量也超过了土著窝泥。据道光《普洱府志》卷7记载，清乾隆五十一年（1786年），宁洱县土著为4901户、17335丁，屯民为3036户、10630丁，客籍为3434户、10361丁；思茅厅土著为1016户、2891丁，屯民为2556户、7524丁，客籍为3105户、9327丁；他郎厅土著为30410户、46122丁，屯民为30171户、50127丁，客籍为650户、929丁。② 宁洱县外来者约占当地总人口的55%，思茅厅的土著人口仅占到总人口的15%，他郎厅是典型的窝泥传统聚居区，但他郎厅的屯民和客籍人口数也超过了土著，占到当地总人口的52.5%。可见，当时的普洱府等哈尼族地区的外来移民屯民、客家规模已超过土著户。外来汉族移民先是分布于坝区、城镇附近、交通沿线，而后向坝区边缘、半山区，乃至山区蔓延深入，与汉族移民的这种分布发展态势相应的，是窝泥等少数民族逐渐退出坝区、退到半山区和山区，以及向更为边远的南部地区、边境区域移动，呈现出"你来我走""汉进夷退"的状态。

---

① 陈燕：《"多元一体"视野下的哈尼族民间"东来说"——简析历史上融入哈尼族的汉族移民》，《贵州民族研究》2016年第4期。

② （清）郑绍谦原纂、李熙龄续修：道光《普洱府志》卷7《赋役·户口》，民国四年（1915年）铅印本。

第三节 哈尼族历史迁徙的深层文化动因

长时段的结构——文化因素，是影响哈尼族历史迁徙的深层根源。在哈尼族先民的迁徙历史中，不论是出于何种原因，不管是主动迁徙，还是被动迁离，不管是短时间内急促发生的迁徙行为，还是"汉进夷退"式缓慢山区化转变，内中始终贯穿有一股主动性选择力量，即遵从民族的文化准则、以惯有的生活生产要求选择和建设"安身立命"之所，这就是文化因素对哈尼族迁徙的深远影响。

历史上，哈尼族先民"性习迁徙"，漫长的迁徙历史造就了哈尼族。哈尼族"性习迁徙"的文化习俗继承自母体族群氐羌的游牧文化基因，并一直流淌在骨血里影响着哈尼的民族气质，这也是历史上的哈尼人一旦有变故就容易发生迁徙行为的内在深层原因。但是，经过长期的迁居生产、生活实践，哈尼族也逐渐形成了一套农耕民族的文化体系，其中包括选择和建构生存空间的文化准则。

一 对居住空间气候环境的认知和选择

对于居住空间的气候环境，哈尼族先民在长期历史实践中形成了自身的认知和选择。

哈尼族先民倾向于选择气候温和的地区作为居住空间，这是其在长期不断变化发展的迁徙生活和迁居实践中逐渐总结出来的经验。在哈尼族的观念里，温和的气候才是哈尼人适宜生存的环境，冬天温暖、夏天凉爽、四季如春之地才是哈尼人安居乐业的好地方。哈尼族源于古代的氐羌族群，迁自纬度相对较高、气温相对较低的甘青高原。哈尼族先民在自北向南的迁徙中，纬度越来越低，气候越来越暖和。哈尼族先民在大渡河以南、雅砻江以东及安宁河流域生活过，在洱海坝子、滇池坝子等高原坝区居住过，这些地区的气候具有一个共同特点，即"四季如春"，这种气候很受哈尼族先民的喜爱，并逐渐成为其迁徙过程中选择居住地的气候环境标准。当哈尼族先民到达滇南后，滇南立体气候突出，坝子、河谷的海拔很低，往往只有几百米，有些地方海拔仅仅三四百米。低纬度、低海拔的滇南坝子、河谷地带，气候炎热，虫蛇出没，瘴疠流行，传染病肆虐，哈尼族先民难于适应，也无有效的医疗手段加以应对，受尽炎热气候下的疫病之苦，无法在炎热的坝区长期立足、生存繁衍。而高山区海拔过高，云遮雾绕，寒冷潮湿，不适宜人居与农作物生长。所以，哈尼选择居住于山区、半山区，海拔在 1000—2000 米之间的地带，这里冬暖夏凉，疾病不易滋生，既可上山狩猎、放牧，又可下坡开垦农田、种植粮食，可谓哈尼人的宜居之地。哈尼族的迁徙史诗明确地表达了对炎热气候的极力排斥。"江边气候热难当，哈尼不爱热地方。"① "过江来到迪萨坡②，哈尼这里难落脚；插下杨柳不成荫，撒下的荞子不开花；哈尼不爱热地方，还要去把山路爬。" "木达人居住的凹塘，塘水里冒着浓浓浊气，竹林里毒蛇嚣张。木达人纷纷病倒，口说胡话手舞足蹈，全部落祭龙驱病魔，塔迁王歪歪倒倒，领着众人上山冈。山冈上风凉气爽，木达人躲避瘟疫，从此在山冈上安家，木达的子孙不再恋平坝。"③

二 对居住空间地理环境的要求和标准

对居住空间的地理环境，哈尼族先民通过长期的生产生活体验，建立起自身的要求和标准。

哈尼族为全民性山居民族，但这种分布格局并非一开始就如此，而是在历史长时段的不断迁徙中形成的。在成为山区民族之前，哈尼族先民也在坝区生活过，还尤其倾向于选择气候温和、土地肥沃的高原坝子，如洱海坝子、滇池坝子、通海坝子。所以，气候温和、光照充足、土地肥沃、有山有水，成为哈尼族先民选择居住地的自然地理环境要素。一次又一次失去气候宜人的高原坝区居住地，又难以适应炎热坝区、河谷的气候环境，哈尼族最终彻底蜕变为山居民族，并建构起自身的山地居住空间地理环境标准。向阳的山坡、地势和缓、水源充沛、森林茂密、土壤肥沃，是其中的几个关键要素。而靠山面水、三面环山的凹塘，无疑是这一标准的典型和缩影。在每一次的迁徙中，哈尼族先民始终坚持遵循这一准则，指导和规范对最后安身立命之所的寻找和选择。在迁徙途中，哈尼在某个地

---

① 赵乎础、赵乎周演唱，李期博搜集翻译整理：《普嘎纳嘎》，载李期博翻译整理《木地米地》，红河哈尼族彝族自治州民族语文古籍研究所编内部资料，1985 年，第 107 页。

② 今红河县城。

③ 车朗演唱、阿海翻译、阿流整理：《迁徙悲歌（哈尼族）》，载云南省少数民族古籍整理出版规划办公室编《云南少数民族古典史诗全集》，云南教育出版社 2009 年版，第 793 页。

方停下来，如果这个落脚点达不到他们对定居地的选择要求，哈尼绝不将就，暂时歇息修整后，会毫不犹豫地离开，再次上路，继续寻找理想的居住地。哈尼族迁徙史诗为今人描绘出哈尼人心中最美好家园的模样："从前哈尼爱找平坝，平坝给哈尼带来悲伤，哈尼再不找坝子了，要找厚厚的老林高高的山场；山高林密的凹塘，是哈尼亲亲的爹娘。权威的戚姒领着哈尼，走遍了江外所有大山，处处都有好在的歇处，戚姒要找最好的地方。这天队伍停在山坡，哈尼正在喝水歇凉，树上飞来一只白鹇，轻轻走过哈尼身旁。白鹇走到戚姒面前，摇摇身子抖动翅膀，一片白云样的羽毛，轻轻飘到戚姒手上。白鹇抬起细细的红脚，走一步拍一下翅膀，白白亮亮的羽毛，像银子闪闪发光，银光闪闪的小路，铺向树多的山岗。戚姒跟着白鹇，走进旺旺的草丛，绕过高高的老崖，望见迷人的地方。只见山坡又宽又平，好地一台连着一台，山梁又斜斜缓缓，好像下插的手掌。下头三个山包，恰似歇脚的板凳，中间空空的平地，正是合心的凹塘。再看高高的山腰，站满根粗林密的大树，老藤象千万条大蛇，缠在大树身上。又看平缓的山坡，淌过清亮的溪水，舀起一捧喝喝，甜得像蜜糖一样。再看山头和山箐，野物老实多啦：细脚的马鹿啃吃嫩草，大嘴的老虎追逐岩羊，狐狸在剑茅丛里出没，老熊在大树杆上擦痒；岩脚深深的草棵里，野猪龇着獠牙喘气，坡头密密的竹林里，竹鼠眯细眼睛把嫩笋尝；大群鹦鹉在小树上嘻戏，成对的鹧鸪在刺蓬里鸣唱；披着黄衣的龙子雀，在树枝上跳上跳下，扇着黑翅的老鸹，在树顶上哈哈笑响。……凹塘里歇着大群白鹇，好像白云飘落这方，望见人来轻轻啼叫，不飞不躲像把话讲。白鹇是吉祥的鸟，白鹇是哈尼的伴，白鹇喜欢的地方哈尼也喜欢，白鹇的家乡也是哈尼的家乡。顺着白鹇铺出的银路，哈尼大队走进山场，个个眼睛亮光闪闪，把神灵的恩惠赞扬。……见着这块好地，公鸡白日也叫了，鸭子晚上也唱了，大马也闻见青草香，挣脱缰绳跑上山岗。嚆嚆！有十七层皱纹的阿波①开口了，认定这是哈尼合心的地方，缺掉十七颗牙的阿匹②说话了，认定这是哈尼合心的家乡！共扶一架犁耙的十个男人开口了，认定这是哈尼发家兴旺的宝地！共操一架纺车的十个女人说话了，认定这是哈尼

---

① 哈尼语，"老爷爷"之意。
② 哈尼语，"老奶奶"之意。

子孙繁衍的地方!"① 从史诗的描写里,可感受到哈尼人追寻心中美好家园的执着,这种执着精神根基于对民族文化准则的信仰和坚持。

三 居住空间文化礼仪

找到符合气候、地理要求的定居地后,接下来的问题,就是如何建设居住空间。哈尼族先民在长期的摸索中,围绕居住空间构建起一系列文化礼仪,建寨礼仪是其核心内容。

根据哈尼族迁徙史诗《哈尼阿培聪坡坡》,惹罗普楚是哈尼族先民早期的迁居地之一。"惹罗",为哈尼族迁徙史诗中的古地名,"普"为哈尼语"村寨"之意,"楚"为哈尼语"建立"之意,"惹罗普楚"即在惹罗建立村寨的意思。② 哈尼人在惹罗普楚时期就已确立了建寨礼仪,在后续历史上难以计数的迁徙经历中,哈尼人一直遵循在惹罗普楚定下的建寨规矩,直至今天。"从此哈尼不像雾露飘浮,安寨有了惹罗的式样!上头山包像斜插的手,寨头靠着交叉的山岗;下面的山包像牛牴架,寨脚就建在这个地方。寨心安在哪里?就在凹塘中央。这里白鹇爱找食,这里箐鸡游荡,火神也好来歇,水神也好来唱。选寨基是大事情,不是高能不能当。先祖推举西斗做头人,希望他献出智慧和力量。西斗拿出三颗贝壳,用来占卜凶险吉祥:一颗是子孙繁衍的预兆,一颗代表禾苗茁壮,一颗象征六畜兴旺,贝壳寄托着哈尼的愿望。贝壳立下一天,大风没有把它刮倒,贝壳立下两天,大雨没有把他冲歪,三天早上公鸡还没鸣叫,西斗头人来到贝壳旁:'昨夜老虎咬翻百只马鹿,哈尼的贝壳安然无恙。尊敬的阿波阿匹,亲亲的兄弟姐妹,寨基选在这里,哈尼的子孙会好,哈尼的六畜会多,哈尼的庄稼会旺!'西斗又把肥狗杀倒,拖着绕过一圈。鲜红的狗血是天神的寨墙,它把人鬼分开两旁,黑亮的血迹是地神的宝刀,它把财狼虎豹阻挡。先祖的直系后裔,真正的哈尼子孙,牢牢记住吧,惹罗是哈尼第一个大寨,惹罗像太阳永远闪光,不管哈尼搬迁千次万次,惹罗是世上哈尼的亲娘!……最后要立大门,黄心树扛到寨旁,做成的门板像蛋黄般

---

① 朱小和演唱、史军超等整理:《哈尼阿培聪坡坡》,云南民族出版社1986年版,第198—202页。

② 黄绍文:《诺玛阿美到哀牢山——哈尼族文化地理研究》,云南民族出版社2007年版,第92页。

好瞧,开门声像鸡叫一样响。"①

建寨礼仪包括选定寨址、择寨神林、确定寨心、圈出寨界、立寨门等几个重要环节。哈尼族的寨子往往坐落于朝阳而平缓的半山腰或山坡间散落的小凹地上,背倚大山,两侧斜插有小山梁,似村寨的"扶手",旁有溪流或泉水;寨脚散落着小山包,如同村寨的"歇脚"处,此处也是地神祭祀地,建寨时,要选一棵高大的树木象征地神,每年按时祭祀,以祈愿地神护佑。确定好寨址后,要在寨子上方选一片茂密的树林作为寨神林,并从中挑选一棵高大挺直的树木作为神树,象征寨神,保护整个村寨。寨神林十分神圣,平时严禁人畜入内,每年要按时举行盛大的昂玛突祭祀仪式,祭奠寨神,以祈求寨神护佑。寨址选定,要进一步确定寨心,定寨心的方法较多,哈尼族迁徙史诗中提及的是海贝法,即在所选地面处将三颗海贝排成平面三角形,三颗海贝分别象征子孙、庄稼、六畜,三天后,如果海贝的状况没有改变,即没有被风刮倒,没有被雨冲走,没有被牲口撞坏,此处即为寨心,立下木桩为标识。圈出寨界,就是划定寨子的范围,这是在人鬼之间划分出一条界线,规范人鬼各自的活动空间。圈定寨界的一个重要内容,是由一名身强力壮的年轻男子将狗一棒打死,然后拖着狗绕着寨址外围按事先确定的线路跑一圈,只要是狗血染过的地方,就是寨子与外界的分割限,任何鬼魂和不洁之物都无法逾越,分界线以内的寨子就是哈尼人安身的洁净之所,可以得到神灵的护佑。一般而言,哈尼族村寨多依山而建,寨子上下左右四边开有主要出入口,这些出入口即寨门,下方的寨门为正门。狗血划出的线路是人鬼之间无形的分界线,而寨门是让人通行,阻止鬼魂入村的关口,是"人间世界与鬼神世界的界碑"②。哈尼族村寨的寨门形式不一。西双版纳哈尼族寨门有大门的形式,寨门上固定有施过巫术的驱鬼辟邪物,如木刀、木枪、木雕人像、木雕鸟像等。红河流域的哈尼族村寨大门以寨子入口处的大树为象征,将一条稻草绳子栓在两棵大树之间,绳子一头悬挂鸡皮,另一头悬挂狗皮或狗脚,中间悬挂木刀、木叉、木锤,寓意金鸡神狗把守寨门,人鬼各居其所,各自相安。

---

① 朱小和演唱、史军超等整理:《哈尼阿培聪坡坡》,云南民族出版社1986年版,第26—29页。

② 李克忠:《寨神——哈尼族文化实证研究》,云南民族出版社1998年版,第238页。

寨址定好，范围确定，全寨人根据祖训，着手建造公共设施，引溪水入寨，开挖水井，建盖公房，立磨秋①，然后各家各户建房盖屋，随之形成建房礼仪、人生礼仪等一系列文化。

　　哈尼族先民对居住地自然地理环境的要求，以及围绕居住空间形成的一系列文化，是其天地崇拜、万物有灵、祖先崇拜等民间宗教信仰的体现，与汉文化风水内涵一致。"这种居住观点的暗合，不是人们所说的'文化传播'的结果，而是人对生存、发展与自然生态环境关系的共同认识，同时也是人对生活环境与生产环境关系的理性安排。"② 不管迁徙的直接原因有多复杂，不管迁徙的路途有多波折，不管在迁徙旅途上的样子有多狼狈，不管迁徙的次数有多频繁，哈尼族先民自始至终怀揣祖训，坚持以自身的文化准则寻找和建构心中的美丽家园。这是哈尼族漫长迁徙历史中始终流淌的一股积极力量，正是这股力量从骨血里推动着哈尼族的迁徙历史，体现出哈尼民族在形成与发展中的主动性、创造性。

---

① 磨秋，我国西南少数民族地区秋千的一种类型。在哈尼族传统文化里，磨秋是神圣的祭祀器具，打磨秋是神圣的祭祀仪式。

② 王清华：《梯田文化论——哈尼族生态农业》，云南人民出版社2010年版，第87页。

第七章

哈尼族历史迁徙的特点与影响

哈尼族的历史迁徙，从研究空间而言，最北端起于川西南大渡河南岸，最南端止于中国云南南部边境之外的越、老、缅、泰国家；西边始于洱海地区，东边终于六诏山地区。从研究时间而言，始于公元前3世纪春秋战国末期，到19世纪末20世纪初的清朝末年。跨越时空如此宏大的哈尼族历史迁徙，有何特点，内中是否存有某些规律？在漫长的迁居过程中，该民族自身、该民族与其他族群之间、该民族与王朝国家之间，发生着什么样的故事，最后产生什么样的影响？这是本章要探讨的话题。

第一节 哈尼族历史迁徙的特点

结合长时段宏观视野及短时段微观视角，可以发现哈尼族历史迁徙具有鲜明特点：总体方向的自北而南与局部的复杂无常；在平坝、山地间游走到最终定居山区；向边地迁徙；向同族聚居区迁徙；大规模举族迁徙与部分、零星迁徙并存；长距离迁徙与短距离渐进式、节点状迁徙同在。上述迁徙特点的形成，与地理、气候、民族、国家等自然环境因素、社会人文因素密切相关。

一 总体方向的自北向南与局部的复杂无常

从历史的长时段看，自北向南是氐羌族群迁徙的方向，是哈尼族先民迁徙的路线，也是哈尼族先民迁徙的常惯态势。

哈尼族先民随着母体族群氐羌迁徙浪潮从甘青高原沿藏彝走廊南下，大约在公元前3世纪时，以"和夷"之名生活于大渡河南岸、雅砻江以东区域，并以此为起点，向南迁徙，历经秦汉、魏晋，到南北朝时，哈尼族先民广泛分布于洱海—滇池—庐江流域一线及以北地区,到唐宋时期,哈尼族先民已大量集中分布于哀牢山、无量山、六诏山,并南延至哀牢山、无量山山脉末梢今西双版纳地区,看似已经定居下来,但实际上,从唐宋以来到元明清时期,哈尼族先民仍然处于断断续续的迁徙之中。元时,滇东北、黔西北哈尼族先民往南迁徙,自此,滇东北、黔西北的哈尼族先民不再见于汉文历史文献记载。明时,留居川西南的哈尼族先民沿着先前历史时期同族迁徙的脚步,往南迁移,进入云南。清初,六诏山哈尼族先民开始迁徙,往红河流域哀牢山同族分布区靠拢,一部分向边境移动,后世,六诏山哈尼族先民不再出现于汉文历史文献中。而在整个元明清阶段,无量山、哀牢山之间的哈尼族先民中,不断有人出于各种原因沿着山脉河流走向自北向南移动。

墨江县泗南江流域的哈尼族支系白宏人中流传说,在哈尼族先民南迁的过程中,白宏支系形成于元江流域,后来元江地区来了很多汉人,白宏人就迁到了垤玛、白宏九冲等地,再后来有一部分白宏人沿着泗南江流域迁徙,到清朝中期,才逐渐在泗南江流域定居下来。[①] 从元江到其南边的墨江,从元江流域到其南边的泗南江流域,虽说迁徙距离不是十分遥远,但可以看出从北向南的迁徙轨迹。

居住于墨江县的哈尼族支系阿木、切第自称"嘎都哈尼",分布更为靠南的今江城、西双版纳直至越南、老挝、缅甸、泰国境内的哈尼/阿卡人也称他们为"嘎都哈尼",意为"落伍、掉队的哈尼人";墨江的哈尼族支系碧约人自称"碧高碧咧",意为不昌盛、落伍,即掉队落伍之人。[②] 从这些传说中,不仅可以看出历史上哈尼族迁徙的事实,今边境地区哈尼族与靠内地区哈尼族之间的关系,也可见其由北向南的迁徙方向。

总之,从历史的长时段宏观视野来看,哈尼族先民的迁徙留下了从北往南移动的清晰痕迹,哈尼族先民的分布具有往更南地域流动和集中的趋势,且越到后世,分布重心越往南移,南边聚集的人口越多,而原先的北部分布区即川西南、滇东北、黔西北,以及滇东南的六诏山地区,最后已无哈尼族属,至清朝中后期,哈尼族最终形成零星散落于滇中地区,集中居住于哀牢山和无量山之间,南延至境外东南亚越南、老挝、缅甸等国家

[①] 谢伟等:《家园耕梦——哀牢腹地哈尼人》,云南美术出版社 2006 年版,第 70—71 页。

[②] 谢伟等:《家园耕梦——哀牢腹地哈尼人》,云南美术出版社 2006 年版,第 123、126、145 页。

的近现代分布格局。如此的分布态势，正是哈尼族先民在漫长历史时期自北向南迁徙移动、集中和融合的结果。

哈尼族的历史是在长期自北而南持续不断迁徙的漫漫路途中凝聚而成的。之所以选择自北而南，与气候因素、地理因素有关，是哈尼族先民顺应云南山川、河流走向而创造出的迁徙轨迹。越往南，越暖和，气候条件越好，适宜万物生长、人口繁衍，适合山地农耕、狩猎游耕等生产方式。从地理因素而言，云南高原磅礴，山高林密，河流众多，山地面积占到总面积的94%，盆地仅占6%。红河将云南地理单元划为东西两个部分，东部为云贵高原，西部则为横断山纵谷地带，山川走势为典型的南北走向。

历史上，氐羌族群沿着藏彝走廊从北往南迁徙，进入中国西南，再进一步伸入云南。哈尼族先民在氐羌族群的迁徙浪潮中，后世又融合于昆明、叟的迁徙和分布之中，广泛活动于洱海—滇池一线上下地区。到元明清时期，哈尼族先民和泥、窝泥沿着哀牢山、无量山之间的河谷造就的天然地理通道，顺着河水流向，沿着山脉走势，源源不断地往南移动。长期自北向南的迁徙，对哈尼族先民的方向认知产生独特影响。"很古很古的时候，我们的祖先父母从天上下来，从人神分界处的诺玛阿美开始往下走。最先往下走的是粮食大哥，人是老二，跟着下来，家畜是老三，也跟着下来。因为水往下边流，山向低处伸，大雾也顺山沟往下降，我们的祖先跟着往下走。"[1] 在哈尼族看来，往南就是往下，往北就是往上，之所以总是趋向于"往下"走，正是千百年来自北向南的历史迁徙形成的文化惯性使然。

此外，哈尼族先民的迁徙主线之所以一直遵循自北而南的方向延续，是因为越往南，国家统治力越弱，人口密度越低。历史上，哈尼族先民的迁徙，很多时候是由于封建中央王朝统治者的军事镇压及由此造成的战乱，或土司头人的压迫，或土司之间的斗争引发动乱，而被迫发生的，迁徙的主要诉求就是活下去。而越往南，则越接近边地，离统治中心越远，统治者鞭长莫及难于管束，所以生活越自由。同时，越往南，人口密度越低，越容易获得更大的生存空间和更多的土地、森林、水源等生产资料，而且没有民族之间因争夺生存空间、生产生活资料而产生矛盾纠纷的问题。

---

[1] 谢伟等：《家园耕梦——哀牢腹地哈尼人》，云南美术出版社2006年版，第26页。

从长时段、大格局来看，虽然哈尼族先民的迁徙方向呈现出自北而南的清晰脉络，但从短时段、局部范围而言，哈尼族先民的迁徙复杂多样，难于找到方向上的规律性。有的迁徙，可能从西往东，或从南往北。有的迁徙，可能以某一据点为中心，向四周辐射。有的迁徙，在同一地区范围内，搬来搬去，反复无常。之所以会有如此现象，主要是因为活动空间属于同一地域，气候环境、地理条件无实质性差异，只是出于各种内外原因而搬迁，重新选择一个认为更合适的居住地点而已。

分布于墨江县那哈、龙坝的哈尼族支系白宏人，在他们的老人和摩批所唱的迁徙古歌中，都会提到"垤玛"。垤玛是今红河州红河县的一个地名，与普洱市墨江县接壤，位于墨江县那哈乡的东北，墨江县龙坝乡的东南。墨江的白宏人说，他们都是从垤玛分出来的。[①]

哈尼族很早以前就已生活在滇池周围，明代以后，由于大量汉人入滇屯垦，滇池边的哈尼人开始逐渐往山区、半山区退缩，或往滇南等其他地方迁徙，当然，也有滇南的哈尼人向北移动进入晋宁。今居住在晋宁的哈尼族，大多于明、清时期从周边的昆阳、易门、峨山、玉溪及滇南县份迁来。[②]

玉溪红塔区梅冲村的哈尼族，最早迁来的张姓至今已有19代人，是从石屏迁来的；后来的李姓迁自峨山的水尾；罗姓来自峨山的脚罗冲；王姓原为研和的王井、东山的汉族，清康熙二十六年（1687年）迁到梅冲后，融入哈尼族中，后裔成为哈尼族。[③]

孟连县境内的哈尼族先祖从他郎（今墨江）辗转迁徙而来。一部分从他郎先迁到勐腊，再迁到澜沧，最后进入孟连景信定居下来，属于平头僾尼；另一部分从他郎迁出后，先后经停思茅、景洪、勐海一线，后进入孟连腊垒居住至今，属于尖头僾尼。[④]

总之，历史长时段宏观视野下，迁徙总体方向自北而南，是哈尼族先民迁徙的历史必然。历史短时段微观视野下，局部地区的迁徙复杂无常、辗转反复，是哈尼族先民迁徙的历史偶然。哈尼族先民迁徙是历史必然性

---

① 谢伟等：《家园耕梦——哀牢腹地哈尼人》，云南美术出版社2006年版，第71页。
② 晋宁区地方志编纂委员会编纂：《晋宁县志》，云南人民出版社2003年版，第846页。
③ 玉溪市地方志编纂委员会编：《玉溪市志》，中华书局1993年版，第206页。
④ 孟连傣族拉祜族佤族自治县志编纂委员会编纂：《孟连傣族拉祜族佤族自治县志》，云南人民出版社1999年版，第63页。

和历史偶然性综合作用的结果。

二 在平坝、山地间游走到最终定居山区

"许多谷地的人都是'前山地（ex-hill）人'，而许多山民也是'前谷地（ex-valley）'人。"[①] 哈尼族基本分布于山区，但哈尼族的居住地理环境并非历来如此。在民族形成和发展的历史中，哈尼族也在盆地、坝子居住过。哈尼族源于中国古代的氐羌族群，原为游牧民族，在从甘青高原自北向南迁徙的漫长历史中，逐渐吸取农耕文化要素，最终转型为农耕民族。据史籍记载，春秋战国时，哈尼族先民"和夷"迁徙至今川西南大渡河、安宁河（阿泥河）、雅砻江流域一带，逐渐吸收南方夷越民族的稻作文化，出现《尚书·禹贡》所言"厥土青黎，厥田惟下上，厥赋下中三错"的局面。唐宋时，哈尼族已定居于哀牢山和无量山之间，成为"治山田，殊为精好"的农耕民族，农耕文化初步定型。哈尼族的历史居住环境不仅有山区，也有平坝，如今天的滇池坝、景东坝、景谷坝、甘庄坝、元江坝等，曾为哈尼族先民的聚居地。哈尼族迁徙史诗《哈尼阿培聪坡坡》记述的南迁路线与史籍记载情况基本吻合。相传，哈尼族先民居住于遥远的北方一个称"虎尼虎那"的地方，后因人口增加而向南迁徙到"什虽湖"，又南迁至"嘎鲁嘎则"，再南迁至"惹罗普楚"，在此建起哈尼族的第一个大寨子，后由于瘟疫泛滥南迁至"努玛阿美"——一个两条大河间的平原，又因异族入侵，被迫继续南迁到了"色厄作娘"（洱海地区）、"谷哈密查"（滇池地区），由于战争，经"那妥"（今建水）、"石七"（今石屏），南渡红河，进入哀牢山区定居下来。从史诗记述可见，哈尼族有水边、平坝、平原生活生产的历史经历。[②] 但迁徙的最终结果是哈尼族蜕变为一个山区民族，漫长的迁徙过程正是将哈尼族推向山地的历史过程。

哈尼族从在平坝、山地间居住，到最终选择山区，发展演变为山居民族，有偶然性因素，也可能与局势性因素相关，但终是必然性因素使然。

偶然性因素，主要是短时段历史的事件——导致迁徙的表层直接动因。局势性因素，即中时段的局势——导致迁徙的中层间接动因。如，元

[①] [美]詹姆士·斯科特：《逃避统治的艺术：东南亚高地的无政府主义历史》，王晓毅译，生活·读书·新知三联书店2016年版，第32页。

[②] 陈燕：《哈尼族梯田文化的内涵、成因与特点》，《贵州民族研究》2007年第4期。

代，在国家政权发动的军事镇压之下，聚居于元江坝子的哈尼族先民逃离坝区，躲进元军难于深入的哀牢山区，与之前居于此的同族聚拢，并在后续朝代，沿着哀牢山不断往南蔓延，哈尼寨子像数不清的星星布满哀牢山，最后，哈尼族成为哀牢山地区人口最多的民族。明代，大量内地汉族移民入滇，云南民族结构变化，汉族作为主体民族的地位与势力，自然导致原来的民族生活居住空间重新洗牌，少数民族慢慢退出平坝，退向山区，而城镇、交通沿线、坝区，越来越多地被汉族渐渐占领。清代，汉族的分布已从云南腹地向边地普洱府等哈尼族先民集中分布区域广泛蔓延。在始于明代，持续至有清一代的"汉进夷退"过程中，哈尼族先民逐渐转化为全民性山居民族。

必然性因素，即长时段的结构——影响迁徙和居住的深层文化动因，是哈尼人在漫长的民族分化、融合、形成、发展的历史过程中逐渐产生的、不断清晰化的民族心理思想观念。气候宜人、土壤肥沃、灌溉便利的高原盆地、坝子，固然是哈尼人喜爱的好地方，但由于与其他民族之间对土地、森林、水源等生产资料的争夺，哈尼守不住，或抢不来，故而只能选择放弃和离开。滇南低纬度、低海拔地区的坝子和谷地，不仅存在要与其他先到民族争夺居住空间的问题，而且气候恶劣、炎热潮湿、瘴疠严重，根本不适合哈尼生存繁衍。在长期、反复的迁徙实践中，在一次又一次的挫败和惨痛的经历里，哈尼人渐渐形成对居住空间的认识、诉求和选择，并上升为哈尼民族文化，在对居住地的选择中起着决定性的作用。"从前哈尼爱找平坝，平坝给哈尼带来悲伤，哈尼再不找平坝了，要找厚厚的老林高高的山场；山高林密的凹塘，是哈尼亲亲的爹娘。"[①] 可见，选择山区，是哈尼在长期反复实践中总结出的经验，最终发展为哈尼共同的民族心理，也是哈尼的文化自决行为。

三 向边地迁徙

哈尼族是氐羌族群中分布较为靠南的一支，这一分布状况是其在历史上长期缓慢向南部边地迁移的结果。

宋时，在今西双版纳境内已有哈尼族先民与傣族先民等其他民族居住

[①] 朱小和演唱、史军超等整理：《哈尼阿培聪坡坡》，云南民族出版社1986年版，第197—198页。

于一起。元明清时，哈尼族先民沿着哀牢山持续缓慢地从北往南移动，一直分布到哀牢山末梢地带，并蔓延至境外的东南亚国家。泰国阿卡人的口述史《阿卡赞》讲述了阿卡人的迁徙历史：大约在公元前2世纪的时候，阿卡人和罗罗人离开西藏东部的山区……沿着西藏高原的河谷南下直达华南，在公元7世纪的时候，有一支阿卡人分布于云南最南端，自称"阿卡"，有些阿卡人继续搬迁，大部分阿卡人和罗罗人选择留居在云南。[①]《阿卡赞》中还提到，阿卡人约于30代人以前因一场"大火"而逃到丛林密布的高山地带。30代人以前，即距今约700年前。美国学者格朗菲尔德推断阿卡人的这次逃难正是发生于忽必烈率蒙古军南下大举入侵云南，摧毁阿卡先人建立的王国之时。虽然难于断定阿卡人迁徙史诗中所言之"大火"是不是指这次灾难，但从那以后，阿卡人就再也不能凝聚起来组成强有力的民族政权，阿卡人开始处于其他较强大的族群支配之下，从肥沃的平坝不断被驱赶进山里。几世纪以来，为免遭周围强大族群的压迫，或是逃避瘟疫传染，或是寻求肥沃的土地，他们缓慢而稳妥地逐渐南迁。[②] 阿卡正是以元江为北向起点，沿哀牢山往南迁徙，即今元江—墨江—江城，或元江—墨江—宁洱—思茅—澜沧，自北向南，由上往下，如此逐渐往更南的边陲西双版纳，乃至东南亚缅甸、老挝、泰国等国家移动蔓延。今分布于墨江县境内的哈尼族支系阿木、切第等，被分布于边地的阿卡人称为"嘎都哈尼"，意为"落伍、掉队的哈尼人"，他们是哈尼在往更南地区迁徙过程中留居下来的那部分人口。

　　清初，六诏山地区大部分和泥领主率部参与了以禄昌贤为首的反清大起义，起义被吴三桂强力镇压后，清廷乘势在六诏山地区改土归流，和泥被残酷杀戮，大批和泥迁离六诏山地区，一部分往哀牢山和泥聚居区靠拢，有些则往边境区域流动，最后进入今越南境内。

　　历史上，特别是到了元明清时期，哈尼族先民之所以往下方走，往边地迁徙，除了自古以来自北向南迁徙的文化惯性使然，一个重要原因就是越往南走，靠边地越近，则离王权统治越远，统治压迫越薄弱，生活越自由。边地，是斯科特所言之"避难所"。当然，还有一个原因是边地人烟

---

① ［美］F. V. 格朗菲尔德：《泰国密林中的游迁者——阿卡人》，刘彭陶译，载云南省民族研究所编印《民族研究译丛》（第5辑），1983年，第12、14、15页。
② ［美］F. V. 格朗菲尔德：《泰国密林中的游迁者——阿卡人》，刘彭陶译，云南省民族研究所编：《民族研究译丛》（第五辑），1983年，第15—16页。

稀少，人口密度低，更容易获取生存空间、生产生活资料；同时，可以有效避免因争夺土地山林而产生族际矛盾的问题，更容易营建良好族际关系。

四 向同族聚居区迁徙

沿自北向南方向移动，是哈尼族先民历史迁徙中最为鲜明突出的一条脉络。伴随着这一特点显现出来的另一现象是向同族聚居区迁徙。哈尼族先民之所以选择往南迁徙，除气候、地理、国家统治、人口密度、族际关系等诸多因素外，还有一个原因，就是南部有同族分布，或同族大量聚居于南部。

如元时，和泥迁离滇东北、黔西北，往南部六诏山等和泥聚居区移动。元时，在蒙古军大屠罗槃城的血雨腥风之下，和泥纷纷逃离元江坝子，进入哀牢山的茂密丛林，并在后世沿着哀牢山缓慢逐级往下流动。明时，原留居于川西南的部分和泥，沿着之前历史时期同族迁徙的足迹和方向，往南移动，渡过金沙江，进入滇西、滇中北部。清时，在清廷的武力镇压和改土归流的推行之下，和泥逃离六诏山地区，往红河、哀牢山地区和泥聚居区聚拢。清咸同年间，哀牢山哈尼卡惰人田四浪抗清起义失败，为躲避清军的屠杀，部分哈尼人沿着哀牢山往下迁徙进入今江城等更为靠南的边疆地区。上述迁徙活动，反映出同族相吸的现象。

今天，在宏观分布上，哈尼族呈现出集中分布特点，哈尼族绝大部分分布于云南南部，即红河与澜沧江的中间地带，哀牢山与无量山之间的广袤山区，聚居区北起玉溪市元江县，南至西双版纳州各县市，普洱市江城、澜沧、孟连等县，红河州金平县，甚至延伸至东南亚的越南、缅甸、老挝、泰国等国家的山区。在微观分布上，哈尼族呈现出小聚居的特点。一般而言，一个哈尼村寨的人基本全为哈尼族，哈尼族与其他多种民族共同杂居于一个村寨的情况非常少见，甚至在支系上，往往都属于哈尼族的同一个支系。以上分布状况，是历史上哈尼族不断向同族聚居区迁徙而造成的，反映出民族迁徙与留居中的同族相吸、同族相聚事实。

向同族聚居区迁徙，与同族形成聚居，主要是因为：

一是，同一民族之间有着天生的亲缘关系、族属亲近感、文化认同感，共同的心理素质极大地促进了同族之间的凝聚力、向心力。

二是，向同族聚居区迁徙，向同族靠拢，与同族聚居一起，不仅可以达到心理上的民族认同感、归属感，而且更易凝聚力量，扩大种族势力，共同对抗和抵御外敌，更有利于民族的未来生存和种族繁衍。

五 大规模举族迁徙与部分、零星迁徙并存

大规模举族迁徙是在某一特定时期内，一个民族在某个地区的大部分人口相对集中地进行一次或几次迁徙。在哈尼族形成的早期历史时期，举族大规模迁徙是主要的迁徙方式。大规模举族迁徙的结果是该民族大量人口流动到新的迁居地，而留在原来迁出地的人口为少部分，迁徙沿途也会不断遗留下部分人口。唐宋以后，哈尼族先民虽然已在云南南部、东南部形成集中分布趋势，看似已经定居下来，不会再如同秦汉、魏晋时期发生大规模举族迁徙活动，但即使到元明清时，举族离开原居住地的大规模迁徙情况仍然存在。如，元时，和泥逃离罗槃城，元江坝子再无哈尼族居住。和泥迁离滇东北、黔西北地区，后世史书中已见不到关于这一地区和泥的记载。明时，川西南的哈尼族先民阿泥迁离，川西南地区后世再无哈尼族分布，只有在继续沿用带有阿泥称谓的地名中依稀可以窥见哈尼族先民昔日曾居于此的历史事实。清时，在朝廷改土归流的洪波之下，六诏山地区窝泥纷纷迁走他方，窝泥曾盛极 600 年的六诏山地区，再无窝泥一族。上述迁徙活动，皆属于大规模的举族迁徙，哈尼族先民举族迁走后，这些地方的原住民中不再有哈尼族属，到了近现代，也没有哈尼族分布。

但是，随着王朝国家统治得更加稳定、深入，以及哈尼定居农耕生产文化的越趋发展，到了元明清时期，哈尼族先民的迁徙还是以个体、家庭、家族或村寨为单位的部分、零星迁徙为常见迁徙方式。

由于战争、政治、灾难等因素引发的迁徙往往是大规模的举族迁徙，而以人口增长带来的分寨搬迁，刀耕火种、游耕生产方式，或其他民族进入等造成的迁徙，通常都是部分零星迁徙。元明清时，哈尼族先民的主要聚居区哀牢山，梯田农耕水平已较发达。伴随着人口增长，带来村寨人口过剩，寨子空间难于再拓展，土地、山林、水源等资源有限，无法再供养更多的村寨人口，所以，需要从村寨中分出部分家庭，搬迁到距离合适的地方另建新寨。哀牢山上无数叫"新寨"的寨子，就是分寨搬迁的产物。无量山南延尾稍地带的哈尼族先民以山地刀耕火种为主要生产方式。刀耕火种产量低下，以游猎采集为资源补充，故而更具游动性。一块土地播种二三次后肥力尽失，就会被抛荒，人们新辟林地开荒种植，待数年后，附

近已无可烧种的土地，他们就搬迁，去其他地方寻找新的可播种土地。因此，一旦遇到人为因素的变动或自然灾害，以刀耕火种为生的族群就更加容易发生迁徙行为。当然，无量山地区的哈尼族村寨也存在因人口膨胀、分寨而迁徙的情况。

六　长距离迁徙与短距离渐进式、节点状迁徙同在

长距离迁徙往往使得迁徙活动持续时间较长，迁出地和迁入地之间超过一个特定距离，产生跨地域情况，自然环境和人文环境发生一定变化。举族大规模迁徙一般为长距离迁徙，故长距离迁徙主要发生于哈尼民族形成的早期阶段，当时哈尼族先民尚处于半游牧半农耕的经济形态，尚未转型为真正的农耕民族。唐宋以降，哈尼族先民大量人口定居于滇东南、滇南地区，长距离迁徙的情况越来越少。当然，战争等直接动因引发的迁徙一般也会造成长距离迁徙。如：元时，由于中央王朝的军事镇压，滇东北、黔西北哈尼族先民离开居住地，往南迁徙，至明时，有一部分于迁徙途中留居曲靖越州；清咸同年间，由于哈尼卡惰人田四浪抗清起义失败，哀牢山上、中段景东、镇沅、双柏、元江、墨江的卡惰等哈尼族先民顺哀牢山走向往南迁徙，停停走走，有些人一直进入云南最南部的勐腊等地；清时，杜文秀回民起义，田四浪哈尼族先民起义，云南社会动乱，在此社会背景下，更多的阿卡人迁入缅甸景栋，以及越南和老挝等境外地区。

方铁教授总结曰："云南少数民族中常见的迁徙方式，是中短距离的迁徙以及向原居住地相近海拔高度地区进行的迁徙。"[①] 短距离迁徙一般是在同一地域范围内的移动辗转，迁出地和迁入地之间距离短，路途耗时少，不存在跨地域、跨文化的问题。到元明清时期，短距离迁徙成为哈尼族先民迁徙的常见方式。元明清时，哈尼族先民已逐渐形成自己的文化体系，对居住空间有着自身的看法和选择标准。习惯沿相同的地貌、地表高度活动，迁徙活动表现出扩散式、渐进式、节点状的特点，距离较短。因为迁徙距离过远，便会因脱离家族血缘范围而无法得到照应，并且存有诸多未知因素和不可控的风险。而迁入海拔高度悬殊的地区，则有可能无法适应，并且将面临先辈流传下来的生产生活经验失效之危险。元明清时期哈尼族先民短距离迁徙的原因可能是由于人口增长而分寨，或由于游耕而

---

① 方铁：《云南古代民族关系的特点及形成原因》，《社会科学战线》2013年第7期。

寻找新的可烧种土地，或由于内部或外部民族矛盾而躲避，或由于对原居住地生产生活环境不满意而寻找更好的居住空间。

需要注意的是，短时段上的短距离迁徙，因其渐进式、节点状的特点，后一阶段的迁徙，将连接前一阶段的迁徙，新的迁居点连接上一个居住点，如此持续不断，点点相连，待时光的点点滴滴汇集积累为长时段及超长时段的历史岁月长河后，短距离的迁徙最终演变成为长距离的迁徙轨迹。如今，宛若繁星从北到南遍布哀牢山千沟万壑直达南部边陲及境外的哈尼族寨子，在很大程度上是此类迁徙方式的大手笔。

第二节　哈尼族历史迁徙的影响

一　迁徙对本民族的影响

（一）分布空间的变化

哈尼族主要分布于中国云南南部和邻近的越南、老挝、缅甸、泰国的北部山区。绝大多数哈尼族聚居于红河与澜沧江之间，也就是哀牢山与无量山之间的山岳地带，且以哀牢山地区最为集中，约占哈尼族人口的76%和此地区人口总和的一半以上，无量山区的哈尼族多分布于西双版纳和澜沧。红河以东，北起禄劝，中经昆明、双柏、玉溪、通海、易门、峨山，南至石屏、建水、屏边等10多个县市，也有少量世居哈尼族。哈尼族的分布区域，在北纬21°到26°，东经99°至104°之间，处于汉、彝、白、傣、拉祜等族分布区的中间地带，并有苗、瑶、回、壮、布朗等族交错其间。[①]哈尼族这一近现代分布格局是其历史迁徙的结果，特别是元明清时期哈尼族先民继续迁徙的结果。

历史上，哈尼族先民沿着自北向南的大方向连续不断地迁徙，从公元前3世纪始，到宋代，其分布区北起川西南的大渡河以南、雅砻江以东和安宁河流域，以及与川西南隔金沙江相望的乌蒙山区，中间广泛分布于洱海—滇池一线，南至六诏山、哀牢山与今西双版纳地区。但到元明清时，哈尼族先民从北到南的历史分布格局已发生重大变化。元时，

---

① 云南省历史研究所：《云南少数民族》，云南人民出版社1983年版，第80页。

哈尼族先民离开乌蒙山区，向南部的同族迁移靠拢。明初，原遗留于川西南的哈尼族先民随着同族历史迁徙的脚步，离开安宁河流域，向南渡过金沙江，进入滇中北部、滇西。明时，大量内地汉族移民进入云南，促使滇池等坝区的哈尼族先民逐渐南迁或退向同区域的山区、半山区。清初，失去政治势力和人口优势的六诏山哈尼族先民开始往边境方向和同族聚居的哀牢山地区迁移。经过元、明时期的迁徙，哈尼族先民北部历史分布区川西南、乌蒙山区已无哈尼族属，哈尼族先民最北端分布区向南缩进到今滇中北部的禄劝等地。经过清初的迁徙，窝泥势力盛极近600年的六诏山地区亦无窝泥族属。再加之数百年来，那些不计其数，出于各种原因，以个体、家庭、家族或村寨为单位，以中短距离、节点状、接力式、扩散式等方式，零星、部分、小规模的迁徙活动，哈尼族先民的中部分布区洱海地区也不再有哈尼族属，滇中、滇池等区域的哈尼人口越来越少，且已山区化，而南部聚居的哈尼人口越来越多，最终形成哈尼族的近现代分布格局。

总之，哈尼族先民在漫长历史时期从北向南的迁移流动，尤其是元明清时期的持续迁徙活动，致使哈尼分布空间、分布重心向更低纬度、更暖气候带转移，到近现代，哈尼族成为集中分布于中国云南南部及延伸至越南、老挝、缅甸、泰国各国北部山区的民族。

（二）政治制度的变迁

哈尼族的社会组织和政治制度经历了原始氏族民主制、鬼主制度、土司制度的变迁历史。哈尼族历史上经历的社会组织和政治制度，是其先民历史迁徙的产物，也是王朝国家对边缘族群政治形塑的体现与结果。

哈尼族先民跟随母体氏羌族群从甘青高原往南迁徙，公元前3世纪，居住于今四川大渡河以南、雅砻江以东及安宁河流域，以"和夷"之称首次出现于汉文历史文献记载，标志着哈尼族开始从母体族群氏羌之中脱离出来，走上单一民族发展的道路。哈尼族最初的社会组织和政治制度——原始氏族民主制正始于这一时期。哈尼族原始氏族社会由资玛、摩批、腊期三大社会集团所主导。在哈尼语中，资玛意为尊者、大者、高官、统帅、大首领，即政治领袖；摩批意为长于博闻强记的智者、通晓祖先义理的传承者、能占卜驱魔的除病者、与神鬼交通的中介者，即宗教祭师和宗教首领；腊期意为能工巧匠，尤其指那些能够冶炼、制造各类生产生活所需的金属器具的工匠。① 资玛统领政治、军事事务，并主持族内各项公共事务，资玛集团由氏族成员民主公推产生。摩批掌管宗教神权，引领社会精神文化，规范社会行为，提供医疗服务职能。摩批还有一项特殊的职能，即传承祖先迁徙历史，谙熟祖先迁徙的每一段旅程及在其间发生的每一个重大历史事件，并以口耳相传的方式代代传承。哈尼族迁徙口述史诗是哈尼族记录本民族历史的一种特殊文本，是哈尼民族发展的精神源泉，也是哈尼族社会形塑自身族群认同、增强民族凝聚力的一种方式。腊期负责生产技术，指导生产过程中的技术事务，承担着生产工具、生活用具、武器、装饰品等的制作和传承。哈尼族原始氏族民主制本是历史发展的产物，但哈尼族却将其视为天神意志。在哈尼族的传说中，资玛、摩批、腊期由太阳和月亮亲自孵化的三个神蛋所生。② 可见，在哈尼族看来，此三种人不同于凡胎俗子，而是吸天地日月精华而化生，与神灵之间有着天生的血缘关系，是天神在人间体现自身意志的使者。三大社会集团履行"神授"的使命，各司其职，担负着各自领域的社会事务，共同构筑起哈尼族的早期政治体制。

哈尼族原始氏族民主制经过数百年发展，到魏晋南北朝时期渐衰，至唐代，被新型的政治体制鬼主制度取代。③ 历史上，鬼主制度是大多数西南少数民族普遍经历过的一种政治制度形式，其性质为奴隶制。哈尼族鬼主制度始于魏晋南北朝，盛于唐，衰于宋，终于元。唐代，部分和蛮鬼主因与唐王朝发生朝贡方物等关系，而被载入史册。《新唐书·南蛮传下》载："显庆元年（656年），西洱河大首领杨栋附显、和蛮大首领王罗祁、郎昆梨盘四州大首领王伽冲率部落四千人归附，入朝贡方物。"④ 唐玄宗开元二十二年（734年）前后，唐朝宰相张九龄《敕安南首领爨仁哲

---

① 白玉宝、王学慧：《哈尼族天道人生与文化源流》，云南民族出版社1998年版，第299页。
② 李书周演唱、李期博翻译整理：《三种能人》，载李期博翻译整理《木地米地》，红河哈尼族彝族自治州民族语文古籍研究所编，1985年，第145—146页；赵官禄等收集整理：《十二奴局·阿匹松阿》，云南人民出版社2009年版，第71—76页。
③ 哈尼族社会组织和政治制度的历史发展具有地域性差异，在澜沧江流域西双版纳哈尼族分布区，哈尼族在外虽受傣族上层统治，但一直到新中国成立前，哈尼族的内部基层政治组织与传统的资玛、摩批、腊期政治体制一脉相承。在东南亚缅甸、泰国、老挝、越南北部山区的哈尼族分布区，资玛、摩批、腊期政体至今仍有保留。
④ （宋）欧阳修等：《新唐书》卷222下《南蛮传下》，中华书局1975年版，第6322页。

书》，提到"和蛮大鬼主孟谷悮"。①"哈尼族鬼主制度实际上就是以尚鬼为核心，将一切权力的合法性建立在'鬼'这一宗教概念上，使世俗权力与宗教权力合二为一。"②鬼主集政治权力与宗教权力于一体，是有别于旧的政治首领资玛的新型领袖。鬼主制度的生成基于原始氏族民主制度，是哈尼族特定历史背景之下的必然产物。魏晋南北朝是中国历史上政权更迭频繁、民族大分化和大融合的时期。激烈动荡的社会环境，频繁的族际冲突和战争，外族对本民族生存空间、生存资源的侵夺，是造成哈尼族历史上频频迁徙的直接原因，也是哈尼民族发展过程中关乎是生是死的实质性问题。因此，之前的资玛、摩批、腊期三元政治结构体系已无法适应新形势的发展，而是需要一个权力更为集中的新的政治组织形式。这种新的政治制度在内能够凝聚全民族，在外能够守卫家园、抵御外敌入侵、开辟新的生存空间。频繁的战争、冲突、迁徙等特殊历史背景，突出了资玛的作用，放大了资玛的权力和权威，从而引发原始氏族民主制三大社会集团地位、力量和职能的变化，而变化累积的最后结果，是资玛集团超越了另外两大集团，上升为政治制度的中心，转化成为集政治、军事和宗教权力于一身的鬼主。有的鬼主甚至拥有了摩批通天地鬼神的权力。摩批和腊期两种集团虽仍有保留，但二者已被排挤出统治权力系统内部。摩批成为鬼主手下的神权人员，为鬼主服务，承担宗教领域的公共事务。腊期仍然履行生产生活领域的技术职能。

大凉山和乌蒙山哈尼族地区的鬼主制度，在唐宋时期得以充分发展，元明时期，不再称"鬼主"，而被奴隶制所取代，直至清雍正年间"改土归流"后，乌蒙山地区奴隶制才走向衰亡。在南诏灭亡后，原南诏统治的疆域范围内政局动荡，政治上分崩离析难以统一，先后出现了大长和国、大天兴国、大义宁国三个短暂的小王朝。公元937年，南诏旧臣通海节度使段思平利用东方"三十七部蛮"的力量，推翻大义宁国，建立大理国。哀牢山地区的因远、思佗、溪处、落恐，六诏山地区的维摩、强现、王弄，此七部皆为和泥，均属参与支持段思平建国的"三十七部蛮"，因而也受到段思平的封赏，社会较前得以较高发展。至此，六诏山

---

① （唐）张九龄：《曲江集》，刘斯翰校注，广东人民出版社1986年版，第508页。
② 周俊华著：《云南少数民族的传统政治组织形式和制度的变迁》，中国社会科学出版社2013年版，第29页。

和哀牢山地区的哈尼族鬼主制度逐渐被封建领主制度取代，大小鬼主慢慢转型为封建领主，为后世土司制度的创造奠定了条件。

元明清时期，哈尼族社会政治制度转型为土司制度。

土司制度是中央王朝任用土著民族中的贵族阶层担任地方行政机构长官，统治民族地区的政治制度，也是封建中央王朝用以调适国家与地方各民族之间关系的民族政策。元明清时的土司制度渊源于汉朝"羁縻政策"。实行土司制度的目的是通过保留各民族内部原有的政治、经济结构，赢得各民族的政治认同，从而保证国家在政治上的统一；同时，通过土官落实对民族地区的国家统治行为，进行贡纳征收，服从中央调遣。哈尼族地区的土司制度始于元代，完善于明代，清代时因"改土归流"而有一部分土司被革除，但一直延续到中华人民共和国建立前，历600多年。哈尼族土司的前身多为唐宋时期的鬼主或封建领主，而后两者的前身又是原始氏族民主制时期的政治领袖资玛集团，资玛、鬼主、封建领主，可谓一脉相承。哈尼族土司制度的内部结构和统治手段，在一些方面保留了原始氏族民主制和鬼主制度的元素，哈尼族土司制度是原始氏族民主制和鬼主制度的历史衍生物。但另一方面，哈尼族土司制度是哈尼族原有政治制度与外来专制政体的融合，其本质与哈尼族原有传统政治体制已非一回事。所以，元朝在哈尼族中才开始推行土司制度，就遭到哈尼族强烈的排斥和抵制，并多次以激烈的军事反抗表现出来。经过反反复复的反抗与镇压、招降，最终的走向是哈尼族对这一外来制度的认同和接受，是哈尼族对外来大民族政权的归化、臣服，甚至主动请求朝廷对本民族地区设治。土司制度从属于封建中央王朝国家政权组织系统，从上到下，从行政到司法、到军事，规定有一套较为完整严密的金字塔式专制体制。哈尼族的土司制度，包括行政体制、司法组织和军事建制，配套有军队、监狱、酷刑等暴力机器，土司大权总揽，在其辖域内拥有至高无上的权力。土司制度在哈尼族地区的建立，打断了哈尼族政治制度内在的发展规律，哈尼族传统政治制度自身固有发展历程结束，自此，哈尼族社会组织和政治制度演变为多种文化综合作用的产物。[①]

综上，从长时段历史视野来看，哈尼族不同时期的历史迁徙，不仅造

[①] 白玉宝、王学慧：《哈尼族天道人生与文化源流》，云南民族出版社1998年版，第314页。

成了哈尼族的几大不同历史分布地域，而且在不同时期形成了与其当时的社会发展相适应的社会组织形式和政治制度。从始于公元前3世纪的哈尼族原始氏族民主制，到唐宋时期的鬼主制度，再到元明清时期的土司制度，哈尼族政治制度的变迁轨迹，反映出哈尼族社会从自身内在发展到外来异族力量干预下的多元融合发展的转变。土司制度在哈尼族社会的建立、完善，不管这一过程多么复杂而漫长，却是历代封建中王朝对哈尼族进行政治形塑的体现与结果，是王朝国家推行国家认同建设的措施，从哈尼族这一边缘族群镜面映照出统一多民族中国形成与发展的某一历史层面。

(三) 支系众多，发展不一，习俗有异

汉文史籍中记载的哈尼族历史名称众多，且越到后世，称谓越多。公元前3世纪时，曰"和夷"。唐时，被称为"和蛮"。元代，有斡泥（斡尼）、禾泥（和泥）、阿木、阿宁等名。明代，又多了倭泥、窝泥、俄泥、阿泥等诸多名称。清代，随着进一步的迁徙流动、分化融合，以及王朝统治的更加深入，汉文文献中新出现哈泥、哈宜、罗缅、糯比、路弼、卡惰、白窝泥、黑窝泥等名称。到民国时，又新增布都、必约、阿说、堕塔、补孔（麻黑）等名。在这些名称中，多为这一族群的统称，而清代以来的名称，以新发现支系的称谓居多。哈尼族的自称和历史名称虽多，但音义基本一致，有着古今一脉相承的痕迹。自称皆为哈尼或豪尼、和泥、黑泥。"尼"为"人"，哈、豪、和、黑皆从"和"音，与"尼"相连一起使用，都是"和人"的意思。汉文文献中的称谓是该民族自称、互称或他称的音译，与自称、互称及他称相同或相近。和夷、和蛮、斡泥、禾泥、倭泥、窝泥、俄泥、阿泥、哈泥，其中的斡、禾、倭、窝、俄、阿、哈，皆从"和"音，都是"和人"之意。可见，从公元前3世纪起，哈尼族2000多年来基本沿袭着一个统一的族称"和人"。1954年民族识别后，根据本民族人民的意愿，统一称为哈尼族。

哈尼族历史名称、互称和他称的多样性，说明了其内部的亲疏关系和差异性的存在。这是哈尼族先民长期迁徙移动、分化融合的产物。而经过元明清三代数百年的进一步迁徙流动，至清末，哈尼族已形成近现代空间分布格局，并展现出同一民族在不同地域、不同民族环境下不一样的社会、文化状况。

首先，是支系众多。

历史上大大小小的迁徙活动逐渐改变着哈尼族先民的分布格局。到了清代中后期，哈尼族先民虽然集中分布于滇南这块宏观区域，但由于山脉、河流纵横复杂，地理分割客观存在，以及有其他民族交错分布，所以，早先的大聚居区或核心聚居区不断被分流或淡化，事实上，哈尼族先民只能是小块集中，大杂居小聚居格局越来越清晰，一个又一个新的小聚居片区不断形成，一个小聚居片区和另一个相隔甚远的小聚居片区之间的差异日益增大。于是，长期持续的历史迁徙及由此导致的居住空间的分割和相互之间的亲疏关系，造成同一民族内的不同单位与组合，使得同一民族内部发展演化出众多支系。根据该民族自称，哈尼族内部可划分为哈尼①、卡多、雅尼②、豪尼③、碧约、白宏④、哦怒⑤、阿木、腊米、切第、卡别、海尼、和泥等繁多支系。以哈尼、卡多、雅尼、豪尼、碧约、白宏六个自称单位人口较多。自称哈尼者主要居住于红河州红河以南的红河、元阳、金平、绿春四县和元江等县。雅尼主要居住于西双版纳州和澜沧县等地。卡多、豪尼、碧约、白宏等人口集中于墨江，并广泛交错聚居于元江、镇沅、宁洱、江城、红河、绿春、新平等县。

其次，是社会发展层次不一。

哈尼族是在长期的迁徙中形成的，迁徙造就了哈尼民族，但迁徙在一定程度上也制约了哈尼社会的发展。历史上，由于迁徙频繁，缺乏长期、稳定的居住环境，社会进程总是面临周期性失衡，所以，哈尼社会难于实现生产的高度积累，社会发展坎坷波折。到唐代，哈尼族先民虽已发展演变为农耕民族，且其主体已定居于哀牢山、六昭山地区，没有了之前历史时期的大规模民族迁徙活动，但"性习迁徙"的文化惯性一直在影响着哈尼人，局部、部分的迁徙活动从未停止。经过元明清时期相对平稳的居住环境、自我发展和王朝国家统治力度的逐步推进，到清末，哈尼社会发展变化显著，已基本进入封建社会，但社会进程的地域不平衡性颇为突出。

今墨江、元江、新平、镇沅等靠内地区的哈尼族先民，明、清以

---

① 互称糯美、糯比、各种等。
② 又称阿卡，汉族称僾尼，内部又分觉围、觉交等多个支系。
③ 汉人称布都，内部又有豪尼、多塔、阿梭之划分。
④ 他称布孔、补角。
⑤ 汉人称西摩洛。

来，其社会已逐步进入地主经济时代。明、清时期，大量汉人移民进入这些地区，除他郎（墨江）外，其他地区汉族人口逐渐超过土著人口，汉族成为优势民族。当地哈尼族先民和其他土著民族受汉族经济、文化的影响比边疆哈尼分布区更大、更深，哈尼族先民的生产力发展水平已赶上汉族。

今红河州江外四县红河、元阳、绿春、金平和普洱市江城县的哈尼族先民，清末，其社会处于由封建领主经济向封建地主经济过渡的阶段。今红河州江外四县地处哀牢山东麓下段，即清代方志中的"十土司、十五掌寨"之地。十土司、十五掌寨的土司、寨主以和泥居多，彝族先民、傣族先民占少部分，部民则以和泥为主，这一地区是和泥人口最多、最集中的聚居区。梯田农耕已发展到很高水平，今天宏伟壮丽的梯田景观在当时已基本形成。从明代以来，外省汉人陆续不断举家迁来，从事商业贸易或租种农田、垦殖荒地。清乾隆临安知府江濬源《条陈稽查所属夷地事宜议》对这一地区的外来移民情况陈述曰："历年，内地民人，贸易往来，纷如梭织。而楚、粤、蜀、黔之携眷世居其地，租垦营生者，几十之三四。"[①] 明末清初，这一地区出现土地买卖情况，地主经济开始萌芽。外来汉人中的一部分实现了财富积累，购买田地，成为地主。土官统治下的和泥，其中的一部分人富裕起来，也成为新兴地主。到清代中期，土地买卖现象日益增多，地主经济进一步发展。如是，在哀牢山东麓下段和泥地区，土地制度已发生变化，土司握有政治上的统治权和经济上的剥削权，汉人和本族新兴地主拥有土地所有权和对佃农的经济剥削地位，但仍要受土司领主统治，将所获地租按一定比例向土司领主缴纳"官租"，农奴和佃农承受着领主、地主的压迫。

今西双版纳、澜沧等地的哈尼族先民，清末，其社会处于外族封建领主统治的状况。哈尼族先民进入云南南部边陲的时间比傣族先民晚，人口数量也相对少得多，故而，西双版纳地区的哈尼族先民一直处于傣族封建领主统治之下。直到清代中后期，哈尼族先民仍然不断从哀牢山中段往下段迁徙，在南部边陲西双版纳地域内游移，寻找落脚点。长期的游动迁徙，造成生产和居住的动荡，社会状况很不稳定，早期的村社公有制原始

---

① （清）江濬源：《条陈稽查所属夷地事宜议》，载（清）师范纂《滇系》卷八之四《艺文》，台北成文出版社1968年版，第748页。

残余较重，私有制难于充分发展，游迁者内部阶级关系无法得以确立，社会形态的孕育和发展基本陷于停滞状态。这一地区哈尼社会与内地从事梯田农耕、处于定居状态的哈尼社会在发展上形成较大差距。经济发展水平相对较低，水田很少，基本以山地锄耕农业为主。砍倒烧光，刀耕火种，耕作方式粗放，产量低下，剩余产品很少。农作物有玉米、旱稻、瓜豆，经济作物为棉花、茶叶。

再次，是语言和文化习俗有异。

历史上的迁徙活动造就了哈尼族的空间分布格局，迁徙过程中的远近亲疏关系、居住空间单元的隔离、所处的社会人文环境等综合因素导致支系的分化形成和语言的地方变体。根据语音、词汇的异同和语言的特点，可将哈尼语划分为哈雅、碧卡、豪白三大方言。哈雅方言又分为哈尼、雅尼两大次方言。哈尼次方言区主要是红河以南的红河、元阳、绿春、金平四县。雅尼次方言区主要是西双版纳州和澜沧县，以及境外的阿卡人地区。碧卡方言由碧约、卡多语组成，主要分布于墨江、元江、镇沅、江城等县。豪白方言由豪尼、白宏语组成，主要分布于墨江、元江、红河等县。各方言之下，又可细分出若干土语。方言与方言之间，乃至同一方言下的土语与土语之间，皆存有不同程度的差异，不同方言之间互相难于沟通交流。哈尼语内部方言、土语之间的异同程度，反映了哈尼各自称单位之间在历史上的亲疏远近及横向联系关系，也可从中看出哈尼的各居住空间经济社会发展的不平衡性和周边民族环境的差异性。

"十里不同风，百里不同俗"，居住于不同地域、不同民族环境的同一民族或不同的支系，自然会有文化习俗的差异，甚至是同一支系，因居住空间及环境的不同，文化习俗也不尽完全相同。道光《云南通志稿》卷183《南蛮志三之二·种人二》即以"其俗或以地殊"[1] 明确表明不同地区的窝泥存在文化差异。

清康熙《蒙自县志》卷3《彝俗》记载："窝泥，自呼哈泥。蒙邑有河泥里，即其所居也。其性柔畏法，不敢为盗贼。"[2] 康熙《新平县志》

---

[1] （清）阮元、王崧等：道光《云南通志稿》卷183《南蛮志三之二·种人二·窝泥》，道光刻本。

[2] （清）韩三异纂修：康熙《蒙自县志》卷3《彝俗》，清康熙五十一年（1712年）刊本传抄本。

卷 2《风俗·附种人》记载："窝泥，性多狡滑。耕田纳粮，间亦为盗。"[①] 从两条史料对比可见，在清康熙时，蒙自县的窝泥性情柔和，知法守法，不敢做偷盗等违法事宜，官府容易管理。而新平县的窝泥，虽也耕种农田，承当赋税徭役，已纳入国家治理的体系之中，但受汉文化影响不够，性情刚烈，民族脾气重，官府难于驯服。

"（墨志资料）黑窝泥，又名布都。服色惟黑是善，男穿青短衣裤，女穿青衣短裙，腰着白带，长帷头巾横青直蓝，长垂背后。……白窝泥，一名必约。……服色尚白，男则跣足短衣，头围黑巾，女则袒胸露乳，兜以幅布，穿白长衣及筒裙，间配锦红丝线，耳坠大环，腰束巴子，头悬红豆串，发巾向前，形如板瓦覆盖。……补孔（墨志资料），又名麻黑。……服色尚黑，男女均着短衣裤，女服尤短，其衣不过膝，裤毕露腿，富者于衣旁两乳下各挂大银牌两面，以为美观云。……糯比（伯麟图说），窝泥之别种也。……（旧厅志）性亦纯良，服色与苦葱相类。"[②] 可见，虽为同一民族，虽皆居住于他郎厅，但支系不同，服饰差异大。"卡惰……（他郎厅志）……男女穿青布短衣裙，袴红藤缠腰。……（宁洱县采访）男穿黑衣，女穿杂色。"[③] 甚至即使从属于同一支系，但居住地域不同，服饰也不一定完全一样。他郎厅卡惰服饰与宁洱县卡惰服饰，就不相同。"阿说，黑阿泥之别种，县龙巴、石头、猛里、蚌海等处，约六千五百余人。其文字、历史均无考，其语言、服饰、礼俗与黑窝泥同，惟女胸前镶红布两幅名曰罗巴，腰系褡包摆坠，尤有古风气象。"[④] 阿说是黑窝泥内部的一个细分，但其服饰与黑窝泥又有一定差别。

"（墨志资料）黑窝泥，又名布都，居县城附近，为县属诸夷之首。性情柔和，人数约一万六千余。语言龂舌，备极粗笨。间或语言不敷应用，则假汉语为言。文字全无。近虽有读书者，亦习汉文，其历史渺不可考。……其病不服药，惟杀牲禳祷，卜鸡卦以占吉凶。近来风气稍开，渐

[①] （清）张云翮修、舒鹏翮等纂：康熙《新平县志》卷 2《风俗·附种人》，康熙五十一年（1712 年）传抄本。

[②] （民国）《墨江县志稿》，民国（1942 年）抄本。

[③] （清）阮元、王崧等：道光《云南通志稿》卷 186《南蛮志三之五·种人五·卡惰》，道光刻本。

[④] （民国）胡钟琳、周雨苍等纂：《墨江县志资料·境内有回族夷族蒙古族等须详细调查并纪其习俗若何》，民国二十年（1931 年）抄本。

与汉族类化,一切风俗有逐渐改之象焉。

"白窝泥,一名必约,亦居县城附近。间有与黑窝泥杂居者,惟黑窝泥多居山脚耕种田地,白窝泥多居山头耕种山地,言语风俗与黑窝泥亦不大异。人口约一万四千余。……文字全无,历史亦不可考。但生性愚直,勤苦较甚。凡是夷居处,耕稼倍增。近亦渐渐同化汉俗矣。

"补孔(墨志资料),又名麻黑,居县属善政、永安、善化三乡,约一万余人,言语倍缺,亦无文字,且鲜读汉书者,历史亦不可考。性极愚蠢,风俗尤陋。以十月为一年,有周时之风。……收获后,三五村订期宰牛击鼓,互相邀饮,男则跣足涂面,女则吹叶作乐,昼夜歌舞,称曰过年。婚丧诸礼,略近黑窝泥;惟女嫁后,用黑布尺许折系股际,名曰屁秋,以为尊翁姑礼,非回娘家时不可去。……此种夷人离城较远,一切尚未向化。

"糯比(伯麟图说),窝泥之别种也,性傲而知大义,食以手抟饭,僻处罕入城市。元江州及普洱有之。"①

从上述史料可见,黑窝泥因居于县城附近,受汉文化影响最大,黑窝泥的文化中已经融入不少汉文化因素,通晓汉语,有读书应试者。白窝泥受汉文化的影响次之,某些风俗习惯已经汉化。补孔、糯比等,因离城较远,受汉文化影响较小,传统文化习俗保留较多。

婚俗、葬礼等文化习俗也因地或因支系而有异。到清道光时,宁洱、思茅、他郎、威远的黑窝夷,婚丧嫁娶,略似汉礼。②景东厅窝泥"丧葬刳木为棺,祭用牛,贫则用猪。不记生而记死,每逢忌日,设牲祭于家,不出财,不出户。婚亦用媒往议,路遇野兽,即返而他求。娶时有奶钱,阿舅、阿火头钱,动费数金,无银以畜代之。贫则入赘,多年始得携妻归"③。易门县窝泥"婚娶亦用媒,允后欲娶,其婿先约数人伏于女家左右,俟女出,抢负至家成亲;三五日,女逃归母家,然后用亲迎之礼,整酒会宴,习以为俗"④。蒙自县窝泥"嫁女,则索牛以为聘。夫死归于母

---

① (民国)《墨江县志稿》,民国(1942年)抄本。
② (清)谢体仁纂修:道光《威远厅志》卷3《风俗·夷俗》,转引自景谷傣族彝族自治县地方志编纂委员会办公室点校《〈威远厅志〉点校》,云南人民出版社2016年版,第136页。
③ (清)阮元、王崧等:道光《云南通志稿》卷183《南蛮志三之二·种人二·窝泥》,道光刻本。
④ (清)阮元、王崧等:道光《云南通志稿》卷183《南蛮志三之二·种人二·窝泥》,道光刻本。

家，更适人，不关于翁姑"①。元江州糯比"丧无棺，先击鼓、摇铃、跳舞，名曰洗鬼，忽歌、忽泣、忽饮；三日，采松为架焚之"②。清代，元江卡惰"男女多苟合，婚娶亦通媒妁议聘，多至百金，娶后子孙犹有代祖父偿聘金者。……葬皆火化"③。

经济文化也有所不同。"黑窝夷，宁洱、思茅、他郎、威远有之。……在思茅者，采茶为生。在宁洱者，刀耕火种。妇女虽有负载，亦攒线，勤苦食力。在威远、他郎者，男勤耕耘，女务织纴，采薪入市交易。"④

民居建筑亦因地而异。"白窝夷……所居上楼下屋，人住楼上，牲畜置楼下，名曰掌子房。以耕种为生。土产花猪，家多畜养之。"⑤ "思陀司：……境内人民，披荆斩草莱而居者不一。……窝泥面黑性笨，多居深山，茅屋如篷，竹笆作楼，名为土掌，人住其上，牲畜在下。掌之中央设火塘，爇火其中，秋冬寒冷，男女围塘伏卧，间有寝牛皮、盖蓑衣，皆不离火之左右。"⑥ "窝泥，自呼哈泥，蒙邑有河泥里，即其居也。……所居多茅屋。"⑦ 到了近现代，不同哈尼族地区，民居建筑仍然不一样。墨江、元江等地的哈尼民居多为土木结构的平顶土掌房，元阳境内的哈尼民居是以茅草为顶的土木结构蘑菇房，西双版纳的哈尼民居为干栏式，或者是窝棚式茅草房。

总之，经过长时期的历史迁徙，哈尼族先民的分布重心更加向南倾斜，到清代中后期，哈尼族先民绝大多数集中于云南南部及其边陲地带。由于长期历史迁徙造成居住地域分割、联系受阻、关系亲疏不同、社会人

---

① （清）阮元、王崧等：道光《云南通志稿》卷183《南蛮志三之二·种人二·窝泥》，道光刻本。

② （清）阮元、王崧等：道光《云南通志稿》卷183《南蛮志三之二·种人二·糯比》，道光刻本。

③ （清）王文韶、唐炯等：光绪《续云南通志稿》卷162《南蛮志·种人三》，光绪刻本。

④ （清）谢体仁纂修：道光《威远厅志》卷3《风俗·夷俗》，转引自景谷傣族彝族自治县地方志编纂委员会办公室点校《〈威远厅志〉点校》，云南人民出版社2016年版，第136页。

⑤ （清）谢体仁纂修：道光《威远厅志》卷3《风俗·夷俗》，转引自景谷傣族彝族自治县地方志编纂委员会办公室点校《〈威远厅志〉点校》，云南人民出版社2016年版，第136页。

⑥ （民国）袁嘉谷纂修：《石屏县志》，1938年铅印本。

⑦ （清）韩三异纂修：康熙《蒙自县志》卷3《彝俗》，清康熙五十一年（1712年）刊本传抄本。

文环境有别，致使哈尼内部种类不一，发展有别，习俗有异。

二 迁徙对民族关系的影响

(一) 你来我走，你走我来

"国家的扩张和覆灭还有一个齿轮效应，逃亡的臣民会迫使他们前面的人群向前寻找新的安全地方。"① 民族迁徙过程中，会产生"齿轮效应"，这是一种民族运动规律。

你来我走，一个或多个民族的到来，会迫使原来生活于这一区域的民族往其他地方迁徙，寻找新的生存、发展空间。产生这一现象的原因，有可能是原住民居住空间被外来民族侵占，原住民无力再立足而只能选择离开，去寻找新的居住地；也有可能是出于文化冲突，两个文化不同的民族难于互相适应，无法共同生活于同一空间。公元4—6世纪的"永嘉之乱"，造成我国历史上大规模、连环性的民族迁徙浪潮：北部游牧民族侵入黄河流域农耕区域，黄河地区部分汉族被迫往南迁徙，渡过长江，进入岭南，岭南的百越民族后裔被挤到山区，而未进入山区的土著，在后来的历史发展中被渐渐汉化。② 明代，大量汉族移民迁入云南腹地，之后，由腹地又不断向云南边陲延伸、渗透，"汉进夷退"，汉族分布和扩张的趋势迫使云南土著民族从腹地向边陲迁移，或从坝区向山区退缩。清代中叶以前，澜沧县为傣族先民聚居区，后来，由于拉祜人大量迁入，傣族先民逐步往南迁移，有些迁到勐遮、勐海，有些迁入缅甸，拉祜发展为澜沧县主体民族。③ 景颇族迁徙到陇川之后，其杀牛祭鬼习俗引起信仰南传上座部佛教、不杀生的德昂族的极度不适应，为避免两族文化差异产生的民族矛盾爆发，原住民德昂族主动选择迁离故土。④

你走我来，因为某些原因，一个民族从一个地方迁走了，就会有另一个民族或同族其他人群迁入这个地方，填充空置出来的居住空间。秦时，僰族主要居于僰道（今宜宾），从西汉开始，僰族开始不断南下进入滇东

---

① [美] 詹姆士·斯科特：《逃避统治的艺术：东南亚高地的无政府主义历史》，王晓毅译，生活·读书·新知三联书店2016年版，第9—10页。
② 王文光：《并非永恒的空间——百越及其后裔地理分布动态研究》，《民族研究动态》1994年第3期。
③ 苍铭：《云南边地移民史》，民族出版社2004年版，第107页。
④ 苍铭：《云南边地移民史》，民族出版社2004年版，第110页。

北朱提郡（今昭通），继而再南下达滇东、滇中，再西迁洱海地区，到魏晋时期，僰人已普遍分布于滇东—滇中—滇西洱海一线，而曾经的聚居区僰道县、朱提郡已几近无僰人。① 春秋末至战国初期，昆明人以洱海地区为据点，继续向东发展，东汉时，滇东的昆明人向滇东北原僰人聚居区扩展，随之向黔西及凉山地区发展，东汉末，昆明人已基本分布于现代彝族聚居的主要地区。② 滇人离开滇池区域，往南迁走③，僰人向南迁徙、向西移动，昆明人向东迁徙、向北移动，可谓你走我来，是迁徙运动中的齿轮效应。

哈尼族先民的历史迁徙活动生动形象地反映出"你来我走，你走我来"的民族迁徙齿轮效应，哈尼与相关民族共同完成了民族迁徙与定居的复杂历史画作，共同造就出民族之间微妙的历史关系。

"开南州……昔朴、和泥二蛮所居也。……威远州……昔扑、和泥二蛮所居。至蒙氏兴，开威楚为郡，而州境始通。其后金齿、白夷蛮酋阿只步等夺其地。"④ 唐时，和泥已广泛分布于今景东、镇沅、景谷等地，是当地的主体民族之一。宋时，南部金齿百夷（傣族先民）建立的景昽金殿国对外扩张，势力北移，部分金齿百夷向北迁徙到和泥聚居地，迫使和泥南迁，或向东往今墨江、元江境内迁徙，到元代，开南州（今景东）、威远州（今景谷），已成为百夷之地，和泥人口不再占优势。

"数十年来，广南沙、侬以征戍窃据基地，窝泥弱而无谋，为所并吞，官兵讨之不得志，各长官寄食如栖苴耳。"⑤ 和泥原为六诏山主体民族，另有僚人、爨人（罗罗）、僰子等部民，自宋以来，侬人、沙人、百夷陆续进入，至明时，大量汉人到来，16世纪中叶，明王朝从广西又调拨一批侬人、沙人来此戍守，窝泥的居住空间被不断侵占，一些窝泥人因而迁走，窝泥人口在六诏山地区的比重逐渐减少。

分布于墨江县那哈、龙坝乡的哈尼族支系白宏人，历史上原居元江，

---

① 段丽波：《中国西南氐羌民族源流史》，人民出版社2011年版，第206页。
② 王文光、段丽波：《昆明族源流考释》，《贵州民族学院学报》2006年第6期。
③ 公元前109年，汉武帝于滇国地域设益州郡，至此，滇国、滇人及滇文化悄然消失，不再见于历史文献记载。滇人可能在历史发展中被融合，部分滇人可能往云南南部迁徙而去。
④ （明）宋濂等：《元史》卷61《地理志四》，中华书局1976年版，第1461—1462页。
⑤ （明）刘文征撰：《滇志》卷30《羁縻志·土司官氏·临安府》，古永继校点，云南教育出版社1991年版，第977页。

因为大量汉人迁入元江地区，白宏人不得已迁离元江，先是到了垤玛、白宏九冲，之后，一部分人继续迁徙，沿着泗南江两岸流转，到清代中期，才断断续续在泗南江流域定居下来，并逐渐形成如今的分布状况。

西双版纳南糯山哈尼族聚居地是闻名遐迩的西双版纳江外六大茶山之一。南糯山原为布朗族先民居住，布朗族先民往南部边境布朗山方向迁走后，哈尼族先民陆续进入南糯山定居。直到今天，南糯山哈尼族仍然认可说南糯山上生长至今的古茶树是布朗族在古时候种下的。

何平教授推断，今哈尼族聚居的哀牢山地区原为傣泰民族先民所居，约在公元前几个世纪，傣泰民族先民从岭南一带逐渐迁徙到今哀牢山地区，被称为"哀牢"，哀牢山之名由此而得。这支被称为哀牢的傣泰民族先民以哀牢山为中心开始向南、向西扩张，向南扩张的哀牢人最终形成今西双版纳傣族和境外老族、傣族等傣泰民族，向西扩张的哀牢人最后形成今德宏傣族和境外缅甸的掸族。[①] 民族地区的地名往往与生息于此的民族有关，一个民族迁走之后，以其语言命名的地名仍会留下来被后面到来的民族沿用。哀牢山和无量山之间的哈尼族聚居区沿用至今的众多傣语地名，依稀反映出这一地区曾为傣族先民居住地的历史事实。"滇南盐都"磨黑，现主要居民是哈尼、汉、彝、回等民族，但磨黑却是傣语，为"盐井"之意，可见历史上磨黑的主体民族是傣族先民。今墨江哈尼族自治县境内存有的诸多地名，如小勐连、大勐连、勐里、孟弄、回龙、曼婆、曼梭、曼嘎、曼平、曼博、曼兴、曼兰等，皆为傣语地名，但这些地方早无傣族，而是哈尼族在居住，间有部分彝族、汉族。墨江县境内的金厂河（又名水癸河、坤勇河），为他郎河的一条支流[②]，因其发源地为金厂而得名。该金矿系一座大型金矿床，是云南七大金厂之一。该金厂在史料中记为"坤勇金厂"，最早开采于清道光年间，在清光绪初年得到大力发展。[③] 分布于金厂河上、中游的民族主要是哈尼族的豪尼支系，豪尼人

---

① 何平：《从云南到阿萨姆——傣—泰民族历史再考与重构》，云南大学出版社2001年版，第203页。

② 他郎河、泗南江、阿墨江三河汇合后，汇入李仙江，李仙江流入越南后称为黑水河，是红河最大的支流。

③ 民国《墨江县志稿》之《物产志·矿物》记载："坤勇金厂，在厅城东北四十里，道光年间开产。清光绪初年，坤勇金厂大旺，淘砂洗金之人日有百数。"［民国《墨江县志稿》，民国（1942年）抄本。］

的寨子建在两岸半山坡上。金厂河上游河床的石沙中沉积有从金矿冲刷下来的金砂,故上游豪尼人有采沙淘金的传统。在金厂河流域,至今流传有"豪尼到来之前,这些地方是摆夷在居住"的说法,这一区域的人们说:"豪尼到来后,摆夷陆续往南边的西双版纳搬走了。"老人们进一步证实说沙告寨子①隔着金厂河对岸半山坡上的几座坟就是摆夷(即傣族)的。断垣残碑淹没于草丛中,坟垱的形状仍可见。据当地豪尼老人的说法,在他们祖上六七代人之前,摆夷还住在这里。② 如此看来,傣族先民迁离这些地区的时间可能是在清代中期。

(二) 打与和

打与和是古代民族关系的主要体现。战争、争斗、冲突、矛盾、隔阂等形式,相互之间恨不得"有你没我,有我没你",是民族关系中"打"的表现。分布上交错杂居、和谐共处,文化上兼收并蓄、美美与共,经济上相互依存、互利互惠,情感上相互亲近、互相尊重,形成"你中有我,我中有你;你离不开我,我离不开你"的和谐共生、共同发展繁荣的格局,这是"和"的范畴。从民族与国家形成和发展的历史过程来看,打是极端性、爆发式、突发性、暂时性的民族关系,而和是民族关系的恒常状态。

从哈尼族历史看来,哈尼与其他民族之间的打与和,既可能引发哈尼族先民的迁徙行为,也是哈尼族先民迁徙过程、迁居生活中与其他民族关系的两个表现形式。哈尼族在长期的迁徙经历中创造的灿若繁星的口述史诗,详细、生动地记录了哈尼与其他民族打与和的关系。

哈尼族迁徙史诗是哈尼族历史记忆的承载,在哈尼族的故事里,有着太多与异族争夺家园的悲伤记忆。

根据《哈尼阿培聪坡坡》讲述,迁徙中的哈尼人在大雁的引领下,发现了两河之间肥沃的平坝诺马阿美,将其建成富饶美丽的家园。诺马阿美的美名引来异族腊伯,腊伯在哈尼人的诺马阿美定居下来,分走哈尼人的土地,腊伯女婿从哈尼大头人老乌木处骗走象征权力的权帽和绶带,腊伯贪心不足,想方设法欲将哈尼赶出诺马阿美,于是两族之间爆发战争,

---

① 汉语寨子名称为水癸河,属墨江县联珠镇癸能村委会,位于金厂河上游。
② 此条资料为笔者于2015年4月5日在墨江县联珠镇癸能村公所水癸河村调研时获得。因修建高铁站,这片山坡已于2017年被推平,傣族遗留的坟冢也同时被推掉了。

哈尼战败，腊伯抢走哈尼的诺马阿美，哈尼被赶出生活了13代人的幸福家园。哈尼迁徙到宽广的大坝子谷哈密查，受到当地农耕民族蒲尼的热情欢迎，哈尼就此将打仗的武器掩埋，定居下来，成为蒲尼管辖的子民。随着哈尼人口越来越多，势力越来越大，蒲尼担心哈尼抢走自己的地盘，要把哈尼撵走。最终，蒲尼和哈尼之间的矛盾升级为战争，双方打得不可开交，由于马如告密，哈尼最后被打败，连夜逃离谷哈平原。

根据哈尼族迁徙史诗《普嘎纳嘎》的讲述，许余、拉煞是诺马阿美的两个好地方，是哈尼祖先安居乐业之处。异族那然通过骗取哈尼姑娘芳心、上门当姑爷的方式，住进哈尼的家园。那然和哈尼之间因为争夺地盘闹起纠纷，两族采用比赛方式决定谁去谁留的问题。滚石头、放火、射靶、拉牛、拉马、栽竹子、栽芭蕉、栽棕树等所有比赛项目，哈尼都输了，那然赢了，哈尼只得离开自己的家乡许余、拉煞，往南迁徙。

根据西双版纳哈尼族的迁徙史诗《雅尼雅嘎赞嘎》可知，雅尼人在到达今天的居住地之前，有过漫长的迁徙历史，曾拥有和失去过许多的家园。雅尼人离开加滇、广景城、曼尾等家园，是因为族际战争；雅尼人离开尼洛，是因为与傣族先民就山林、水土等问题而闹得不可开交，两族关系日渐恶化，无法再在一个地方共同生活。

"回首历史和面对现实，我们可以看到，大多数时候，新迁入者总是以一种低调友好的姿态与原住民族相处，逐步达到文化的相互适应，这也是云南边地得以形成多民族杂居分布格局的重要原因之一。"[①] 在漫长的迁徙过程中，哈尼族先民接触的民族众多、文化多元。哈尼族先民一直十分注重和其他民族的关系，每在一个新的地方停留，都会考虑原住民的情感和态度，并极力和原住民搞好关系。迁徙旅途上颠沛流离的哈尼族先民，也曾被其他民族善待和帮助。哈尼族的迁徙史诗也记录下迁徙、居住中的哈尼与其他民族互帮互助、互通有无、和谐和睦的团结关系。

根据《哈尼阿培聪坡坡》讲述，哈尼族先民离开什虽湖后往南迁徙，来到龙竹成林的嘎鲁嘎则，受到原住民阿撮[②]的热情款待，哈尼在嘎鲁嘎则与阿撮共同居住了两代。"阿撮见人嘻嘻地笑，拉着哈尼问长问短。……好客的阿撮拿出竹鸡竹笋，远来的哈尼拿出玉麦酒浆，两处人都

---

① 苍铭：《云南边地移民史》，民族出版社2004年版，第111页。
② 根据《哈尼阿培聪坡坡》的注释，阿撮据传为傣族先民。

像火塘一样热情,不断的话像溪水流淌。阿撮教哈尼破竹编篾,哈尼换上滑亮的竹筐;阿撮教哈尼织帽子,笋壳帽轻巧又凉爽。哈尼把鸡鸭分给阿撮,雄鸡帮阿撮叫起太阳;哈尼教阿撮种五谷,阿撮的篾箩装满玉麦高粱;酿酒的方法阿撮也学会了,阿撮的男人们天天喝红脸膛。"[1] 哈尼族先民曾在色厄作娘(洱海地区)与原住民哈厄共同居住,留下一段美好的历史记忆。"哈尼哈厄情投意合,就像两窝雀共一树,两寨的女人爱在一处说话,两寨的男人爱在一起商量。一年的三月,是哈厄赶街的月,街子摆在得威海边,人来人往像鱼群钻浪。哈尼也来得威赶街,热热闹闹地像围拢火塘,街头街尾要绕三遍,大背小背满满当当。"[2] 在谷哈密查(滇池地区),原住民蒲尼[3]为更好地控制哈尼,哈尼为和蒲尼搞好关系,两族采用和亲方式,哈尼大头人纳索迎娶了蒲尼大首领罗扎的女儿马姒做妾。

根据哈尼族迁徙史诗《普嘎纳嘎》的讲述,四处辗转奔波寻找理想家园的哈尼人来到红河岸边,被滔滔江水挡住去路,好在得到傣家人的帮助,人畜粮种都得以顺利运过江去。"滔滔的江水弯又曲,看不见水头的浪水尾的波。……江边遇着两个人,正是傣家划船女,要跟傣家交朋友,要和傣家攀亲戚,叫声傣家师傅帮个忙,划船来把我们渡过去。……哈尼父老乡亲们,拦路大江过来了!滔滔江水留后边,横过大江不湿脚,家畜牲畜全过来,五谷种子没丢掉。好说好讲的傣家姐妹,通情达理的傣家弟兄,金银换来的朋友不可靠,诚心交来的朋友信得过,过江相助百年恩,哈尼世代记心中。"[4]

根据西双版纳哈尼族的迁徙史诗《雅尼雅嘎赞嘎》讲述,雅尼败失广景城后往景兰[5](今景洪)方向奔逃,在傣泐人的帮助下渡过澜沧江。傣泐王与雅尼雅经过会谈后,双方达成和平共处、共同开垦田地的协议。

---

[1] 朱小和演唱、史军超等整理:《哈尼阿培聪坡坡》,云南民族出版社1986年版,第20—21页。

[2] 朱小和演唱、史军超等整理:《哈尼阿培聪坡坡》,云南民族出版社1986年版,第103—104页。

[3] 根据《哈尼阿培聪坡坡》的注释,此处的蒲尼指异族,一说是汉族,可能指包括汉彝等族在内的多种民族先民。

[4] 赵乎础、赵乎周演唱,李期博搜集翻译整理:《普嘎纳嘎》,载李期博翻译整理《木地米地》,红河哈尼族彝族自治州民族语文古籍研究所编内部资料,1985年,第106—111页

[5] 百万人口之城之意。

雅尼雅臣服于傣泐王，在此建立起新家园，与傣泐人一起开发和生活，每年按时按量向傣泐王缴纳赋税。"肥沃的坝子土质流油，雅尼雅辛苦劳作，年年交足贡赋，谷米还吃不完。火红的日子，像飞鸟样快，屈指一算，已有数十年。雅尼雅迅速兴旺发达，人口增多到百万。傣泐王把雅尼雅的住地，命名为景兰。"①

与其他民族和睦相处，是哈尼民族关系的重要目标，哈尼族先民为构建和谐民族关系而进行各种尝试。

（三）垂直民族分布带

云南全省面积的94%属于山区，大部分地区海拔在1500—2000米之间，地势西北高，东南低，南北高低悬殊，最大高差达6600多米。境内山高谷深，河流纵横交织，坝子星罗棋布。高低悬殊的地势，错综复杂的地形，形成云南丰富多样、独特神奇的气候类型。云南不仅具备热带、亚热带、温带、寒带等气候类型，而且气候的垂直变化极其显著。从山脚到山顶，一般海拔每升高1000米，温度将下降6℃。立体垂直上升1公里引起的气温下降，相当于水平面上从南往北方向移动1400—2500公里引起的气温下降。云南山区独特的立体气候，可谓"一山分四季，十里不同天"，呈现出"河谷炎热穿单衣，山腰百花山顶雪"的奇妙景观。云南民族与云南独特的地理环境、立体气候相呼应，在居住上形成垂直民族分布带，以各自的方式适应着大自然，创造出和谐美妙的云南民族地理景观。

云南各民族的历史迁徙造就了云南民族的地理分布格局。"一些民族在漫长的迁移过程中逐渐向某一地区集中，形成以某一地区为中心的民族聚居状况。"② 经过历史长时段的积累，哈尼族难以计数的迁徙活动最终形成这种"集聚式"迁徙效果，到了近现代，哈尼族集中于云南南部，处于汉、彝、白、傣、拉祜等族分布地的中间地带，并有苗、瑶、回、壮、布朗等族杂居其间。"汉族、回族居街头（城镇及交通沿线），傣族、壮族居水头（河谷平坝），哈尼族、彝族居坡头（半山区），苗、瑶在山

---

① 批二演唱，施达、阿海收集整理：《雅尼雅嘎赞嘎》，载云南省少数民族古籍整理出版规划办公室编《云南少数民族古典史诗全集》，云南教育出版社2009年版，第765页。

② 郑一省、王国平：《西南地区海外移民史研究——以广西、云南为例》，社会科学文献出版社2013年版，第169页。

头（高寒山区）。"① 哈尼族和生活于同一地理空间的众多民族，分别分布于不同的海拔高度地带，错开而居，开创出民族的立体分布局面。汉族、回族以城镇经济生活方式为主。按"先来后到"法则，傣族、壮族最早来到这些地区，可以最先占据有利的生产生活空间，他们适应河谷炎热气候，从事平坝水稻农耕活动。哈尼族、彝族为近亲民族，文化相近，当他们进入这些地区时，河谷和坝区已被傣、壮族占据，而且从文化习性而言，哈尼族、彝族难以适应河谷炎热气候，山腰、半山腰冬暖夏凉的气候环境更适合他们。苗、瑶最后进入这些地区，当他们到来时，其他海拔地带已有其他民族居住，所以只有选择海拔更高、没有人烟的高寒山区。

云南民族的立体垂直分布带格局，是各民族对自然地理、经济条件、人文环境的适应性选择，也是各民族处理民族关系的智慧性创造，不仅充分体现了民族文化的多样性，而且生动形象地展示出"你中有我，我中有你；你离不开我，我离不开你"的民族和谐共生关系。

在哀牢山区，各民族同居一山，兼收并蓄，互通有无。汉族向少数民族供应农具，传授先进的文化和生产技术，少数民族向汉族提供所需物资。甚至某些久居于哈尼族地区的汉族融入哈尼族之中，后裔演变为哈尼族，从而，哈尼族历史记忆中多了一种"东来说"，即祖上为汉族的说法。山上的哈尼族和河谷的傣族结成"牛亲家"，利用山脚和山腰农事活动在时间季节上的差异性，共同使用和管理耕牛。哈尼族与彝族同源，皆居住于山腰、半山腰，共同开垦梯田，经营梯田农业。苗、瑶居住的高山区分布着森林，森林是梯田的水源和哀牢山生态系统的核心。苗、瑶的游耕生产方式需要不断砍伐森林，从而对生态环境平衡和可持续发展构成了严重威胁。于是，哈尼族帮助苗、瑶在山腰开垦梯田，甚至向苗、瑶赠送梯田，传授耕作技术，以改变两族传统生产方式，保护森林，维护哀牢山区生态环境。

在西双版纳地区，哈尼族与傣族等其他民族在经济上互相依存，互通有无。傣族坝区不种植茶叶和棉花。坝区炎热，家禽难于兴旺。哈尼族聚居的山区生产力低下，粮食生产难于满足需要，铁匠、银匠未商业化，只在农闲时接来料加工，不采买原料制作和出售产品。山区和坝区的物质缺乏通过各民族间的集市交换关系而得以有效互补。哈尼族山区

---

① 陈燕：《哈尼族梯田文化的内涵、成因与特点》，《贵州民族研究》2017年第4期。

尚未形成定期集市，哈尼只有下山到就近的傣族或汉族集市参与商品交换。哈尼族提供傣族、汉族等山下民族所缺的茶叶、棉花，补给鸡、鸭、猪、鸡蛋等家禽家畜农产品，蓑衣、篾器、草排、药材、蓝靛等物资，还有狩猎、采集而来的其他自然物。换回铁器农具和食盐、布匹、粮食等生产生活用品。哈尼山区和傣族、汉族坝区之间经济上的互通有无、相互依存，不仅促进了民族之间的经济往来，而且增加了民族之间的社会交往，加强了当地民族的情感联系，也反映出民族内部社会分工不同的存在及其合理性。

在哈尼民间，有哈尼族、彝族是一娘所生的说法，也有哈尼族和傣族是兄弟的故事。在墨江县的哈尼族支系布孔人中，则流传着"蛋生说"：太阳和月亮在石头上下了3个蛋，3个蛋孵出人，分成多个民族。"卡贵"在芭蕉叶上安家。因远街的民家（白族）在山顶上安家。摆衣（傣族）在河边安家。布孔先在贵州安家，又从贵州搬来元江，布孔的女儿嫁给汉族，把地契拿走了，所以布孔人只能从元江搬出来，最后来到墨江。[①]"弟兄故事"是一种诉说人群"同出一源"的"根基历史"（primordial history），借以强调"同胞"人群间的"根基性情感"（primordial attachments）。[②] 从而，既达到凝聚族群、促成认同与依赖、促进团结协作的目的，又有区分族群、使族群与族群关系合理化的效果。哈尼族的"弟兄故事"表达的正是上述含义，他们想要通过这些故事，搭建起与其他民族的根基性情感纽带，以搞好双方、多方关系，建设共生于同一空间的不同民族之间的和谐共处状态。

三 迁徙对民族与国家关系的影响

（一）国家边缘

边缘，根据词典的解释，作为名词，指"沿边的部分"[③]；作为形容

[①] "民族问题五种丛书"云南省编辑委员会编：《哈尼族社会历史调查》，民族出版社2009年版，第94页。

[②] 王明珂：《英雄祖先与弟兄民族：根基历史的文本与情境》，中华书局2009年版，第27—28页。

[③] 中国社会科学院语言研究所词典编辑室编：《现代汉语词典》（第6版），商务印书馆2014年版，第76页。

词，指"靠近界线的；同两方面或多方面有关系的"①。边缘，往往与边界、边沿、沿边、边陲、边地、边疆、边远等词汇联系在一起。在王明珂先生看来，边缘，不仅指时间上的边缘、地理上的边缘，还包含认同上的边缘。② 从地理、政治统治和文化的角度而言，边缘可以分为内地的边缘和边陲、边疆。鲁西奇教授提出"内地的边缘"一词，内地的边缘指："处于中华帝国疆域内部，但却并未真正纳入王朝国家控制体系或国家控制相对薄弱的区域。"③ 内地的边缘是王朝国家统治体系的中间地带，是帝国交通、经济、政治和文化体系的隙地。在地理上，内地的边缘处于国家的内陆地区，并不靠近国家边境，甚至离边陲十分遥远；在政治统治上，国家权力在此区域缺失，地方自有一套传统控制形式；在文化上，内地的边缘游离于王朝国家主流文化之外，自有一套传统文化体系，是化外之地，是正统之外的异端。从地理上来理解，边陲、边疆指靠近国家边界的地带或区域。这是相对于王朝国家统治中心而言的概念，边陲、边疆远离王朝腹地，且靠近帝国边界。周平教授认为："作为国家疆域之边缘性部分的边疆，是在客观现实基础上经过主观认定而确立的，是构建的产物。"④ 马大正先生指出边疆是地理概念、历史概念、政治概念，有着军事、经济、文化含义。⑤ 在古代王朝国家历史上，边陲和边疆的概念是模糊的，并随着帝国政治、军事理念的不同和势力的进退而伸缩变动。现代民族国家诞生后，随着国与国之间地理边界的划定，边陲、边疆的概念逐渐明朗。

哈尼族先民的历史迁徙活动对其与王朝国家的关系造成了深远的影响。

首先，迁徙导致哈尼族先民地理分布上的国家边缘化。经过长期不断的历史迁徙，至清代中晚期后，哈尼族先民的分布形成少部分散居于云南

---

① 中国社会科学院语言研究所词典编辑室编：《现代汉语词典》（第6版），商务印书馆2014年版，第76页。
② 王明珂：《华夏边缘：历史记忆与族群认同》，台北允晨文化出版社1997年版，第13页。
③ 鲁西奇：《内地的边缘：传统中国内部的"化外之区"》，《学术月刊》2010年第5期。
④ 周平：《国家视阈里的中国边疆观念》，《政治学研究》2012年第2期。
⑤ 马大正：《〈中国西南边疆的治理〉总序》，载孙宏年《中国西南边疆的治理》，湖南人民出版社2015年版，第1—5页。

内地山区，大部分集中分布于云南南部及边境的宏观格局。云南靠内地区的一些州府，如楚雄府南安州（今双柏县）、广通县（禄丰市广通），云南府易门县、武定直隶州，临安府北部靠内州县新平县、嶍峨县、建水县、石屏州、阿迷州、蒙自县等，仍有哈尼族先民分布，但人数较少，居住于内地的山区。这些地区虽在政治、经济、文化上已纳入国家统治体系，但由于山区地形地势的复杂性和地理单元的自然分割性，哈尼族先民分布的内地山区仍为隙地，统治难于深入，汉文化影响微弱，这里依然是文化的"他者"。而哈尼族先民聚居的云南南部及边境地区，位于元江以南，不管是在地理上，还是在政治、经济、文化上，可谓名副其实的国家边缘。特别是19世纪末，现代民族国家诞生后，哈尼族先民的这一国家边缘性更为鲜明。清代晚期，在英、法插手之下，拱卫清朝云南省的境外藩属国纷纷脱离而去，成为英、法西方殖民列强的附属国，现代民族国家意义上的边界产生，居住于中国云南边界线外的哈尼族先民的身份演变为境外民族，成为越南、老挝、缅甸、泰国的北部山区民族，哈尼从而成为跨境民族。

其次，迁徙导致哈尼社会文化的国家边缘化。文化一贯是认识边缘的参照物，是判断边缘的主要依据。不管是内地的哈尼，还是边疆的哈尼，皆有一个共同点，就是他们都处于国家主流文化的边缘。到清代后期，各地哈尼社会已有发展层次上的差异，即与主流社会之间的融合和差距程度不同。内地散居的哈尼和聚居于元江、墨江、新平、镇沅等地的哈尼，其社会已进入地主经济时代，与汉族社会的发展差距最小；聚居于哀牢山东麓南部、红河南岸的哈尼社会处于从封建领主①经济向封建地主经济过渡的阶段，与汉族社会的发展差距次之；居住于南部边陲西双版纳、澜沧等地的哈尼社会处于傣族封建领主统治之下，原始氏族公社因素残余较多，与汉族社会的发展差距最大。各地哈尼社会发展层次虽有异，但文化和认同上，"他者"的特色仍然鲜明。处于地主经济之下的哈尼，他们"耕田纳粮""性柔畏法""性傲而知大义""出山入市""负薪易米"，甚至不乏"读书应试者"，在不同程度上受到汉文化影响，但依然不同程度地保留了自身的传统文化，且内部的划分与差异越来越细致。清代，众多哈尼支系被陆续"发现"，涌现出繁多的哈尼自称和他称，也是哈尼文化游离

---

① 大部分为本民族封建领主。

于主流文化之外的边缘性的一种证明,反映出文化和认同上的"他者"的存在。

(二) 建设与认同——并非只是逃避统治

认同是"社会成员对自己某种群体归属的认知和感情依附"[①]。国家认同是个人对自己归属于哪个国家的认知和情感,由国族认同、政治认同、社会认同、文化认同等构成。历史上,边缘族群的国家认同主要是对中央王朝政权的认同。中央王朝通过各种国家统治行为,不断加强对边陲云南各民族的国家认同建设。

本研究难以认同斯科特的"逃避统治"观点。斯科特的讨论在很多方面并不符合中国西南边疆历史。斯科特简单粗放的将长期受到华夏中心渗透、影响的云南、贵州、广西、四川西南等同于东南亚原始丛林山区,将中国西南各省从具有悠久历史及传承性的中国王朝正统体系中硬生生割裂出去,这本就是对历史真实的违背。自秦汉开始经略以来,历代中央政权皆在连续继承和不断推进对中国西南边疆的治理。从"兵战"军事征伐,到"心战"政治招降;从羁縻统治,到土司制度,再到改土归流、土流兼施;从移民垦殖,汉人夷化,到大量汉人移民实边,夷人汉化;从征调、课税、劳役,到兴建学校、推行科举制、推广汉文化……随着王朝国家"大一统"多民族国家理念的发展和深化,中国历朝中央政权对西南地区的统治政策不断适时调整,统治方式灵活应变,层出不穷,统治势力愈加深入,一步步向更为边缘的区域扩展。所以,事实是,斯科特书中所谓"不被统治的"山地族群在历史时期逐渐进入"正统"统治秩序,斯科特笔下所谓的"无政府主义者"慢慢被形塑、凝聚、整合,融入统一多民族国家之中。国家统治的进入带来了边缘族群社会的进步和民族的发展。斯科特只看到国家统治中课税、摊派、劳役、征兵等剥削的一面,以及由此造成的山地族群的反感和以迁徙、躲避等方式表现出来的反抗,斯科特没有看到国家统治的到来对边缘族群社会的积极影响。而且,历代中央王朝对中国西南的经营、中国西南边疆众多民族与王朝国家之间的双向互动和相互形塑,远比斯科特纸上的讨论要丰富、生动、精彩,并非仅仅是逃避统治那么单一、单向,国家也不是眼睁睁地看着边缘族群逃避那么被动、无奈。在边缘族群与中央集权国家的关系中,有帝国对边缘族群

---

① 王希恩:《民族认同与民族意识》,《民族研究》1995年第6期。

的拓展、拉拢、整合、引导、形塑、凝聚,有边缘族群的思考、选择、策略、加入、认同。在这组关系中,王朝国家明显占据主动权,但我们也不能忽视边缘族群具有的主观能动作用和策略性,可以说,边缘族群也在自己能力范围内将积极性、主动性发挥到极致。王朝国家与边缘族群的双向互动、博弈往来、互相形塑,是统一多民族中国形成和发展过程中的正常历史现象。逃避,是暂时的、个别的。建设与认同、融和,才是长时段,是主旋律。

斯科特所说的"逃避国家的统治"指的主要是"逃避赋税"。如果哈尼/阿卡人的某次迁徙确系王朝国家引发,那么,逃避国家的统治或说逃避赋税并非他们迁徙和边缘化的动机,哈尼传统习惯与国家统治之间的文化冲突才是真正的内在根源。当然,直接引发哈尼族先民迁徙活动的因素很多,国家统治行为只是其中之一,而非全部。事实上,迁徙是哈尼固有的文化惯性。山地民族刀耕火种的游耕方式,被斯科特看作是他们为逃避国家征收赋税而故意采取的。刀耕火种山地农耕只是某部分哈尼人口的农业生产方式,主要流传于西双版纳及境外的哈尼人中,是适宜当地人少地广、气候环境优越、森林植被茂密、生态环境自我修复能力强的自然地理条件而产生的生产方式。与此相对的是,大部分哈尼人口聚居于哀牢山地区,哀牢山哈尼人在长期的生产实践中,创造出耕作精细、科学合理、生态和谐、高度发达的梯田农业文化。

特别是元明清时期,中央政权通过政治、军事、社会、文化等各种手段、政策,推行对哈尼族先民的国家认同建设,不断形塑、加强哈尼族先民对王朝国家的认可。哈尼族先民则以纳贡、服从征调、与国家主体民族和其他民族交好等方式表达对中央王朝的认同。从边缘族群的国家认同行动,可以看出边缘族群心目中的国家是要能代表整体利益的统一多民族国家。事实上,哈尼族先民国家认同的形成漫长而复杂,是在和王朝国家、主体民族、其他少数民族之间反反复复的打与和,频繁的接触杂居、渗透融合等过程中,以及在国家面临内忧外患和各民族共生死存亡、共命运荣辱的历史经历中,慢慢清晰化、明确化,渐趋成形,并不断强化、发展、提高和完善的。因国家实施统治职能的文治武功引起的哈尼族先民迁徙和反叛,表面看似是哈尼族先民对王朝国家政权的不认可,但实质上是哈尼国家认同的另一种表现方式,是国家认同建设中的正常反应,说明了边缘族群国家认同形成中的阶段性、矛盾性、反复性、情境性。

唐初，在唐王朝的政治影响之下，和蛮大首领王罗祁与西洱河大首领杨栋附显等其他民族上层一起率部归附，入朝贡方物①，从中可见和蛮对大唐中央王朝已萌发基本的政治认同。

元时，在赛典赤"心战为上"的政治策略下，罗槃甸和泥臣服于元朝，但后来叛服不常，与王朝国家之间的斗争层出不穷，这在一定程度上与和泥的国家认同不强有关。但元朝在和泥地区的设治经营、军事镇压、征调充军等国家统治行为，作为国家认同因子在和泥社会沉淀了下来，对和泥国家认同的萌芽产生初步影响。

明时，朝廷对窝泥地区的统治有了更进一步的发展，窝泥与朝廷之间的关系出现更为亲近的变化，说明有明一代，窝泥国家认同的加强、深化。推行土司制度，广泛设置土司土官；移民屯垦；置沐氏勋庄；鼓励拓荒造田，并从中扶持起一批窝泥土官；征调土司兵，攘外安内；增辟水路通道，活跃商业贸易；传播汉文化，实施文化教化。中央王朝的一系列政治、经济、军事、文化行动，是王朝国家对窝泥社会的引导，散发出王朝国家、主流文化的吸引力，促进了国家与窝泥社会之间的互动，增进了窝泥地区与外界的交往，开阔了窝泥的眼界与认知，从而逐步实现对窝泥国家认同的形塑。哈尼族先民窝泥以朝廷的规则和自己的方式，回应王朝国家的国家认同建设。明初，当明军初进云南时，窝泥各部首领遂即率部归顺明朝，协助明朝军队，使其得以快速瓦解元朝梁王在云南的统治势力。钮兀、五隆（今元江、墨江、江城相接一带）和泥（窝泥）酋长任者、陀比朝贡进京，主动向朝廷请奏于其地设置土司，明王朝从之，设立钮兀御夷长官司，以任者为长官，陀比为副长官。上述2个例子，是窝泥对王朝国家政治认同的行动表现，体现出在与王朝国家的关系中，边缘族群的主动性选择和策略考虑。明弘治（1488—1505年）初，临安知府陈晟以《百家姓》首二句，司分一姓，加于各土司名之上，思陀的遮比获李姓，溪处的自恩获赵姓，落恐的他有获陈姓，瓦渣的阿英获钱姓，自此，汉人姓氏开始传入窝泥地区。明永乐十一年（1413年），六诏山八寨长官司窝泥土官龙者宁进京入贡，瞻仰京师盛况，参加了明成祖亲临的端午节盛会。龙者宁返乡后，将汉人的端午节日习俗带到窝泥地区，以后，六诏山

---

① （宋）欧阳修等：《新唐书》卷222下《南蛮传下》，中华书局1975年版，第6322页。

地区每年皆按时举办端午节。明万历（1573—1620）时，六诏山窝泥土官龙上登本人不仅赴京师访学，对汉文化有着极高造诣，而且在六诏山窝泥地区推行汉文化，兴学校，建文庙，亲自撰写碑文，论述孔孟学说。龙氏土司女儿读汉文典籍，工写花卉翎毛山水，深受汉文化影响。这些例子，说明了窝泥对主体民族的文化认同行动。从上述事例，可见王朝国家、主流文化对边缘族群的吸引，以及边缘族群对主流文化的认知和倾慕。明末崇祯时，江阴人陈鼎随入仕叔父移民云南，入赘教化龙氏土司家，于是将龙氏追溯为周室苗裔，因从诸葛亮征南中而受封，留居于六诏山地区。陈鼎为文化名人，著有《滇黔土司婚礼记》。[①] 因龙氏土官赘婿陈鼎为江阴人，因此康熙《云南通志》、乾隆《开化府志》将龙氏土司先祖龙海基视为"寓人"，甚至"吴人"，后世地方志沿袭此说法。经《哈尼族简史》等成果考证，龙氏土司为窝泥。龙氏土司对家族历史记忆"去蛮夷化"的改造、加工、发明和重塑，不仅有助于维护、加强土司统治，强化土司统治的权威力与合法性，而且隐含着其国家优越价值观和正统思想，是其国家原生认同意识的表达。

清代，哈尼族先民的国家认同构建虽然展现出矛盾的一面，但在清末云南边疆危机出现，国家和民族面临外敌入侵的形势中得到升华。清廷全面推进从腹地到边疆的云南内地化建设，更多的云南边地被逐渐开发，曾经不入户籍的山民越来越多地被纳入统治秩序之中，耕田纳粮。清代，哈尼族先民的反清斗争此起彼伏，较为突出。清初，清军进逼云南，六诏山大部分窝泥土官率部参加以禄昌贤为首的反清大起义，支援李定国部及其拥戴的南明小王朝的抗清斗争，并成为起义主力军之一。起义被清军残酷镇压后，六诏山地区改土归流，以龙氏为首的窝泥领主自此丧失在当地约600年的统治地位，六诏山地区窝泥迁走。清初窝泥反清拥明，反映出窝泥对清王朝的不认同。在窝泥的国家认同观里，清廷并非正统，明王朝才是正朔。从中可看出窝泥对已逝明王朝的国家依恋意识。清嘉庆二十二年三月（1817年），哀牢山东麓窝泥高罗衣聚众起义，是在更为先进的地主经济受到阻碍发展的封建领主经济遏制形势下的斗争，属于新兴地主阶级与旧土官领主阶级之间的博弈。清咸同年间，哀牢山西麓卡惰田四浪领导

[①] （清）陈鼎撰：《滇黔土司婚礼记》，载姚乐野、李勇先、胡建强主编《中国西南地理史料丛刊》（第二十五册），巴蜀书社2014年版，第537页。

的起义，导火索源于夷汉民族矛盾，后来与李文学义军、杜文秀政权联盟，演变发展为各民族反抗清廷残酷剥削的大起义，提出自己的政治纲领，明确政治目标，在义军控制区域建起统治秩序。这些起义虽然反映出窝泥社会对清廷认同的矛盾性，但与窝泥的国家认同并不冲突，而是国家认同元素在窝泥社会的沉淀和影响。哈尼族先民对清王朝的矛盾性认同，说明其国家认同已经超越族群利益策略，具有了更为宏观的"多民族国家整体的正义"①，正向代表多民族国家整体利益的国家认同上升。清末，西方殖民列强分割东南亚，云南边疆危机出现，在与其他边疆民族共同抵御帝国主义势力入侵的过程中，哈尼族先民的统一多民族中国国家认同得以升华和成熟。

（三）王朝国家的边防屏障

历史上由北向南持续不断的迁徙活动，最终造成哈尼集中于云南南部的近现代分布格局。哈尼聚居区靠近云南南部边界，分布上的地理因素，对国家认同的逐渐成形、深化与完善，注定哈尼与其他边疆民族共同成为统一多民族中国的边防屏障。哈尼族自古以来就是中国西南边陲抵御外敌入侵、保卫国家统一、守护国家疆界、维护民族和谐的一道坚实防线。

明代，明王朝与外国封建主在滇南边境互有冲突。长期的腐败糜烂，明军早已不堪临阵，每当需要发动外侵或抵御入侵时，"所用皆土司兵"。窝泥聚居的哀牢山、六诏山地区，地接交趾，各窝泥土司兵曾多次奉调。

清末，清帝国与云南周边各邻邦之间仍然保持着宗藩关系。19世纪，随着西方帝国主义的殖民侵略，英法两大帝国主义在东南亚地区展开激烈抢夺，作为中国西南"藩属""拱卫区"的越、缅、老等各国相继被列强瓜分。1885年，法国占领越南。1886年1月1日，缅甸成为英属印度的一个省。云南直接暴露于西方殖民帝国的铁骑面前。英法两国多次派遣传教士、学者、专家潜入云南，偷偷调查云南的地理地貌、山川河流、矿藏物产、风俗民情，为打开中国云南对外通商大门、倾销商品、掠夺原材料奠定前期基础。为打通更多的掠夺通道，法国一直觊觎红河水运，强行派兵入侵红河流域，强制疏浚红河航道，遭到当地哈尼及各族人民强烈抵制后，才不得已退兵，不再在红河上行船。中法战争结束后，1885年6月9

---

① 葛政委、黄天一：《向心的凝聚：容美土司国家认同研究》，《广西民族研究》2014年第5期。

日，中法于天津签订《中法会订越南条约》，清政府不仅被迫承认法国对越南的保护权，而且被迫接受法国在中国的通商、设埠、减税、筑路等各种不合理要求。《中法续议商务专条》于 1887 年 6 月 26 日在北京签订，是中法战争的一系列后续条约之一，其中，第 2 条规定："两国指定通商处所，广西则开龙州，云南则开蒙自。缘因蛮耗系保胜至蒙自水道必由之处，所以中国允开该处通商，与龙州、蒙自无异。又允法国任派在蒙自法国领事官属下一员，在蛮耗驻扎。"① 蒙自被迫向法国开放，成为云南的第一个开埠通商城市。蛮耗为从保胜到蒙自的红河水运枢纽，也被开辟为口岸。1889 年 8 月 24 日，蒙自海关正式开放，在蛮耗设立分关。后来，法国又取得在思茅的开埠权，1897 年 1 月 2 日，思茅海关正式开关。如此，法国商品享有关税低价特权，从越南、老挝经云南、广西输入中国内地。法国政府还不断迫使清政府割让滇南边境土地。1895 年，法国不顾当地头人和民族的强烈反对，强行将属普洱府车里宣慰司管辖的十三版纳中的猛乌、乌得两地从中国割让出去。1897 年，法国强迫清廷将临安府南部边境"六猛"中的勐蚌、勐赖、勐梭三勐之地，临安府纳楼土司所属三勐中的中勐的下半段和下勐，即目初、衙门坡、普方、里方等地，割让给法属越南。在勘测滇越铁路路线中，法国强拆民屋，强占农田。法国无休止、赤裸裸的侵略和剥夺激起哈尼等各民族的愤慨。1900 年，蒙自各族群众群起攻之，烧毁法国"路得斯"洋关。法国迫使清廷派兵镇压，各族起义群众被逼退到红河南岸哈尼聚居区，在哈尼等江外各民族支持下，继续坚持斗争。法国借此事件乘机出兵入侵，占领猛不丁（今金平县）南部边境龙膊一带，遭到当地哈尼、彝两族人民的联合奋力抵抗，才不得不撤出中国境内。②

---

① （清）许同莘、汪毅、张承棨编：《光绪条约》卷 20，载沈云龙主编《近代中国史料丛刊续编第 8 辑》（78），台北文海出版社影印 1982 年版，第 650 页。

② 《哈尼族简史》编写组《哈尼族简史》，云南人民出版社 1985 年版，第 67—71 页。

结　语

一

哈尼族历史分布地的变化和近现代分布格局的形成是其历史迁徙的结果。

哈尼族先民的历史分布地望，北起大渡河以南、雅砻江以东和安宁河流域一带，以及与川西南隔金沙江相望的乌蒙山区，中间广泛分布于洱海—滇池一线，东南至六诏山、泸江流域，西南至哀牢山、无量山，并蔓延至南部边境外的东南亚国家。

哈尼族源于氐羌族群，是氐羌人口从西北迁徙到西南后发展出来的众多民族之一。从新石器时代开始，由于气候变化、战乱等多种原因，最初活动于西北和中原的西戎族属氐羌族群，其中的部分人口从甘青高原源源不断南迁，蔓延至川北，再沿着横断山脉间的岷江、大渡河、雅砻江、金沙江、澜沧江、怒江等江河的河谷通道，即学术界所称之藏彝走廊，流入西南地区，活动于藏东、川西北、川西南、滇西北、滇西等区域。在中原地区建立阶级政权进入奴隶社会后，发展相对落后、仍处于部落游牧迁徙经济状态的西北氐羌族群，一直没有停止向西南地区的流动。经夏商周时期的继续移动、分流，至秦汉时，氐羌族群在西南已分布于从澜沧江以东、红河以北至川西南、川西北的广大区域。

春秋战国时期，从氐羌母体族群中分化出来的哈尼族先民和夷，其分布中心为雅砻江以东、大渡河以南的连三海及安宁河流域，和夷以这一区域为起点，不断迁徙、融合与分化，形成后来的哈尼族及其历史分布地望。

秦、西汉时，哈尼族先民和夷已渡过金沙江，进入今楚雄北部，然后西折进入滇西洱海地区，有一部分向东往滇池区域移动。两汉时期，哈尼族先民活动于滇西洱海经滇中楚雄到滇池一线，并到达滇东南泸江流域。

魏晋南北朝时期，经进一步的迁徙、分化和融合，上一历史时期奠定的分布态势得以加强和巩固，到南北朝末期，哈尼族先民分布地域扩大至滇东北、滇东南六诏山、滇西南无量山和哀牢山。秦汉魏晋时期，哈尼族先民和夷融合于昆明人、叟人之中，和夷的迁徙与当时昆明人、叟人的分布和迁徙交融在一起，而昆明人、叟人的分布和迁徙又与滇人南迁、僰人南迁与西徙密切相关，反映出这一时期民族迁徙的齿轮效应。

隋唐南诏时期，哈尼族先民和蛮人口分布的南北跨度更大，形成和蛮的南部聚居区，滇南成为和蛮最主要的居住地域。在和蛮的北部分布区，仲牟由后裔分流，从川西南渡过金沙江东迁至滇东北直至黔西北地区，发展为势力影响和蛮北部分布区的閟畔部、乌蒙部、芒布部、乌撒部。南诏统治时期，南诏实施的强制性民族迁徙政策，引发包括和蛮在内的未被强制性迁走的其他民族的迁移和流动。

宋大理国时期，和蛮向更南的边疆区域伸入，抵达南部边疆金齿百夷分布区。在大理国政权的分封制之下，各民族割地自雄、自由发展。在和蛮的北部分布区，从滇东北閟畔部发展出来的绛部迁回金沙江西岸；乌蒙部落的一部分人口亦迁徙至金沙江西岸。在和蛮的南部分布区，在金齿百夷势力北扩影响之下，无量山、哀牢山和蛮中的部分人口向南迁入金齿百夷聚居区；在红河流域，由于侬智高余部的进入，红河以北甘庄城的和蛮移徙至红河以南的罗槃甸。

元时，在元军血腥屠戮之下，和泥迁离罗槃城（今元江城）、罗槃甸（今元江坝子），哈尼大规模聚居坝区的历史状况基本完结。由于元军对云南行省东北部参与宋隆济反叛各族群众的强力围剿，和泥迁离乌蒙山区往南移动。元军开疆拓土、征伐境外的烽火，致使沿线部分和泥迁移，在征讨中被充军者，则多有逃匿。

明代，朝廷大规模移民屯垦，大量外省汉族移民源源不断地进入云南，导致原居住于坝区的窝泥渐渐退出平坝，搬迁到坝子周边的半山区、山区，或向其他更远的地方迁徙。在之前历史年代遗留于川西南的哈尼族先民阿泥，沿着祖先的足迹，渡过金沙江，进入元谋、禄劝及滇西北的邓川等地。

清初，参与禄昌贤反清大起义的窝泥遭到清军疯狂镇压，清廷乘势在六诏山地区实行改土归流，窝泥迁离六诏山，向西进入红河、哀牢山地区，有一部分向中越边境移动。咸同年间，哀牢山区李文学、田四浪起义失败，居住于哀牢山上段、中段即景东、镇沅、元江、他郎（今墨江）等各县的部分哈尼人口逃离故土，往朝廷统治较为薄弱的南部边陲迁徙。清末，现代民族国家概念上的国家地理边界出现，边境少数民族的迁徙中增加了向境外、在境外的迁徙活动。

当然，千百年来，出于各种原因，以个体、家庭、家族或村寨为单位，以中短距离、节点状、接力式、扩散式等方式，零星、部分、小规模的迁徙活动，可谓不计其数。

综上，经过漫长的历史迁徙、分化与融合，特别是经过元明清时期的进一步迁徙与移动，到近现代，滇东北、川西南、六诏山地区已无哈尼族属，哈尼民族的分布空间、分布重心向更低纬度、更温暖地带倾斜，最终形成少部分散居于滇中北部、滇中、红河以东部分州县的山区，大部分聚居于云南南部，且延伸至境外的哈尼族宏观分布格局。

二

哈尼族历史迁徙始终无法与王朝国家的统治相分割，是在统一多民族中国发展的宏观历史背景下展开的，一直处于帝国建构的"天下"图式和统治体统之中。

实现国家的"大一统"，把边疆各民族及其居住地域纳入"大一统"中国，是历朝历代统治者的政治理想和政治追求。公元前221年，秦始皇完成对六国的统一，中国历史上第一个真正意义的多民族"大一统"国家诞生，多民族"大一统"开始成为中国国家发展常态。

中国西南各民族长期接受华夏中心的熏陶、渗透和影响，自古以来处于具有悠久历史及传承性的中国王朝正统体系之中。自秦汉开"西南夷"，到蜀汉"定南中"，再到隋唐"开南中"，及至元明清时期，历代中央政权皆在连续继承和不断推进对中国西南边疆的治理。其间虽有"爨氏据滇"和南诏、大理国地方民族政权割据局面，但也是在为后世建立更大格局的多民族"大一统"国家奠定基础。从"兵战"军事征伐，到"心战"政治招抚；从内地化的行政建制，到因地制宜的边疆民族政策；从经济开发，到文化教化……每一代王朝政权都在前朝经略基础上，通过文治武功，极尽移山心力，不断加强对云南各民族的统治和经营，逐步将统治势力向更为边缘的族群扩展。

"普天之下，莫非王土"，从历史长时段视野来看，不管哈尼族先民向何方迁徙，如何迁徙，皆走不出封建统一王朝构建的"天下"图式，始终处于中央政权控制之内，尤其是到了元明清时期。"元跨革囊"，云南结束了南诏、大理约500年地方政权割据的历史，重新回到统一多民族国家的统治秩序内。明代，通过明王朝在政治、经济、文化各个领域的锐意经营，云南社会发生重大变化，民族结构出现历史性转折。清代，清王朝在前朝基础上进一步加强对云南的控制与开发，从腹地到边疆，云南内地化程度前所未有地提高。对哈尼族先民的统治，元明清三代一代比一代更为深入。元王朝在哈尼族先民聚居区动用军事手腕，采取政治招抚，设治经营。明王朝在哈尼族先民聚居区大力推行土司制度，广泛设置本民族土官；置沐氏勋庄；鼓励拓荒造田，册封农垦有功的窝泥首领为土官，为哀牢山梯田农业的发展开创良好局面；征调窝泥土司兵安内攘外；增辟水路通道，活跃商业贸易，促进窝泥地区与外界的交流；传播汉文化，加强汉文化教化。清王朝在六诏山、哀牢山西麓窝泥地区改土归流，在哀牢山东麓窝泥地区依然借助土官统治；加强征课杂派，剥削方式多样；军事手腕运用频繁，武力镇压色彩较浓；建义学，立书院，令土人入学应试，以教育体系的设置和教育制度的推行，实现对哈尼社会的思想教化。清末，国际形势巨变，中国西南边陲云南也陷入严重边疆危机之中，现代民族国家意义上的中国西南国家地理边界在英法染指下产生，众多同一民族成为跨境民族。边境地区的哈尼族先民出现向境外和在境外的迁徙活动，但这是特殊国际形势下的例外。总之，在国家统治愈加深入的背景之下，哈尼族先民的迁徙活动不仅受限，而且更是不可能突破封建统一王朝建构的"天下"图式。

三

短时段的"事件"是哈尼族历史迁徙的表层直接动因，中时段的"局势"是哈尼族历史迁徙的中层间接动因，长时段的"结构"——文化，才是哈尼族历史迁徙的深层动因。

从短时段的历史事件看，促使哈尼族先民迁徙的直接导火索，可能是一场瘟疫疾病的突然流行，一次突然降临的自然灾害，本民族内部矛盾纷争的爆发，外族野蛮的武力侵夺，王朝国家的军事征伐等内外因素。从中时段的局势进一步分析，发现表层直接动因下有着更深层次的因素，即中层间接动因，包括环境气候、人口增长、亲缘因素、族际关系、国家政策等，引发哈尼族先民迁徙的导火索"事件"表层直接动因，往往不过是"局势"中层间接动因通过一定时间阶段作用后的突发性、暂时性表象。从长时段的视野向问题更深远处解剖，可以发现一条深藏的脉络——文化因素。在哈尼族先民的迁徙活动中，始终贯穿有一股主动性选择力量，即遵从民族的文化准则、以惯有的生活生产方式选择和建设"安身立命"之所。文化动因是哈尼族先民迁徙的深层核心根源，起着长远、决定性的影响。这是哈尼族先民漫长迁徙历史中始终流淌的一股积极力量，正是这股力量推动着哈尼族先民的迁徙历史，体现出哈尼民族在形成与发展中的主动性、创造性。

四

在历史时段视野下，哈尼族历史迁徙体现出以下鲜明特点：第一，总体方向的自北向南与局部的复杂无常。选择自北向南迁徙，与气候因素、地理因素有关。但就同一地域局部范围而言，哈尼族先民的迁徙复杂多样，难于找到方向上的规律性。第二，在平坝、山地间游走到最终定居山区。这与导致迁徙的偶然性因素表层直接动因和局势性因素中层间接动因有关，但根本上是必然性因素文化动因使然。选择山区，是哈尼在长期反复实践中总结出的经验，是哈尼的文化自决行为，最终发展为哈尼共同的民族心理。第三，向边地迁徙。这一方面是自古以来由北往南迁徙的文化惯性使然；另一个重要原因则是越往南走，越趋边缘，文化冲突越少；此外，边地人烟稀少，人口密度低，更容易获取生存空间、生产生活资料，还可以有效避免因争夺土地山林而产生族际矛盾的问题。第四，向同族聚居区迁徙。一是同一民族之间有着天生的亲缘关系、族属亲近感、文化认同感，共同的心理素质极大地促进了同族之间的凝聚力、向心力。二是与同族聚居一起，不仅可以达到心理上的民族认同感、归属感，而且更易凝聚力量，扩大种族势力，共同对抗和抵御外敌，更有利于民族的生存和种族繁衍。第五，大规模举族迁徙与部分、零星迁徙并存。在哈尼族形成的早期历史阶段，举族大规模迁徙是主要的迁徙方式。在哈尼族形成的后期历史阶段，特别是到了元明清时期，因为战争、政治、灾难等事件引发举族离开原居住地的大规模迁徙情况仍然存在。但是，以个体、家庭、家族或村寨为单位的部分、零星迁徙成为常见迁徙方式。第六，长距离迁徙与短距离渐进式、节点状迁徙同在。短时段上的短距离迁徙，有着渐进式、节点状的特点，后一阶段的迁徙连接前一阶段的迁徙，新的迁居点连接上一个居住点，如此持续不断，点点相连，至历史的长时段及超长时段后，短距离的迁徙最终连接发展成为长距离的移动轨迹。

五

哈尼族历史迁徙与哈尼文化发展互为因果。

从自然因素来看，在哈尼族先民的迁徙史中，不断上演着其与自然的抗争和对生存环境的选择。哈尼族先民从纬度更高地域向纬度更低地域迁徙，分布空间不断向南推移和倾斜；哈尼族先民的居住环境在山区、平坝间更迭交错，直至最终演变为在山区定居。这正是该民族在迁徙过程中对生存地域的实践和调适，反映出其对自然环境的认知和选择倾向的形成过程。在长期迁徙与留居过程中，在对不同气候环境、地理条件的反复实践中，哈尼族先民逐渐形成一套农耕民族的文化体系，其中包括居住空间气候条件、地理状况的标准，以及围绕居住空间的一系列文化礼仪。这一文化体系始终左右着哈尼族先民迁徙的方向和下一个迁居点的选择。从人文因素而言，哈尼族先民在长期的迁徙过程中，得以不断接触多元文化，受到不同族群文化的熏陶和影响，从而兼收并蓄、博采众长，促成哈尼文化的发展和变迁。迁徙改变了哈尼族先民的生活空间、分布地域，迁徙造就了哈尼民族及其文化，带来文化的发展与变迁。不断发展与变迁的文化又指引着后续的迁徙与迁居地的选择、建设，以及哈尼与自然地理、王朝国家、其他民族的关系。哈尼族先民从最初的游牧民族，转化为且游牧且农耕的二元民族，最后蜕变为农耕民族，这是历史迁徙引起的文化变迁，也是在变迁的文化影响下的历史迁徙的结果。

六

哈尼族历史迁徙反映出"你中有我，我中有你；你离不开我，我离不开你"之中华民族"多元一体"民族关系。

云南各民族历史迁徙造就了云南民族的地理分布格局。在漫长迁徙历史中逐渐形成的哈尼族先民，与相关族群共同造就出民族之间的微妙历史关系。不管是"你来我走，你走我来"的民族迁徙齿轮效应，还是战争、争斗、流血、冲突、矛盾、隔阂等"有你没我，有我没你"的"打"关系，在长期的历史互动过程中，哈尼族先民与同区域其他族群最终构建起如同立体气候般神奇美妙的民族垂直分布带。哈尼族先民和生活于同一地理空间的众多民族，分别居于不同的海拔高度区域，分布上错开而居、互不干扰，文化上兼收并蓄、美美与共，经济上相互依存、互利互惠，情感上相互亲近、尊重彼此。云南民族的垂直分布带格局，是历史上各民族对自然地理、经济条件、人文环境的适应性选择，也是各民族处理民族关系的智慧性创造，不仅充分体现了民族文化的多样性，而且生动形象地展示出"你中有我，我中有你；你离不开我，我离不开你"的民族和谐共生关系。

七

哈尼族历史迁徙是王朝国家与边缘族群之间双向互动关系的生动展演，从边缘族群镜面映照出"多元一统"中国形成与发展历史过程中的一面。

哈尼族先民的历史迁徙关乎哈尼族边地居住区的形成及其成为统一多民族中国一员的历史过程。王朝国家与哈尼族先民的互动是双向的，国家虽占据着主动权，但哈尼族先民在这组关系中也积极发挥着自己的主动性和策略性。哈尼族先民的迁徙动因十分复杂，国家因素只是其中的一部分。从短时段的"事件"而言，与王朝国家的武力冲突、王朝国家的军事镇压等政治、军事事件，会直接引发哈尼族先民迁徙；从中时段的"局势"而言，王朝国家的政策、制度等因素，会影响哈尼族先民的迁徙行为；从长时段的"结构"而言，因王朝国家文治武功而造成的文化上的不适应，使得哈尼族先民的迁徙趋向于国家统治力量薄弱的区域。迁徙导致哈尼族先民在地理分布、社会文化上的国家边缘化，与此相对的，则是国家不断推进、加强对其之内地化。中央政权通过政治、军事、社会、文化等各种手段、政策，推行对哈尼族先民的国家认同建设，不断形塑、加强哈尼族先民对王朝国家的认可。哈尼族先民则以请奏设治、纳贡、服从征调、纳税、与国家主体民族和其他民族交好等方式表达对中央王朝的认同。哈尼族先民国家认同的形成漫长而复杂，是在和王朝国家、主体民族、其他少数民族之间反反复复的打与和，频繁的接触杂居、渗透融合等过程中，以及在国家面临内忧外患和各民族共生死存亡、共命运荣辱的历史经历中，慢慢清晰化、明确化，渐趋成形，并不断强化、发展、提高和完善。而因国家实施统治职能的文治武功引起的哈尼族先民的迁徙和反叛，表面看似是对王朝国家政权的不认可，但实质上是认可的另一种表达，是国家认同建设中的正常反应，说明边缘族群国家认同形成过程中存在的阶段性、矛盾性、反复性、情境性。王朝国家与边缘族群的双向互动、博弈往来，是统一多民族中国形成和发展过程中的惯常历史现象。国家发展与民族发展之间具有互动性，统一多民族中国的形成、发展，中国民族发展"多元一统"的格局，既是中央王朝国家对各民族的拓展、拉拢、吸引、形塑、整合、凝聚的结晶，也是各民族对中央王朝国家的审视、思考、选择、策略、融入、认同的结果。

综上所述，哈尼族的形成和今天的分布格局与其历史迁徙紧密相关。哈尼族历史迁徙是在统一多民族中国形成与发展的宏观历史背景下展开的，可能与具体事件相关，或受自然环境、人口增长、族际关系、国家政策等内外中时段因素影响，但归根结底还是受本民族文化体系左右。哈尼族先民迁徙活动具有突出特点，对本民族文化的形成、发展与变迁，对内部众多支系的产生与文化习俗的差异有着重要影响。在迁徙与留居中，哈尼族先民与自然环境关系微妙，与其他族群、王朝国家互动频繁。哈尼族的迁徙历史，有助于让我们从边缘族群与王朝国家的双向视角，更好地理解"多元一体"民族关系、"多元一统"民族格局和统一多民族中国的形成与发展。

附　录

附录 1　　哈尼族历史称谓、分布区及迁徙事件

时期	族称	分布地区	分布上的变化	代表性迁徙事件
春秋战国	和夷	雅砻江以东、大渡河以南的连三海及发源于连三海的安宁河流域	和夷南迁的起点	往南迁徙
秦汉	昆明、叟	川西南、滇中北部、滇西洱海、滇中滇池、滇东南泸江流域	越过金沙江,进入云南,广泛分布于滇西洱海—滇中滇池—滇东南泸江流域一线	西汉时,已渡过金沙江,进入今楚雄北部,然后西折进入滇西洱海地区,有一部分则向东往滇池区域移动。两汉时,活动于滇西洱海经滇中楚雄到滇池一线,并到达滇东南泸江流域
魏晋南北朝	昆明、叟	川西南、滇西洱海、滇中楚雄与滇池、滇东南泸江流域和六诏山、滇东北、滇西南无量山和哀牢山	1. 经魏晋南北朝时期进一步迁徙、分化和融合,上一历史时期奠定的分布态势得以加强和巩固; 2. 南北朝末期,分布地域扩大至滇东北、滇东南六诏山、滇西南无量山和哀牢山	1. 秦汉魏晋时期,和夷的迁徙与昆明人、叟人的分布和迁徙交融在一起; 2. 秦汉魏晋时期,昆明人、叟人的分布和迁徙与滇人南迁、僰人南迁与西徙密切相关
隋唐南诏	和蛮	开南节度、银生节度、通海都督及川西南、滇西洱海、滇中楚雄和滇池、滇东北和黔西北	1. 和蛮人口分布的南北跨度更大; 2. 形成和蛮的南部聚居区,滇南成为和蛮最主要的居住地域	1. 仲牟由后裔分流,从川西南渡过金沙江东迁至滇东北直至黔西北地区,发展为势力影响和蛮北部分布区的閟畔部、乌蒙部、芒布部、乌撒部; 2. 南诏强制性民族迁徙下的和蛮迁移

续表

时期	族称	分布地区	分布上的变化	代表性迁徙事件
宋大理国	和蛮	北部分布区：川西南及滇东北、黔西北相接处 中部分布区：滇西洱海经滇中楚雄到滇池一线 南部分布区：无量山、哀牢山、六诏山	和蛮向更南的边疆区域伸入，抵达南部金齿白夷分布区	1. 从阆畔部发展出来的绛部迁回金沙江西岸； 2. 乌蒙部落的一部分人口迁至金沙江西岸； 3. 金齿百夷势力北扩下无量山、哀牢山部分和蛮南迁； 4. 侬智高余部窜入下甘庄和蛮移徙
元	斡泥、斡尼、禾泥、和泥、阿木、阿宁	临安路、元江路、威楚路、彻里路，会川路、建昌路、东川路、乌蒙路、茫部路、乌撒路及洱海—滇池一线	滇东北、黔西北的和泥于元初往南迁徙，哈尼人口向南部集中分布的情况更趋明显	1. 元军屠戮下罗槃甸"和泥"的迁逃； 2. 元军军事镇压下乌蒙山区"和泥"的迁离； 3. 元军开疆拓土下"和泥"的逃匿
明	斡泥、和泥、倭泥、倭尼、窝泥、俄泥、阿泥	临安路、元江军民府、景东府、镇沅府、楚雄府、云南府、曲靖府、大理府、川西南	1. 呈现出往更南地域集中、蔓延的趋势，处于最南端的车里军民宣慰使司也成为哈尼族先民的重要聚居区； 2. 北部分布区之一的乌蒙山区和泥不再见于史料记载，盖因已于元时走走； 3. 北部分布区与南部聚居区之间的中间过渡地带，即云南府、曲靖府、大理府等地，史料记载中出现哈尼族先民的零星分布	1. 民族结构变化下"窝泥"的"汉进夷退"式迁徙； 2. 川西南"阿泥"的往南迁徙
清	窝泥、斡泥、阿泥、俄泥、和泥、哈泥、哈宜、糯比、卡惰、罗缅、白窝泥、黑窝泥、白窝夷、黑窝夷	临安路、开化府、元江府、普洱府、楚雄府、云南府、武定直隶州、境外	1. 六诏山地区在18世纪中叶以后已无窝泥族属； 2. 川西南已无阿泥之称的民族，盖因明初已往南迁徙进入滇中北部、滇西等地； 3. 南向分布已蔓延至境外	1. 改土归流下六诏山地区"窝泥"的迁徙； 2. 武装起义与暴力镇压下哀牢山地区"窝泥"的迁徙； 3. 国内和国际形势影响下"窝泥"的境外迁徙

附录2 哈尼族谱系对照表1[①]

家族/地点	墨江县癸能王氏	金平县金临乡高氏	元阳县麻栗寨李氏	勐海县南糯山仁说	红河县左能吴氏	元江县
1	姆奥	奥玛	奥玛		姆奥	
2	咪奥	阿卑	阿卑			
3	奥黑	奥黑	奥黑		奥黑	
4	黑拖	黑拖	黑拖		黑拖	
5	拖马	拖马	拖马		拖马	
6	马学	马学	马肖		马学	
7	学尼	学尼	肖尼奥尼(鬼)		学尼	
8	尼卑	尼卑	尼卑		尼卑	
9	卑素					
10	素咪利					
11	利腿利					
12	腿利珠					
13	珠莫玉					
14	莫玉差	苏咪依	苏米乌	送咪窝	苏咪依	苏咪依
15	差提息	依迪里	乌特里	窝腿雷	依迪里	依迪里
16	兹息利	迪里早	特里早	腿雷总	迪里早	迪里早
17	利补比	早咪烟	早阿耶	总膜院	早咪烟	早咪烟
18	补利吾	咪烟恰	阿耶洽	膜院驾	咪烟恰	咪烟恰
19	吾然农	恰提西	洽提息	驾提锡	恰提西	恰提西
20	农然豪	提西里	提息里	提锡利	提西里	提西里
21	豪然照	里包倍	里包倍	利跑奔	里包倍	里包倍
22	照塔查	包倍乌	包倍乌	跑奔吾	包倍乌	包倍乌
23	查塔豪	乌浩然	乌浩然	吾牛然	乌浩然	乌浩然
24	豪木初	浩然搓	浩然初	牛然错	浩然搓	浩然搓
25	初木耶	搓莫于	初末与	错膜威	搓莫于	搓莫于
26	木耶吉	莫于最	末与直	膜威尊	莫于最	莫于最

---

① 资料来源——白永芳:《哈尼族服饰文化中的历史记忆——以云南省绿春县"窝拖布玛"为例》,云南人民出版社2013年版,第341—344页;《哈尼族简史》编写组:《哈尼族简史》,云南人民出版社1985年版,第22—23页;杨忠明:《西双版纳哈尼族简史》,云南民族出版社2010年版,第99—100页。

续表1

家族/地点	墨江县癸能王氏	金平县金临乡高氏	元阳县麻栗寨李氏	勐海县南糯山仁说	红河县左能吴氏	元江县
27	吉塔婆	最塔帕	直托吾	尊唐盘	最塔帕	最塔帕
28	塔婆萨	塔帕最	吾里漂	唐盘漫	塔帕萨	塔帕布
29	萨息里	最矮哦	漂马登	漫合贪	萨奴卑	布昔努
30	息里白	哦里漂	马登达	合贪姐	卑腊浦	昔努纳
31	白豪比	漂马登	达都苏	姐利鸟	浦窝苏	纳里厄
32	豪比墨	马登达	苏末着	鸟起腊	窝苏布	厄里批
33	墨衣格	达都苏	末着期	腊贪奔	布马克	批利于
34	格布路	苏末着	期米勃	贪奔孙	马克塔	于木思
35	布路德	末着仰	勃吾苏	奔孙连	塔里最	木思库
36	德格衣	仰期	苏督	连龙播	里最玛	库叶莫
37	格衣坐	期少	督采	播膜波	玛思	莫汉苏
38	坐列	少里	采米	膜波威	思于	苏朴赫
39	列玛	里窝	米特恩	威音	于巴	赫木仰
40	玛墨	窝央	特恩批	音当	巴欧	仰木资
41	墨开	央密	批恩	当且	欧昆	仰资
42	开若	密都	恩登	毛给	昆弟	资么
43	若储	都人	登马	给曾	弟区	么吕
44	储热	人马	马阿	曾当	区于	吕波
45	热拖	马漂	阿诺	当参	许毕	波扭
46	拖曹	漂山	诺熟	参优	毕月	扭欧
47	曹摩	山博	熟着	优片	月斗	欧才
48	摩折	博昔	着觉	片游	斗早	才比
49	折德	昔若	觉批	游归	伟泽	比麻
50	德厄	若坡	批蓄	归兰	泽为	麻玛
51	厄包	坡吾	蓄则	兰然	为觉	玛四
52	包勒	吾普	约则	然格	觉叶	威邦
53	勒尼	普萨	则奥	毛梭	叶朋	邦奎
54	尼折	萨拉	奥其	威若	朋措	玛车
55	折采	拉台	索洛	若灯	阿撒	者劳
56	采厄	台诸	洛与	灯洋	龙尼	劳卑
57	厄莪	诸麦	与若	洋土	尼日	卑检

续表1

家族/地点	墨江县癸能王氏	金平县金临乡高氏	元阳县麻栗寨李氏	勐海县南糯山仁说	红河县左能吴氏	元江县
58	莪拖	麦尼	若着	盲散	日贞	检朋
59	萨坡	尼山	着与	威空	门昆	朋欧
60	石勒	山卜	与安	空彪	龙确	欧昌
61	哈尼	卜然	安黑	彪且	确周	昌白
62	腰莪	然门	黑则	且岗	周朋	白比
63	纳采	门扎	则三	岗笔	朋坡	比其
64	采拖	扎贵	三黑	笔朱	坡斗	其斗
65	牙直	贵见	黑诸	朱康	斗三	斗耶
66	石德	见东		康润	三觉	耶者
67	白厄	东陇		润捌	觉宏	巴者
68	厄普	陇山		捌仁	宏昂	思阿
69		在世1		仁说	昂塔	阿克
70		在世2			塔周	克沙
71		在世3			周然	沙最
72					（略）	（略）

附录3　　哈尼族谱系对照表2[①]

地点	勐海县	缅甸景栋	泰国清莱	金平县金临乡高氏	老挝风沙里	越南封土县
1	翁低咪低滇					
2	德勒毒咪滇					
3	毒咪罗加滇					
4	罗加吴岗滇					
5	吴岗					
6	岗泥					
7	泥热					
8	热妈					

---

① 资料来源——杨忠明：《西双版纳哈尼族简史》，云南民族出版社2010年版，第99—100页、第114—121页；白永芳：《哈尼族服饰文化中的历史记忆——以云南省绿春县"窝拖布玛"为例》，云南人民出版社2013年版，第341—347页。

续表2

地点	勐海县	缅甸景栋	泰国清莱	金平县金临乡高氏	老挝风沙里	越南封土县
9	妈药	妈药	妈药		玛药	
10	药滇	药滇	药滇		药滇	
11	滇奔	滇奔	滇奔		滇卑	
12	奔送	奔送	奔送		卑苏	
13	送咪窝	送咪窝	送咪窝	苏咪依	苏咪依	苏咪依
14	窝腿雷	窝腿雷	窝腿雷	依迪里	依迪里	依迪里
15	腿雷总	腿雷总	腿雷总	迪里早	迪里早	迪里早
16	总膜院	总膜院	总膜院	早咪烟	早咪烟	早咪烟
17	膜院驾	膜院驾	膜院驾	咪烟恰	咪烟恰	咪烟恰
18	驾提锡	驾提锡	驾提锡	恰提西	恰提西	恰提西
19	提锡利	提锡利	提锡利	提西里	提西里	提西里
20	利跑奔	利跑奔	利跑奔	里包倍	里包倍	里包倍
21	跑奔吾	跑奔吾	跑奔吾	包倍乌	包倍乌	包倍乌
22	吾牛然	吾牛然	吾牛然	乌浩然	乌浩然	乌浩然
23	牛然错	牛然错	牛然错	浩然搓	浩然搓	浩然搓
24	错膜威	错膜威	错膜威	搓莫于	搓莫于	搓莫于
25	摸威尊	膜威尊	膜威尊	莫于最	莫于最	莫于最
26	尊唐盘	尊唐盘	尊唐盘	最塔帕	最塔帕	最塔帕
27	唐盘漫	唐盘漫	唐盘漫	塔帕最	塔帕最	塔帕最
28	漫合贪	漫韩贪	漫韩贪	最矮哦	最肖哦	最肖哦
29	合贪姐	韩贪姐	韩贪姐	哦里漂	哦里漂	哦里漂
30	姐利鸟	姐列鸟	姐列鸟	漂马登	漂马登	漂马登
31	鸟起腊	鸟起腊	鸟起腊	马登达	马登达	马登达
32	腊贪奔	腊贪奔	腊贪奔	达都苏	达都苏	达乌苏
33	贪奔孙	贪奔孙	贪奔孙	苏末着	苏末着	乌苏独
34	奔孙连	奔孙连	奔孙连	末着仰	末着窝	独欧
35	连龙播	连龙播	连龙播	仰期	窝奔拥	欧井
36	播膜波	播膜波	播膜波	期少	奔拥窝	井哈
37	膜威	膜波梯	膜波梯	少里	窝玛拥	哈苏
38	威音	梯桑彪	梯桑彪	窝央	拥欧玛	苏坚
39	音当	彪妈脏	彪妈脏	央密	玛莫达	坚聪

续表2

地点	勐海县	缅甸景栋	泰国清莱	金平县金临乡高氏	老挝凤沙里	越南封土县
40	当且	脏者	脏者	密都	达车	聪崩
41	毛给	者威	者威	都入	车漂	崩甲
42	给曾	威奸	威奸	入马	漂兄	甲东
43	曾当	奸仁	奸仁	马漂	兄铺	东摆
44	当参	仁着	仁着	漂山	铺兄	摆兄
45	参优	着标	着标	山博	兄科	兄府
46	优片	帮连	帮连	博昔	科博	府达
47	片游	连让	连尼	昔若	博聪	达崩
48	游归	让车	尼沙	若坡	聪罗	崩府
49	归兰	车门	沙义	坡吾	罗科	府粉
50	兰然	门达	义车	吾普	科达	粉博
51	然格	达箭	车控	普萨	达佐	博窝
52	毛梭	批仪	控康	萨拉	佐拥	窝惹
53	威若	朗喷	沙草	拉台	拥施	惹木
54	若灯	喷借	草植	台诸	施白	木期
55	灯洋	借神	植亚	诸麦	白佐	期苗
56	洋土	内泡	亚标	麦尼	佐然	苗东
57	盲散	威克	威者	尼山	（略）	东者
58	威空	克江	者杰	山卜		者门
59	空彪	江棵	杰斯	卜然		（略）
60	彪且	棵朱	斯胶	然门		
61	且岗	朱嘎	胶查	门扎		
62	岗笔	嘎冉	查罗	扎贵		
63	笔朱	冉查	罗考	贵见		
64	朱康	沙则	考车	见东		
65	康润	则罗	车连	东陇		
66	润捌		披禾	陇山		
67	捌仁			（略）		
68	仁说					

参考文献

一 历史文献

高亨：《诗经今注》，上海古籍出版社1980年版。

王世舜：《尚书译注》，四川人民出版社1982年版。

（汉）司马迁：《史记》，中华书局1982年版。

（汉）赵晔：《吴越春秋》，江苏古籍出版社1999年版。

（晋）陈寿：《三国志》，中华书局1959年版。

（晋）常璩撰、刘琳校注：《华阳国志校注（修订版）》，成都时代出版社2007年版。

（南朝宋）范晔：《后汉书》，中华书局1965年版。

（唐）房玄龄：《晋书》，中华书局1974年版。

（唐）魏征等：《隋书》，中华书局1973年版。

（唐）张九龄著、刘斯翰校注：《曲江集》，广东人民出版社1986年版。

（唐）樊绰撰、向达原校、木芹补注：《云南志补注》，云南人民出版社1995年版。

（宋）欧阳修等：《新唐书》，中华书局1975年版。

（宋）司马光等：《资治通鉴》，中华书局1956年版。

（宋）周去非著、杨武泉校注：《岭外代答校注》，中华书局1999年版。

许嘉璐主编：《文白对照十三经》，广东教育出版社1995年版。

（清）毕沅等：《续资治通鉴》，中华书局1957年版。

（元）脱脱等：《宋史》，中华书局1977年版。

（元）李京撰、王叔武校注：《云南志略》，云南民族出版社1986年版。

（元）赵世延等：《经世大典》，载王云五主编《丛书集成初编》，中华书局1983年版。

（元）刘应李编：《大元混一方舆胜览》，四川大学出版社2003年版。

（明）宋濂等：《元史》，中华书局1976年版。

（明）周季凤：正德《云南志》，明嘉靖三十二年（1553年）刻本。

（明）李贤等：《大明一统志》，三秦出版社1990年版。

（明）《明实录》，"台湾中央研究院历史语言研究所"校印本，1962年版。

（明）李元阳：万历《云南通志》，载《中国西南文献丛书·第一辑（21）：西南稀见方志文献（第二十一卷）》，兰州大学出版社2004年版。

（明）张纮：《云南机务钞黄》，载李春龙主编主点、刘景毛副主编主点《正续云南备征志精选点校》，云南民族出版社2000年版。

（明）陈文修，李春龙、刘景毛校注：景泰《云南图经志书校注》，云南民族出版社2002年版。

（明）杨慎撰：《南诏野史》，载《中国西南文献丛书·第三辑（86）：西南史地文献（第十一卷）》，兰州大学出版社2004年版。

（明）诸葛元声撰、刘亚朝校点：《滇史》，德宏民族出版社1994年版。

（明）谢肇淛撰：《滇略》，载《中国西南文献丛书·第三辑（86）：西南史地文献（第十一卷）》，兰州大学出版社2004年版。

（明）刘文征撰、古永继校点：《滇志》，云南教育出版社1991年版。

（清）张廷玉等：《明史》，中华书局1974年版。

（清）乾隆官修：《清朝文献通考》，浙江古籍出版社2000年版。

（清）嘉庆《大清一统志》，载《四部丛刊续编 史部（28）》，上海书店1984年印行。

《清圣祖实录》，中华书局1987年版。

（清）纪晓岚等：《钦定四库全书》，台北商务印书馆影印本，1982—1986年版。

（清）《清实录》，载云南省历史研究所编《〈清实录〉有关云南史料汇编》，云南人民出版社1985年版。

（清）陈梦雷编纂、杨家骆等整理：《古今图书集成》，台北鼎文书局1977年版。

（清）顾祖禹撰：《读史方舆纪要》，上海书店出版社1998年版。

（清）张毓碧修、谢俨等纂：康熙《云南府志》，载《中国地方志集成·云南府县志辑（1）》，凤凰出版社2009年版。

（清）张嘉颖纂修：康熙《楚雄府志》，载杨成彪主编《楚雄彝族自治州旧方志全书·楚雄卷》，云南人民出版社2005年版。

（清）王清贤、陈淳纂修：康熙《武定府志》，载杨成彪主编《楚雄彝族自治州旧方志全书·武定卷》，云南人民出版社2005年版。

（清）张伦至纂修：康熙《南安州志》，载杨成彪主编《楚雄彝族自治州旧方志全书·双柏卷》，云南人民出版社2005年版。

（清）李铨纂修：康熙《广通县志》，载杨成彪主编《楚雄彝族自治州旧方志全书·禄丰卷》，云南人民出版社2005年版。

（清）韩三异纂修：康熙《蒙自县志》，清康熙五十一年（1712年）刊本传抄本。

（清）章履成纂修，李崇隆、梁耀武、李亚平点校：康熙《元江府志》，载梁耀武主编《府志两种》，云南人民出版社1995年版。

（清）张云翮修、舒鹏翀等纂：康熙《新平县志》，康熙五十一年（1712年）传抄本。

（清）思怀堂主人续增纂、梁耀武等校：康熙《嶍峨县志》，云南人民出版社1993年版。

（清）鄂尔泰、靖道谟等：雍正《云南通志》，乾隆刻本。

（清）张无咎等修纂：雍正《临安府志》，雍正刻本。

（清）徐树闳纂修、张问政等分修：雍正《景东府志》，清雍正十年（1732年）抄本传抄。

（清）汤大宾修、赵震纂：乾隆《开化府志》，乾隆刊本传抄本。

（清）素尔方阿修、董良材纂：乾隆《易门县志》，清乾隆四十二年（1777年）原刊本。

（清）张大鼎纂修：嘉庆《阿迷州志》，载《中国地方志集成·云南府县志辑（14）》，凤凰出版社2009年版。

（清）江濬源修、罗惠恩等纂：嘉庆《临安府志》，载《中国地方志集成·云南府县志辑（47）》，凤凰出版社2009年版。

（清）罗含章纂：嘉庆《景东直隶厅志》，清嘉庆二十五年（1820年）刊印本。

（清）阮元、王崧等：道光《云南通志稿》，道光刻本。

（清）谢体仁纂修：道光《威远厅志》，载景谷傣族彝族自治县地方志编纂委员会办公室点校《威远厅志点校》，云南人民出版社2016年版。

（清）刘荣黼纂修：道光《大姚县志》，载杨成彪主编《楚雄彝族自治州旧方志全书·大姚县志》，云南人民出版社2005年版。

（清）郑绍谦原纂、李熙龄续修：道光《普洱府志》，民国四年（1915年）铅印本。

（清）王文韶、唐炯等：光绪《续云南通志稿》，光绪刻本。

（清）陈宗海等修纂：光绪《续修普洱府志稿》，光绪刻本传抄。

（清）何东铭纂：咸丰《邛嶲野录》，载《中国地方志集成·四川府县志集（68）》，巴蜀书社1992年版。

（清）倪蜕辑、李埏校点：《滇云历年传》，云南大学出版社1992年版。

（清）倪蜕撰：《云南事略》，载李春龙主编主点、刘景毛副主编主点《正续云南备征志精选点校》，云南民族出版社2000年版。

（清）倪蜕辑：《滇小记》，载姚乐野、李勇先、胡建强主编《中国西南地理史料丛刊（第二十六册）》，巴蜀书社2014年版。

（清）陈鼎撰：《滇黔土司婚礼记》，载姚乐野、李勇先、胡建强主编《中国西南地理史料丛刊（第二十五册）》，巴蜀书社2014年版。

（清）刘慰三撰：《滇南志略》，载方国瑜主编《云南史料丛刊》，云南大学出版社2001年版。

（清）师范纂：《滇系》，台北成文出版社1968年版。

（清）刘彬：《永昌土司论》，载《中国边疆研究资料文库·边疆民族资料初编·西北及西南民族16》，知识产权出版社，2011年。

（清）夏正寅撰：《哀牢夷雄列传》，中国社会科学院民族研究所图书室编印，1982年。

（清）许同莘、汪毅、张承启：《光绪条约》，载沈云龙主编《近代中国史料丛刊续编第8辑（78）》，台北文海出版社影印1982年版。

（民国）赵尔巽等：《清史稿》，中华书局1977年版。

（民国）周钟岳等纂、李春龙等点校：《新纂云南通志》，云南人民出版社2007年版。

（民国）袁嘉谷：《滇绎》，载李春龙主编主点、刘景毛副主编主点

《正续云南备征志精选点校》，云南民族出版社 2000 年版。

（民国）吕志伊、李根源：《滇粹》，载徐丽华主编《中国少数民族古籍集成（汉文版）（第 87 册）》，四川民族出版社 2002 年版。

（民国）胡钟琳、周雨苍等纂：《墨江县志资料》，民国二十年（1931 年）抄本。

（民国）《墨江县志稿》，民国（1942 年）抄本。

（民国）周汝钊修、侯应中纂：《景东县志稿》，载《中国地方志集成·云南府县志辑（32）》，凤凰出版社 2009 年版。

（民国）丁国樑修、梁家荣纂：《续修建水县志稿》，载《中国地方志集成·云南府县志辑（56）》，凤凰出版社 2009 年版。

（民国）袁嘉谷纂修、孙官生校补：《石屏县志》，中国文史出版社 2012 年版。

二　新修地方志

晋宁区地方志编纂委员会编纂：《晋宁县志》，云南人民出版社 2003 年版。

孟连傣族拉祜族佤族自治县志编纂委员会编纂：《孟连傣族拉祜族佤族自治县志》，云南人民出版社 1999 年版。

玉溪市地方志编纂委员会编：《玉溪市志》，中华书局 1993 年版。

云南省澜沧拉祜族自治县志编纂委员会编纂：《澜沧拉祜族自治县志》，云南人民族出版社 1996 年版。

云南省绿春县志编纂委员会编纂：《绿春县志》，云南人民出版社 1992 年版。

云南省双柏县地方志编纂委员会编纂：《双柏县志》，云南人民出版社 1996 年版。

云南省通海县史志工作委员会编纂：《通海县志》，云南人民出版社 1992 年版。

三　哈尼族迁徙史诗口传资料

张牛朗、涂伙沙、白祖博、李克朗等演唱：《阿匹松阿》，载赵官禄、郭纯礼、黄世荣、梁福生收集整理《十二奴局》，云南人民出版社 2009 年版。

车朗演唱、阿海翻译、阿流整理：《迁徙悲歌（哈尼族）》，载云南省少数民族古籍整理出版规划办公室编《云南少数民族古典史诗全集》，云南教育出版社 2009 年版。

张牛朗、涂伙沙、白祖博、李克朗等演唱：《杜达纳嘎》，载赵官禄、郭纯礼、黄世荣、梁福生收集整理《十二奴局》，云南人民出版社 2009 年版。

李书周演唱、李期博翻译整理：《三种能人》，载李期博翻译整理《木地米地》，红河哈尼族彝族自治州民族语文古籍研究所编，1985 年。

龙浦才演唱、杨定国翻译、宋自华整理：《阿波仰者》，载《罗槃之歌》，云南民族出版社 1985 年版。

批二演唱，施达、阿海收集整理：《雅尼雅嘎赞嘎》，载云南省少数民族古籍整理出版规划办公室编《云南少数民族古典史诗全集》，云南教育出版社 2009 年版。

赵呼础、李七周演唱，李期博、米娜搜集翻译整理：《寻找祖先的足迹》，载云南省少数民族古籍整理出版规划办公室编《斯批黑遮》，云南民族出版社 1990 年版。

赵乎础、赵乎周演唱，李期博搜集翻译整理：《普嘎纳嘎》，载李期博翻译整理《木地米地》，红河哈尼族彝族自治州民族语文古籍研究所编内部资料，1985 年。

朱小和演唱、史军超等整理：《哈尼阿培聪坡坡》，云南民族出版社 1986 年版。

四 哈尼族谱牒资料

《红河州哈尼族谱牒》，载红河哈尼族彝族自治州人民政府编《哈尼族口传文化译注全集（第 10—20 卷）》，云南民族出版社 2010 年版。

澜沧拉祜族自治县民族宗教事务局编：《澜沧哈尼/阿卡谱牒》，云南民族出版社 2013 年版。

杨六金：《古代血缘的标志——国内外哈尼/阿卡父子连名谱系》，云南人民出版社 2010 年版。

五 专著

（一）相关哈尼族迁徙专著

白永芳：《哈尼族服饰文化中的历史记忆——以云南省绿春县"窝拖

布玛"为例》，云南人民出版社 2013 年版。

白玉宝、王学慧：《哈尼族天道人生与文化源流》，云南民族出版社 1998 年版。

《哈尼族简史》编写组：《哈尼族简史》，云南民族出版社 1985 年版。

［美］F. V. 格朗菲尔德：《泰国密林中的游迁者——阿卡人》，刘彭陶译，载云南省民族研究所编印《民族研究译丛（5）》，1983 年。

《中国少数民族》编写组：《中国少数民族》，人民出版社 1981 年版。

黄绍文：《诺玛阿美到哀牢山——哈尼族文化地理研究》，云南民族出版社 2007 年版。

姜定忠：《哈尼族史志辑要》，云南民族出版社 2007 年版。

雷兵：《哈尼族文化史》，云南民族出版社 2002 年版。

李克忠：《寨神——哈尼族文化实证研究》，云南民族出版社 1998 年版。

李宣林：《哈尼族历史文化研究》，云南民族出版社 2004 年版。

刘尧汉：《彝族社会历史调查研究文集》，民族出版社 1980 年版。

卢保和：《绿春史话》，云南民族出版社 2011 年版。

毛佑全：《哈尼族文化初探》，云南人民出版社 1990 年版。

"民族问题五种丛书" 云南省编辑委员会编：《哈尼族社会历史调查》，民族出版社 2009 年版。

史军超：《哈尼族文学史》，云南民族出版社 1998 年版。

谢伟等：《家园耕梦——哀牢腹地哈尼人》，云南美术出版社 2006 年版。

王尔松：《哈尼族文化研究》，中央民族学院出版社 1994 年版。

王清华：《梯田文化论——哈尼族生态农业》，云南人民出版社 2010 年版。

杨忠明：《西双版纳哈尼族简史》，云南民族出版社 2010 年版。

云南省历史研究所编：《云南少数民族》，云南人民出版社 1983 年版。

云南省民族事务委员会编：《哈尼族文化大观》，云南民族出版社 1999 年版。

哲赫：《哈尼考辨》，云南民族出版社 2010 年。

(二) 其他相关专著

［英］安东尼·吉登斯：《民族——国家与暴力》，胡宗泽等译，生活·读书·新知三联书店1998年版。

白寿彝编：《回民起义Ⅰ》，神州国光社1953年版。

苍铭：《云南边地移民史》，民族出版社2004年版。

段丽波：《中国西南氐羌民族源流史》，人民出版社2011年版。

段渝：《玉垒浮云变古今：古代的蜀国》，四川人民出版社2001年版。

段渝：《政治结构与文化模式·巴蜀古代文明研究》，学林出版社1999年版。

恩格斯：《德国古代的历史和语言》，刘潇然译，人民出版社1957年版。

范宏贵：《华南与东南亚相关民族》，民族出版社2004年版。

范宏贵：《越南的民族与民族问题》，广西民族出版社1999年版。

范宏贵、刘志强等：《中越跨境民族研究》，社会科学文献出版社2015年版。

方国瑜：《中国西南历史地理考释（上、下）》，中华书局1987年版。

方国瑜著，秦树才、林超民整理：《云南民族史讲义》，云南人民出版社2013年版。

［法］费尔南·布罗代尔：《地中海与菲利普二世时代的地中海世界（第一卷）》，唐家龙、曾培耿等译，商务印书馆2013年版。

［法］费尔南·布罗代尔：《论历史》，刘北城、周立红译，北京大学出版社2008年版。

葛剑雄：《中国历史疆域的变迁》，商务印书馆1997年版。

葛剑雄、吴松弟、曹树基：《中国移民史（全六卷）》，福建人民出版社1997年版。

何光岳：《氐羌源流史》，江西教育出版社2000年版。

何平：《从云南到阿萨姆——傣—泰民族历史再考与重构》，云南大学出版社2001年版。

李昆声：《云南艺术史》，云南教育出版社1995年版。

李绍明：《藏彝走廊民族历史文化》，民族出版社2008年版。

李绍明、程贤敏：《西南民族研究论文选》，四川大学出版社 1991 年版。

林耀华：《民族学研究》，中国社会科学出版社 1985 年版。

刘光智：《云南教育简史》，贵州人民出版社 1993 年版。

陆韧：《变迁与交融——明代云南汉族移民研究》，云南教育出版社 2001 年版。

陆韧、凌永忠：《元明清西南边疆特殊政区研究》，人民出版社 2013 年版。

罗舍：《云南回民革命见闻秘记》，李耀商译，清真书报社 1952 年版。

马长寿：《氐与羌》，上海人民出版社 1984 年版。

马维良：《云南回族历史与文化研究》，云南大学出版社 1999 年版。

祁庆富：《西南夷》，民族出版社 1990 年版。

冉光荣、李绍明、周锡银：《羌族史》，四川民族出版社 1985 年版。

任乃强：《羌族源流探索》，重庆出版社 1984 年版。

申旭：《云南移民与古道研究》，云南人民出版社 2012 年版。

申旭、刘稚：《中国西南与东南的跨境民族》，云南民族出版社 1988 年版。

孙宏年：《中国西南边疆的治理》，湖南人民出版社 2015 年版。

童恩正：《古代的巴蜀》，重庆出版社 2004 年版。

王明珂：《英雄祖先与弟兄民族：根基历史的文本与情境》，中华书局 2009 年版。

王明珂：《华夏边缘：历史记忆与族群认同》，台北允晨文化出版社 1997 年版。

汪宁生：《云南考古》，云南人民出版社 1992 年版。

王文光：《中国民族发展史》，民族出版社 2005 年版。

王文光、段红云：《中国古代的民族识别》，云南大学出版社 2011 年版。

王文光、朱映占、赵永忠等：《中国西南民族通史》，云南大学出版社 2015 年版。

翁独健：《中国民族关系史纲要》，中国社会科学出版社 2001 年版。

杨兆钧主编：《云南回族史》，云南人民出版社 1989 年版。

尤中：《尤中文集（第3卷）》，云南大学出版社2009年版。

尤中：《云南民族史》，云南大学出版社1994年版。

尤中：《中国西南边疆变迁史》，云南教育出版社1987年版。

尤中：《中国西南民族史》，云南人民出版社1985年版。

尤中：《中华民族发展史第1卷》，晨光出版社2007年版。

袁庭栋：《巴蜀文化》，辽宁教育出版社1991年版。

《云南各族古代史略》编写组：《云南各族古代史略（初稿）》，云南人民出版社1977年版。

[美]詹姆士·斯科特：《逃避统治的艺术：东南亚高地的无政府主义历史》，王晓毅译，生活·读书·新知三联书店2016年版。

张增祺：《中国西南民族考古》，云南人民出版社2012年版。

中国社会科学院考古研究所编：《新中国的考古发现和研究》，方志出版社2007年版。

郑一省、王国平：《西南地区海外移民史研究》，社会科学文献出版社2013年版。

周俊华：《云南少数民族的传统政治组织形式和制度的变迁》，中国社会科学出版社2013年版。

六　论文

（一）相关哈尼族迁徙论文

白永芳：《哈尼族口述史地名"谷哈"考及哈尼族南迁历史》，《云南师范大学学报》2013年第2期。

白玉宝：《罗槃国若干史实考辨》，《玉溪师范学院学报》2013年第5期。

长石：《历史的迹化——哈尼族送葬头饰"吴芭"初考》，《山茶》1988年第2期。

陈燕：《哈尼族梯田文化的内涵、成因与特点》，《贵州民族研究》2007年第4期。

陈燕：《哈尼族迁徙研究的回顾与反思》，《思想战线》2014年第5期。

陈燕：《"多元一体"视野下的哈尼族民间"东来说"——简析历史上融入哈尼族的汉族移民》，《贵州民族研究》2016年第4期。

赫梭：《阿卡人及老挝阿卡人研究现状》，《哈尼族研究》2011年第4期。

何平：《云南边境地区和境外诸国的阿卡人及其与哈尼族的历史文化关系》，《中央民族大学学报》2012年第5期。

李力路：《试论〈哈尼阿培聪坡坡〉所载各迁徙阶段的历史分期》，《红河学院学报》2008年第6期。

李宣林：《哈尼族的历史渊源及社会发展》，《云南民族学院学报》1994年第3期。

李宗放：《和夷诸解与我见》，《西南民族学院学报》1997年第6期。

罗丹、马翀炜：《哈尼族迁徙史的灾害叙事研究》，《西南边疆民族研究》2017年第24辑。

黄绍文：《哈尼族文化源地》，《红河学院学报》2005年第5期。

蒋中礼：《杜文秀起义失败后的云南回族》，《回民研究》1991年第3期。

孔建勋：《泰国北部阿卡族的文化人类学调查》，《云南社会科学》2006年第1期。

毛佑全：《东南亚哈尼族源流及其社会生产概观》，《中央民族学院学报》1990年第2期。

毛佑全：《哈尼族原始族称、族源及其迁徙活动探析》，《云南社会科学》1989年第5期。

毛佑全：《评哈尼族族源四说》，《思想战线》1992年第5期。

庞海红：《泰国的阿卡人》，《东南亚研究》2006年第1期。

史军超：《论"和夷"——兼及哈尼族历史文化渊源》，《云南民族学院学报》2002年第5期。

孙官生：《从传说与历史看哈尼族族源》，《云南社会科学》1990年第2期。

王清华：《哈尼族的迁徙与社会发展——哈尼族迁徙史诗研究》，《云南社会科学》1995年第5期。

王文光、尤伟琼：《新中国成立以来云南民族识别的认识与反思》，《云南民族大学学报》2010年第2期。

杨洪、张红：《墨江哈尼族自治县哈尼支系与人口现状调查研究》，《红河学院学报》2010年第3期。

杨六金：《国际哈尼/阿卡历史源流探究》，《红河学院学报》2011年第6期。

杨六金：《缅甸的哈尼族——阿卡》，《世界民族》1996年第2期。

杨六金、许敏：《越南哈尼族源流探究》，《云南社会科学》2008年第6期。

周建新、范宏贵：《中老跨国民族及其族群关系》，《民族研究》2000年第5期。

朱文旭、李泽然：《哈尼族祖居地考》，《思想战线》1998年第2期。

李绍明：《古蜀人的来源与族属问题》，载李绍明、林向、赵殿增主编《三星堆与巴蜀文化》，巴蜀书社1993年版。

史军超：《滨海文化与高原文化的嫡裔——哈尼族迁徙史诗研究》，载《边疆文化论丛》（第一辑），云南民族出版社1988年版。

王建华、黄荣生：《从谱系看哈尼族和阿卡人的形成》，载《第六届国际哈尼/阿卡文化学术讨论会论文集》，云南人民出版社2010年版。

［美］珍妮·汉克斯：《穿越时空的阿卡人》，许洁明译，载《首届哈尼族文化国际学术讨论会文集》，云南民族出版社1996年版。

（二）其他相关论文

方铁：《云南跨境民族的分布、来源及其特点》，《广西民族大学学报》2007年第5期。

方铁：《云南古代民族关系的特点及形成原因》，《社会科学战线》2013年第7期。

杜文忠：《边疆的概念与边疆的法律》，《中国边疆史地研究》2003年第4期。

费孝通：《关于我国民族的识别问题》，《中国社会科学》1980年第1期。

费孝通：《民族社会学调查的尝试》，《中央民族学院学报》1982年第2期。

费孝通：《支持六江流域民族的综合考察》，《民族学报（昆明版）》1982年第2期。

费孝通：《谈深入开展民族调查问题》，《中南民族学院学报》1982年第3期。

葛政委、黄天一：《向心的凝聚：容美土司国家认同研究》，《广西民族研究》2014 年第 5 期。

古永继：《元明清时期云南的外地移民》，《民族研究》2003 年第 2 期。

古永继：《清代云南官学教育的发展及其特点》，《云南社会科学》2003 年第 2 期。

郝时远：《中文语境中的"族群"及其应用泛化的检讨》，《思想战线》2002 年第 5 期。

黄尚明：《新石器时代黄河流域的气候变迁》，《中原文化研究》2018 年第 5 期。

李光荣：《论哈尼族神话的优美》，《民族文学研究》1998 年第 2 期。

李吉和：《论中国古代西北少数民族迁徙的主要特征》，《西北民族大学学报》2003 年。

李绍明：《费孝通论藏彝走廊》，《西藏民族学院学报》2006 年第 1 期。

李星星：《论"民族走廊"及"二纵三横"的格局》，《中华文化论坛》2005 年第 3 期。

刘稚：《论云南跨境民族研究》，《云南社会科学》1989 年第 1 期。

陆韧：《明朝的国家疆域观及其明初在西南边疆的实践》，《云南师范大学学报》2010 年第 5 期。

陆韧：《云南汉语地名发展与民族构成变迁》，《云南民族大学学报》2005 年第 6 期。

鲁西奇：《内地的边缘：传统中国内部的"化外之区"》，《学术月刊》2010 年第 5 期。

栾凡：《明朝治理边疆的时代特征》，《学习与探索》2006 年第 3 期。

秦永章：《费孝通与西北民族走廊》，《青海民族研究》2011 年第 3 期。

孙九霞：《试论族群与族群认同》，《中山大学学报》1998 年第 2 期。

童恩正：《人类可能的发源地——中国的西南地区》，《四川大学学报》1983 年第 3 期。

王东明：《关于"民族"与"族群"概念之争的综述》，《广西民族学院学报》2005 年第 2 期。

王文光：《西南边疆乌蛮源流考释》，《中国边疆史地研究》2007 年第 1 期。

王文光:《"大一统"中国发展史与中国边疆民族发展的"多元一统"》,《中国边疆史地研究》2015 年第 4 期。

王文光:《并非永恒的空间——百越及其后裔地理分布动态研究》,《民族研究动态》1994 年第 3 期。

王文光、陈燕:《南诏国境内外的望蛮、扑子蛮、三濮研究》,《广西民族大学学报》2013 年第 5 期。

王文光、段丽波:《中国西南古代氐羌民族的融合与分化规律探析》,《云南民族大学学报》2011 年第 5 期。

王文光、段丽波:《昆明族源流考释》,《贵州民族学院学报》2006 年第 6 期。

王希恩:《民族认同与民族意识》,《民族研究》1995 年第 6 期。

卫奇、黄慰文、张兴永:《丽江木家桥新发现的旧石器》,《人类学学报》1984 年第 3 期。

尤中:《先秦至唐朝时期的中华民族——中华民族多元一统格局的历史形成和发展演变初论》,《云南社会科学》1990 年第 6 期。

尤中:《宋朝以后的中华民族——中华民族多元一统格局的历史形成和发展演变续论》,《云南社会科学》1991 年第 2 期。

张芝联:《费尔南·布罗代尔的史学方法》,《历史研究》1986 年第 2 期。

周大鸣:《论族群与族群关系》,《广西民族学院学报》2001 年第 2 期。

周国兴、胡承志:《元谋人牙齿化石的再研究》,《古脊椎动物与古人类》1979 年第 2 期。

周平:《国家视阈里的中国边疆观念》,《政治学研究》2012 年第 2 期。

竺可桢:《中国近五千年来气候变迁的初步研究》,《考古学报》1972 年第 1 期。

[法] 费尔南·布罗代尔:《历史学和社会科学:长时段》,载费尔南·布罗代尔著,刘北城、周立红译《论历史》,北京大学出版社 2008 年版。

费孝通:《给"'藏彝走廊'历史文化学术讨论会"的贺信》,载石硕《藏彝走廊：历史与文化》，四川人民出版社2005年版。

石硕：《藏彝走廊：一个独具价值的民族区域——谈费孝通先生提出的"藏彝走廊"概念与区域》，藏彝走廊历史文化学术讨论会，四川大学2003年。

王大道：《再论云南新石器时代文化的类型》，载云南省文物考古研究所《云南考古文集》，云南民族出版社1998年版。

汪宁生：《从文物考古材料看滇藏关系》，载《汪宁生论著萃编（上卷）》，云南民族出版社2001年版。

熊正益：《略伦卡若文化及其与南北原始文化的关系》，载云南省博物馆《云南省博物馆建馆三十五周年论文集》，云南人民出版社1986年版。

张海洋：《浅论中国文化的多样性、族群认同与跨文化传统》，载马启成、白振声主编《民族学与民族文化发展研究》，中国社会科学出版社1995年版。

七　资料汇编与其他资料

方国瑜主编：《云南史料丛刊》，云南大学出版社2001年版。

古永继：《云南15种特有民族古代史料汇编（下）》，云南大学出版社2018年版。

林超民主编：《西南古籍研究（2008年）》，云南大学出版社2010年版。

沈云龙主编：《近代中国史料丛刊续编第8辑》，台北文海出版社影印1982年版。

徐丽华主编：《中国少数民族古籍集成（汉文版）》，四川民族出版社2002年版。

杨成彪主编：《楚雄彝族自治州旧方志全书》，云南人民出版社2005年版。

云南省少数民族古籍整理出版规划办公室编：《云南少数民族古典史诗全集》，云南教育出版社2009年版。

云南省历史研究所编：《〈清实录〉有关云南史料汇编》，云南人民出版社1985年版。

中国边疆研究资料文库编委会编：《中国边疆研究资料文库·边疆民

族资料初编·西北及西南民族》，知识产权出版社 2011 年版。

中国地方志集成编委会编：《中国地方志集成·四川府县志集》，巴蜀书社 1992 年版。

中国地方志集成编委会编：《中国地方志集成·云南府县志辑》，凤凰出版社 2009 年版。

姚乐野、李勇先、胡建强主编：《中国西南地理史料丛刊》，巴蜀书社 2014 年版。

中国西南文献丛书编委会编：《中国西南文献丛书·第三辑：西南史地文献》，兰州大学出版社 2004 年版。

中国西南文献丛书编委会编：《中国西南文献丛书·第一辑：西南稀见方志文献》，兰州大学出版社 2004 年版。

谭其骧主编：《中国历史地图集》，中国地图出版社 1982 年版。

《云南省民族宗教委关于首批云南少数民族特色村寨拟命名挂牌名单公示的通知》，《民族时报》2018-01-04。

云南省统计局云南省第六次全国人口普查办公室：《2010 年云南省第六次全国人口普查主要数据公报》，云南省统计局官方网站，2011-05-10。

中国社会科学院语言研究所词典编辑室编：《现代汉语词典（第 6 版）》，商务印书馆 2014 年版。

八　博士学位论文

李和：《元明清时期入迁云南的外来少数民族移民研究》，博士学位论文，云南大学，2015 年。

陆韧：《变迁与交融——明代云南汉族移民研究》，博士学位论文，云南大学，1999 年。

王瑞平：《明清时期云南的人口迁移与儒学在云南的传播》，博士学位论文，中央民族大学，2004 年。

杨林兴：《云南民族关系的历史形成与现实发展》，博士学位论文，云南大学，2015 年。

尤伟琼：《云南民族史别研究》，博士学位论文，云南大学，2012 年。

张媚玲：《中国西南边疆近代民族关系史研究》，博士学位论文，云南大学，2012 年。

九 英文文献

Christian Goodden, *The Akha Continuum, Aorund Lan—Na Jungle*, Chiang Mai: Silkworm Books, 1999.

Fredrik Barth, *Ethnic Groups and Boundaries: The Social Organization of Culture Difference*, Boston MA: Little Brown, 1969.

James C. Scott, *The Art of Not Being Governed: An Anarchist History of Upland Southeast Asia*, New Haven & London: Yele University Press, 2009.

Jim Goodman, *The Akha: Guardians of the Forest*, Bangkok: Asia Film House Pty Ltd, 1997.

Joachim Schliesinger, *Ethnic Groups of Thailand: Non-Tai-Speaking Peoples*, Bangkok: White Lotus Press, 2000.

Joachim Schliesinger, *Ethnic Groups of Laos Vol.4. Sino-Tibetan-Speaking Peoples*, Bangkok: White Lotus Press, 2003.

Joachim Schliesinger, *Hill Tribes of Vietnam Vol.2-Profile of the Existing Hill Tribes Groups*, Bangkok: White Lotus, 1998.

Khong Dien, *Population and Ethno-Demography in Vietnam*, Chiang Mai: Silkworm Books, 2002.

Leo Alting von Geusau, "Akha Internal History: Marginalization and the Ethnic Alliance System" in Andrew Turdon ed. *Civility and Savagery: Social Identity in Tai State*, Richmond, Surrey: Curzon Press, 2000.

Max Weber, Ethnic Groups, in Parsons and Shils Etal eds. *THEORIES OF SOCIETY*, Vol.1, New York: The Free Press of Glencoe, Inc., 1961.

Seymour-Smith, Charlotte, *Macmillan Dictionary of Anthropology*, London & Basingstoke: Macmillan Press Ltd, 1986.